创 新 赋

李牧童

混沌初开，演乾坤之爻变；阴阳交感，成宇宙于日新。毓六根之情性，生万类于絪缊。始怀仁以求是，终明易而通神。尔乃懋修德业，博取物身。随异时以裁度，施满腹之经纶。匡世济民，常领先于创举；移风矫俗，每革弊于陈因。乃知大道之行，必新可久；溥天之众，唯适堪存。

维我泱泱浙大，赫赫上庠。鹏抟禹甸，岳峙钱塘。虽滥觞于光绪，实踵迹于羲皇。笑览三千世界，饱经百廿沧桑。方其兴黉舍于普慈，延师启智；拯士风于科举，矢志图强。崇实求真，谋专精于术业；励操敦品，摒利禄于行藏。比及竺公受任，锐意更张。敬业乐群，改官僚之习气；尊师重道，充智慧之资粮。见闻多其弥笃，教学乐而互彰。既罹忧于兵燹，乃避难于他乡。辗转西迁，遗善行于赣地；迢遥东顾，播文种于黔疆。格物致知，学尽穷研之力；安贫乐道，居留瓢饮之香。遂开一时气象，而引无限风光。行正道于人间，龙骧虎步；铸贤才于海内，日盛月昌。

嗟哉！夫育材之庠序，乃济世之梯航。弘人本之方针，兼修道器；固德才之基石，广蓄栋梁。博学睿思，承菁华于往代；深谋远虑，造时势于前方。极数推来，拓新阶于诸域；秉诚知化，驱原创于各行。明治道之所宜，通权达变；率潮流于应向，内圣外王。扶国政于中庸，教敷百姓；导民心于至善，和洽万邦。皇皇大道，熠熠斯芒。惟新厥德，永发其祥！

浙大口述

回溯半个世纪前的科研往事

《浙大口述》采编小组 ◎ 编著

回望往昔岁月，
他们不约而同地说，
那个时候，大家都一样。
能发挥一点个人的作用为国家做些事，
就已经非常高兴了。

ZHEJIANG UNIVERSITY PRESS
浙江大学出版社

图书在版编目（CIP）数据

浙大口述：回溯半个世纪前的科研往事 / 《浙大口述》采编小组编著. — 杭州：浙江大学出版社，2017.5
ISBN 978-7-308-16850-2

Ⅰ．①浙… Ⅱ．①浙… Ⅲ．①浙江大学－科学研究－史料 Ⅳ．①G649.285.51②G644

中国版本图书馆CIP数据核字（2017）第083747号

浙大口述：回溯半个世纪前的科研往事
《浙大口述》采编小组　编著

责任编辑	王雨吟
责任校对	魏钊凌
装帧设计	程　晨
出版发行	浙江大学出版社
	（杭州市天目山路148号　　邮政编码　310007）
	（网址：http://www.zjupress.com）
排　　版	杭州林智广告有限公司
印　　刷	浙江海虹彩色印务有限公司
开　　本	710mm×1000mm　1/16
印　　张	24.75
字　　数	394千
版 印 次	2017年5月第1版　2017年5月第1次印刷
书　　号	ISBN 978-7-308-16850-2
定　　价	59.00元

回望往昔岁月，
他们不约而同地说，
那个时候，大家都一样。
能发挥一点个人的作用为国家做些事，
就已经非常高兴了。

总　　序

　　教育强则国强。求是书院从清末的创办之日起，即确定了"居今日而图治，以培养人才为第一义；居今日而育才，以讲求实学为第一义"的办学宗旨；敢为人先，以引领风云际会之势，贯穿了浙江大学一百二十年办学历程的始终；与时代同呼吸，与国家发展同频共振，是浙江大学一以贯之的精神所在。

　　曾经，以兴新学而图国强，是那一代知识精英以知识振兴中华的理想和抱负。然而，没有强大的国家为后盾，办学的道路，曲折而多难。一部浙江大学的历史，也就是一部浓缩的中国高等教育和科学技术发展史，更是一部承载了中华民族文化血脉的历史。每当我们回首来时路，每当我们细数家珍，我们都会倍感今日的一切，来之不易。我们是历史的见证者，我们也是历史的创造者。一代又一代怀抱报国理想的中国知识分子，用自己的双手和汗水，为中华的强盛而努力拼搏。

　　在网络日渐成为人们生活中不可或缺的元素的时候，书卷，依旧是记载历史、呈现文化、讲述故事的最朴素的载体。在建校一百二十周年之际，这套"百廿求是丛书"，从历史，从文化，从教师的成果，从学生的成长，或是黑白或是彩色地用文字和图片呈现纷繁历史中的岁月积淀，或是叙事恢弘，或是微波涟涟，展现浙江大学独特的品格、独特的历史、独特的文化。在历史与现实的互相映照中，告诸往而知来者。浙江大学的家国情怀和社会担当从未懈怠，峥嵘岁月里铸就的浙大故事，历久弥新。

　　这套丛书共8本，依据"主人翁"的年岁为序，是为《浙大史料》《浙大景影》《浙大口述》《浙大原声》《浙大发现》《浙大戏文》《浙大范儿》《浙大飞语》。有办学史料选集，有校园建筑文化，有老浙大人的情怀，有新浙大人的理想……我们期望能够通过文字，留住过往，呈现历史，以励当下。

《浙大史料》的文字，以求是书院为起点，从"章程"到"规""例"，从"奏请"到"致电"，从"大纲"到"细则"，在史料散失现象十分普遍的情况下，很多是通过抓住点滴线头顺抽细检的方式考订所得，虽只是沧海一粟，但希望以此为起点，能使得我们的积累和研究日渐体系化、专业化。如果要将8本书分个类，《浙大景影》《浙大原声》和《浙大戏文》应当可以与《浙大史料》归在一类，它们共有历史记录的性质，虽然分别是以建筑、原创歌曲和原创校园话剧为主角，但都具有跨年代的积累，都具有浙江大学独一无二的文化烙印。而且，领衔的编著者，是这四方面工作的专业人士，他们用专业的眼光和方法，加之对学校的深深的爱，为读者烹制出原料纯正的精神佳肴。

《浙大口述》《浙大发现》《浙大范儿》和《浙大飞语》的主角是今天的浙大人。《浙大口述》的讲述人，很多已经近90高龄了，他们用平实无华的语句讲述的故事，就是浙大的历史。我们今天的办学成绩，都是在前人砌就的基业上取得的，中华人民共和国成立初期，家底之薄，创业之艰难，如果不是通过他们的讲述，也许我们很难想象。《浙大发现》则是大学办学发展的最好的佐证，浙江大学代代相传的求是印记，在于文化学脉与民族血脉的交融，在于中国知识分子以科学强国为己任的信念。《浙大范儿》是丛书中唯一一本以创业人为采访对象的原创作品集，浙大新一代创业人的感悟和思考，不仅对创业的学生和校友，乃至对高等教育的组织者也有启发和参考作用。《浙大飞语》也同样，青春的校园，记录着青春飞扬的生命。何为"浙大范儿"？就是树我邦国的家国情，开物前民的创新观，永远锐意进取的上进心，追求卓越、造就卓越的勇气和信心！

延续一百二十年的浙江大学文化，是岁月淘沙的瑰宝，是大学精神的底蕴，是共同价值的灵魂。传承和弘扬求是文脉，不忘前事，启迪后人。在新的历史时期，我们记述和表达的是今天的浙大人，扎根中国大地，为实现中华民族伟大复兴的中国梦而奋力前行的信念和脚步。

"百廿求是丛书"编委会

2017年4月20日

卷首语：记住我们来的方向

·

我们这个采访工作小组的成员还真不少——十多位，相互之间的年龄差至多有几十岁："小"的刚入职，"老"的快退休了。不过，与采访对象相比，我们都是晚辈。因此，我们都是用敬仰的眼光去面对"口述历史"的主人翁，他们大多已经八十几岁了，有的已经九十多岁了。说起这段过往的历史，他们的表达都朴素而真诚，也许有的细节记不清了，但是对于自己倾心投入了一辈子的事业，对于学校，对于他们视如生命一部分的科学研究，他们在交谈中流露出发自内心的感叹和念想，感动了我们每一个人。

我们通过当事人口述所记述的科学研究情况，记录集中在1956年到1976年这二十年间。有的更集中些，大约是十年间的事。但加上"前因后果"的时间跨度，则要长得多。大多数的前辈们，在那一段特殊的岁月中，潜心地做了件对社会有益的事，对国家的建设发展有益的事，用他们自己比较一致的话说是："那个时候，大家都一样，觉得能发挥一点个人的作用为国家做些事，就非常高兴了。"

话要从一年前说起。那时我们商量决定以浙江大学在1978年全国科学大会上的获奖项目作为一条主线，去寻访当事人，记录与此相关的人和事，同时也记录新中国成立后浙江大学建设之初的学科发展情况。关于这个历史阶段中大学教师所做的科学探索工作，从"记录"的角度来说，依然非常少。我们能够找到的参考资料，是全国科学大会之后，媒体上极少量依然带着浓重时代语言风格的新闻报道。而这一批项目的完成，其中相当一部分，是"从零到一"，用今天的科学水平衡量也许称不上伟大，但对于国家建设，是不可替代的进步。

这本书是"百廿求是丛书"中的一本，项目得到学校层面的批准之后，我们这一批对此事有共同兴趣的伙伴聚在了一起。我们有的来自宣传工作团队，有的来自校史工作团队、有的则是科研管理工作团队的，也有人只是缘于成长于此的热爱，之前并没有实际操作过撰写人物口述史。大家一起商量怎么分工、怎么进行。一开始觉得不是很难，毕竟我们有十个人，一共才六十四个项目，大家分一下，时间也来得及，慢慢写起来就可以了。

虽然各自手头"名正言顺"的工作都很忙，但挡不住我们自己确立了信心。没想到，事情还真没这么简单——我们拿着项目名单，并不知道该去约谁采访，因为当时的资料，大多数项目只有名称，既没有内容介绍，也没有完成人记录。抽丝剥茧了一番之后，依然没有头绪，相当部分学院也表示"时间太久远了"，无能为力。

小伙伴们从"泡"省档案馆和旧书网一直"泡"到了中央档案馆，其中各种晕头转向、各种为难就不一一赘述了。总之，最后我们发现，捷径是没有的，只有一个办法，按照分工，各自努力去寻找和发现。

一段时间之后，消息汇总大致如下：一是依然无从下手的，完全没有线索，不知道当时是谁完成的项目；二是虽然找到了线索，续了断、断了续，最终又断了；三是找到了完成人，联系上了单位或是家人，得知老人家健康不佳，不便打扰，或是记忆力已大不如前，不能完成口述了；四是联系上了，可以采访。这其中还包括了非直接当事人采访的两个项目。数了一下，可以执行的占了半数多。我们非常高兴，觉得计划就算是"完成"了。但是我们高兴得太早了，最终完成的项目只有三十三个。其中，对于郑光华先生、王仁东先生、童忠钫先生负责的三个很有影响力的项目，我们采用了追述、团队采访和资料补充的方式呈现。集体完成的项目，我们采用了寻访主要完成人的方式，力求完整呈现。

我们很遗憾没有早一些将目光投向来路，也很后悔我们没有坚持更早一些启动寻找。很多的过往，也许就真已消失在时间里了。我们总是在向往明天的时候，忘记了前辈曾经花费巨力只是为了给我们探察正确的方向；我们总是在感叹眼前如此辽阔的时候，忘记了脚下登高的石阶，是前辈为我们砌就的。而他们，志士暮年，依然在远处注视着前行的我们。

今天的浙江大学，每一条路上，都拓印了前人的脚印。我们前行之时，也在为后人用心留下"记录"。我们也期待有机会听更多前辈科学家讲述曾经的故事。

在此特别要感谢的，是胡建雄、薛艳庄和朱真葵三位老领导。在我们采集信息不够全面的时候，他们的描述不仅为我们呈现了全面的过程，更为读者展现了改革开放之初高校科研工作的新局面。我们将四篇文章作为特稿列入，以便读者了解更为全面的信息。此书成稿过程中，得到了非常多的支持。每一次得到线索，对我们来说都是最宝贵的。采访中，一次次"打扰"，总能得到老先生们宽容的回应，在此向大家说一声"谢谢"。信任是世界上最好的礼物，我们受此厚爱，唯有继续努力，才能不负所托。

我们的队员之间，也想相互表达一下感谢。分工虽有，却是在不停调整中，团队成员之间给予了最大的支持。任何一件看似简单的工作，都需"众人拾柴火焰高"，没有一项细节工作是可以省略的。

目录

第六章　医药

低温在民用领域的一个应用——冷冻治疗

第一章

气象地质

中国第一台气象自动填图机诞生前后

项目：气象自动填图机

采访时间：2016年9月7日
采访地点：浙江大学玉泉校区曹光彪科技大楼二楼会议室
讲述人：叶澄清
采访/整理：周炜

采访手记：学术界与工业界是创新链条上的两个"基站"。两者间的沟通与合作，总是被今天的人们寄予很高的期待。或许因为仍存有许多障碍与局限，所以总让人觉得仍有努力空间。比如，彼此之间的偏见。叶澄清老师回忆的40多年前第一台气象填图机的故事，一开始也是"傲慢与偏见"的桥段——科学家到了工厂，还不如今天的科学家受待见呢。于是，理解与尊重都靠自己争取，凭实力说话，才有了最终造出第一台电子计算机和第一台气象自动填图机的"结局"。叶老师说，计算机最难的是底层的元件，计算机技术一代一代地发展，浙大人每一代都是从底层开始研制，获得了很深的体会，所以计算机的各种问题都不怕。"底层"，不仅描述的是科学研究的角度问题，更代表了科学家打开世界的方式，长时间"底层"的积累，最终会形成一种品质与爆发力，为人类世界的进步贡献力量。气象填图机的故事，真实地呈现了当时学术界与工业界的互动关系，为今天思考着的人们提供了精神榜样。

"当时，大家只知道要研制这个机器，但是一张图纸都没有。"

1962年，我在无线电系读大四，由何志均、周肇基老师指导做本科毕业设计，题目是设计一台串行工作模式的计算机。那时，世界上第一台电子计算机也刚问世不久，苏联曾用电子计算机M3指挥卫星上了天。而浙大计算机系尚在筹建前期，何志均老师就要求我们跟踪世界先进科技的前沿，自主研发电子计算机。我们十多个同学在老师的指导下从计算机基本元部件电路开始，从零起步设计研究。当时，周荣鑫校长还动用校长经费，通过自己的渠道，去苏联买了当时非常先进的存储设备——磁鼓，这是计算机系统的关键设备，其价格在当时听起来是天文数字。

我们的研发工作一直持续到"文化大革命"爆发前，那时我刚毕业留校。参加研制的除了何志均教授外，主要有周肇基（总体）、蒋霞雯、陶欣（内存）、叶澄清、顾伟康（运控）、朱吾龙（外设）等老师。经过四年多的日夜奋战，终于做出了浙大也是浙江第一台电子管计算机，它安装在浙大之江校区七号楼，整一个房间就一台机器，用自带发电机作为电源，有几千个电子管，我们把它命名为ZD—1。完成之后，有很多人来参观。据说当时无线电系领导还作为群英单位代表在省里做过大会介绍。

20世纪70年代初，国家电子工业部组织"会战"，汇集全国力量进行计算机攻关，研发当时世界上很先进的小型多功能电子计算机，借鉴的原型是美国的NOVA机。那时候，北京有一个基地，上海也有一个基地。北京的项目代号是DJS130，上海的项目代号是DJS131。上海主要由上海电子计算机厂承担这个任务。当时，何老师派我们几个老师也参加这个"会战"，复旦大学、浙江大学、上海交通大学、国防科技大学和华东师范大学都派出了老师。

计算机核心技术的发展是以"代"为界的，第一代是电子管；第二代是分列的半导体原件；第三代是中小规模集成电路；第四代是大规模集成电路。"会战"要研制的是第三代，中小规模集成电路计算机，一个芯片上有两个触发器及门电路。后来，这种计算机在生产生活中发挥了很大的作用。新安江电厂、富春江电厂、上海电报局，上海、北京等地的地铁部门，都用过这个计算机系统，也曾获科学大会奖。当时，大家只知道要研制这个机器，但是一张图纸都没有。

"我们参与设计了之后，这些图纸就成为计算机专业最早的教材。"

浙大当时派了三个老师去参加，我带队，团队里还有刚从上海交大调来的王品常老师和黄剑锋。黄剑锋是年轻教师，70届上海交大无线电本科毕业。上海计算机厂在南京西路1480号，靠近静安寺，我们吃住都在厂里。期间，还有何老师及其他老师带着计算机专业73、74届的工农兵学员来实习过。我们刚刚去厂里时，对方还对我们有点看不起，认为学校来的人只有理论没有实践，而他们自己才是一直做计算机的。但正是因为我们理论功底比较好，所以计算机的设计都是由我们这几个从学校来的人承担，从没有图纸到画出全套图纸，再到最后调试成机全过程都发挥了骨干作用。

我们三个人是按照计算机的三大部件来分工的，分别到三个组开展工作：主机，也就是运算控制器；磁芯，也就是内存；还有外部设备。我在运控组，也叫总控；王品常老师做内存，黄剑锋做外部设备。后来，顾伟康老师也来和我们一起工作了两年多，也在外部设备组（他后来当过浙大副校长）。我们几个原住在之江校区单身教工宿舍，在上海"会战"期间的两年多住宿却有点像打游击，我们一会儿住在上海交大的招待所，一会儿住在北京东路的浙大招待所，有时候就干脆住在厂里面一个办公楼的阁楼上。

"会战"生产出来的计算机叫DJS131，获得了1978年全国科学大会的表彰。我们几个人把全套核心技术掌握得很深，三大部件我们都是深度参与的。DJS131是为重要的军工单位和国企生产的，当时一台就要几百万，学校根本买不起，而且也买不到。我们参与设计了之后，带回了全部的图纸。图纸有厚厚的一大沓，我们几个人分工背回来都觉得太重，一个部件的图纸就有好多张，还有电路原理图、逻辑图、工艺接线图等一大摞图纸。我们就把这些图纸变成了计算机专业的教材。当时，学校没有机器、没有实验室，我们就以这套图纸为机器模型，给同学们上计算机原理课、上汇编语言课，通过一个典型的产品，系统地给学生讲解计算机各个部分的原理，包括硬件和软件。总之，我们这几个人在两年多的时间内完全掌握了当时世界上很先进的、以中小规模集成电路为主要器件的第三代电子计算的设计、制造、调试、运行等全套技术，为我们回校后自己研发气象自动填图系统打下了扎实的理论和实践基础。

"一个气象站需要几十个人做气象填图，收报的、记录的、填图的。"

尽管有图纸，但如果实验室一点实验设备都没有，肯定是不行的。我们就想，我们自己能不能造一台计算机，给同学们做实验。而这个时候，浙江省气象台正好也想做一台用于气象预报的计算机，然后我们就开始合作了。

我那时住在三分部（之江校区）的学生宿舍，旁边就是实验室。省气象局有个工程师叫田清鉴，是气象学校毕业的，很有想法，他也知道我们刚从上海"会战"回杭，掌握了研制小型多功能电子计算机的全套技术，他当时来学校找到了我，说能不能一起研制计算机。气象台想把通用计算机转化为专用计算机，叫气象自动填图机，也可以称为气象自动填图系统。这样就不是一个单独的机器了，还有气象填图专用软件，还有特殊的收发报机和绘图仪等外部设备。

大家知道，天气预报是根据气象图进行的。那个时候，气象局挂着一张一张琳琅满目的气象图。全国各地有很多气象观测站，每天要测量、记录温度、湿度、风力等数据。这些数据从各个气象站发送来之后，就要靠气象局的收报员记录下来，写在一张张纸条上，然后由气象分析员手工把数据填到地图上去，用特定的气象符号标注。有了这些要素，才可以画等高线、等压线，才能够进行气象预报。一个气象局需要几十个人做这件事：收报的、记录的、填图的，相当费力又费时，全国的气象局就是这样预报天气的。浙江省气象局在全国的地位比较重要，因为浙江省地处东南沿海，台风比较多。有时候制作一张气象图需要一天的时间，这样也总赶不上气象预报的时间需求，往往成事后诸葛亮，而且人为出错率高。我们觉得这项工作完全可以用现代计算机软硬件技术来快速地完成，这个工作会很有意义。

我们在上海研制完成的DJS131是通用型计算机，要实现气象自动填图，就需要研发特殊的外部设备接口，实现接收信号、转换数字、计算处理等功能，再加一个很大的填图机，根据XY坐标，由计算机指挥自动填图。原理我们很快就想通了，关键就是需要靠填图技术的实现，把这些特殊的外部设备运行起来。当时可以参考的资料文献几乎没有，用现在的词来说就是原始创新吧。填图机要能自动识别气象站位置，而且定位，并且输入输出的格式都要规范，方向、角度都要一致。这比人工填图更规范、更准确，不受人为风格影响，数据表达更科学、更精细。

"当看到填图机上笔头吱吱跑找位置,找到了把数字打出来,当时真的高兴死了,成功了!"

研制这个机子确实很辛苦,开始的时候机器表现得很不稳定。"会战"时用的元器件都是精密级的军品,精度要比一般民用高很多倍,价格高而且也买不到。我们采用了民用的元器件做,也要求机器稳定、连续工作,这就要做更多的测试。24小时不间断测试,一个错不出,才能正常投入使用。当时我们是这样做的:买了元器件回来,第一轮筛选,是放在烤箱里提高温度,在高温条件下放置24小时、72小时,不合格的就筛掉。烤了之后再加电,再筛选。用这样的办法选出性能最稳定的元器件,保障机器稳定。所以我们是连续作战,大家日夜排值班。当时教师和学生联系得很紧密,高年级整个班级都参与进来。实验室呢,就在学生宿舍区。我和浦树良老师负责运控和总体设计,兼管元器件选择的把关。浦老师刚从北京华北计算所调来,有丰富的实际造机的经验。浦老师家住城里,每天天不亮就从城里骑自行车准时到六和塔边的之江校区筛选元器件。后来青年教师潘雪增也加入了运控组。

最困难的问题是内存。当时内存只有4096个单元,是个磁芯存储器。磁芯是最不稳定的,经常拖后腿,不像现在的集成电路那么稳定。比如送进去是1,读出来不是1,或者是0。有时外部设备都调好了,很稳定了,内存那边出来的数据就是不对。所以要测试、要考验。我们编了一些程序不断来考验它对不对,这个考验要连续几天几夜,中间不能停顿。我们为内存组配备了更充足的力量。王品常老师带队对内存进行攻关,后来参加的有石教英老师,当时他刚刚从上海科大调来,还有陶欣、王臻婵老师。外部设备黄剑锋老师是骨干,后来徐毓良、俞扬狱老师也加入了。我和浦树良负责运控及抓总。后来潘雪增也加入运控组。那时,气象局专门招了一些数学系毕业的大学生,负责编写气象软件,后来平玲娣老师也加入汇编语言程序编写。我们就这样差不多10个教师带着一批学生,经过两年左右的日日夜夜,经受住了三天三夜72小时连续不断地严格考机程序的考验,最终通过,未出任何差错,终于"造"出了我国第一台自动填制气象图的计算机系统。

调试出来成功时,机器会唱《东方红》,是我们用汇编语言写的程序。我们第一次架起天线，把收报系统直接跟计算机连接。当看到填图机上笔头乖乖地跑找位置，找到后自动把收到的规范的气象专用数据打出来，当时真的高兴死了，成功了！只要几分钟，就能打一张气象图，不需要人为干预，就是实时的。1976年，杭州，每秒运算50万次的气象自动填图机，填出了我国第一张用计算机自动绘制的天气图。完成这台机器后，当时的国家气象局局长、国际气象组织会长邹竞蒙担任鉴定组主席，牵头进行国家层面的技术鉴定。专家组得出的结论是达到国际先进水平，填补国内空白。

气象自动填图机用在浙江气象局后，国家气象台当时还没有，他们需要一台更大的填图机。浙江气象局用的是1号图纸，国家气象台需要0号图纸。国家气象台当时想从日本进口大型绘图仪，但是日方要价极高。我们的鉴定会开过之后，在报纸上登了一则浙大气象自动填图机通过鉴定的消息。有了这个，日本方面就感到有竞争了，价格马上就下来了。

这个项目是我们和省气象局一起向省科委申请立项的，在省科委也是一个比较大的课题。研发这台机器的时候，我们整个系的科研经费增长了几十万。当时，我们买了很多的元件，实际上造了三台计算机，第二台后来给了浙江省水文总站，第三台我们留在学校给学生实验用。这为我系的实验室建设起到了关键的奠基作用。这样一套实验用的完整的计算机，在当时国内高校中是很少见的，且还是师生自己亲自动手研制的计算机系统。

因为我们是从DJS131计算机底层开始做，对它太熟悉了。后来新安江电厂、富春江电厂向上海购买这个型号的计算机时，都请我去给他们上应用课，一去就要三个月、半年。所以我算是那里计算机应用的"启蒙"老师了。富春江电厂是二级水电站，它没有庞大的水库，需要靠计算机预报上游的水量来控制闸门的开关，以进行有效的发电。他们向上海计算机厂购买了机器，我帮他们进行再开发和员工培训。上海的电报自动交换控制、北京地铁控制也采用DJS130/DJS131计算机，当时这个机型是国家自主研制计算机的一个拳头产品。

"最关键是，我们计算机系白手起家，从零到一，打了最好的一仗，而且锻炼了教师，大家从这里入门，认识了计算机。"

气象自动填图机，是通用型计算机在气象上的专门应用，是有创新的，而且对教师的培养、学生的培养起到了很重要的作用。一所大学计算机系如果自己都不会造计算机，也没有计算机可使用，怎么培养学生？当时的教学方式就是以典型产品来带动教学。没有教材，就从运算控制、内存、外部设备这些分块知识带学生熟悉起来。

后来毕业的学生回来对我们说，当时学汇编语言，就是靠那台机器的。计算机最难的是底层的元件，从底层开始研制，就会有很深的体会。我们当时跑课题、要研究经费都很困难，但是最关键是，我们计算机系白手起家，从零到一，打了最好的一仗，而且锻炼了教师，大家从这里受训启蒙，从研究中学习，认识了计算机。

在计算机系正式建系之前，我们打下了这些基础，当时还叫无线电系计算机专业。由于研制气象自动填图机，充实了实验室，教师的科研能力得到了锻炼，这些为正式建立计算机系和招收硕士研究生打下了良好、坚实的基础。1978年，计算机系正式成立。那时杨士林先生是校长，召集我和浦树良老师到莫干山去开会，上山后得知原来是商量计算机系招第一届硕士研究生的事。我们在那里出了第一届研究生入学考试的试题。就是那一年，潘云鹤、王申康、高济、孔繁孙、朱淼良等通过考试成为计算机系第一届硕士研究生。他们后来全部留校，都成为教授、博导，成为我系、我校重要的教学、科研、行政的骨干力量。

浙大计算机系的老师们，都经历并参与了计算机的发展。后来，何志均老师访美的时候，用自己的出差补贴带回了浙大的第一台第四代计算机。从第一代计算机开始，我就一直沿着这个方向做，硬件的、软件的都涉及，每一个指令，每一个微操作，我都了解得很清楚。1981—1983年我到美国马里兰大学计算机科学系访学，师从美国计算机界元老朱耀汉教授，学习高级语言计算机系统和软件蓝图软件工程方向。我还从美国引进了软件工程这门大学专业课，当时国内学校还没有开设这门课。后来这门课经过不断发展，现在已是教育部示范精品课程。

20世纪80年代初我刚从美国访学回来，在北京召开的第一届国际计算机应用会上，曾和与会代表一起向国家提出建议，抓计算机软件工程要像抓"两弹一星"那样抓。虽然这个建议当时在国家层面没有引起足够重视，但是在浙大的层面，是非常重视计算机学科的发展的。无论是技术进步还是人才培养，从我和何志均老师几个人研制第一代电子管计算机开始接触计算机，到目前已建成一个在国内外较有影响的计算机学院，培养了成百上千的计算机高科技人才，取得了很多高科技研究成果。正如何老师所说，我们系一开始是一只丑小鸭，经过全体师生的共同努力变成一只非常美丽的小天鹅。回顾自己在系初创期间的一次次重要科研活动，回忆与何志均老师和系里所有老师们共同为系的成长所做的点点滴滴工作，的确是一件很有意义的事情。我们对能为系、学校和国家的发展作一份贡献而深感高兴。

人物名片

　　叶澄清，生于1939年1月。1957年考入浙江大学电机系，1962年毕业于无线电专业后留校任教至2002年退休。1962—1978年在浙大无线电系无线电教研组工作，主要承担研制第一代电子计算机ZD—1的工作；1978—2002年在浙大计算机系担任副系主任（主持工作）。其间1981—1983年赴美国马里兰大学计算机科学系做访问学者。1991年晋升教授。叶澄清教授自1960年代初开始就跟随何志均教授从事计算机系的创建，并在教学、科研、行政管理多方面协助何老师担负重要工作：教学中首开主讲计算机系计算机原理、高级计算机系统结构、软件工程等本科生核心课程；先后承担国家"七五攻关"、"863"高科技和国家自然科学基金项目多项，其中彩色服装试镜系统获"七五攻关"表彰项目。主编《微型计算机原理及其应用》一书，培养数十名硕士研究生和博士研究生。叶澄清教授曾担任多届中国计算机学会体系结构专业委员会委员和浙江省计算机学会常务副理事长。

在山间探索钨锡铍矿预测理论

项目：论脉状钨锡铍矿床储量预测

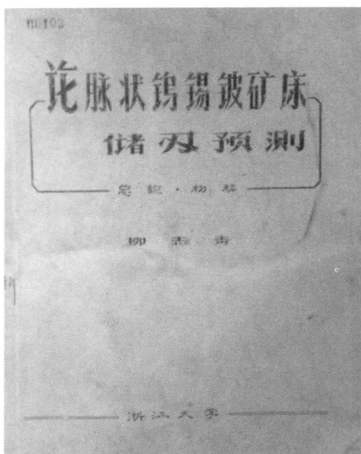

《论脉状钨锡铍矿床储量预测》

采访时间：2016年3月2日、3月8日

采访地点：浙江大学求是村寓所

讲述人：柳志青

采访/整理：柯溢能

采访手记：参与浙大百廿校庆的口述项目，是我职业生涯开启时的荣幸。柳老师是我在浙大工作时第一位受访对象，他是一位热情的老先生，与我聊天时总是那样开心，一下化解了我对浙大新环境的陌生感。柳老师对科研是那样执着，虽然如今已是高龄，却依然坚持着对世界奥秘的研究。

在我采访时，柳老师的记忆宝库一下被打开，他历数了每一个科研的重要阶段。每当讲到深情处，柳老师能把一个个画面、一处处细节回忆起来，生动形象地描述出来，让我的整理工作没有丝毫困难。

记不清熬了多少日夜，1976年4月，我所撰写的25万字科研报告《论脉状钨锡铍矿床储量预测》终于成稿，那一年我38岁。我把科研报告分为正文和附件，正文具体就原理和推演过程进行展开，附件讲了地球地壳的演化机制。

我的研究在当时看口气很大，那时候普遍认为储量不能预测，只有通过钻孔分析才能知道。但是，我在《论脉状钨锡铍矿床储量预测》一文中，认为在精细的地表观测分析下，可以预测出地下钨矿的大致储量和价值。

这一切，都要从我大学填报志愿说起——

柳志青在山间勘查

缘系地质，走遍江西钨矿

　　说到地质专业，我不得不提及我的高中物理老师。那时当高中物理书一发下来，我一个星期就能把物理书后面的习题都做完。后来老师给了我一本大学物理书，到了大学我物理成绩最优，因为我整个高中都在学。我跟物理老师说我大学志愿想报考物理专业，老师却说虽然我的物理还不错，但是这个学科的水太深，我不适合。

　　那么学什么呢？我去找历史老师刘恩同，老师说："你为什么不去问你的父亲？"我的父亲柳树人是苏州大学历史系高级讲师，当时苏大叫作江苏师范学院。父亲在大学是学经济的，年轻时翻译出版过《狂人日记》和《阿Q正传》，著有《弱小民族的革命方略》、《艺术的理论斗争》等，1949年后教历史。

　　我父亲给我推荐了一本书——《水经注》，里面又讲历史又讲地理。历史是时间的演化，历史的舞台是地理。要懂地理就要懂地质，要懂地质就要懂天文，最后"上知天文下知地理"。我父亲说，要真正学好历史，就要学这么多。于是我退而求其次，选择了先学地质。现在退休了，总算可以在书上考古了。

　　1963年我从南京大学毕业，我对我的老师徐克勤教授很崇拜，他是学部委员，按现在的称谓是院士。在钨矿领域，徐克勤教授是世界排"第一块牌子"的专家，他写了一本书叫《江西南部钨矿地质志》，非常出名。

毕业后，我被分配到江西，还是7月份，我就早早地去报到了。

刚开始我被分配到物化探队，我向组织汇报这不是我的专业，我是地球化学专业，学的是矿床方面的知识。物化探和地球化学很容易搞混，但这是两码事。因为徐克勤教授是搞钨矿的，所以我说我也要去研究钨矿。

大学的时候，我在图书馆和地质系的资料室看了很多书，因为系主任徐克勤院士是我们的崇拜对象，用现在的话说，我们是他的粉丝，他喜欢"唱"什么"歌"，我们"歌迷"就也会"哼"什么"歌"。他是研究钨矿的，那么我们也是研究钨矿的了。

物化探队的人让我找总工程师。我向他表达了我想研究钨矿的愿望，总工问我都学过什么，我就给他讲了一下学过的课程，于是就去了江西省地质研究所。

分到钨矿组，不到一个月，组长就带我们上山了。

我们一行六七个人，去了在江西境内的世界四大著名钨矿山练兵：西华山钨矿、岿美山钨矿、盘古山钨矿、大吉山钨矿。这四个矿山当时是苏联援建的，所有的矿山开采和选矿系统都是苏联那一套。

西华山钨矿是第一次世界大战期间一个德国传教士发现的，当时世界钨矿都很紧张，因为枪炮管子都要用钨。如果不使用钨，枪一打管子就红了，红了就会变软，软了就会卡壳，直接导致炸膛，这是很危险的。那么，当时中国的老百姓拿钨矿石干什么用呢？放在腌菜缸里面压咸菜。因为钨矿石差不多和铁一样重。当时在西华山漫山遍野都是钨矿石，传教士几个铜板就能买一担，但在国际市场上几个银圆都买不到，就这样"中国有钨矿"就传了开去。后来地上没的捡了，于是开始往山里挖。

在矿场里，我们也向工人们学了很多关于辨别钨矿的知识。

钨矿产在石英脉里，看到一条石英脉没有开采，我问矿工——

"你为什么不开挖？"他说："没有钨矿。"我说："你怎么知道没有钨矿。"他说："你看这两块石头，一块有钨一块没有钨。两个都是石英，看起来不一样。你看，有钨矿的石英油光光的。"

看石英光泽辨别石英脉里有没有钨矿，后来我到湖南也遇到类似的情况。

矿里来了一批加拿大专家，他问："这里有脉，那里也有脉。为什么不开那

柳志青在查看样本

里，而是开这里？"

　　矿工说："这两个石头不一样，我脸转过去，你随便敲几块石头，我都能说出来，你是哪里敲的。"都是白石英，工人就能指出石头的来源。加拿大专家很奇怪，他问工人是哪个大学的，矿工说："我是小学的。"

　　我始终认为要尊重普通工人，很多人说工人知道什么啊，其实他们还真的知道，他们只是说不出道理。为什么这样的石英脉里有钨，院士和专家不也一样说不出来嘛。而且农民还更早地在实践中发现了这个辨认方法。我后来也能辨别出哪个矿有钨哪个没有，那是从工人那里学来的。

小试牛刀，初探峃美山

　　初到峃美山钨矿，在坑道里走了半天都没有见到一点钨，我轻声跟工人问，"钨矿在哪里啊，你们在这里怎么挖了半天没有见到钨啊？"工人说："上面有。"我走到上面的一条坑道问："钨矿在哪里？"工人说："下面有。"两条坑道之间高度相差50米，坑道顺着矿脉开，2米高2米宽，里面可以通小电车。

　　够开采品位的矿脉里钨矿应该有多少，眼睛是看得出的，因为钨矿是黑的、石英是白的。显而易见，那是已经开采过的矿场。工人告诉我，通过打风钻，放炮，炸矿石。往上开采了30米都是白石头，都扔到废石堆。当时的工人政治觉悟很高，"我们为国家生产稀有金属，看到都是废石头很心疼。"

打风钻的时候钻头上会自动喷水，因为要冷却、要除尘嘛。如果不喷水除尘，工人干一两年就会得矽肺病死去。在最后不到十米的地方，风钻孔里流下来的是黑水，工人手接水一看，这一下钻进去都是钨了。工人马上在有钨的地面铺上麻袋，这是因为放了炮以后，防止钨落到下面石头缝里会损失。一放炮，一半以上是钨矿，是个大砂包，42吨半！所以矿场下面的工人说上面有，矿场上面的工人说下面有。

所谓砂包就是指那一段矿脉集中了很多黑钨矿。黑钨矿精选后像一粒粒黑色的砂子，用布袋装起来，50公斤一包。矿工所说的砂包是富矿体的意思。

那时候我听了这个，心里想，什么地方有砂包是不是有规律呢？我就想要是事先知道多好啊。于是我提出了去矿场看一看，做些实地研究，可是工人跟我说没法看了，矿都挖完了。

好在每条矿脉都有探测数据，对采矿场顶端每两米取一个样，每开采一米多高的一层都要取一次做一个平面图，所以有没有钨矿一目了然。

我把所有岿美山钨矿的资料拿出来找规律，那可是要看几十万个数据。回来以后我就写了篇论文。通过技术人员的砂包采样记录，通过数据统计，分析出砂包出现的规律，做出矿脉厚度、形态变化的立体图。这个方法虽然很简单，就是类似等高线图，但是以前谁都没用过。

作为在矿上实地查看的小节练兵，我把研究成果写成了论文《某些黑钨矿石英脉中砂包赋存特点及成因探讨》，并投到江西省地质学会大会上。当时我还不是江西省地质学会会员，由省局的工程师代为宣读后，获了地质学会大会优秀论文奖。这篇文章我就是从流体力学角度来写的。现在来看，当时我用流体力学的方法是对的，但是具体公式用错了，不过歪打正着也解释得通。直到我在写《论脉状钨锡铍矿床储量预测》时，才把公式修正过来。

后来我才知道，当时参会的还有谢家荣院士。他在《国外金矿资料专辑》里提到我在《某些黑钨矿石英脉中砂包赋存特点及成因探讨》上的一些发现的规律和方法也适用于金矿，他认为我的研究是很有意义的。

　　1965年，我们到大余县漂塘钨矿协助909地质队工作。当时909地质队由于多种地质原始资料搞得不好遭到局里批评，局里要研究所去那里搞一套地质资料编录标准。钨矿组、地层组、构造组的人全体出动，连同其他的同志，算得上是全省最主要的科技力量都去帮助909地质队了。

　　漂塘钨矿的多阶段成矿原因非常复杂，成为坑道中矿床地质原始编录的拦路虎。地质人员分不出多阶段，将不同成矿阶段的矿脉都当作同一个阶段的矿脉进行编录，使成矿规律的研究上不去。领导给我的任务是通过成矿阶段、围岩蚀变的研究解决坑道掘进后对新揭露面上多阶段成矿的原始编录难题。我的毕业论文就是研究江苏铜井金铜矿的多阶段成矿，论文获得徐克勤院士的高度评价。接受这样的难题可是正中下怀。

　　漂塘钨矿附近还有大龙山、棕树坑、左拔、铅厂好几个国营钨矿山和平安脑等不知多少民采点，大多是一天能打来回的。每到星期天，我就到附近的矿山转，同行就说我搞"科研自留地"、走白专道路，我还挨了批评。有一个批评，我至今都认为是冤枉我了。我们漂塘钨矿对面有个大龙山，那里有很多民采小矿，直线距离2.5公里，走走一个小时左右，我每周都去，所以山上的情况我都知道。由于民工采矿多，山上经常烧起来。我们漂塘钨矿因为民采点少，树林茂盛，只要失火，我都会去救。

　　那一次大龙山失火了，大家去救，我就泼凉水了："那里的树都被民工砍光了，就几根茅草，不要去救了。"工会说"去救"，保卫处说"去救"，我说"不去"。结果他们到了山上火已经熄灭了，他们一肚子气，一回来我就挨批评了，说我"见火不灭，见死不救"。但事实上没有死伤，而且火也是自己熄灭的。

　　当然，我也立过功。有一次漂塘钨矿发生塌方，好几十名矿工被埋。我说："这么多土石方，边挖边下滑，等挖到了工人不都饿死了。"我提醒他们还有另外的洞可以通，找老矿工下去可以带他们出来。我为什么知道呢？因为那时有民工挖矿，就从国营矿的通风井向矿里进去，想着要偷矿，但是由于品位太差没有偷，我知道这个通道，所以提醒一下把人先救了出来了。同行也改变了对我的看法。

"文革"下放，研究民采小型矿

1966年"文化大革命"来了，按照当时的政策，我的成分不够红，被下放当农民。因为我的父亲柳树人曾自己组织部队抗日，但他拿的是国民党的饷。"文化大革命"的时候要斗他，但他是朝鲜人，所以也拿他没办法。我父亲说："你们也不要折腾我，我的情况你们去问一下浙江省委书记陈伟达。"那个调查的人说："你怎么跟陈伟达挂上钩了？"我父亲说："陈伟达是我部下。"父亲的军衔很高。

父亲在年轻时就结识了蔡元培先生，在征得鲁迅先生同意后，将《狂人日记》译成朝鲜文出版，这是鲁迅著作第一次被译为外文出版，此后父亲取柳树人为在中国所用名，鲁迅纪念馆对此做了记述；父亲与历史学家杨宽过从甚密，与巴金是志同道合的朋友，这些父亲平时很少提及，是父亲去世后收到巴金唁电时母亲说的。

我的爷爷是共产党员，父亲、叔叔是朝鲜有名的抗日志士，韩国独立纪念馆都陈列有他们的事迹，韩国国家报勋处出版了他们的传记、回忆录和影视片，是抗日世家。

父亲浑身是胆。1932年的一个晚上，父亲与叔叔等几人在天津用炸弹袭击了日本总领事馆和南阳丸，一个月后又炸了中街的日本正金银行和海光寺日本兵营，炸弹是母亲化装成贵妇，单身一人从北京运到天津的。这些都是轰动全国的大新闻。叔叔被捕后，英勇不屈，壮烈牺牲。

抗战期间我父亲在苏北组织了一支游击队，由于父亲名声在外，政府给了很高的军衔、并提供武器和军饷。这个游击队里有右派，有军统，也有中间派的，也有左派。陈伟达是左派，他是新四军的，父亲也知道。冲锋打仗中，新四军左派都冲在前面，冲在最前面的回来报损，枪支弹药用得就多，我父亲就会多给武器弹药。其实报损中也有部分是实际上没有真用过的子弹数，有些后来都流到新四军那里去了。可能是陈伟达在界定我父亲的时候说明了这些情况，最后我父亲平安过关。

我有这么个家庭背景，当然就被下放了。

1968年底，我下放到江西省临川县桐源公社黄源大队，我当农民去了。去的

柳志青在山间勘查

那天是漫天大雪，农民帮我来挑行李。他们想我一个书生东西肯定不多，所以来了三个人。汽车开到还有十来里路进不去了。三个人一看，"你的东西要一拖拉机啊"。除了书以外，还有一副举重杠铃。举重杠铃250多斤，一个人都不太能挑动，还有一大堆书。

在南京大学读书时我是江苏省举重冠军，是业余队战胜专业队的唯一选手。1960年我在全国举重比赛上拿了两项亚军，冠军是世界纪录保持者黄强辉。看到这副土杠铃，农民对我也肃然起敬。原来以为我是个书生，现在发现我还有这个本事。

到了生产大队，我去的时候已经是阳历12月了，过去以后就快放假。探亲假12天。我说："好不好再多几天呢？"大队干部说："你只要在春耕之前回来就行。"

这不就是从一月到三月好几个月的假期了，但在春耕前40多天我就从家过完年回到生产队了。大队干部问我怎么这么早就回来了。我说我还要出去，其实我是去公社里拿粮票的。

拿了粮票，我就坐汽车去了赣南，就是徐克勤教授书中常提到的那个江西南部。我去的都是小矿，因为大矿要住招待所，要钱我住不起。在小矿山，我就和农民工挤一个被窝，很快和他们打成一片。

他们很尊重我这个大学生，都叫我"柳工"，其实我当时还不是工程师。

我去的有一个矿在赣县大蒲，那里有大大小小几十个民采矿，没有几个是国营开采的，都是老百姓自己挖。第二年，我还去了赣县大蒲。

这一次我是春节前去到矿上，也就是1967年的十二月份我就去了。这个矿没有什么地质资料，就是老百姓在那里随便挖的。所以坑道都很不规则，十分复杂。

那时候有个工头跟我说，"柳工啊，我们都已经干了几个月了，本钱都快没了。"因为矿工吃喝和开采的本钱，都是工头贴进去的。

我进去一看坑道高一米六七、宽两米，白花花的都是石英，确实没有钨矿。我问，没有钨矿你们挖什么；工头说，以前出过砂包。

我想，这可是撞上我的枪口了。我洞里洞外、上上下下，一边观察一边测量，忙了整整三天后，我指着坑道中的一处顶板说，从这里向上打孔放一炮试试看。当晚就放炮了，第二天进洞往上一看，感到有门儿了，就说再放一炮。硝烟还没有散尽，工头就冲了进去。哈！好一个大砂包。那一刻，鞭炮声顷刻响彻山谷。那年头，猪肉十分难得，工头去黑市买了一条猪腿让我带回家过年。

下放三年，我考察了十几个民采区，那都是一些小矿或废弃的国营矿山，可惜一般研究人员只喜欢研究大矿、名矿，很少有人问津小矿。我的研究为什么叫储量预测，首先就是要知道大矿、中矿、小矿有什么区别。一般搞研究的人只知道大矿，不知道小矿。大矿研究可以成名成家，但是成名不一定掌握规律。对民采矿的研究使我了解了大矿与小矿的区别，了解了黑钨矿石英脉垂直分带的一些规律，徐克勤教授在《江西南部钨矿地质志》中所记录的小矿我基本都跑到了，为此后研究储量预测打下了坚实基础。

预测理论中的"浓差分带"、"等厚规则"与"等深规则"

科学界一般认为，结晶就是一个分子一个离子往晶体上生长的，现在的教科书上也都是这么写的。我认为结晶不是这样形成的，而是以大大小小甚至肉眼看得见的粒子长上去的。肉眼看得见的生长和分子级生长可是差远了。有专家问我："你为什么这么说？"

　　简单地说，因为传统认为的晶体一个分子、一个分子长就应该没有缺陷。现在所有自然晶体都有缺陷，晶体里有液体、气体和其他矿物微粒的包裹体。说明长到晶体上的粒子大小不一，这样一来，不一样大的粒子只要一块块堆上去，就会有空隙，就会有缺陷，空隙里就会有液体、气体甚至固体包裹体（水晶中大的气体）。液体包裹体肉眼看得见，像水准泡一样，晃动一下水晶，包裹体中的气泡还会动。你到河坊街水晶市场去问，店里的人会拿给你看。流体力学、结晶学都是专门的领域有专人研究，但是我都懂一点点，我把懂的这一点点都合在了一起，触类旁通，将这些知识用到了钨矿储量的预测上。

　　"浓差分带"理论，当时与美国、苏联学者提出的理论并列。美国、苏联学者提出的矿床分带理论仅能定性预测，而我提出的分带理论可以进行半定量预测。

　　全世界研究锡矿的人都知道英国有一个大锡矿叫康瓦尔锡矿，全世界研究锡矿的人都知道康瓦尔锡矿也产钨，钨矿在矿脉的上部，钨矿形成的温度低；锡矿在矿脉的下部，锡矿形成的温度高，这就是矿床界都知道的上钨下锡分带。这一锡矿早就开完了，但是上钨下锡的分带规律成为美国地质学家提出温度分带理论的主要依据之一。一战时西华山钨矿被发现后，让地质学家们震惊的不仅是巨大的储量，更不可思议的是西华山钨矿是上锡下钨分带；这不成了结晶温度低的矿物在温度高的地方先结晶、结晶温度高的矿物在温度低的地方后结晶，这怎么可能？这一问题困扰了地质界几十年。分带理论之所以重要是因为你观察到地表出现哪种矿，就可以预测地下可能存在哪种矿。比如，按美国的分带理论，地表钨多锡少，就可以认为往下锡矿会多起来；如果地表锡矿多而没有钨矿，说明矿体的上部已经被风化剥蚀，往下锡矿也不多了。现在倒好，全乱套了。美国地质学家的温度分带没办法，苏联地质学家提出的多阶段成矿脉动分带理论对此也毫无办法。苏联科学院院士亲自到西华山钨矿研究也铩羽而归。没办法，地质界就姑且称之为逆向分带。

　　我的研究是从钨锡铍三种矿开始的，其实矿脉里不止这三种矿物。结论是当矿脉里有两种以上矿物的时候，哪个矿物储量最少，哪个矿物就在上部。为什么呢？这个讲起来就复杂了，我简单说。

　　我们讲结晶，卤水煮盐，太阳将盐田里的水蒸发了，卤水浓度高了就结晶，浓度低了就不结晶，不同于盐，结晶的饱和浓度差别大。但浓度高先达到饱和浓

柳志青带领学生在野外实习

度，先结晶是不会错的，先结晶么就先沉淀。钨矿石英脉在形成之初是岩石里的一条条大裂缝，里面有温度高达摄氏三四百度压力，500到1000以上大气压的成矿流体在运动。现在发电要用超临界流体，在大裂缝里流动的就是超临界超流体。发电用的超流体是纯净水，成矿的超流体中有多种矿物质，浓度高的矿物质靠近成矿流体源头先结晶，浓度低的矿物质远离成矿流体源头后结晶；靠近成矿流体源头温度高，远离成矿流体源头温度低。也就是说，矿物质的浓度对结晶的影响可以大于温度。而且在成矿流体运动过程中形成的细小矿物晶体微粒不会立即沉淀在裂隙壁，它会随流体一起运动。这些微粒在运动的流体中会"长大"，它什么时候会沉降到裂隙壁并在那里继续长大，取决于该矿物质在流体中的浓度，矿物晶体微粒的密度，裂隙腔的长度、宽度及形态、宽窄变化。由这些因素决定裂隙腔变成矿脉后矿物的分带，我们称它为"矿物微粒浓差沉降分带"，简称浓差分带。浓差分带理论也能大致预测工业矿物的富集部位，或者说砂包的出现部位。

我还将浓差分带理论应用到解释稀土和铌钽的分带以及解释地球的分带，也取得了很好的效果。

康瓦尔锡矿中锡矿的储量10倍于钨矿的储量，西华山钨矿中钨的储量10倍于锡矿。他们热衷于制造华丽完美的外衣，越描绘越美，偏偏我大声叫了出来，

"哈，国王没有穿衣裳"。

下放的时候，我还去过江西遂昌县良碧洲钨矿。徐克勤教授在《江西南部地质志》中提到过这个矿，他预测储量有5000吨。我去的目的就是看看。到浙大后我又去了。听到我要去矿里，矿长带人到大门外夹道欢迎。我问矿长："这个矿到底开了多少吨？"矿长看了数据说："1949年到现在大概四五千吨。"

矿长说，后来打了坑道，山坡上有，到了下面就没有矿了。农民就挖一手指宽到四手指宽的矿脉，有时二指宽的矿脉50%以上全是钨矿，地表风化好挖。但是下面没有，地表矿脉细小，向下矿脉会合并变宽，农民十几米地挖下去，矿脉宽是宽了但反而都没有钨矿了。

我们到现场看，看见2到5厘米的矿脉里钨矿较多，1到2厘米的矿脉里绿柱石经常比黑钨矿多。绿色或蓝色透明的绿柱石就是祖母绿或海蓝宝石，很少见、很贵的，这里的绿柱石不透明杂质多是炼金属铍的原料。言归正传，我看到1厘米以下的矿脉里主要是绿柱石。这是典型的上铍下钨分带，重要的是这里的钨矿储量远远多于铍矿。那么有没有上钨下铍的分带呢？

调到浙大后听说临安有钨铍矿，当时我正在筹建矿床实验室，就去那里采集矿石标本。那是一个小型钨矿但是铍矿有中型规模，在昌化千亩田。

哦，这里我先说一个意外发现。1000多米的高山顶上有一片1000亩地的山间盆地，千亩田由此得名。盆地的出水口是几十米高的瀑布，瀑布下悬崖墙立、浪花跌宕、飞流直下三百米；悬崖上云雾缭绕、群燕飞鸣、青松挂壁映山红。于是相机咔嚓、咔嚓，上海《文汇报》、香港《文汇报》相继报道。现在这里已经是风景名胜了。

千亩田钨铍矿的绿柱石储量远大于黑钨矿储量，是上钨下铍分带，我随即对一条没有钻探、没有取样化验钨铍品位的矿脉进行储量预测，并将结果告诉矿长。一年后，矿长将开采结果书面通知我，开采量与预测量基本相等。可以收官了。

啊，又说远了，就着下面这幅图我再说一下"等厚规则"。

这是矿脉向上的一个树枝状分枝。上面加起来10厘米厚，后来变成一条了，但也是10厘米，这就是钨矿脉"厚度相等"规律。

这是一两米之内的等厚，几米、十米几又如何？那要是几百米，又会怎么样？

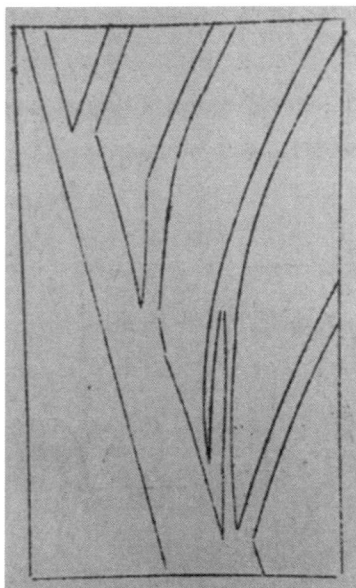

矿脉向上分支时，总脉幅厚度一致

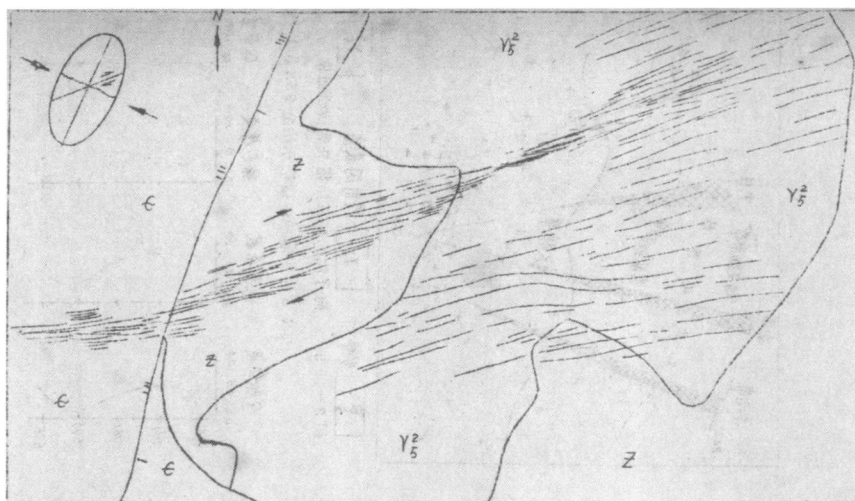

平安坳—墨烟山钨矿田地质略图

γ_5^2：燕山早期花岗岩　　∈：寒武系砂板岩　　Z：震旦系白云母片岩　　/：钨矿脉示意

　　还是在漂塘钨矿的时候。周末，我在天黑前赶到了平安垇钨矿，那是一个民采区，有成百上千个采矿洞，洞里的矿脉宽度大多是5到10厘米，比较富。不过这次我没有去钻洞。第二天，我去看一个巨大的露天采矿场，那里头有20人在开矿。白花花的一条条石英脉很显眼。矿脉的宽度在10至50厘米，民工告诉我，黑钨矿在10到20厘米的脉里较多，不过没有西面高山洞里的小矿脉富。我问大脉呢，民工说，50厘米的大脉基本上没有钨。我问最大有多大，民工说："很大，1949年前有地主雇人开过，没采到钨，后来破产了，再后来洞也垮了，就在东面山下，你顺着这些脉就能找到，洞旁有一条路。"我顺脉往山下搜索，石英脉越来越大、条数越来越少；到路边，我看到一条4米多宽的大石英脉和多条1到2米的石英大脉，我仔细量了一下，有14米；回到露天采矿场，我量了一下露天采矿场和采矿场南北一向矿洞里的矿脉宽度，也是14米。我震惊了。

　　到浙大后，又通过多次考察，我得出"等厚规则"：假定说上面有100条钨矿脉，下面有五条，这五条钨脉厚度加起来和上面100多条是一样的。

　　最厉害的验证是广东连平锯板坑钨锡矿，这时候我已经来浙大了。

　　地质队在钨矿地表挖了槽，我拿了地质队的编录图到山顶的探槽中一个个校对过去，补充记录了1到0.1厘米的细脉宽度数据。按规范，这样大小的脉是不编录的，但是这样大小的脉数量极多。重新编录后，我量出探槽中的几千条细脉一共有10米多一点。山下面挖了个坑道，往下50米又一层坑道，量一下矿脉的宽度总和还是10米多，再往下还是10米多，但是条数明显少了。量到后来坑道没有了，地质队的钻孔数据是有一条大脉，整10米。从山顶的探槽到钻孔中的10米大脉，总的测验深度达到1000米以上，所以验证了"等厚规则"。

　　"等深规则"是我在下放时就懵懵懂懂出现在脑子里，后来写研究报告的时候总结出来的。矿与岩浆有关系，火成岩在地表出现，有的地方高，有的地方低。我认为，矿都是在一定高度，在−300米到+1000米之间，如果花岗岩高，矿就在花岗岩里面，如果花岗岩低，矿就在花岗岩外面，总而言之就是矿的深度是一样的。这是我发现的概念，它的意义非常大，我们找矿就是找花岗岩。按照美国的理论，钨矿就在花岗岩里面，花岗岩外面钨矿是很少的。其实花岗岩外面的钨矿更多。等深规则就很好地解释了这一现象。西华山钨矿整个都是花岗岩，花岗岩是高山，矿都在花岗岩里面。而其北面的荡平钨矿的特点，矿都不深，花岗岩顶

面是斜的，它的矿也就很有意思，沿着花岗岩顺坡爬；漂塘钨矿的花岗岩在海拔0米以下，钨矿绝大部分在花岗岩外的岩石里。西华山钨矿最高的矿脉和最低的矿脉与漂塘钨矿的最高标高、最低标高一样，这就是"等深规则"。

我的研究结果是，深度用等深规则，不打钻可知；长度地表可量；厚度用等厚规则，那么矿石量我就能算出来，如果品位量大致知道，那么储量不就可以预测了！

浓差分带、等厚规则、等深规则，后来都被1988年由地质出版社出版的教科书《矿床学》所引用，但是直到现在依然有人不认可、甚至写文章驳斥。我也没去反驳。因为这些理论确实比较难理解，特别是浓差分带。比如说上钨下锡分带和上锡下钨分带，有没有钨锡不分带的？平衡点在哪里？同样，上铍下钨、上钨下铍，钨铍不分带的平衡点在哪里？引用的公式写得明明白白，秘密都在里面，而且计算平衡点只需要初等数学知识；然而连这些都没弄明白，写什么文章反对？唯一遗憾的是，从没有人问过我，平衡点在哪里。是已经看懂了，还是一点也不懂？还有人认为西华山钨矿床的黑钨矿和锡石不是同一阶段形成的，不能用浓差分带来解释。世界著名的钨矿权威徐克勤院士多次论证了西华山钨矿床的黑钨矿和锡石是一个阶段形成的，苏联科学院院士别杰赫琴不放心，以为黑钨矿和锡石不是一个阶段形成的，20世纪50年代初期专门到西华山钨矿研究，在确定黑钨矿和锡石是同一个阶段后，对上锡下钨的分带感到不可思议。其实认为西华山黑钨矿和锡石不是一个阶段的人，是误将同一阶段内矿物的先后生成顺序，看成前后阶段的缘故。其实对于同一条脉中的钨锡矿，是不需要考虑是否同一阶段的，因为都可以用浓差分带理论预测。

还有，浓差分带理论也许能破解"云霄塔"。"云霄塔"是什么？对军迷来说是不陌生的，有心人在网上查一下吧，也许又是一个"石破天惊逗秋雨"。不过可能很快会雨过天晴，不用久等的，因为会超越的。

"文革"后浙江大学的首次科研鉴定

1971年浙大土木系成立地质连队，我刚好因家庭原因才有机会调进浙江大学。"地质连队"这个名字是在"文化大革命"时期取的，当时都讲军事化，我们工作就叫作"战斗"，建制就用"连队"。玉泉校区体育场北面，有个健身房。那里原来有一排平房，条件很艰苦，是我们地质连队的连部，也就是我们的办公室。

我是第11名报到的，刚开始二十来个人。浙江有很多矿山，但是缺乏地质人员，所以我们地质连队到下面去办短训班，一期一个月，讲讲矿的知识。后来就招大学生了，主要是工农兵学员，最早是两年制。我们地质连队就不下去办班了，主要教大学生，教员也就到三十几个人了。

一两年以后地质连队就没有了，叫土木系地质专业，后来独立出来成地质系。地质连队一开始就搞科研，第一个项目是珍珠岩，我参与了一点点，就检查了一个矿。

后来，我就把我的研究写成报告。浙江大学党委书记刘丹，以及科研处、统战部的有关同志在得知我的研究后，给予了极大关注。我向科研处提出需要进行科研鉴定，于是我的科研报告《论脉状钨锡铍矿床储量预测》，成为"四人帮"倒台以后，浙江大学做的第一份科研成果鉴定。

鉴定会是在莫干山上开的，当时邀请了以徐克勤院士为首的数十名学者，以及我书里写到的具体矿例的工程师来进行成果鉴定，我下放时当地生产队的代表也来了。最终，鉴定结果格外地好。

当时刘丹同志在《浙江日报》上撰文中专门提到我："地质专业的学生在毕业实践中，运用（柳志青）这项研究成果，与教师一起，对某矿区做了实地考察并进行了科学实验，推翻了苏联专家的结论。"

报奖是学校报的，我都不知道过程，到确定得奖的时候我才知道。当时，我的论文要去参评，遇到了署名的问题。到底署谁的名字呢？当时学界风气都是署集体，比如1965年我国科学家完成了牛结晶胰岛素的合成，这是一个可以申请诺贝尔奖的成就，就是因为署名问题失之交臂。我所在的浙大地质系那时候还叫地质连队，负责人问我："你怎么只署自己的名字？"我考虑了一下说，这是我一个人搞的，而且也没有其他人知道。这里面的东西也比较深，一般来讲，当时全地质系的人可能会看懂一部分，全看懂的基本没有。就连我自己，当时有一个流体力学的方程，我用是会用，但是怎么推导我也不知道。所以，我就署了我一个人的名字。

也是在1978年，我接到上级通知，要我去某地学习，到了驻地却没有什么事情做。第二天在会议室得知，我成为第五届全国政协特邀委员。到了北京，我又知道《论脉状钨锡铍矿床储量预测》获得1978年全国科学大会成果奖。但因为我在开全国政协的会议，所以没有去参加全国科学大会。

当初在浙大印刷厂编印的、"文革"后浙江大学首次开展科研鉴定的科研报告《论脉状钨锡铍矿床储量预测》的油印本，如今保存在国家专利局。

人物名片

柳志青，生于1939年2月，1963年毕业于南京大学地球化学专业，1978年破格升副教授，曾任第五届全国政协委员。开设本科生课程包括矿物学、矿床学两门地质系专业课，以及太阳系化学、宝石学和玉石学两门全校性选修课。此外，还开设热液矿床、矿田构造等研究生课程。

第二章

数　学

教好书，做好科研，是陈建功先生教给我们的理念

项目：滤波器设计过程中的一个高精度算法

采访时间：2016年8月27日

采访地点：浙江大学西溪寓所

讲述人：王斯雷、郑士明

采访/整理：柯溢能

采访手记：科研成果固然是对一位研究者的重要评价方式，但在对王斯雷老师的采访中，他严谨治学的态度、对研究伙伴的尊重、对术业专攻的执着，令人印象深刻。王斯雷老师从事滤波器设计相关的高精度算法工作，对于程序的设计有很高的要求，如何用简便的程序实现复杂仪器工作是重要的研究内容，是一场"最强大脑"的烧脑挑战。不迷信权威，又以满腔热情报效祖国现代化建设，这样的情怀依然在中国科学研究者血脉中流淌。在前期采访和后期审核过程中，王老师总是耐心地回答问题、认真校对稿件，言传身教，让我深受触动。

古之学者必有师，郑士明老师对其导师陈建功先生的感怀充盈在整个口述的过程中。陈先生的品质，用当下的话来说就是"功成不必在我"。通过郑老师的描述，我进一步加深了对科研不易的体会，更被他和陈建功先生之间浓浓的师生情谊所感动。

为长话大楼制造新一代滤波器

讲述人：王斯雷

陈建功先生是我们数学学科的带路人，他教给我们的理念是，高等院校的教师，既要教书好，还要注重科研。他是这么做的，所以我们也遵照着执行。

不迷信权威杂志找到独特研究路线

1974年，到了"文化大革命"后期，学校政策已经向生产科研这方面倾斜。但理论研究还不能做，这个是很明确的。

但突然有一天，有个工程师，带着一篇国际上通信领域的权威杂志IEEE来，主要是想让我们帮弄明白里面关于滤波器原理的一篇文章。

滤波器的使用范围非常广泛，举个例子，我们收看电视，就有视频和音频两个具有各自频率范围的信号，而在我们的生活空间里，本身就蕴含着各种频率信号，这些原有信号会对电视台发射的视频和音频信号产生干扰，因此我们要进行滤波排除干扰。滤波器运用到长途通讯中也是一个道理，排除其他不必要的频率干扰，让我们的通话更清晰有效。这位工程师带来这篇文章的目的，是搞清楚国际上对于滤波器的研究现状和先进做法。

当时北京建了具有地标意义的长途电话大楼，1975年要投入使用。长话大楼是当时中国最大的国际国内长途电话枢纽，除装有大容量的有线通信系统外，还装有现代化的大容量无线通信系统。这种系统可以同时传送上千路电话，也可以传送彩色电视及各种传真电报、图像信号。邮电部接受任务，需要制造新一代的滤波器。

如果按照老式滤波器的型号制造，那将是非常庞大的体积。而长话大楼因为空间有限，对滤波器体积有新的更小的要求。与此同时，邮电部还接到任务要开通960路滤波器，也就是一根电缆上通960对通话，这需要高性能的滤波器对各自波段分离接收。因此，研制新型滤波器成为长话大楼设备安装中的当务之急。

刚好有工厂接收到这个任务，而这名工程师在钻研的时候看到了国外杂志上的这篇关于滤波器的论文，找到了当时较为先进的理论。大概因为里面数学知识比较多，他看不太懂，所以来找我们数学系。

数学系办公室就找到了我，正好当时国家也提倡做一些与实际联系的科研项目，我就开始动手参与其中了。

拿到那篇论文以后，我自己也进行了一番推导，发现这里面不但数学知识比较多，还存在着很多问题，按照杂志中所显示的理论是推导不出相关的滤波器的。经过研究，我举出了一个反例，证明了论文中关于用电抗网络实现具有复数衰减极点的滤波器的结论是错误的，同时还给出了该结论成立的充分且必要的条件，从而使得实现具有复数衰减极点的滤波器成为可能。

这个工作后来发表在1983年中国的《通信学报》上。整个研究过程中，我的思路很清晰，就是要找到一个正确的东西，理论明确后，就要将之付诸实践。当然具体的理论到做成产品还有很长一段路要走。

计算机在滤波器设计中应用

滤波器的实践就是制作电路，对于电路的研究，最重要的一块就是计算。实际上就是解一些高次的代数方程，这种高次方程，用通常的方法肯定是算不出来的。

当时郑士明老师已经是计算机方面的专家，所以我们几个人就组成研究小组，团队攻关。为什么我们的研究项目中提到叫作高精度的算法？这源自于计算结果的位数。

计算机算出的结果是有位数限制的，比如30位，但实际的计算结果可能有50位。这里就需要四舍五入，它的总次数可能会达到几千万次，那么按照普通常规进行四舍五入得出的结果，势必面目全非。在不精确的基础上计算，肯定毫无意义。所以计算结果的四舍五入很有讲究，在这个方面郑士明老师做了大量的研究。

我与杭州大学和老师们

我是1950年进入浙江大学学习，1953年毕业于浙大电机系。为什么我三年就本科毕业了呢？因为当时国家于1952年出了一项政策，凡读理工科的都是国家急需的人才，1952届与1953届提前一年毕业，参加工作。同年到浙江师范学院任助

1982—1983年王斯雷在美国普林斯顿高等研究院的图书馆

1982—1983年王斯雷在美国普林斯顿高等研究院访学

1982—1983年王斯雷在美国普林斯顿高等研究院的办
公室工作

1985年前后王斯雷在学校上课

教，先后在徐瑞云[1]、陈建功指导下，从事分析学（调和分析）的教学与研究。

我小的时候对安装无线电很感兴趣，所以就报考了电机系。进到浙大以后学到高等数学，引发了我好多思索。问有的老师，得到的答案让我不太满足，刚好那时候徐瑞云先生也还在浙江大学任教，我就向她请教。

1958年，陈建功先生到杭州大学，每周三的第三、第四节课是论文介绍课，徐瑞云先生就让我们青年教师都去听课。陈建功先生会将我们的论文推荐到不同的杂志。

徐瑞云先生是陈先生30年代的学生。

徐瑞云老师的课，板书是没话说的，又快又漂亮。她在黑板上的板书如果摘录下来的话，就是一篇论文。徐先生是德国留学生，是上海人。英语很流利，德语本身就很好，普通话讲得溜溜的。所以徐先生的课堂就是普通话、上海话、英语、德语无缝转换，各种语言交接的过程，用数学语言讲是很光滑。听徐老师的课，是一种享受。

徐先生全身心都扑在数学系，生活上对教师很关怀。为提高全系教学水平，还经常和教师们讨论各种数学问题，这种品格很可贵。

1952年全国高等学校院系调整，以浙江大学文学院、师范学院、理学院一部分和之江大学文理学院为主体，建立浙江师范学院。浙江师范学院成立初期，教师还比较少，所以她从老浙大毕业到中学里任教的人里抽调了20人左右补充大学师资。

1958年，上面领导说要办一个杭州大学，理由是，将浙江大学拆掉以后，陆定一在当时的浙江省人民大会堂做报告时说："院系调整给浙江人民带来一件不好的事情，把浙江大学拆掉了，以后要还一个。"这个所谓"还一个"，在我理解就是办杭州大学。

杭州大学谁来办？浙江省委托给了浙江师范大学，从实质上来说，杭州大学是另外一个编制，但就具体办学来说，除了陈建功先生是从复旦调过来以外，其

---

[1] 徐瑞云（1915—1969），中国第一位数学女博士。1936年毕业于浙江大学数学系，并留校任教。1937年去德国留学。获博士学位后回国，仍在浙江大学任教。1952年院系调整后任浙江大学数学教研组组长。1953年到浙江师范学院任数学系主任。后任杭州大学数学系主任。徐瑞云从事分析数学的研究，特别擅长于三角级数论。

他教师都是从浙江师范学院调过去的。当然，其他院系也是如此。于是，在杭州大学正式成立了一个月之后，浙江师范学院与杭州大学合并成为杭州大学。这是一段历史往事了。

攻克数学计算中的蝴蝶效应

讲述人：郑士明

滤波器由三大元件组成，电阻、电感、电容。不同的组合，就可以将不同的波段过滤出来。原来制造滤波器的方法是模拟法，是一种现有的模式，凭经验搭出来的。王斯雷老师研究的是综合法，用数学的方法，通过精确的计算，将电感、电容、电阻的值算出来，从理论上计算波段。当时的年代，杭州还没有像样的计算机，因而难度很大。

今天人们谈论起杭州大学的数学系，我想陈建功先生是绕不开的丰碑，王斯雷老师一直是跟着陈先生做研究的。我是陈先生在杭大以后的第二届研究生，我们一直都遵照陈先生的教导开展工作。

我的导师陈建功先生的大师风范

我是1962年杭州大学本科毕业，同时考上了本校研究生，那时候陈先生刚好七十大寿。陈先生有几件事情给我印象非常深刻。

我们的论文，他是逐字逐句修改过的，甚至包括标点符号和英文摘要。但是，他对于我们的论文有两个"不准"。一是不准我们署他的名字，二是不准在文中感谢他。他常跟我们学生说："我是导师，这是我的职责。"

这一点，我印象非常深刻，我们这一代人基本都是遵照陈先生的方针做的。我的研究生的文章，我也不署名。但另一条我无法做到，因为现在学生的论文都有一篇致谢，父母家庭都感谢了，所以不让感谢导师做不到了。

陈先生与苏步青先生的关系更是体现出一位大师的风范。我在讲这两位先生之前，说一下我对浙大历史分期的观点。我认为浙江大学有两个重要节点，一个是1952年院系调整，一个是1998年四校合并。这两个点把浙江大学历史曲线分成三个部分，1952年前的我将之称为"老浙大"，1952年到1998年我称之为"原浙大"，1998年以后是"新浙大"。

正是在"老浙大"时期，陈先生是浙江大学数学系的系主任，他聘请苏步青先生来浙江大学任教。苏先生来了两年之后，陈先生向苏先生提出："做系主任要有较强的社交能力，我不如你，我们换个位置。你做系主任，我做普通教授。"随后确实就这样做了。

每每想到两位先生的这段经历，我总是感慨不已，现在很多人有官本位思想，但是陈先生却主动让出位置，令人动容。

1958年陈建功先生从复旦大学回到杭州大学工作后，由于地区差异，工资比在复旦大学时期降了不少，但是他自费订阅的杂志并没有减量，很多还是俄文、英文的数学杂志。他每周给我们上一次课，课程名称是论文介绍，他把这些杂志上最新的研究成果及时地介绍给我们。除研究生外，其他教师都可前来旁听。

陈先生从1961年开始招5名研究生，这一届都是杭大毕业的，2名在职教师3名应届毕业生。我是1962年入学的研究生，是陈先生在杭大的第二届学生，从这一届开始面向全国招生。1962年招了5名，1963年招了4名，1964年招了2名，1965年招了2名，1966年因为"文化大革命"开始停招了。

当时杭大数学系有两大体系，一是陈先生领导的函数论，另一个是白正国先生领导的几何。杭大数学系原先水平并不是很高，在陈先生的领导下，杭大数学系科研水准是突飞猛进。

"老母鸡孵鸭子"里的滤波器数学计算

我跟陈先生学的是理论方面，"文化大革命"开始后，理论研究不能进行了。我就转到计算数学这方面。计算数学解决的实际问题要多一些，也符合当时的时代趋势。陈先生一向鼓励我们："我不希望你们以后都跟着我做理论研究，我是老母鸡孵鸭子。"

众所周知的一个规律，老母鸡是会孵小鸡的，但是鸭子不会孵小鸭。陈先生说："我是老母鸡把鸭蛋放到自己的肚子下面，我孵出来的不一定都是小鸡，还可

1963年郑士明读研期间在校门口留影

以是小鸭、小鹅。"陈先生是鼓励我们到各个方向上去施展自己的拳脚。

　　我的计算是对王斯雷老师研究的延续，王老师将原有理论中的错误部分剔除，并提出新的理论观点，这是相当不容易的。后面的计算工作需要用到计算机，就需要编写程序。

　　当时杭州没有像样的计算机，我们要到上海计算中心去借用。王老师负责理论公式的推导，我要弄懂王老师的研究后再编写程序。

　　这个过程需要解一些次数比较高的方程，而且误差的积累可能会把整个数学问题变得面目全非，我们称这种现象为数学上的"蝴蝶效应"。有可能这边翅膀一扇，那边误差就很大很大。

　　我们在这个算法上面，一个是编成计算机能算的程序，另外就是在求解的过程中我们也克服了很多困难。比如我们刚开始时，算出电感电容的值为负数，这是相当荒唐的结论，因此我们花了很大的力气在算法上做深入研究和创新。

　　此外，我们希望借助于高精度的计算机来实现滤波器的高精度计算，这时打听到北京七机部五院进口了一台英国的计算机，具有双精度。双精度是什么概念呢？如果我们把普通精度的计算机看成一个算盘的话，双精度的计算机相当于两个算盘接起来。那时，计算机是光电输入，像电影胶卷，里面有很多凿孔。

在北京算题的日日夜夜

　　我们后来就去七机部五院算题，地点是在北京北面的白石桥。而委托我们工

1963年郑士明研究生期间一寸

作的522厂是邮电器材厂，隶属于邮电部。因此我们到浙江省邮电管理局开了个证明，到北京去可以住邮电招待所，这样还可以便宜一些，节省经费，那时候住宿大概是五角一夜。但这个招待所在牛街，是北京的南面。一南一北，所以我和王斯雷老师每天都是一大早起来，去七机部五院上机计算，打印了很多数据回来，晚上赶到招待所里分析处理。

那时候的邮电招待所还不能叫旅馆，是个大通铺，所有人都住在里面，可以容纳几百人的大房子，没有桌子，只有一个人一个床铺。

回到招待所我们就坐在地上，数据纸放在床上，对数据进行分析研究，第二天再去修改程序继续计算。当时我们夜以继日的工作感动了很多人，因为"文革"时期，整个社会生产已经处于停滞状态了。所以有人跟我和王斯雷老师开玩笑："中国人如果都像你们这样，国家就有希望了。"

现在回想起当年的工作，确实是需要毅力和一点精神的。极差的光线和研究条件，没有任何报酬，但我们坚持了下来。

当时和我们一起住在招待所的还有辽宁沈阳邮电管理局的一位处长，他对我们的工作很赞赏。在聊天过程中我提到想买一个高压锅。那个时候南方没有见过高压锅，沈阳当时出产一种红双喜牌高压锅。我说出愿望后，沈阳的这位处长同志欣然答应帮我带一个高压锅。

　　过了很久，我也回到杭州继续研究滤波器设计中的高精度算法。正好沈阳邮电局有人到杭州来出差，这位处长果然给我带来一个高压锅，27块钱，那时候我的工资是59块。我们相识不深，这位处长却毅然给我代买了一个高价物品，体现出人与人之间的信任。

项目获奖的两大理由

　　后来我们得知，当时我们获得全国科学大会奖的理由大概有两个。一是高精度的算法，二是使用计算机参与运算。

　　原来对于滤波器设计都是凭经验，将电感、电阻、电容进行搭配，制作出不同的波段。而我们的研究通过算法的形式，既有理论依据，又有精确的计算结果。而且我们使用了那个时期很少人使用的计算机。

　　从理论来讲，计算结果应该是无穷位的，但是由于计算机字长的局限，因此会产生舍入误差。所以我们的工作就是要改进算法，避免误差积累。在滤波器设计计算过程中，要用到多项式求根。传统的方法是先求出一个近似根，再用求到的根式除原先的多项式，得到降次的多项式。再对降次的多项式求近似根，再降次，直至求得所有近似根。这种降次过程就会不断积累误差，产生"蝴蝶效应"。后来我们想出一个技巧，每次对一个有理分式求根，此有理根分式的分子一直是原始多项式，而分母则是前面求得的根式的积。这样，就避免了误差的不断积累，克服了"蝴蝶效应"，达到了非常理想的精度。

　　"文革"后我转入计算数学专业。计算数学就是研究适用于计算机的数学方法，要学会算法语言和程序编制。这些课程以前都没有学过，先得自学，然后教给学生。由于当时我们没有计算机，所以我们的教学仅停留在黑板上。

　　1969年，中国科学院力学研究所淘汰下来一台103计算机，我们杭州大学派了七位老师去北京，把这台计算机运到杭大，并将之安装调试运行。我没有参与这台计算机的搬运与安装调试过程，但在教学过程中使用过。当时该计算机没有任何操作系统和算法语言（我们称之为裸机），所有数据和程序都要用二进制代码来编写，需要专门学习后才会使用。当时计算机主要应用于数值计算，我们可算是当年的老一代计算机专家了。但计算机的发展一日千里，当前主要应用于非数值计算，我们都已经跟不上形势了。

1965年9月杭州大学数学系1961—1964部分研究生合影。当时的杭州大学数学系只有陈建功，白正国两位教授招收研究生，从1964年到1965年。作为陈先生的研究生，郑士明是1962年入学的。这张照片拍于他毕业那年的1965年9月，照片上方的文字是"杭州大学数学系1961—1964研究生合影"，其实1961届的学生已经于1964年毕业，没有全部参加这次合影，参加的只是留校者。

（前排左5为白正国教授，左6为陈建功教授，左7为当时杭州大学数学系主任徐瑞云教授，左8为总支书记曹隐农。后排右4为郑士明）

杭大数学系四大青年讲师

五六十年代讲师是高级知识分子。1959年到1960年那段困难时期，讲师国家都有营养补贴。"文革"前期职称评定基本停滞，王斯雷、谢庭藩、王传芳、陆传荣是当时杭大数学系四大青年讲师。

当时杭大数学系除了陈先生、徐瑞云先生是教授，白正国[1]先生是副教授，接下来就是一批老讲师和这四大青年讲师，其余都是助教。

老讲师不少，包括陈先生的夫人朱良璧。朱先生当时也在著名的杂志上发表过文章，已经具备申报副教授的资格，而且陈先生当时还是学校学术委员会的主席，但是他不让朱先生申报。这一方面体现出陈先生的高要求，另一方面也体现出陈先生的无私，对自己的夫人要求更高。所以，朱先生终身都是一位老讲师。

正因为数学系对教师职称升级要求很高，所以四大青年讲师被青年教师们所仰慕，并被视为楷模。

鸣谢蒋天铮同学在本文资料收集过程中给予的帮助

---

[1]白正国（1916—2015），著名数学家，浙江大学微分几何学派重要代表人物之一。20世纪50年代以后，白先生参与了浙江师范学院数学系、杭州大学数学系的建设与领导工作，以及四校合并后的浙江大学数学系的建设，为承继与光大浙江大学微分几何学派做出了重要贡献。

人物名片

王斯雷，生于1933年3月，现任教授。曾开设本科生课程数学分析、复变函数、实变函数、常微分方程，开设研究生课程三角级数论、奇异积分、Hardy空间、现代调和分析等。1978年获全国科学大会奖，1990年获国家教委、国家科委联合颁发的全国高等学校先进科技工作者荣誉称号。

郑士明，生于1940年11月，1962年师从著名数学家陈建功攻读函数论研究生。长期从事函数论、应用数学、信息与计算科学的教学和研究工作。曾任杭州大学数学系副系主任、浙江省数学会理事、浙江省应用数学研究会理事。曾承担多项国家自然科学基金和浙江省自然科学基金资助项目。多项研究成果曾获得全国科学大会奖、省部级奖。为本科生开设的课程有：微积分、计算机算法语音、计算方法、数值逼近、数值代数等。为研究生开设的课程有：数值分析续论、多元非线性方程组迭代解法、读书报告等。

二十年后依然"光顺"[1]

项目：船体数学放样——回弹法；样条曲线拟合与双圆弧逼近法数控绘图

《船体数学放样——回弹法》

采访时间：2016年8月18日、8月23日
采访地点：浙江大学求是村寓所
讲述人：董光昌
采访/整理：柯溢能

采访手记：在做这篇稿件的后期整理时，我通过搜索引擎备注了较多的人物名片，这其中包括大量董先生的学生。在这些学生中，很多人已是各国的院士。"他们是天才。""他们就是数学界奥运会的冠军。"董先生在提及他们时毫不掩饰对学生们取得成就的骄傲，董先生已经很高龄了，但这些记忆如昨日才存下一般清晰生动。

多次去往董先生家里采访后，我逐渐对船体放样加深了了解，更对当时历史背景下科学家能够孜孜不倦扎根科研留下了深刻印象。沉心静气做科研，是董先生的特点。为老先生们整理口述史，让我们对那些波澜壮阔的科技史有更明确的了解，因为老先生们就是当时的经历者，他们曾与我们耳熟能详的伟人、名人同行。

　　我从小是在私塾里上学的，到了五年级才插班进小学。五年级下学期时偶看

---

[1]本文写作过程中参考了《没有终点的曲线》(刊登于《浙江日报》1978年11月12日第3版，作者桂华章等)。

老师还没教过的数学课本后页，遇到一个工程问题，我自己将这一工程总量想象成单位数"1"，这与课本的叙述相一致，因而引起了我以极大兴趣去自学数学书。到了中学自学得更多，也就立志以后长大了要学数学。

慕"陈苏"之名考取浙江大学

1946年七八月份，我中学毕业不久，对于数学界我当时只知道华罗庚先生很有名，我一心想报到他名下。那一年，我从鄱阳湖坐江轮，顺流而下，到上海去参加高考。在船上我与其他旅客交换意见并告诉他们我是要去考大学后，有一位旅客告诉我，可以将浙江大学作为一个选择，因为那里有著名的苏步青教授和陈建功教授。

轮船到了南京，我便赶赴上海考大学。刚开始借宿在交通大学一位有点认识的教授家里，在他家睡房的门口打地铺，铺盖卷还是从江西家里一路带来的。考完大学后为了省钱，搬到交大一个教学楼的顶楼上去住，住了大概有数周时间。其间，我特地到杭州来参加浙江大学的入学考试。当年的8月下旬，交大因为快要开学，就不让我们继续在屋顶打地铺，我正愁去往何处，这时候浙大把我录取了，于是我就从上海到了杭州，提前来报到了。

这时已经是1946年的秋天，我来到浙大，被分到大厂里住宿，睡的是上下铺，算是告别了打地铺的时光。住一起的高年级同学跟我说可以去系图书馆借书，并说有本哈德的书很好，建议我读。我热情一下就来了，然而没有注册不能自由借书，借书则需要系主任苏步青先生开个条子。

说干就干，我跑去东街路找苏先生家。那一天，苏先生就在楼上做研究，桌子上堆着很多写论文的稿纸。我把开条子的原委一说，苏先生欣然同意，条子一批，我就开始有课外书看了。我今天之所以能够取得这么一点成绩，自学起着重要作用。在名校学习，受名师指导，是另一个起了重要作用的方面。

新中国成立前，停课、罢课是学生运动中的主要方法，我也参加了学生运动。但罢课的时候，我更多的是在图书馆看书。

我入大学前些年陈建功先生应邀去美国普林斯顿研究所任研究员，1948年，他回到浙江大学。于是，我的整个大三两个学期都有陈先生的课，一门讨论课，一门复变函数，苏先生是四年级给我们开的课：微分几何。

现在大家常说的世界三大数学流派之一的"陈苏学派"是后人总结的，我们做学生的时候，对这两位先生的直观印象是，两位先生上课风格不同。苏先生是系主任，板书写得很整齐，而且他上课很严肃。而陈先生是从美国回来的，上课的部分时间，还给我们讲一些数学家的故事。

浙江大学数学系设立两个数学讨论班，一个是由陈建功主持的函数论讨论班，一个是由苏步青主持的微分几何讨论班，目的是引导学生逐步走上科研的道路。

我从三年级起参加陈先生的讨论班，苏先生的没有参加过。我为什么说苏先生比较严肃呢？因为据我了解，在苏先生的讨论班上报告不出的人，可能会被"吊黑板"。什么叫"吊黑板"？这是形容讨论班上报告不出的同学，站在黑板前多时的一副尴尬相，好像被吊在黑板前的一样。所以可以想象，上苏先生课的学生有的可能很紧张。

在陈先生的讨论班上，我们不但可以讨论他给我们发的论文，还可以报告自己最近的研究成果。总而言之，苏陈学派的讨论班是开展科学研究的一种形式，是当时国内最早的讨论班。讨论班做报告是答辩的形式，台下的老师和同学可以和报告人相互质询，场面很热闹。

陈先生讲数学家的故事，对我们后来做研究也有帮助。有一次讲到黎曼函数，陈先生讲了这么个故事。美国有两个教授，甲教授认为自己已经研究解决了黎曼函数的零点问题，因此他发给乙教授去看。乙看了看，邀请第一位教授将结果去做报告。乙在听报告的过程中，提出了甲的理论缺陷，即本来是用多叶函数的地方被简单地用单叶函数取代，因而这是一个严重错误。

黎曼函数的零点问题是一个国际著名问题，到现在还没有彻底解决。陈先生想通过这个故事告诉我们，做问题、写论文，有的可以通过，有的不能通过。而犯了致命错误的，肯定不能通过。

1950年，我毕业了。一开始我被统一分配到华东警政组。我当时心里想，警政组可能化学专业比较用得上，好破案，我学的数学专业可能不对口。正在担心的时候，得到消息，苏先生把我们留校了，做助教扩充师资。那时浙大的数学系每一年招十几个本科生，毕业的人更少，一般只有两个，大多数同学参加革命工作去了。我这届与后一届都只有两个学生毕业，前一届本科只毕业了一个学生。

我们上课也是选课按学分修，几个年级的人选同一节课就一起上。

1952年，院系调整，浙大数学系取消，系里的图书也基本上全部搬走了。

原来讲师以上的教师都被调走了，只留下一个教研组。由于我是助教，所以我留在教研组里。

1953年，我成了讲师，开始要给学生讲课了。我是江西人，所以普通话当时说得不太标准，我担心学生听不懂。因此我就开始练普通话，具体操作也很简单，就是注拼音。

数论研究

我对数论的兴趣发端于1949年，那时候我大学三年级。有一次在系图书馆看书，发现了朗道的三本关于数论的巨著，尽管是德文的并非英文，但在我看来语言能触类旁通，所以也都能看懂。我当年考大学时英语不算太好，包括后来到美国去进修时英语还不是很好，但是数学外文文章是可以看的，要让我看外文文学书就吃不消了。

当时看朗道的书，就是纯粹地看，这为后来的数论研究打下了基础。1952年、1953年，我在看其他数学书时抓到一个题目，就开始深入下去研究了数论的一个问题即除数问题。

我陆续写了几篇文章，发到《数学学报》上，当时闵嗣鹤是审稿人，他对我的研究很重视，还在报纸上公开发表了表扬与肯定。闵嗣鹤在欢迎德国洪堡大学第一数学研究所所长格雷耳博士教授大会上作了《数论在中国的发展情况》的讲话，并发表在1955年5月出版的《数学进展》上，文中除介绍华罗庚等的工作外，最后也对我的研究做了介绍："在分析数论方面，还有董光昌在除数问题方面做了不少工作……董光昌对于误差项给出了比前人更好的估计，他在这方面还有许多其他工作未发表。"这在当时，对我这样一个年轻人来说，是非常重要的鼓励。

后来我在北京遇到华罗庚先生时，华先生跟我说："您的数论功夫已经到门口了。"这句表扬我的话，我一直拿来激励自己。我理解华先生的言下之意："数论进门了，要再接再厉，登堂入室。"因为发表在《数学学报》上的这些文章，我也有幸参加了一次学术报告会。

　　那年，根据中国与匈牙利文化协定1954年执行计划，匈牙利数学家杜澜·巴尔院士应中国的邀请，于1954年4月27日抵达北京。由于是第一次接待外宾，中国数学会很慎重，特别组织了学术报告会。当年5月5日至8日，中国数学会借杜澜·巴尔在北京、上海、武汉访问的机会，在三地组织学术报告会。复旦大学发函到浙江大学，邀请我作为沪宁杭数学工作者代表之一宣读论文，一起的还有叶彦谦、曾远荣、徐瑞云、钱宝琮、周怀衡、夏道行、龚昇、陈建功等。

　　参加这次报告会对我来说最重要的收获，就是了解了当时数学界的研究动态，使得信息不再闭塞。院系调整后，我只在数学教研组给学生上课，和当时的数学前沿研究方向以及国内同行几乎没有什么消息往来和联络。通过这次学术报告会，我得知了当年暑期，教育部委托北京中科院数学研究所开设一个偏微方程讲习班，为综合性大学培训教师，学完回校就可以讲课。

偏微分方程研究

　　北京有偏微方程的讲习班，这个消息对于当时的我们浙大来说非常重要，我们很想去参加。

　　偏微分方程并不是浙大数学教研组开课的任务，因此浙大没有相关开课的计划，教育部的培训也就没有分配名额给浙大。没有名额，我们就去不了。因此建议学校去争取名额，经争取，教育部给了我们一个名额，报了郭本铁去，其他人还是在名单之外，去不了。

　　为此，我就与张素诚先生联系。张先生原是我们的老师，这时已在北京中科院数学研究所工作。我写信给张先生，表达了我们想去旁听的意愿。张先生回复说，旁听任意来几个都可以，因此我们就领着学校的少量出差经费进京了。

　　到北京后，因为我们是旁听生，没有招待所住，就在张先生家客厅里打地铺。晚上把铺盖打开，早上卷起来放好。在讲习班上我们看到，旁听人员只有我们浙大数学教研组的几个年轻人。1955年暑假，我个人又自费去了一次北京，和中科院数学研究所方程组的研究人员一起研究偏微分方程。事实证明，一个好的科研环境，对个人的学术成长具有很重要的作用。

　　说起我研究偏微分方程，这里还有个小故事。

谷超豪[1]是比我高两个年级的学长，有一次我们俩在校园的路上偶遇。他当时跟我讲，新中国刚刚成立，国家百废待兴，有许多工程方面的实际问题需要我们数学工作者去解决，偏微分方程在这一方面有比较明显的实用优势。我记住了他的建议，开始自学一些偏微分方程的书。若干年后，第二次去美国开会时，我了解到数论也可以与实际问题相挂钩，即在密码方面有用。

1957年，我考上了华罗庚先生的研究生，要去脱产学习，同时浙大这里也积极争取我在校工作。后来相互协调，改成我去北京中科院数学研究所进修。既然是进修，我就研究偏微分方程。我和华罗庚先生的师徒缘分再一次断了，但他送了我一本由他亲笔签名的书《数论导引》，这本书那时候刚出版不久。在数学所，我听了苏联偏微分方程专家比察捷的讲座，也很有启发。

1956年，我受邀参加"向科学进军"杭州市的誓师大会，并作为代表发言。1965年，我还作为浙江省教育界代表，与其他省内工农业的代表一起，去北京参加了国庆观礼。

重建浙大数学系

1957年，为了浙大恢复数学系的事，有两位系里同事到北京出差与教育部汇报联系，那时我正在数学所进修，同事们来看我，跟我提起这件事，当时学校期望教育部能在师资上给予支持，但后来的决定还是靠我们教研组的这批人挑起重担，再加上由各综合性大学分配来的毕业生，一起努力承担数学系恢复后的工作。

因此，1958年我从北京回到浙大任教。同年，杭州大学成立数学系，陈建功先生任杭大副校长。

1961年，学校决定要在数学系培养研究生，就把我作为研究生导师上报到教育部，得到教育部批准，方向是偏微分方程。省内的其他两位招收研究生的数学教师分别是杭大的陈建功和白正国，各招收函数论和微分几何方向的研究生。

---

[1] 谷超豪（1926—2012），浙江温州人。数学家，2009年度国家最高科学技术奖获得者。1948年，谷超豪毕业于浙江大学数学系。主要从事偏微分方程、微分几何、数学物理等方面的研究和教学工作。

　　那时候我只是个讲师，在国内属于第一个讲师招研究生的人，我招了两个学生。1962年我招了1个学生。到了1963年，国家有了明确规定，要求招研究生的导师必须是副教授以上，所以我就停招了。"文革"前各高校教师的升职工作都没有进行，所以1964年我又被教育部特许招研究生，但由于"文革"的原因，虽然招了却没有真正带。

　　"文革"前我还写了一篇文章，叫作《空间亚音速绕流及此边值问题在更高情况下的推广》。之前斯坦福大学的D. Gilbarg 教授就在空间亚音速绕流及此边值问题做了研究。他在马赫数 $M \leqslant 0.7$ 的情况下得到解，而我写的论文中扩展马赫数为任意。这个研究的意义是将一个特殊问题拓展为普遍问题，D. Gilbarg 教授曾经就我的研究发表评论，认为"董光昌教授的工作在可压缩流的数学文献中将永远是重要的"。

　　大家一定很惊诧，怎么叫我董教授呢？其实这篇文章的发表也经历曲折，文章是60年代中期写成的，但到改革开放后才得以发表。1978年我由讲师晋升为教授，1981年，被国务院学位委员会批准为博士生导师。论文晚发表了十多年时间，但我也很开心，这个从侧面证明了我当时的研究还是比较超前的。

船体放样

　　整个70年代，我用了近10年的时间，主要进行的是船体数学放样的研究。
　　船体放样是船舶建造的第一道工序，后续工序所需要的数据都取自于船体放样。在电子计算机出现前，放样全凭手工。每个船厂都有放样楼，用样条和压铁人工来做，通过确定若干个点，手工比拟来进行放样。
　　1970年，浙江省交通厅得到消息，负责造船工业的六机部结合工业实际，将船体数学放样列为重点科研项目，公开号召高校等科研单位参加研究，希望实现中国造船工业的自动化。浙江省交通厅与浙大数学系联合研究，找到我作为项目负责人。除了浙大之外，省交通厅还在嘉兴船厂、宁波船厂组织了人员一起参与，这个项目的合作者林孝康就是嘉兴船厂的，王德潮是宁波船厂的。他们主要负责各种实际放样，联系得到多个厂要建造的船舶的设计图，纸带打孔上机，放样得出光顺之后的一系列数据，到地板上放出来看看质量是否足够好，再把数据交回厂家用于实际造船。

当时苏步青先生也在做船体放样的研究，1972年他就曾经到上海的江南造船厂进行实地研究。山东大学在沪东造船厂，而跟我们合作的是一家比较小型的船厂——求新造船厂，这也是我们食宿、工作的落脚基地。

为什么一定要到上海去呢？因为当时浙大只有型号为103的计算机，内存实在太小了，不得不到上海去找大的计算机来进行运算。

名称叫船体放样，实际是船壳面放样。壳面内部的布置是另一回事，船体放样时是不在内的。放样是由设计船模的小样放大尺寸，成为可用于造船的大样，即大尺寸。如果是建造房子，墙体都是横的或竖的直线，放样就比较简单，只要加大尺寸的倍数就行。但是船壳面是曲面，它的各平面的截线都是曲线。在高度方面，各个水平面的截线是各种水线，称为水线系列；在宽度方面，各个纵剖面的截线称为纵剖线系列；在长度方面，各个垂直于长度方向竖剖面的截线称为站线系列。这三组系列曲线共有多少根，是由船体大小变化决定的。

手工放样是把每一根曲线原型值点用木样条通过，每型值点处再压上压铁，搬动与调整压铁使眼睛看起来比较舒服，就算做好了单根曲线的光顺，三组曲线交互调整，这样几个月内放好一条船的线型网格，是件费时又费力的工作。

船体数学放样及其具体实施

船体数学放样，就是用计算机来模拟手工放样的过程，从而算出有用的数据来。

第一是木样条的模拟，按材料力学，木样条看为小挠度梁，压铁压在木样条侧面使型值点不动，看为小挠度梁于型值点的载荷。这样木样条就被分段三次代数式样条曲线所模拟。

第二是单根曲线光顺过程的模拟。光顺的概念原来数学上没有，过去数学上有微分等概念，叫作光滑。光顺是样条曲线用眼睛看起来舒服，属于神经感觉的范围，如何用数学模拟呢？只有向放样工人学习。手工放样拿起一个压铁叫自然放，拿起两个压铁叫"两借借"，放掉压铁后，样条会向原受力的相反方向弹动。这种回弹后得到新型值点，联成新样条称为样条曲线的初光顺（或粗光顺）。再用直尺卡样法去掉剩下的多余拐点，成为没有多余拐点的新样条，称为样条曲线的中光顺。再去掉剩下的多余膨瘪，联成新样条，称为样条曲线的精光顺。

经过这些步骤，单根样条曲线光顺的过程做完。由此我把这一做法，命名为船体数学放样——回弹法。

山东大学把它的船体放样方法命名为圆率序列法，又是另外一套方法。

除了单根光顺，真正算船还要三个面上共同光顺，称为三向光顺，即水线系列，纵剖线系列，站线系列三者分别光顺后交互作用，达到相互协调一致，这没有理论上的问题，但有一定的技术处理上的问题，现不详谈。

做好光顺后，接下去的步骤是：插肋骨，就是不用站线系列，而是插出实际肋骨系列。肋距比站距要小很多。所以插肋骨是很密的。肋骨数据系列可用于造船的肋骨架以及用于切割一块一块的钢板，把一块块的钢板贴到肋骨架上去，再行焊接做出模板，制造船的内部设备等等后续步骤。

我们在10年左右时间里，使用这一方法，放了数十条船，得到可用于造船的较好的效果。

数学放样的优点在于，为船体建造实现自动化奠定了基础。一方面减轻了人工劳动，另一方面缩短了放样周期，从原来2个月左右的时间缩短到一个星期左右，并且提高了放样精度。

样条曲线拟合与双圆弧逼近法数控绘图

我研究数控绘图，其实是始于研究船体数学放样过程中的一个小插曲。

1974年，有一批挪威人来中国，销售他们的绘图机。当时我们国家还不会自主生产这类机器，于是当时的六机部11所就从挪威进口了这个机器，但还需要配套的软件。买不买呢？这取决于我们国内能不能研究出相应的程序。

我自告奋勇，接受了这次尝试。由于我们那时候已经做了很长时间的船体数学放样研究，因此对相关的数学问题了如指掌，编起程序也可以说是得心应手。

我编制完成了绘图软件，节约了买软件的数万美元的经费。由于只是绘直线与圆弧，所以绘图速度自然是很快。当时验收这批进口绘图机就用的是我的绘图软件，挪威专家看后很惊奇。

我们研究程序的目的是拟合样条曲线，具体的方法是用双圆弧样条来逼近三次曲线样条，这个项目是我、梁友栋、何援军三个人一起完成的。何援军是我和梁友栋的学生，具体负责数控绘图编程技术，理论则由我和梁友栋研究设计。

1978年，党委书记刘丹对我说："你在偏微方程上已经有很好的成绩，不能放弃，要继续研究。"当时船体数学放样已发展为更广泛的计算几何，所以几何计算这一摊子的研究交给了那时的系主任梁友栋。之后在学校的组织下，梁友栋是主要力量之一，数学系、计算机系、机械系一起成立了CAD及CG实验室，即计算机辅助设计与计算机图形实验室。

国际交流

改革开放也让我受益良多。1979年至1981年组织上派我到美国进修。

到国外去，很锻炼人的灵活性。邀请我去国外访问的是哥伦比亚大学的一位教授，但是我经常在纽约大学听课。纽约大学的一位教授跟我说，总待在一个地方不太好，应该到美国各个地方跑一跑，使得知识更广泛一点。但是那个年代我们大多数人没有钱，国家管了我们吃住的钱，到处跑的钱没有，怎么办呢？

我知道当时到外面其他大学做一次报告，报酬是100美元。但到威斯康星大学、明尼苏达大学、加州大学伯克利分校去访问再做报告就没有报酬了，因此我们路费就无法开销。因此我和邀请我的哥伦比亚大学教授商量怎么办，结果是由他打电话与访问的大学协商，谈好做一场报告报酬300美元。这样路费问题解决了，我的见识也更广了。

国际交流还有一件事是参加世界数学家大会，受邀作45分钟报告。在我看来，奥运会是国际体育界盛会，每隔4年开一次，国际数学家大会是国际数学界大会，也是每4年开一次，能参加45分钟报告的，相当于得了奥运会金牌。而且奥运会上金牌数大致相当于国际数学家大会上被邀请做45分钟报告的人数。世界数学家大会每四年举办一次，参加45分钟报告者是由筹委会选拔，就每一方向上综合推荐产生的。林芳华[1]、励建书[2]、汪徐家[3]，分别在不同届的国际数学家大会上受邀做45分钟报告，后来这三位分别成为美国艺术学院院士、中国科学院院士、澳大利亚科学院院士。浙江大学数学系一共培养了5位院士，还有2位是中国科学院院士沈昌祥[4]和加拿大科学院院士管鹏飞[5]。

　　林芳华是1990年在世界数学家大会上作45分钟报告的，当时中国数学工作者做这样规格报告的只有两个人，其中一人就是林芳华。

　　上述这些人是我们1957年恢复办数学系后培养学生中的突出代表。

　　1978年党委书记刘丹，带领张浚生和我一起去北京参加全国科学大会。除了数学系与诸合作单位获得船体数学放样与数控绘图两个项目奖外，我个人还获得了一个做出重大贡献的优秀科技人员奖，所以后来成为全国劳模。

　　邓小平在全国科学大会上做了报告，他讲的"科学技术是第一生产力"给我们与会人员留下了深刻印象。

---

[1] 林芳华，1959年生，1981年毕业于浙江大学数学系，后赴美国留学。1990年，在日本京都举行的国际数学家大会上，时年仅31岁的林芳华被邀请作大会45分钟学术报告。

[2] 励建书，中国科学院院士，1981年毕业于浙江大学数学系，1994年被邀请在国际数学家大会上作45分钟报告。

[3] 汪徐家，1963年9月生，1983年本科毕业于浙江大学数学系。1983年9月至1990年7月，为浙江大学数学系硕士生、博士生，师从董光昌教授。2002年在国际数学家大会上被邀请作45分钟报告。

[4] 沈昌祥，1940年8月生。中国科学院院士和中国工程院院士。1965年毕业于浙江大学数力系。

[5] 管鹏飞，1982年毕业于浙江大学数学系，后赴美国留学。

　　董光昌，生于1928年1月。1950年毕业于浙江大学数学系并留校任教。1981年由讲师直接晋升教授。1978年获全国科学大会先进个人奖，并获得"全国劳动模范"称号；1994年获浙江省优秀教师称号。曾为本科生开设高等数学、数学物理方程、复变函数、实变函数、泛函分析、计算方法、混合型方程等课程，为研究生开设线性二阶偏微分方程、非线性二阶偏微分方程、完全非线性偏微分方程、粘性解、数据与图像处理等课程。与他人合作编写专著《船体数学放样回弹法》，独立编写《线性二阶偏微分方程》《非线性二阶偏微分方程》，其中《非线性二阶偏微分方程》在美国被翻译成英文出版。

　　船体数学放样—回弹法
　　完成人：董光昌、林孝康、王德潮；

　　样条曲线拟合与双圆弧逼近法数控绘图
　　完成人：董光昌、梁友栋、何援军

第三章

建　工

城市建设新材料的诞生

项目：混凝土空心砌块建筑

采访时间：2016年3月28日、10月24日、11月8日
采访地点：杭州市上城区寓所
讲述人：严家熹
采访/整理：柯溢能

采访手记：采访严老师时，我第一次看到了20世纪计算机引入
中国后使用的有关纸带程序。这不仅是对视觉的冲击，更是一
种摸在手里的历史。那时的条件完全不能和现在相提并论，严
老师正是使用这样老式的设备完成了一项项研究。

已经高龄的严老师，把智能手机和通信软件用得很顺当。后期
整理稿件时，我们常通过微信相互沟通。对严老师的口述跨度
很大，他总说"自己只是做了一点小小的工作"。后期几次稿件
因严老师爱人住院而只能在疗养院修改，严老师总因让我多跑
了几趟而感到自责。

　　20世纪60年代，国家开启了墙体改革。在全国各地开展了新型墙体的研究，
其中有中型砌块房屋、小型砌块房屋等。

成套技术的研究

　　也是在60年代，中型砌块建筑开始在我国上海、杭州等城市研究和应用，为
了完善中型砌块房屋建筑、结构和施工的技术，国家建筑工程部在70年代初期给

1957年严家熿毕业留校后在武汉长江大桥留影

浙江省建工局下达了混凝土中型空心砌块建筑成套技术的研究任务，课题包括建筑、结构和施工等十多个分项。

浙大土木系受邀参加了砌块房屋的热工性能、声学性能研究和砌块的质量控制及材料标准研究和编制。

热工性能方面，当时蒋鑑明老师在玉泉校区专门建了一个空心砌块墙体温度测试实验研究房。他昼夜连续测试砌块保温隔热性能，提供了空心砌块墙体完整的热工性能。他的主要做法是在砌块中加入提高保温隔热性能的珍珠岩、粉煤灰等材料，满足了混凝土空心砌块房屋保温与隔热性，当时全国很多地方都来学习他的研究成果和先进试验方法。

声学研究方面，甘克均老师的声学研究组，在杭州已建空心砌块房屋中进行了隔声测定。研究成果说明空心砌块能符合国家对住宅建筑的房屋隔声要求。

我负责的是砌块质量控制及材料标准编制，这项研究要去砌块生产厂进行现场测试，获取砌块生产的质量信息，确定砌块质量标准。项目研究中，我还要通过计算机建立抽样曲线，制定抽样方案，通过抽样检验砌块的质量。当时抽样程序是在纸带上打孔完成的，这是很麻烦的。纸上的孔打错了，或少打了，我们就采取补救措施，少一个洞就自己用小榔头敲，多一个洞就拿纸把洞补上。

后来，混凝土中型空心砌块建筑成套技术在1978年召开的全国科学大会上获奖。

1979年中型砌块设计规程编制，严家熺在北京留影

规程编制的经历

为了使空心砌块建筑房屋在应用中合理、安全、规范，国家建设工程部科技司下达了编制"中型砌块建筑设计和施工规程"的任务。这项工作由上海建工局和浙江省基本建设局负责。我被学校土木系推荐参加了规程编制组。

规范编写组分为材性、构造、施工和抗震四个小组，由来自全国各地对砌块建筑有应用经验的专业人士组成。我担任了构造组的副组长，这之后我们花了6个多月去调查已建砌块建筑，在北京、上海、云南、广西，大连、郑州、广州、杭州等地调查了100多幢砌块房屋的使用情况，至今我还保存着6本调查笔记，调查研究为编制构造章节提供了基础资料。

在调查中，去广西的十万大山和边防城镇凭祥，在深山和边境推广中型砌块建筑的经历给我留下了深刻印象。在调研中从广州到南宁，我第一次乘了飞机。为什么我印象这么深刻呢？因为我当时还是一名助教，不可能被批准乘飞机这一交通工具的。但是我们一查路线，乘坐火车从广州到南宁，要绕到湖南再途经桂林再到南宁，不但路程远而且票价与飞机差不多。当时的飞机是三叉戟机，而且还发中华牌香烟。

空心砌块设计规程编制后，1979年在嘉兴通过了鉴定，1980年正式在中国

1996年严家熺在浙大设计院工作

实施。其中，在上海宝山钢铁厂，推广了20多万平方米的粉煤灰实心砌块，在杭州建造了三个混凝土中型空心砌块建筑小区，在全国几十个城市也开始了推广应用。

为了保证房屋在抗震地区的安全，国家建设部拨付大量款项，规程抗震组在上海、浙江、兰州进行三幢空心砌块房屋的推倒试验，测试中心砌块房屋的抗震性能。

我记得浙江的混凝土空心中型砌块房屋推倒实验经费是70多万元，用于在杭州小河预制场建设两栋五层高的房子，一栋用来开展推倒试验，一栋用来做支撑。70多万元在那时是不得了的款项，我那时候每月的工资才53.5元。

房屋推倒试验在科学研究过程中是可以理解的，可以得到房屋抗震骨架曲线，得到该房的极限抗震能力。但是老百姓不这么认为："好好的房子可以住人为什么要推倒？太浪费钱。"

现在回想起来，我特别想说的是上海的一次推倒试验，当时也陷入要不要推倒的争论中。当时，我就在现场观察房屋的破损和裂缝情况，并及时向专家领导小组汇报。试验是分级加载，每级加载要到稳定后再继续加载。所以试验的时间很长，特别是后期加载房屋，推倒风险加大，每次加载时间改为半级，等待的时间更长了。试验中，每加了一级后，我们就到房子里去看，哪些地方有裂缝。加

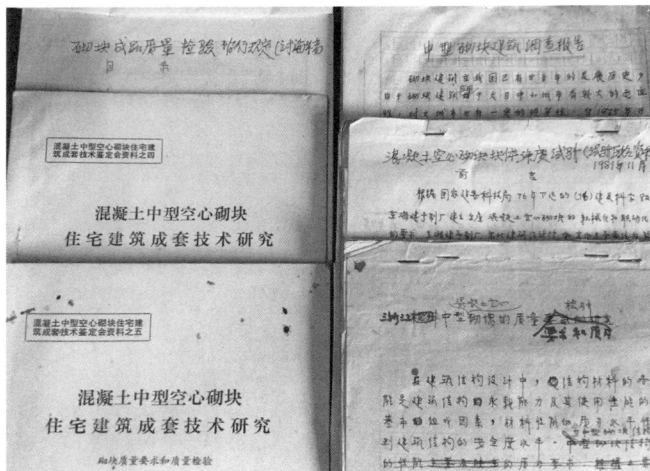

1978—1981年严家熺参加成套技术研究时的草稿和部分技术文

严家熺参加编写的部分国家和省的规范和规程

荷载到我们计算的临近既定破坏点时，来自全国的专家领导组的意见有分歧了，到底要不要再加荷载？总工程师是不愿意推倒的，他怕有舆论风险。同济大学朱教授却认为加载还没有到极限点，在他的坚持下再加了几级半荷载后，达到基本接近房屋抗震的极限值，大家停止了加载。虽然没有完全推倒，试验还是取得了一张比较完整的房屋抗震能力极值曲线。得到的这条抗震骨架曲线在国际上也是少见的，是很有价值的。

　　我参加了以上两次有关砌体研究的工作，从此开始了几十年从事砌体结构领域中的研究工作和参加国家砌体结构设计标准化的工作。

人物名片

　　严家熺，教授，生于1935年，特许一级结构师，1957年浙江大学工业与民用建筑专业毕业并留校任教，曾任土木系副主任，浙大设计院副院长，总工程师。任教期间开设建筑结构、钢筋混凝土、砌体结构可靠度、砌体结构、建筑机械等课程，长期从事砌体结构性和可靠度研究、国家建筑标准化工作。曾获省部级科技进步奖多项。参加编制《砌体结构设计规范》《混凝土小型空心砌块设计与施工规程》《中型砌块设计与施工规程》《加气混凝土设计施工规程》，参加编写《建筑结构设计手册》和《砌体结构设计手册》。获得砌体结构标准化协会颁发的砌体结构领域有突出贡献的专家奖杯。

回顾结构实验室建设筋砼结构学科研究发展

项目：冷拔低碳钢丝预应力混凝土中小构件

采访时间：2016年3月24日、10月19日
采访地点：浙江大学求是村寓所
讲述人：焦彬如
采访/整理：柯溢能

采访手记：焦老师总是有说不尽的故事，他很愿与我分享他过
去的种种。本篇口述稿件的成形过程中，我去过焦老师家中两
次，他到我办公室找我继续沟通不下5次，对做好一件事的执
着，让我这个后生晚辈感到脸红。有很多故事由于篇幅的原因
没有呈现，最令人印象深刻的是他本人对于行业相关标准的反
思和坚持，不顾众人反对而坚持自己认为正确的准则，他追求
并坚持真理的科学精神令人感动和尊敬。退休以后，焦老师依
旧坚持在教学科研一线，当他告诉我有多少项目还在申请，哪
些论文仍在撰写，我不由得想起了"老骥伏枥，志在千里"这
句话。

　　我是1934年10月出生的。1957年7月毕业。浙大120周年校庆也正逢我从浙
大毕业后整整一个甲子年。我的工作围绕教学、实验及科研三个方向盘根交错，
现在做一个简短回忆。

难忘高祺先生

　　我浙大毕业就留校任教。第一年我被分配到土木系施工教研组，并与部分老

高中时期的焦彬如

教师一起去建筑施工企业（省预制构件厂）劳动一年。1959年我去同济大学进修（苏联专家来华讲学）。半年后，结构教研组缺人遂调到那里担任钢筋砼结构方向的教学工作。

当时我跟着从法国留学回来的高祺老师做助教。高祺老师学识深厚，学风踏实，平易近人。可是他才二十八九岁，一来就聘为三级教授，是我心目中的好教授。行政上任教研室主任，是学术带头人。可他体质较为瘦弱。

我一直跟着他，他上什么课，我就听什么课，跟着做好助教工作。"文化大革命"后期复课闹革命，按学科的需要，除了上钢筋砼结构课（上、下册）外，尚需新开设二门新课：结构检验和特种结构，高祺先生都如期开出了这二门新课。然而，这两门课连教材都没有，但高先生脑子里却有一个完整的教学逻辑，编写出了教学大纲。

我们在课程设计中为了更好地学以致用，除了配合开出教学实验课外，每年的毕业设计都增设了大、中型水泥厂设计的选题。水泥厂的设计必将涉及烟囱、水池、水塔、深仓、浅仓等特殊结构的设计计算。高先生学识的丰厚，我要想奋力跟上他的节奏就得拼命努力，我一直跟了他十多年。但万万没想到的是，他不幸患上了肺癌，49岁就英年早逝了。他的去世对我们土木系工程结构学科乃至浙大的发展是巨大损失！

在浙江大学求学期间的焦彬如

"文革"后期结构实验室的重组和发展

"文化大革命"时期，很多实验室都关掉了。土木系结构实验室也处于停顿状态。70年初开始复课闹革命，结构实验室开始重组，由于我是搞钢筋砼学科的，系领导指令我负责重组实验室。首先，人员配置方面，原有技术力量单薄。我首先把建材实验室的一位懂行的技师挖过来，另外又从熟悉电子仪表的教师和工程技术人员中选拔作为充实实验室的技术骨干，加上原有几位实验人员，达到八九个人的实验班子。另外的要务是清理被封存已久的试验检测用的仪表装备，除了满足教学试验的应用外，尚需适应外来和外出试验的需要，鉴于原有的教学试验用场地较小，下一步尚需应对大量的外来试验。

根据上述现有实验场地不足的条件，又根据当时国内建设形势发展的需要，我们采取了"开门办实验室"的发展路子。只要全体实验室人员心往一处想，劲往一处使，同心协力，同样可以获得实验室建设的巨大发展。

早期第一阶段的"开门办实验室"的实验人员像赤脚医生那样，每人外出实验都需背一只木箱，木箱内都配备了不同检测仪表和配料工具、粘结材料等。生活起居大多由当地建筑企业给予安置，且当地建筑企业（或业主）提供有关加载材料和有关辅助工种相配合。

硕士研究生学位论文答辩后，焦彬如（右二）与学生交谈

预应力中小型砼结构构件推广应用的发展

70年代"文化大革命"的影响，体现在建筑业就是业界发出呼声要治好砼结构笨重的肥梁胖柱的毛病，此时在国内正掀起新结构改革的运动。当时在建筑业界所需的钢材严重缺乏，便设法把普通大量应用的低强度的热轧钢通过冷拔硬化后制成较高强度的小直径的钢丝设计，强度可提高一倍，可节约50%的钢材，可用作预应力结构内的受拉钢丝。制作中、小型的预应力结构构件，这是在当时历史条件下采用的有效方法，且能确保抗裂度。因采用了预应力新技术的设计，开始应用最多的是预应力多孔板用作楼面板，预应力桁条和预应力槽板用作屋面板。配合这一形势，为扩大应用，结构实验室还进一步配套8m～15m～21m的预应力三铰屋架，组合屋架以及承担动力荷载的5～10吨级的预应力吊车梁，并需送北京建筑科学研究院做疲劳荷载检验，才能做标准图，甚至还研制了用预应力L形薄板组成的框架梁、柱组合结构等。

预应力中小构件大面积推广应用的意义还在于大量发展了村镇企业的预制构建厂，由此农村房屋实现了改造。当时，我们实验室经常下村镇企业做检测试验，这在周边诸省受到了广泛的好评，在国内取得了较大的声誉。因而中国建筑学研究院何广乾院长首次选在浙江（屏风山）召开了一次全国预应力技术座谈会。

会上对预应力技术的推广应用吹响了进军号，还特别邀请浙大结构实验室作了应用推广的介绍，会后还组织去萧山预制构建厂现场作了参观学习。受这次会议的感召，浙江周边诸省（江苏、安徽、山东、湖南）也很快推动了预应力冷拔低碳钢丝中小构件的应用发展。接着便由中国建筑科学研究院牵头组织浙江、江苏、湖南、山东四省着手编制《冷拔低碳钢丝预应力混凝土结构设计与施工规程》，并计划分工进行系统的试验研究。

有关扩大推广应用的成绩早在1978年的首次全国科学大会上获得了国家科学大会奖，预应力冷拔丝组合截面结构设计和应用获得了浙江省科学大会奖。冷拔低碳钢丝预应力技术于1986年获国家科技进步三等奖。

厂房吊车制动力的检测

20世纪70年代末国家建委荷载规范组委托我们采用我国研制的简易方法完成了13个厂房不同吊车类型的厂房吊车纵向、横向制动力的测试获得第一手全部实验数据。这些得作为编制新规范的依据，原规范是完全套用了苏联的规范制订的。

此前厂房吊车制动力的检测项目曾由太原工学院做了测试，但恐怕有关测试方法不对，做出的结果荷载规范组未予认可，没想到会如此信任我们实验室承担此繁重关键的测试。该项目开始我们并不熟悉，习惯上我们先找了熟悉的上海机电设计院领导联系，他们对此项目也很有兴趣，并表示愿意给予协助，"吊车制动的测试可去上海最大的重机厂做，会给予配合支持，"由他们给联系，这就解决了我们最大的疑虑！

要进行该项目的测试，必须取得厂方车间的全力支持。因为测试时要根据我们的要求随时停机，会影响生产。测试时最重要的加速传感器需自制（市场上买不到）。得知上海交通大学实验室自制过，可给予协助，我们决定自制，经多次调试最终也解决了。

为此，我们决定实验室全班人马出动，住在重机厂的招待所，每个人也配备一只木箱附带仪表机具早出晚归。另外，配备一辆三轮车，有些必备的机具每天随车自带。

顺便要说的是，荷载规范组为我们这里派了一位编制人员协助我们，我们意识到他是来"监控"我们的测试有无"作假"，这样我们倒也更踏实放心，可了解我们进行测试的全过程，让规范组及时掌握我们的进程。我们一个多月先后完成了共12个不同吊车吨位、不同厂房结构类型的动态测试，其中还去上钢三厂做了一个厂房。待全部动态测试记录完成后，就带回学校进行整理分析。汇总后，便先去上海机电设计院，给予审阅无误后，然后放心去北京，向荷载规范组禀报。规范组负责人等都给予了热情的接待。

这里有一个插曲。我原拟乘火车去北京，可机电设计院要我乘飞机去，快而安全，机票由设计院给预订。可我回去报销时才知道，我没有条件报，只能以火车坐车的价格报。我项目里的钱再多也不能报（该项目协议为8000元），只能自付。我回程时，坐火车去青岛，再坐船回沪，原以为可补这个差价，但去青岛坐船也是报不了的。

36厘米大跨度预应力屋架，200吨位吊车梁高效预应力的现场测试

其实有了前面吊车制动力的测试经历，我们才结识了上海机电设计院，也才结识了上海重机厂。这里还有一个插曲也很有关系。上海机电设计院设计项目较多，一时忙不过来，于是想到，要我们派一个小分队去协助他们做能胜任的设计工作，系里也同意了。系里认为这对我们教师也是一种实践的好机会，能得到锻炼。我们小分队连我共五人，讲好协助半年。白天安排给我们五人的工作室，根据各人的专长有结构方面的设计计算，也有偏力学方面的。院方对我们的工作是满意的，给院方留下了较好的形象。

过后，上海重机厂来人联系，他们厂有一个做核电的大型厂房，由上海机电设计院设计完成。有两个大型的高效预应力砼结构国内未曾做过，无法进行室内试验，更主要的是无法解决运输安装的问题，因此请我们去现场做繁重的加载和预应力检测试验。得知这一讯息，我的内心是求之不得的。国内那时还没有条件进行如此大型、重型的结构试验，这种试验也只有如此大型企业承担得了，要预留很大的场地，且加载体系的承力架将耗费大量的钢材，加载量很大，需动用许多不同吨位的千斤顶。

这种大型预应力砼构件为了减少钢筋的耗用量，预应力结构用的钢筋是采用比普通钢丝的强度高4～5倍的高强钢丝设计制作的，且张拉的钢丝也都是集索钢绞索张拉的，需预留孔道待砼构件制作好后，在构件端部采用专用的集索锚夹具进行张拉，故张拉端及锚固端作用在砼局部的压力很大，需要专门进行设计。这种张拉方法叫后张法。

张拉阶段完成后，更主要的是进行加载试验。要进行分级加载、分级卸载、分级检测并记录各监测部位的应变量和挠曲变形有无出现特异的变形。

检测完毕需回校进行整理分析，写出检测报告，做出评价和结论。

现场试验很顺利，特别是与测试前大量的准备工作已由厂方提供密切的配合有很大关系。特别感谢厂方的是，他们结束时就宣布：所有配置在现场的全部承力支架的钢材（约30吨左右）送给浙大实验室，另送100吨水泥，支援浙大。回去后把浙大所盼望的大型结构试验厂房及其两条40米长的承力台座建设起来。我们现在用的大型实验室就是按照国内同类高校的规模建设起来的，达到当时国内的先进水平。

1990年至今学术经历

当时需要做的课题很多，我相继接到如下多个部属标准编制项目，诸如《冷拔丝预应力砼结构设计与施工规程》《双钢筋砼结构设计与施工规程》《非煅烧粉煤灰轻骨料砼应用技术研究》《钢筋轻骨料砼结构设计规程》等相继完成，其间还先后完成了中国建工出版社约稿的三本著作的出版，《冷拔丝预应力砼中小结构构件的计算》《预应力砼结构设计计算（为大型整体现浇式高效预应力砼结构）》《砌体结构设计计算实例集》。

至90年代初，我除了仍担任实验室主任外，还兼任教研室副主任。后来离开了结构实验室，担任教研室主任。除了仍担负钢筋砼结构的教学与研究生的培养工作外，此时，开始较多地承担了社会上各工程和设计单位对高效预应力工程的咨询设计和大型预应力砼结构现场测试咨询和工程结构加固方案的设计。空闲的时间也并不多。

1994年退休后我仍兼任部分教学工作，至2012年，浙江大学宁波理工学院建成后首次招生，建工学院领导便指派我去宁波建工学院土建分院分担学科建设（包括新建结构实验室建设）兼任责任教授。该院经3~4年的建设已基本正常运行，实验室已初具规模。为了提高土建分院在宁波市工程界的影响力，我们开始在宁波市广接大型工程的攻关研究项目。正值此时，鄞州区商务核心区的"水境城市"建设项目（宁波市政府重点建设项目）已开工建设，是在建工程（正在挖基坑）。这是一个地上250米长的多层框架结构，地下二层的大面积车库结构，其特点是地下车库中部纵贯设置有250米长的人工河道。可见该项目是典型的综合性超长砼结构，建筑面积达6.5万平方米，其裂缝控制的难度甚大。

我想攻克这一超长砼结构裂缝控制设计疑难课题，但需结合工程的应用进行较为繁复的计算验证，才能放心创立新颖的、简便易行的、经济而有效的裂缝控制设计，以完成我长久以来的心愿。我便立即下决心组织实施，结合工程进行研究。

业主为宁波市某城市建设投资公司，因某项目地下室中部纵贯了30吨水压的人工河道，向我们求助，希望我们攻关解决不开裂的问题。由此，由浙大和宁波理工学院牵头，联合参与本工程建设的各有关工程单位组建了超长砼结构裂缝控制研究组进行研究攻关，并上报市建委、市科技局立项研究。

因已开工建设，从裂缝控制的要求首先审查了原设计图纸。发现主体结构部分仍全部为笨重的普通砼构结构。需改为整体预应力砼结构，修改设计时，我利用暑假休息期完成全部设计计算，由原设计施工单位修改设计图。由于时间紧迫，紧接着根据工程施工的进程实施边修改设计、边施工、边进行试验研究等多个阶段实施。其中，超长砼框架结构、墙体结构的裂缝控制设计的方案只能随施工进程逐步研究解决。从2007年下半年开始，最终于2009年施工结顶。此时，根据业主（城投公司）的要求，提议进行250米水深、3米宽的河道作分级全程注水（加载）的检测，检测结果完全满足超长砼结构的裂缝控制要求，经受了30吨平方米水压的检验。据此，便在市建委、市科技局领导下，召开了一次盛大的现场会议。进而于2010年10月底如期召开了结题验收会议，并组建了由中国建筑科学研究院结构所顾问总工陶总任组长，浙江省建筑设计研究院施院长和上海市建筑科学研究院预应力总公司总工张总任副组长的专家组进行了技术鉴定。本项目四年来的研究成果有：基础理论方面的研究成果分别于《土木工程学报》《浙江大

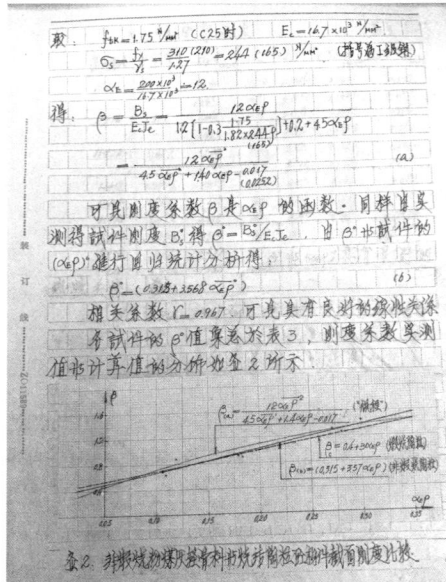

《非煅烧粉煤灰轻骨料混凝土受弯构件基本性能试验研究》论文手稿（20世纪70年代）

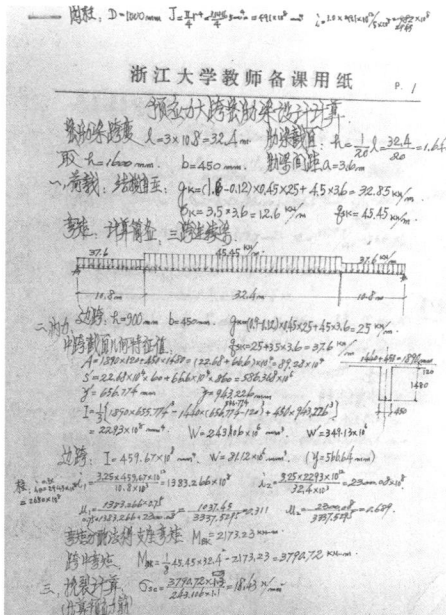

焦彬如承接的工程咨询项目设计手稿，后印发给学生作为参考资料（20世纪70年代）

学学报》上发表，共计四篇学术论文。在应用技术研究上，超长砼框架结构、超长砼墙体结构二种不同结构类型的裂缝控制方法和设计计算方法荣获了两个国家专利发明。

最近我完成的工作是组织《超长砼结构裂缝控制设计规程》申报立项，这个项目中的所有关键技术均已攻克。与此同时，我最近手头还在忙另一个项目的组织申报。

人物名片

焦彬如，生于1934年10月。1957年浙江大学毕业留校，一直从事钢筋砼结构学科的教学科研。担任钢砼结构基本原理、钢筋砼结构设计、特种结构、结构检验的教学。参加了4种结构设计技术规程编制，从事的研究课题（项目）20多个。出版了《预应力砼结构构建计算》《预应力砼结构设计计算》《砌体结构设计实例集》。获得国家科学大会奖和五项省部级奖。

软土地基处理的开端

项目：软土地基设计计算理论和施工处理技术

采访时间：2016年3月15日
采访地点：浙江大学西溪寓所
讲述人：潘秋元
采访/整理：柯溢能

采访手记：在与潘老师的口述采访中我得知，这一项目是与我国岩土工程学科先驱之一的曾国熙先生息息相关的。潘老师讲述了他与导师的过去点滴。理论的精彩在于对实践的指导，而实践的成熟又不断丰富着理论的发展。凭借着勇于钻研的精神，潘老师他们参与到了杜湖水库地基建设的过程中。他们还排除万难解决了许多其它棘手的问题。

我国东南沿海和内陆广泛分布着海、湖、河相沉积的软弱黏性土层。这种土的特点是含水量大、压缩性高、强度低、透水性差。软土上的建筑物在荷载作用下会产生相当大的沉降和沉降差，而且沉降延续的时间很长，往往影响建筑物的正常使用。另外，由于软土强度低，地基承载力和稳定性往往不能满足具体工程的要求。

为此，我的研究生导师曾国熙教授经过多年的研究和实践提出了相关软土地基处理的理论和处理方法，曾先生提出了砂井地基固结度的普遍表达式，建立了逐渐加荷条件下地基固结度的计算方法，提出了因地基土固结而强度增长的预计方法，并在工程中得到广泛应用。

曾国熙先生的软土理论研究

我是1937年出生，1961年本科毕业，同年研读研究生，是浙大第一批研究生，就做了曾先生的研究生，1965年研究生毕业，同年留校。

曾国熙[1]先生是从美国西北大学留学回来的，回国后，长期从事软黏土力学及地基处理的研究工作。我做学生的时候，曾先生总是教导我们要将理论、科学实验、工程实践三者相结合。

曾先生的砂井地基排水固结理论，在我省慈溪杠湖水库土坝软基处理项目中得到应用。

"文革"中艰难起步

"文化大革命"时期，浙江省慈溪县要建杜湖水库[2]，坝基软土土质很差。这个水库计划要造18米左右坝高，但是之前在软土上建水库的实例已经表明根本不可能，怎么办呢？

这时候慈溪县水利局来找我们协作，因为曾先生之前在这方面发表过文章，所以他们知道我们浙大在理论上从事这方面工作。"文革"的时候曾先生"靠边站"了，而我们在教研室的授课也被"文革"破坏了，上不了课。当时我们一想，与其没有课上，还不如到工程上去，有具体不懂的问题，我们就去请教曾先生。

杜湖水库的建设我们从1966年开始筹备，刚开始是我们土木系地基教研室几个年纪轻的，我、卞守中、徐少曼先期去杜湖水库，后来我们整个教研室都去那

---

[1] 曾国熙（1918—2014），我国岩土工程学科的先驱之一，著名土力学与岩土工程专家、浙江大学岩土工程学科创始人。早年留学美国专攻土力学，1950年于美国西北大学获硕士学位，并发明了袖珍贯入仪。回国后于1953年调入浙大土木工程学系，创立浙大土工学教研室，历任副教授、教授系主任。1981年经国务院批准为首批岩土工程专业博士生导师。曾先生在长达60余年的高校教学科研工作中，坚持倡导以理论、室内外测试和工程实践相结合的指导思想，为我国岩土工程的理论和实践做出了卓越的贡献。1978年曾国熙教授所在团队的"软土地基设计计算理论和施工处理技术"获全国科学大会奖，同年他获水利电力部先进工作者称号。

[2] 浙江省慈溪杜湖水库始建于1969年11月，1971年基本完成。坝高17.5米，库容1200万方。是国内首次使用砂井处理土坝地基，为我国土坝地基提供了新的经验。

儿搞设计了，加上水土的蔡法林老师。

当时，宁波水利局长也是美国留学回来的，他对我们很支持，没有他的支持我们也做不了。他跟我们讲："你们放心干，成功了，就是你们成功。万一出事情了，我来承担责任。"他"文革"时候也正在"靠边站"，挂着牌子挨批斗。批斗完了，他把牌子一摘，就跟我们讨论水坝地基的问题。

说干就干，我们到了水库建设现场，住在工地旁边的破庙里，在当地找了一个人帮我们烧饭，基本上顿顿素菜。我们的设计、计算都是在工地上面完成的。当时的工作条件相当差，有时候蜈蚣都会爬进我们的蚊帐。那时候教研室老师之间的关系特别好，大家都是为了把工程搞好。

软土地基设计计算理论的首次实践

当时我们也是提心吊胆的。因为整个杜湖水库要建18米左右的坝高，水库是蓄水的，坝基除有深厚软土层外，还分布有砂层和砂砾层，砂井穿过砂层会不会形成库水漏水通道？并且，软土地基土的性质很差，根本承担不了18米坝高的压力。我们的工作方向就是要在坝填筑过程中，尽快把软土里部分水排出，形象地讲，就是要把嫩豆腐变成豆腐干，而且还要速度快。

我们知道砂子是透水的，所以这个办法就是先往软土里面打砂井，就是在打好的孔里面填充沙子的意思。砂井打得很密集，筑坝过程中，软土中的井水很快就渗到沙里，砂井顶面我们还放了一个砂垫层，这样水就形成了通路，于是软土中的水就排出来了。

水排出来了，"豆腐干"也就很快制成了。就这样我们打完砂井后，就在上面筑坝。筑坝形成的压力，刚好将软土中的水挤入砂井而排出。但是筑坝的速度不能太快，要使软土中水的排出而使土的强度提高与筑坝速度相适应，否则要造成事故。如何使得这两项工作配合得恰到好处，就需要用到理论了，对此曾先生有一套成熟的计算办法。

而曾先生的砂井排水法也是国内第一次最重要的实践，当时打砂井我们是请上海基础公司来打的。那时打这个砂井还是用烧煤的蒸汽捶打的，设备从上海运送到慈溪，机器很重，路上桥要加固才能通行。老百姓们修水库积极性也很高，

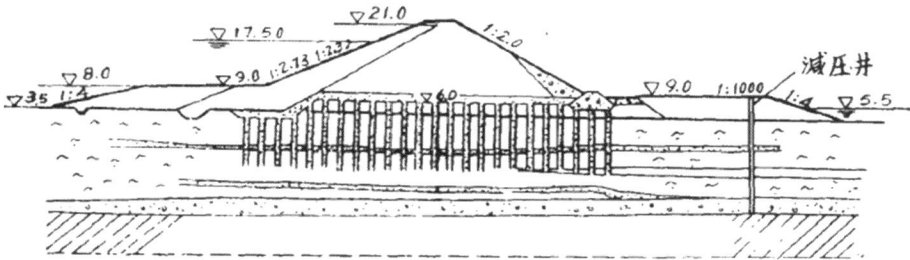

杜湖土坝[1]

　　为了使砂井透水性好的话，含泥量必须小，农民都将沙子洗得很干净，留下的是纯净的沙石。砂井最后打到16米深。

　　当然随着科技的不断发展，砂井排水法，被后来的人所继续发展，这就有了袋装砂井，即将沙子装入袋中，将沙袋投入钻孔实现排水功能。这之后袋装砂井也被塑料排水板所代替。

从计算尺到国内首次应用计算机边坡稳定性计算

　　以砂井排水为主要手段的排水固结法，在具体的实施过程中的流程就是，计算软土地基可以承受的荷载及沉降量，然后开始施工，由现场观测的数据进一步验证我们的设计在实施过程中是否正确。

　　我们对筑坝过程中坝的沉降进行观测和研究，我们专门找了测量队每天测量，并通过我们的计算分析，对工程建设进行监控，整个杜湖水库建设中，没有出现安全事故。

　　观测内容一共是三项：孔隙水压力观测、沉降观测、位移观测。孔隙水压力

---

[1] 图片来自曾国熙，王铁儒，顾尧章. 砂井地基的若干问题，岩土工程学报[J].1981年第3期

观测，就是把测头埋设到土里面测孔隙水压力，这时候可以测得数据。新筑的坝刚压上去的时候，孔隙水压力是最大的，随着时间推移，土中的孔隙水通过砂井慢慢排出来了，孔隙水压力也就慢慢小下去了。通过孔隙水压力观测结合沉降数据，我们还能够计算出软土固结的程度，计算出从豆腐变成豆腐干的进展。如果孔隙水压力一直不降下去，这可就危险了，因为继续筑坝，坝体的压力地基承受不了，地基就有被破坏的危险。

建筑水坝，随着往上填筑，荷载越来越大，坝基可能会产生滑动，一般是以圆弧滑动的形式出现。理论上有无数个圆弧，所以我们要计算尽可能多的圆弧滑动的安全系数，以确定最小的抗滑稳定安全系数。刚开始我们是手工计算，大多用一些经验的方法来估算。手工计算我们使用的工具是计算尺，这是基本计算工具，人手一把，在工地里算。后来我们有了手摇式计算机。

20世纪60年代浙大刚刚有计算机。卞守中老师懂日文，在日本的参考书上看到了计算机计算地基稳定的方法，我就去找了我研究生时的同学、浙大数学系的蔡耀志，请他们帮我们编程序，于是我们在后期就使用计算机来计算坝体边坡稳定性了。这也是国内最早使用计算机计算的先例。

计算机的计算速度是相当快，而且计算精度非常高。但那时候计算机的数据是用纸带打孔来识别的，所以跟今天的计算机比起来是无法想象的。

在玉泉校区应用旋喷法处理地基

旋喷法（现称为高压喷射注浆法）是铁道部从日本引进的地基加固处理技术，浙江大学首次将高压喷射注浆法用到了房屋地基的加固和托换。

玉泉校区第六教学大楼，原来是我们土木系的。办公楼当初造的时候是在山坡上面，地基很好，房子就建造上去了。后来，学校在教三、教四之间搞了一个水池抽取地下水，地下水一抽，教六就出问题了。

教六墙体开裂，手都能够伸进去，照现在来说，就是危房了，因为楼板都"咯咯"响了。而且50年代的房子质量是比较差的，楼板用的是竹筋混凝土。

房子到底拆不拆是一件大事情。拆房子影响很坏，一个原因是那时候经济紧张房子建设成本很高，另一个原因是拆房子对设计方和建造方都很有影响。校党委书记，兼任浙江省副书记的陈伟达说"你们是土木系的，房子加固由你们自己解决。"于是这个事情，由我们地基教研室查原因。通过裂缝形态分析，认为问题应该是地基不均匀沉降引起的。这个任务就交给我们了。

我们通过钻探查看，发现好土下面有局部范围土质很差的软土。由于抽取地下水，软土就产生不均匀的固结沉降，导致房屋受损。

那么怎么处理呢？我们就想到铁道科学研究院引进的新技术，下守中老师和乐子炎老师主要做这个工作，我们自己搞了这么一套设备，具体方法是学习日本的。

高压喷射注浆设备的喷嘴能喷出200个大气压，我们在地面先钻一个孔下去，然后把设备放下去，水泥浆通过喷嘴，一边旋转一边喷，一边从下往上提升。当时就把水泥浆与土混合在一起，形成水泥土桩，这样一来，房子地基就得到了加固，阻止了房子的沉降，我们就如此修复了教六。杭州烟糖公司的房子也是用这个办法进行地基加固的，南京汽车制造厂车间也是。

水泥土深层搅拌法是我们在国内较早从事的又一项地基处理技术。从设备研制、工程应用到理论研究都取得了重要成果。并将水泥土搅拌法推广到福建、云南、武汉等地。相较于高压喷射注浆法，水泥土搅拌法可形成规则的水泥土柱体。

这些具体软土地基处理技术的应用，在那个时期使浙江大学名声大噪，中国土木工程学会地基处理学术委员会也因此挂靠到了浙江大学。

人物名片

潘秋元，生于1937年。1961年毕业于浙江大学土木系本科，1964年浙江大学土木系岩土工程专业研究生毕业留校任教，1979年至1981年美国俄亥俄州立大学访问学者，1981年始在浙江大学任教直至1997年退休。1990年晋升教授，曾担任土木系岩土工程研究所副所长、中国土木工程学会土力学及基础工程学会理事、地基处理学术委员会副主任、中国建筑学位地基基础学委会常务理事、浙江省土木建筑学会理事、土力学及基础工程学委会主任委员。参与编写出版的著作有：《地基处理手册》《中国土木工程指南》《简明建筑结构设计手册》《建筑地基基础设计规范》《建筑地基处理技术规范》《浙江省建筑地基基础设计规范》、《浙江省建筑基坑工程技术规程》。建筑地基处理技术规范1993年获国家科技进步奖三等奖、软土地基上大型机场跑道工程建设技术1997年获国家科技进步三等奖、软黏土地基砂井排水固结及旋喷技术获国家教委科技进步二等奖、软土地基竖井超载预压和非理想排水固结理论及应用获国家教委科技进步二等奖。曾经担任地基基础、高等土力学、基础工程等课程的授课教师。

第四章

化工化机

无数次试验后选定最优催化剂

项目：间（对）二甲苯氨氧化催化剂

采访时间：2016年8月28日、10月19日
采访地点：浙江大学紫金文苑寓所
讲述人：唐新硕
采访/整理：柯溢能

采访手记：两年里，为了得到更加优良的催化剂，唐老师和团队锲而不舍地尝试了上千种配方，他们从国民经济的实际需求出发，以催化剂这一支点，探索大千世界。他对于学校有着深深的眷恋，对工作充满热情。

唐老师在回顾科研经历时，还回忆了与他共事的校内同志，还有自己的恩师，让人仿佛与他一起回到那段专注科研、废寝忘食的岁月。"做成一件事是靠大家配合的。"一个个生动的故事让我感受到唐老师对同仁们深厚的情谊，串起了对那段时光的怀念。

间（对）二甲苯氨氧化催化剂研究，最早始于1974年。是由我和系里另一位老师金永木一起立项，还有两位中学毕业到学校工作的工人，就是我们四个组成了个研究小组获得了浙江省科委的课题的研究催化剂项目。后来，我的老师金松寿、杭州大学校长郑小明、袁贤鑫也参与到我们的项目中来。整个研究是白手起家。

的确良布料风行背后的科学研究

生活在20世纪70年代的人对的确良肯定再熟悉不过，这种化纤织物做的衣物耐磨、不走样、容易洗、干得快。那个时代，拥有一件的确良衬衫，既时髦又洋气。

但是制造的确良布料的原料是对苯二甲酸。"文化大革命"期间，我国的石油冶炼技术还很差，面对大量需求和少量生产之间的矛盾，我们于是准备开展相关方面的研究。要制造对苯二甲酸就需要有原料对二甲苯，而对二甲苯是从石油当中分离出来的。在国内没有大型石油化工的情况下，对二甲苯作为一种产品，有些直接被放在汽油中燃烧掉了。因此，我们将分离出来的对二甲苯进行有效利用，提高了这一产品的应用价值。

我们将对二甲苯，通过与氨气和氧气催化反应后获得对苯二甲腈，再进行加工获得终极产物对苯二甲酸。试验中，氧气实际上就是空气。这里面最重要的一个环节是催化反应，催化反应是个什么概念呢？水是氢和氧组成，然而将这两者简单放在一起，很难发生反应生成水，但是放上催化剂，两者就会马上发生反应，形成水。催化剂就是将原本很慢的化学反应加快速度进行，从而达到反应目的。

研制催化剂第一个要求选择性好，得率高。原料进去，得到高纯度高转化率的产品。如果大费周章，结果转化率只有百分之十几，那就说明耗材量大，不适宜推广生产。

第二要求催化剂寿命长。在具体的工业应用里面，如果时不时因为失去活性要换新催化剂，这就会大大降低工业制造速度、提高成本。所以，要求催化剂能够使用较长一段时间，从而提高效率、降低成本。

实验环境紧张但团结协作

"文化大革命"期间，教学都停了下来，很多人都无所事事。但是我觉得，教师应该还要有点本职工作可做。当然有的同志也说："停课闹革命，你们做这些研究要干什么？"但我心里想，领导人也说讲过"抓革命、促生产"，抓革命的同时，也要把国民经济搞上去，要使得科学技术能够跟上去。

我们成绩的取得，不仅仅是项目组的功劳，更是有关方面协同攻关的功劳。当时负责科研的薛艳庄教授就很支持我们的工作。我们那时候需要买一些仪表设备，在申报与她讲清楚后，都能够被批准，于是我们的实验工作才能够顺利展开。

项目是从省科委批准下来的，钱下来后，要使用这笔经费就要申请，当时就卡得比较紧。我们需要亲自去做汇报，主要讲我们试验需要，为什么要买这些设备。也有的时候，科研部门对具体研究情况不了解，可能存在不批的情况，这就会导致试验很难进行下去。

当时情况还不止这么简单，负责科研同志审批后，我们还要向主管的学校党委副书记去审批。有一次，我们列了报告请党委副书记去审批，他说："把负责科研同志叫来，我要问问有关情况。"把项目的来龙去脉又说了一遍，这才在购买设备的文件上签了字。

我就开玩笑地对领导说，买设备的权利是否可以下放到科研部门，因为在实际的操作过程中请来负责科研同志再听取一次报告，再问一遍有"多此一举"之嫌。

现在国家、学校在科研经费上的审批流程上已有很大变化，正朝着更有利于科学研究的角度发展，我觉得非常好，给年轻一辈的科研工作者松了绑，提高了工作效率。

化学药品有易燃易爆的，要到专门的化学药品管理人员那里领取。有的时候我们去晚了，因为科研要连续进行，通宵做实验是家常便饭。药品管理人员也会体谅我们。

做成一件事情，是大家配合的成果，单靠研究组的几个人是不可能的。

无数次失败，总结经验提出理论

实际上虽然研究组没有受到当时代氛围太大的影响，但是试验进展还是比较缓慢的。我们是理科出生，所以真正到了扩试环节，发现动手能力还有些欠缺。反应试验并没有现成的设备，我们只好全部依靠自己搞起来的。

1999年唐新硕在浙大西溪校区化学楼前与学生们的合影（左1为唐新硕）

90年代的唐新硕

唐新硕早年刚留校时的笔记

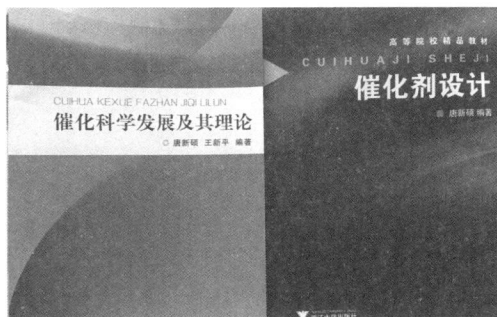

唐新硕为研究生编写的教材

我们的科研项目，关键在于催化剂的组分和反应条件选择及制备方法。当时实验条件很差，很多东西都要自己做，包括我们催化剂的沸腾床反应炉。

做催化反应时需要大的反应炉，就会消耗大量原材料，成本很高。"文革"时期，科学研究的经费很紧张，我们要将有限的物力投入到尽可能多的试验反应中，怎么办呢？

我们就用最简单的土办法，用了一个大反应器的缩小版，就是用玻璃管来取代模拟。在效果好的情况下，再放到大的沸腾炉里，进行后期试验。

催化反应时候因为玻璃管内高温，因此产物为气体。过了反应区温度降低，产物就成了晶体吸附在玻璃管后端。因为我们使用的量很少，就用酒精把玻璃管壁上的晶体洗下来，再放到玻璃皿中烘烤称质量，计算产量及产率。

由于规模小，我们一天内三四台反应器可以同时进行试验。用小设备做试验有一个好处，就是效率高，这也是基于反应用料少这个前提。这样在短时间内得到大量数据。

在此基础上，我们找到了一些规律，发现了一批很好的催化剂。

苏州造漆厂因为经常用到对二甲苯这类溶剂，因此他们看到的确良的发展态势和市场份额，也想拉长生产线，加深工艺流程，制造对苯二甲酸的原材料对苯二甲腈，从而获得更多价值高的产品。

当我们试验方法摸索出来后，苏州造漆厂就派工人到学校来同我们一起做试验。要测试催化剂的时候，我们就需要长时间的试验，只好三班倒。这样一来，试验人员多了，试验的频次大大提高。另一方面，工人师傅在做试验的过程中，也领会了如何操作、如何配方，这为他们之后到苏州造漆厂实地复制试验过程创造条件，为进行大批量投产提供了方便。

最后我们研究出涂有催化剂组分的粉状玻璃球。

刚开始，我们都是先蒙头做试验，旧有理论也难以指导我们的实践，也经常会碰壁。试验催化剂，大概用了2年多时间，试验了上千种配方。从摸索到后期找到规律，再从催化反应机理到研究脱氢氧化的活性组分，得出了很多数据，并在此基础上总结出来新的理论——催化剂集团结构适应。用此理论可指导研制其他催化反应的催化剂，并取得满意结果，如苯二甲腈加氢制苯二甲胺和邻二甲苯氧化制苯酐的催化反应中的催化剂研制。

金松寿老师加入到研究组后，就与我一起负责。他每天都要来实验室看我们试验，特别是看实验数据。他一直说："用误差的数据所提出的理论，是谬论。"理论的基础就是试验，这是科学的态度。做实验时，他常常鼓励我们用简单创新的方法去解决复杂问题，使复杂问题简单化。

后来，我们在实验基础上提出催化剂集团结构适应理论。我们写成论文在全国催化会议上发表以后，中国催化科学的先驱者之一、当时中科院大连化学物理研究所所长张大煜对我们评价很高。20世纪70年代的全国催化协调会议上，他就指出金松寿老师的理论应用范围大，他很敬佩。

北京大学黄子卿教授是物理化学权威，他见到金老师也很是敬佩。有次开会，他坚持拉着金老师到主席台上讲几句。原来我们想自己是杭州大学，在全国讲起来也不是很有名的大学，但是金老师在外面却是叱咤风云。

当时我们的想法是，作为一位大学的老师，一定要搞科研。专业课程如果不做科研，就无法提高教学质量。因为通过科学研究，可以了解到国外同行研究现状，只有这样才能做到心里有底。与此同时，对国外科学家的工作也有所了解，他们做得好的地方我们可吸收借鉴。同时也可以明确未知领域所在。所以不广泛阅读文献，也就很难做到心中有数，更谈不上有创新。

大学是培养自学能力的源头

我1958年从上海考到杭州大学，1962年毕业。1958年，国家正处在大跃进时期，大炼钢铁，实际上学习的时间并不是很多。比如说学习外文，只用了六周的时间课程突击完成了。四年大学真正学习的时间大概也就只有两年。苏联的教材比较多，老师也会根据我们需要编写讲义。

其实大学的学习只是一个基础，真正学知识掌握本事是在日后的工作中形成。正所谓一边学习一边工作，根据工作需要学习新知识，并且更好地为工作服务。

在我们的时代，工作是分配的，一旦国家给你定下来了，很多情况下这一工作就是一辈子了。

当时杭大化学系有无机化学、有机化学、物理化学和分析化学四个教研组。老师50多人，还没有分专业，我进大学那年本年级有学生120人左右。系里有四大领头人，分析组是黄琏，无机组是陈嗣虞化学系系主任，主要讲课的是徐兆华老师，周洵钧教授是有机组主讲老师，物化组主讲就是金松寿教授。所以，杭大化学系基础课的老师，水平都很高，讲课是一流的。

为什么四校合并能取得比较好的效果呢？因为四所大学原来就是由原浙江大学工学院、理学院、农学院、医学院、师范院分离出来成立的。就比如我们杭大化学系，很多老师就是从老浙江大学来的，所以我们新浙大四校合并，相互的隔阂小，阻力自然要小得多。从全国来讲，像我们这样效果好的合并，并不多见。

金松寿先生是杭大化学系的"名片"

国内对杭大化学系催化方面的工作还是比较认可的，这主要归功于金松寿先生。他在化学研究上的成就是多方面的，特别是在溶解度理论、物质结构、化学动力学、催化化学及科学研究方法论方面建树卓著。

金先生老说自己是个土教授，但他的学术观点受到很多人的认可。

金先生撰写的《量子化学应用简程》，是我国最早出版的一本介绍量子化学的启蒙读物，备受我国化学界的赞扬。在我国，有很多知名的化学理论工作者都表示，他们就是通过这本书跨入了理论化学的门槛。《化学动力学》是我国较早的动力学专著，出版后影响很大，是当时乃至之后一个时期，我国化学研究人员的重要参考书。

我和金先生一个教研组，他是我的指导老师，我的业务成长，起初就是由他来带。我的老师金松寿先生是一个全国讲起来都很有名的大教授，但是他很朴素，生活上要求很低，甚至有的时候外面来访的人以为金老师是实验室里做后勤的工人。他穿着很朴素，看不出一个高高在上的"教授"架子，没有一点傲气，非常谦虚，毕生追求真理。

金老师的科学研究，就是将实验产生的每一个数据都进行充分利用和科学研究。他对我们的要求是数据必须可靠，千万不能篡改数据。数据出来后，如何进行理论提高是金老师的专长，每一个数据说明什么样的问题，金老师都能充分利用。

身教胜于言教，看着我们老师都这么努力，我们年轻人就向他学习。有一次

金松寿先生

我生病了，他来看我。他说："你生病在家没什么事，就学学日语，对以后看文献有帮助。"他后来来了两三次，教了我六七个小时日文发音，我就开始自学。对我后来在科研工作中，查找学习日文资料起到了很大作用。金松寿先生从事物理化学教学逾50年。他备课极为深入，授课深入浅出、生动活泼、观点精辟，使物理化学这一门基础理论课受到学生的广泛欢迎。

国家前途深刻影响个人命运

我毕业那年是1962年，正是国家最困难的时期。我们杭大化学系百分之七八十的毕业生，都被分配到商店里做营业员。像我一样留在学校里的人是很少很少的，我们那一届留下来的只有4个人。我自己也根本没有想到，我认为能够到中学里去做个教员就是一件很了不得的事情，没想到我还留在了大学里。那个时候，能够到中学里去也算是好的职业，因为结合我们所学专业了。

个人的前途和国家的发展紧密地连接在一起，国家发展好了，我们才有好的环境。

当年我能留在杭州大学，还有一个故事。

"大跃进"时期，我们学生读书少。到了1960年广州会议之后，陈毅同志做

金松寿正在撰写他的著作

了讲话，要求"结合专业发展"，这样一来社会形势又发生变化，我们又可以好好读书了，这一段时间，大家都非常努力刻苦读书。生活上却极其朴素，中午吃番薯糕，蒸出来黑不溜秋的。

学校里面大型的外文化学字典不多，所以我经常去浙江图书馆翻看资料。星期天吃完早饭，带上番薯糕，我就去浙江图书馆。我没有手表，图书馆的时钟也没有放在明显的位置，图书馆里人又不多，结果管理员没发现我，自行去吃饭，把我锁在里面。

后面两年，学习的风气变了。大家都认识到自己掌握的知识比较少，所以都在恶补。

我的一位教有机化学的老师周洵钧是留美回来，他指导我们做读书报告。由于他是学英文的，当得知我学俄文时，就从俄文杂志上给我找了一篇论文让我翻译，读书会上做报告。我跟他讲："这篇文章才四五页，太少了，看了不过瘾。"于是周洵钧老师让我自己去找文章，我找了三四十页的俄文论文进行翻译和研究。

周洵钧不是我们物理化学的专业老师，但是他对我要求多看一点文献的事情印象很深刻。后来，别的老先生回忆起来，为什么当年留校选中了我，就是周洵钧老师在系务会议上提出来的。

　　相对来说我的学习成绩还是比较好的，是学习委员，还是物理、数学、外语三门课的课代表。当时一个大班120人左右，分成3个小班。每班40几个人还要分成4个学习小组。大家相互帮助，共同提高。

人物名片

　　唐新硕，教授，生于1939年1月，1962年7月毕业于杭州大学化学系，后留校任职。

　　结合科研成果自编教材为本科生开设有机催化，后与金松寿等教授合作编著《有机催化》。曾为研究生开设控制论物理化学、催化剂设计和催化理论三门新课。2012年出版了《催化科学发展及其理论》专著。在科研方面，曾主持多项课题并获国家级、省级奖项，其中自然科学资金项目固体超强酸催化剂研究填补了国内空白。

我的化机学科生涯和新型绕带式高压容器的发明

项目：扁平绕带式高压容器

采访时间：2016年3月16日

采访地点：浙江大学玉泉校区教四102教室

讲述人：朱国辉

访谈人：金涛、单泠、朱原之

整理人：金涛

采访手记：朱老师是我本科毕业设计的指导老师，后来我也成为一名教师，这与毕业答辩时朱老师的一句话有关。朱老师说："你表达有条理，适合做老师。"很多时候，老师教过的学生很多，不大会记住期间对学生说过什么，尤其对某个学生。但学生永远都会记住老师在某个场景，说的一句话，甚至一个表情。多年之后再见，朱老师还是这么健谈，说话慢条斯理，记性还是这么好，年轻时读书的经历，怎么进的浙大，学习、留校，到化机所工作，发明绕带容器等，每件事，都镌刻在他的脑海里。口述成文过程中，朱老师对文稿又反复修改了多次。最后，朱老师说，总感觉相关事情不知应该怎样讲好，肯定还有不少语言表达不当之处，但也只能这样了，不能耽搁书籍的交稿出版。确实，限于篇幅，文章只能反映朱老师学习和教学科研的一些主要经历。好在故事基本还算完整，从中，我们可以看到国际压力容器技术一个重大结构创新理念在我们浙大化机所诞生、试验和技术得以完善并应用的全过程。

少年时光

　　我是从福建的上杭一中毕业考上浙大的。我的父亲、母亲都是农民，但我父亲是一个农村"秀才"，读了两年私塾，写得一手好字，经常给人家写对联什么的。我印象当中，父亲几乎无字不识，而且种田也很精通，我的"全面发展"是从我父亲那里得到激励和影响的。

　　我有两个哥哥，我跟着他们从六岁开始到邻村上私塾。所以，我的学习受到两个哥哥的带领，可以说沾了很多光。例如，父亲问这是什么字，他们回答完，父亲往往会进一步解释，也往往会突然回过头来问我："你知道吗？"我几乎都能对答如流。大哥比我大7岁，二哥比我大3岁，从他们那里，我学会了一些学习的门道。9岁那年，父母要我们三人一起进城去读书，就是进现代化的小学（离家约10公里路，得住校）。结果到城西小学一考试，大哥比我高二年级，二哥比我高一年级，就是大哥读五年级，二哥读四年级，我读三年级。从此我开始了离家求学、闯荡世界的生涯。

　　小学刚开始不太适应，什么唱歌、算术都不懂，唱歌怎么唱呢？Do，Re，Mi，Fa，So，我就唱1，2，3，4，5，但过了些时日，我就知道原来应该是这么唱的。我声音很好，家乡村子在山冈上，是个空旷的地方，我从小就喜欢高声呼号，声音很大。声音洪亮是唱歌的基本条件，所以很快我就学会了唱歌，而且一比赛，我还常会得到好名次。从三年级下半年开始，班上考试各科成绩都是第一名，以后一直到小学毕业、初中、高中，都是第一名，从来没考过第二名。

求学浙大

　　过去考试我一点都不怕，需要背的我几乎能倒背如流，我的答卷经常做标准答案，但我觉得高考成绩不理想。当时我们考大学真的很困难，每个人自己背着背包先走三天，从上杭到龙岩，然后从龙岩再坐一天的大货车（连窗户都没有的那种）到漳州，一天下来女同学都吐得稀里哗啦。到了漳州，第三天就参加高考了，而那时正是蒋介石叫嚣要反攻大陆的时候，我们住的地方是一个商店，商店门外面就是马路，整晚车马都在叫。我整晚都没有睡着，第二天去考试，感觉连房子都在转，根本就是晕咚咚、昏咚咚的，考下来都不知道考了什么。这个状态是我从未有过的，其他同学状态也都差不多，所以上杭一中的那一届考得都不太好。后来叫我们填志愿表，有本科，也有专科，我填了浙大机械系的大专班。因为考虑到家境不好，大哥读了南京水利水电学院大专班（大哥毕业后分配到北京水利水电设计院工作，后为部级劳动模范），我也一样填了浙大的大专班，而且听说浙江杭州风景秀丽，还不用吃窝窝头，可以吃大米，家里父母也希望我们读二年后尽快毕业，有个工作可做就好。后来我的一个福建师范学院历史系的同学（毕业后当了福建省人事厅厅长）告诉我，当时凡是填了专科志愿的，福建省招办就会首先把他们的材料拿出来送出去，以提高我们省的高考录取率。那时候国家急需人才，你有志愿读专科，就会安心学习。所以浙大就按照我的志愿把我录取了。

浙大学年开学报到是九月一号到三号。我们福建上杭得到录取通知已经是十月十三号了，我们一收到通知便急忙准备，十月十五号就动身出发了。来杭州的旅途也非常艰苦，从上杭到长汀，走了三天，从长汀到赣州、到吉安、再到南昌，又坐了三天的汽车，然后再乘坐南昌到杭州的火车。那时只有慢车，也便宜，我头一次看到火车和铁轨是这样的。就这么来到了杭州，同班同学都已上课一个多月了。

报到后，我没有垫被，也没有盖被，花了点钱向学校买了一个垫被、一个盖被，就在大学路铁皮房宿舍住下来了。第二天报到办手续，第三天脑子还在"转"，就去上课了。上课第二天，理论力学开始上课考试，还没有上课呢，怎么考卷发回来就2分，我回到房间里大哭了一场。不过我不信我学不好。到学期末，我的试卷就大多都是满分或高分，学习成绩是年级数一数二的了。那时玉泉校区还没建好，在大学路上了一年的课，1954年夏天才搬到（玉泉）这边来。第二学期开学我就被选为团支部书记，1954年秋被评为浙大首届仅三名的"三好学生"之一。

留校

我们大专班的课程实在是太紧张，不少同学被淘汰了。我们的课程教材跟本科班的基本相同，本科班每个礼拜只有27节课，我们是38节课，每天6节课，每周还有2节体育课与实验课。两年之后到毕业的时候，因留级、生病、劝退、保留学籍的总共三十多人，120人的大班仅存87人了。我总算坚持下来了，到最后毕业设计的成绩都是优秀，我的档案材料已被当时的军工部门（哈尔滨的一个飞机制造工厂）挑走了。但后来学校领导决定，从当时全校几个专业大专班中抽出10个品学兼优的学生留校任教。这样，我这个大专班毕业生就于1955年留校任教了，学校还指定我在毕业典礼上代表全校毕业学子讲话。

　　留校后具体到哪个学科工作呢？这时很有缘分，我碰到了王仁东教授，他虽然没有教过我，但我知道他是浙大一位著名教授，在校园里的路上碰到他，我就问王老师，你的化机学科是做什么的，要不要人？他说我们化工机械这个专业很好，很有搞头。他说全校最大的设备就是我们化工机械的，最贵的材料是我们化工机械的，最大的机器，比大车床还要大的设备、机器也是我们化工机械的，一台大的压缩机，这个房子都放不下……总之，化工机械很有搞头，是个新兴交叉学科。他很会讲，我被他说动了。他说我知道你是大专班的，是学校决定留校的十个人中的一个，你来就做我的助教，因为我要给化工机械学生开"化工机械制造工艺学"这门专业课，这是我们专业的一门重课。于是我毫不迟疑地就到化机来了。我跟王老师真的很投缘，他安排我在实验室里看看能不能做些什么，我马上就抽时间做了一个球磨机的传动装置，设计了马上制造，一试就成功了。但我学的化工机械跟机械设计制造毕竟还是两个学科。1957年初，王先生先安排我到南京永宁厂——一个大型的化工联合企业，去实习。在那边有差不多半年时间，我对大型的化工生产过程、装备，包括高压容器、压气机、离心机等设备，基本上了如指掌了。后来，和我同一年进浙大的化机本科班学生到南京下工厂实习时，我就做他们的实习带队老师了。我可以给他们讲这个是什么机器，里面的结构、原理是怎么样的。1957年8月，王先生又安排我到北京和哈尔滨锅炉厂去进修"炼厂机械"课题（即化工机械），并旁听当时苏联专家的讲学，然后又安排我去哈尔滨锅炉厂和汽轮机厂等大型制造企业实习。这使我掌握了机械设计制造和化工机械两个学科——类似现在的"双学位"的科技内涵。这对我后来的发展和提高，指导本科生完成毕业设计、培养硕士和博士研究生等教学和研究工作，打下了坚实的科技与工程实践基础。在此两年进修过程中，我还完成了约50万字的压力容器焊接、检测和多种特种设备制造工程学的课程的开课讲稿。后来该讲稿刻印成为我1959年的开课讲义，后又被出版作为全国通用教材，这为我1962年破格晋升为讲师创造了条件。

1957年春节后我去南京实习，这家单位办了一所工人大学，实际上就是他们的高级技工培训大学，需要开设投影几何，就是画法几何的课程。当时我们做学生的都把它叫作"头痛几何"。他们请浙大派一个投影几何的老师去给他们开这门课，王仁东教授和我讲，派不出人怎么办。我说我去，我给他们讲。我不知道他心里怎么想，总多少有一些怀疑、顾虑吧，我是大专班的，又还没上过课，去给他们上这门难讲的课，行不行？我说没问题，画法几何我是考5分的，我搞得很清楚。结果就去给他们上课，一门课四十个小时，还蛮正规的。南京工学院的一个老师，有一天来到我面前，他说："朱老师，我是南京工学院的，我来听了你的几节课，我接下来就要讲机械制图的课。"我说我都不知道讲得好不好。他说："好，你讲得很清楚，因为你问同学的问题他们都能正确回答，本来我是担心你，怕你讲不透，讲不清楚，所以想来听听，现在我放心了。"后来王仁东教授收到了他们单位送来的感谢信，知道我这个投影几何的课讲得不错。

发明绕带式高压容器

我30岁时完成新型绕带式高压容器的发明创造并投入批量制造应用，主要是受到王仁东教授的激励和影响。1958年前王先生参与了上海的"铸钢高压容器"研制工作，所里的姚正纲老师跟他一起参与了应力测试。王先生有不少想法，我在这样的氛围下，又听了苏联专家的讲学，又到工厂去实习，当时感觉很兴奋，我们国家那时要追赶英国，所以我们要奋起创新直追！

我在南京看到各种高压容器，感觉到高压容器的制造非常困难。当时从美国引进的一种多层包扎技术，算是对应用超大型水压机锻焊结构和特厚钢板弯卷焊接等异常困难技术的改进。然而使用该技术的整个制造过程非常烦琐，工效很低，包扎成约2米长、200毫米厚的多层筒节后，还要加工筒节两端的环焊缝坡口，然后将一节一节之间的厚环焊缝焊起来，并不时地做质量检测。当时我在南京实习的时候看到试验是成功的，然而到哈尔滨锅炉厂实习时又看到他们做这高个多

2000年左右的朱国祥老师

层包扎容器的试制，差一点发生重大人员伤亡事故。多层包扎的容器的环焊缝，试验过程打压到746千克时，大家到爆破坑下面去看还蛮好的。然后大家撤退继续升压，再加也就是多了几千克的压力，就"砰"的一声巨响爆破了，一端环焊缝断裂封头飞出去了。这个厚环焊缝真的很危险，焊接这么厚的东西要想不发生任何缺陷真的很难。焊接难，检查也难，我当时就在想，高压容器很重要，很难做，做得不好很危险，特别是厚环焊缝。所以我就下决心要改革这个东西，不用厚环焊缝是不是也能制造高压容器？

当时在哈尔滨锅炉厂看到一个技术，他们制造高压容器，包括锅炉汽包，用很厚的卷板机卷出来建成一个圆筒；或者用水压机压成两半以后再把它焊起来，还要一节一节地加工，焊接厚环焊缝。有一个苏联专家，可能是乌克兰人，专门到厂指导厚板纵焊缝怎么焊，用一种新的焊接技术——电渣焊接，可以一次把厚焊缝焊起来。这在当时很先进，苏联专家专门驻厂指导锅炉汽包的制造。我也去做了三个月的焊工，还做了三个月的检验工，所以我会焊接，X光机器怎么开、超声波怎么探我也都会。我看这个技术好是好，但把几百毫米厚的钢板卷起来，再焊这个纵向厚焊缝，问题也很多。

我当时就想能不能把冷却成形的纵焊缝的两块铜板改为一圈或一个环，里边一个环，外边一个环，环与环之间的间隙就是你所要的那个容器的厚度。都是用水冷却，但是冷却的是一个环，这个不难，完全可以做到。然后给这一圈做几个电渣焊的焊头，一圈上面的焊头可以摇动，起弧以后旋转起来，有一点摆动，形成一个电渣熔池。但是不光用焊条，而是用炼钢炉里面炼好的钢水通过一个保温包把它缓慢地倒进这个间隙当中去，一边倒进去，一边焊头上就有了一层焊渣熔池，按所需容器的长度，从二十米、三十米、四十米的高度把它倒进去，一边倒一边冷却，一边慢慢把它拉出来，就形成了一个厚壁圆筒。一个小时就算拉2米，20米长的容器十个小时，40米的容器二十个小时。这个2米/小时就是电渣焊接可以达到的速度。就这样我提出了一个"电渣连续铸钢厚壁圆筒新技术"，那是1958年，我23岁。当时我把这个铸造工艺技术写成论文，设计了构造图，送给哈锅厂，当时的总工程师是浙大校友，他一看，觉得这个很好，然后请苏联专家帮助审查。我给苏联专家一讲，他说这真是一个大胆的创新，感谢你能够对我毫无保留地介绍你的技术。后来这个事情也不知怎么就传到国家科委去了。

1958年5月，我的这个技术就已经提出来并写成论文了。大概6月份，上海《解放日报》公布了铸钢高压容器发明成功、上海大隆机器厂与合作单位获得国家科委重奖。我看到以后，当然很兴奋，因为我的技术比获奖的这个好。我的生产效率可以提高至少十倍，一天不到的时间就可以拉出一台。上海的技术需要做沙型，然后把炼钢的钢水浇铸进去——这个技术属于纯浇铸，然后加工筒节和环焊缝，再去焊接、检验和热处理。但我认真思考了我的铸造技术，虽然经过电渣熔池的精炼，质量有所改善，制造工效也会提高很多，但这个铸造的筒体结晶组织还是相对比较粗大，各种性能也会较差，一旦发生爆炸，那是毁灭性的。所以，我就自我否定，这个技术不好，不值得发展，我要另辟更优化的压力容器创新发展科技。

1957年冬，我在北京听苏联专家讲学的时候，有一个技术引起了我的关注，那就是德国的型槽绕带高压容器技术。二战期间，德国制造炸弹的时候用合成氨变为硝酸铵再制造炸药，这是发动战争需要的。所以当时有不少工厂生产合成氨，生产合成氨需要一种高压容器，用的是型槽绕带式容器。这个绕带式是两边都有槽型的钢带，因此，比如说是2米内径、20米长的容器，内筒外壁的槽就要精密加工，然后再把钢带一层一层地嵌到槽里面绕上去，然后再第二层、第三层这么叠加上去绕起来。苏联专家讲到二战期间，苏联的飞机轰炸工厂，弹片嵌在钢带上，照片拍出来，就插在那里，但是容器依然安全，照常生产，所以他说这个绕带容器真的非常安全。

同样的钢材，拉成钢丝强度提高很多，拉成钢带也一样，能提升安全性，弹片飞击进外层钢带也没事。像单层结构壳壁就不行，碰到这种情况马上就裂，开裂就会发生爆炸。但想来想去，这种容器的钢带很难制造，对上面和下面相互之间的形位公差尺寸要求非常高，内筒两壁之间还要整体加工，这个真的是很难，效率很低，加工有误差内筒就报废了，一个容器就报废了。后来又发现这个容器做爆破试验的时候，会发生扭转。因为它的钢带是沿着一个方向连续绕的，绕完一层再绕一层，所以它的力学性能是不平衡的，它具有环向强度，但轴向承担不了内压轴向作用力，也就是绕层没有轴向强度，轴向肯定会先断裂爆破，用这种方法是绕不出高压容器的。这个问题怎么解决？

缠绕扁平钢带技术100多年前就有人想过，但也没人解决过。我一直不放弃，因为我觉得这个问题如果能解决就太好了。

从1959年初到1964年初，"五年磨一剑"，我终于磨出了薄内筒扁平钢带"倾角错绕"高压容器新技术。其他方法得用200～400毫米厚的锻件或钢板，可想而知加工起来是多么困难。我们只需要把20～40毫米厚的钢板卷起来作为一个圆形的内筒，然后在外面倾角交错缠绕多层轧制简易的扁平钢带，采用扁平钢带，结构简单，内筒很薄，制造就很方便。25度左右的倾角绕完一根，再绕第二根、第三根，绕满这一层；绕第二层的时候错开一段距离——一个螺距，拉紧两头并焊住，不会松动。一层是这个方向，下一层再反方向，它的力学性能就平衡了。一想通之后，我就马上写成论文，同时马上做试验，在机械工厂做了小型号的爆破试验，完全证明了我这个理论是成功的，容器可以承受高压，一个全新的、最简便、科学的高压容器设计制造技术就这么诞生了！陈国邦（浙大教授，著名低温工程专家）这一届，我带他们做毕业设计，从力学分析到怎么设计、制造都有了一个思路。带着这些想法、技术，我和四个学生到大连金州重型机械厂去实习，自己带铺盖，从上海乘船过去。当时和企业不熟悉，就是通讯联系实习，到了企业找到他们的总工程师，说我们带来了这么一个技术，能不能和你们合作，一起来试验、试制？这个总工程师听了以后，没有任何表示，第二天就找不到他人了。后来一了解，原来前一年，他主持做了一个800毫米内径的德国型槽绕带容器的试验，结论是非常成功的，要投入生产。而我告诉他的这些，是对他的技术的完全否定，钢带改制非常简单，内筒不需用大型（50～80米长）车床与镗床加工，容器爆破也不会成为两段，因为它的受力是平衡的。所以那个总工程师不知道该怎么对待了。没办法，我就去找他们厂长，这个代理厂长是大连市机械局局长，我跟他说，我带了这么一个技术来，看看能不能得到你们的支持，我给你们讲讲，你们觉得好，我们合作；你们觉得不好，我就卷铺盖回浙大去。这个厂长一听，马上就叫厂长办公室主任通知明天召集全厂科技人员、高级技工开会，听浙大老师介绍新技术。第二天会议如期召开，有五六十个人，我向他们介绍了技术，然后热烈讨论了三天，炸锅了。

报告会一致认为，这个技术是当时世界上最先进的，他们一定要支持合作、生产，最后决定由他们厂里一个技术科的科长陪我先到北京向机械部汇报，路费由厂里出。到了北京部里，就把我们请到通用机械研究所（现通用机械研究院），因为那里有一个著名专家——苏友权。这位老总听我介绍了我的试验和制造过程，他说你明天给我们的科技人员介绍你的技术。第二天我又给通用机械研究所的50多位工程技术人员做了介绍。他说你先回去，我向部里领导汇报，怎样决定再说，我不好做决定。我就回到了学校。

回来后我向校领导汇报，当时由刘丹副校长主持工作，之前没有向校领导汇报，他们都不知道，王仁东教授是知道的。然后又向校科研处的同志汇报了。同时，大概通过学校什么人，杭州锅炉厂也知道了，当时厂长叫陈有生，是全国劳动模范，他一听说就约我去给他介绍。给他一讲，他说："朱老师，我们原来专门到上海锅炉厂学的多层包扎技术下马，就用你这个技术。"当年七月份就开始试制了。南京第二化工机械厂的人来找我说，五月底机械部下文，部领导已经下文决定绕带容器在他们厂进行试制了。

1965年我30岁，在通用机械研究所、南京第二化机厂与杭州锅炉厂通力合作下，在校、系领导和研究所老师们的大力支持下，我同时在宁杭线上来回主持南京和杭州两地国家级新型绕带式高压容器的试制，且都在半年时间内顺利完成了达到约100兆帕斯卡内压的高压爆破试验。通过国家级专家会议鉴定，肯定为我国首创、国际先进的技术，应用范围广，使用安全可靠，生产工效可提高2倍，生产成本可降低50%或更多，生产周期缩短50%以上，且容器越长、越大、越厚，效果越好，具有巨大经济效益和发展前景，值得批量制造、推广应用。随

钢带冷态拉紧缠绕过程

窄薄截面热轧扁平或单U槽钢带，室温（或必要时的相当低温加热）条件
下，在薄内筒外面机械化的简便快速缠绕过程，及其端部的斜面分散焊
缝采用小型工具的焊接、打磨、检测与必要时的焊后局部热处理等都简
便易行，工效很高。容器筒体越长、越大、越厚，其相对效果越好。

即先后由国内多地10个厂家制造并在全国推广应用新型绕带式氨合成塔、甲醇合
成塔、铜液吸收塔、高压氢气贮罐、水压机蓄能器、采油气液压力贮罐等各种普
通绕带式高压容器7000多台，内径1000毫米，容器内长达32米，壳壁厚度达120
毫米，内筒最薄16毫米，扁平钢带截面为4×80毫米，绕带层数达28层。如数台
1000毫米内径的新型绕带式高压容器曾在浙江巨化公司服役，这数千台新型绕
带式高压容器工程应用数十年，从未有任何一台容器发生过破坏性伤人事故。据
1994年不完全统计，该项目推广应用以后，全国累计创数以10亿元计的降低制
造成本的直接经济效益，创相关创新技术经济效益超100亿元。据《中国教育报》
1984年3月27日报道，当时所创经济效益名列全国高校首位。

获奖

1978年我国破天荒地召开了全国科学大会，对全国各地"文革"前后以来所
取得的科技成果进行表彰。我们浙大化工机械学科研究所有两项创新成果获奖，
据知这在当时全国近百所高校的工程学科中并不多见，尤其在全国高校的化工机

械学科中更绝无仅有。当时这两项获奖成果，事实上都具有相当重大的技术经济意义，其中一项为内径1010毫米多层包扎式合成氨高压容器设备层板纵向焊缝环向裂纹的断裂安全评定，主要由王仁东教授牵头，与合肥通用机械研究所及生产部门于1976年合作完成，为当时国内多台生产运行中的该型重大厚壁高压装备做出了仍可安全可靠长期使用的科学结论，避免了当时数以千万元计的重大技术经济损失；另一项则是以我为首发明的，在王仁东教授的指导下，于1965年和通用机械研究所与生产单位合作研制、并通过国家级鉴定准予投入批量生产的"新型薄内筒扁平钢带倾角错绕式高压容器工程装备"。

此后，在发明扁平绕带容器的基础上，和研究所师生一起，又发展创新了新型对称单U槽钢带交错缠绕大型高压容器与超大型中低压贮罐，新型双层化大型可监控报警长输管道，新型刚性内筒热壁石油加氢绕带式高压装置和绕带式可监控核堆高压压力壳，以及新型快开高压密封装置和气体覆盖式在线安全状态自动监控报警技术等10余项创新技术。还为国内诸多工厂、企业解决生产中的科技难题，如：帮助南京某大型制造厂解决了120毫米厚壁球形封头水压机压制开裂问题；帮助原化工部化肥司解决了因误判欲将数千台高压容器大批报废问题等，避免了数以10亿元计的重大经济损失。

1981年项目又获国家科技发明三等奖，1984年获国家经委颁布的效益显著特别奖，1990年获国家教委排名第一的科技进步一等奖，1988年获化工部的化肥工业突出贡献荣誉奖。

进入ASME标准

1997年我赴美讲学，申请将来自中国的机械工程科技成果"绕带式压力容器"列入美国机械工程师协会（ASME）规范。ASME规范审核要求很高，需要经历从小组，到大组，以及通信评议等六个层次三百多位同行专家的审议，只要有一个人投反对票，申请就自动"中止"。经介绍和分析对比、专家们相互讨论，我们回答了他们各式各样的问题之后，每一个层次都没有一个人给我们投反对票，而且还免去了我们在美再作验证性试验的程序。一路评审下来，顺利进入ASMEBPVCODE规范。这是继德国和日本之后，中国成果第一次被列入

证　书

朱国辉同志在科学技术工作中成绩卓著，特授予全国高等学校先进科技工作者称号。

国家教育委员会　　国家科学技术委员会

一九九〇年十二月

朱国辉获得全国高等学校先进科技工作者称号证书

United States Patent [19]
Zhu

[11] Patent Number: 5,676,330
[45] Date of Patent: Oct. 14, 1997

[54] WINDING APPARATUS AND METHOD FOR CONSTRUCTING STEEL RIBBON WOUND LAYERED PRESSURE VESSELS

[75] Inventor: Guo Hui Zhu, Miami, Fla.

[73] Assignee: International Pressure Vessel, Inc., Miami, Fla.

[21] Appl. No.: 562,261

[22] Filed: Nov. 22, 1995

[30] Foreign Application Priority Data

Nov. 27, 1994 [CN] China 207228

[51] Int. Cl.⁶ B21D 51/24
[52] U.S. Cl. 242/444; 242/447.1; 242/447.3; 242/448.1; 29/429; 220/588
[58] Field of Search 242/436, 447, 242/447.1, 448.1, 448, 436, 444; 29/429, 220/588

[56] References Cited

U.S. PATENT DOCUMENTS

2,011,463	8/1935	Vianini 252/444
2,326,176	8/1943	Scherenbeck 220/3
2,371,107	3/1945	Mapes 242/436
2,405,446	8/1946	Perrault 242/11
2,657,866	11/1953	Lungstrom 242/11
2,822,823	2/1958	Eladerlein et al. 138/64
2,822,989	2/1958	Hubbard et al. 242/438
3,174,388	3/1965	Gaubau 242/444
3,221,401	12/1965	Scott et al. 242/436
3,483,054	12/1969	Bassoss 242/444
3,504,820	4/1970	Barthel 220/588
4,010,804	3/1977	Pimsheim et al. 220/3
4,010,906	3/1977	Kaminsky et al. 242/444
4,058,278	11/1977	Denzer et al. 242/7.22
4,160,312	7/1979	Nyssen 29/429

4,262,771	4/1981	West 242/7.22
4,429,654	2/1984	Smith, Sr. 114/65
4,809,918	3/1989	Lapp 242/7.22
4,856,720	8/1989	Deregibus 242/7.02
5,046,558	9/1991	Koster 166/243
5,346,149	9/1994	Cobb 242/7.22

Primary Examiner—Katherine Matecki
Attorney, Agent, or Firm—Oltman, Flynn & Kubler

[57] ABSTRACT

An apparatus for winding steel ribbon around a vessel inner shell having forward and rearward ends to construct a pressure vessel includes a vessel support, a vessel elevation adjusting mechanism, tracks for supporting and guiding the vessel support and rotation mechanism, a carriage having rail track engaging mechanism for traveling along the track on at least one side of the vessel inner shell, and a ribbon pulling mechanism mounted on the carriage for delivering the ribbon to the vessel inner shell under ribbon tensile loading to pre-stress the vessel. The apparatus preferably additionally includes a locking mechanism for locking the vessel support and rotation mechanism to the track, after the vessel support and rotation mechanism is positioned at forward and rearward ends of a given vessel inner shell. The vessel support and rotation mechanism preferably includes several vessel support roller sets in the form of annular members rotatably mounted on tracks. A method for winding steel ribbon around a vessel inner shell using the above described apparatus, includes the steps of mounting the vessel inner shell on the vessel support and rotation mechanism, securing an end of the ribbon to the vessel inner shell, rotating the vessel inner shell, delivering the ribbon from the ribbon pulling mechanism to the vessel inner shell for winding around the inner shell, and advancing the ribbon pulling mechanism along the track on the carriage to wind the ribbon along the inner shell in a helical path.

17 Claims, 2 Drawing Sheets

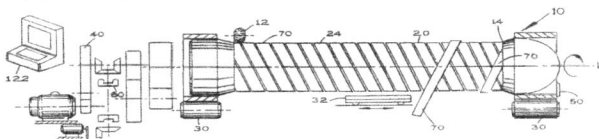

获美国专利的大型4x40米钢带交错缠绕装置封页

一台冷态绕制内直径达2米、长度达30米、总壁厚达200米、容器内压达35兆帕斯卡的简易中型绕带高效制造装置（可无需重型厂房和重型起重设施，必要时可在绕带装置导轨上加放承重滚轮托架和简易移运龙门起吊架等小型附件）。

国际上最具权威的压力容器规范，同时也列入了我国特种设备设计制造国标规范GB150，可在世界上推广设计制造内径达3.6米并可在绕层上相应开孔接管的各种大型和超大型、各种新型绕带式压力容器装备，包括大型氨合成高压容器，大型尿素合成高压容器，大型石油加氢高压装置，以及大型航天工程液氢液氧高压贮罐等。

后记

我教过和指导过的本科、硕士、博士生中，相当一批成为高校和行业的教授、专家、总工程师、单位部门重要领导、长江学者、龙江学者、863、973首席专家与工程院院士等，为国家建设和科技发展，输送了一批高层次科技人才，这让我感到很欣慰。

人物名片

　　朱国辉，1935年出生，1955年毕业于浙大机械工程系，并留在化工机械学科任教。1962年出版全国通用教材，破格晋升讲师。1965年创新研制成功"以薄攻厚"的新型绕带式高压容器即被推广应用，项目成果1978年获全国科学大会奖。1980年晋升副教授，1985年晋升教授，1990年获得国家科委和国家教委联合颁发的全国高等学校先进科技工作者称号，1990年底前经国务院学委会评聘为化机学科博导。在浙大连续任教40余年，开设了压力容器工程等研究生课程，曾担任化机所所长、化机学科全国教指委委员、浙江省压力容器学会理事长等职多年，为化工机械专业培养了一批本科生、硕士生和博士生。

从西迁求学到发明旋流塔板
项目：旋流塔板

采访时间：2016年3月16日
采访地点：浙江大学玉泉校区邵逸夫科学馆205室
讲述人：谭天恩
采访/整理：金涛

采访手记：谭老先生今年94了。采访谭老师之前，我还一度担心谭老师年龄大，会不会身体不便，造成采访困难。待在邵逸夫科学馆二楼会议室见到谭老师，我们面前的谭老师，精神霍霍，身体硬朗，一点不像九旬老人。一问才知，谭老师多年来一直坚持游泳，这是西迁求学保留下的习惯，其恒心让年轻的我们自叹弗如。还带着重重湖南口音的谭老师，讲起往事，一点一滴，如数家珍，把我们带回到抗战的烽火岁月，历经千难万险浙大西迁贵州办学的场景。"文革"时，在政治运动冲击下，大学停止招生，教学科研停滞，但谭老师仍独自在实验室工作，进行旋流塔板的结构改进和性能测试，经过几年的不断改进创新，最终有了旋流塔板的创新发明。采访时的情景尚在眼前，却惊闻谭先生仙逝的消息，感谢他老人家为我们留下了这段回忆，谨以此文表达我们的敬意。

抗战烽火中报考浙大

1923年我出生在一个尚可维持温饱的家庭，父亲是中学教员，母亲操持家务，我是在武昌的一个大杂院中长大的。1938年夏，初中毕业时，保卫大武汉的战斗已开始，我随父逃难到湘潭。1939年春，我考进湖南临时中学上高中一年级，当年秋季转入为招收流亡学生而刚建成的国立十一中读高二。国立十一中的学生是从各个沦陷区辗转流离而来，教师也多是避难的各方名师，尽管物质上异常艰苦，但大家都非常珍惜这难得的机遇。学生特别勤奋，踏踏实实地学习，并参与劳作；老师也特别负责，一丝不苟地教书育人，爱护照料学生。

　　1941年夏我高中毕业，约在七月下旬，我先后在长沙参加了湘雅医学院和湖南大学的入学考试，然后加紧准备在衡阳的四校（中央大学，西南联大，浙江大学和武汉大学）联合招生考试（报考浙江大学）。记得考试时间是大清早和傍晚的5点到7点，为的是避开空袭。那个年代考大学和现在不一样，报考大学不限制，我考了上面的三所大学。因条件所限，最后不公布考分，不发通知书，考取的话报上会刊登，看到有自己名字就去报到。那次考浙大大概是10人录取1人。我和一位班友都被三所大学录取了，最后我们都上了浙大。

　　选择化工系，是受中学化学老师影响，他讲课能使人对化学产生很大兴趣，而且他说"学工科正是当下对国家建设最有帮助的"。高中毕业时我们班大概有40到50人，就有3人报考并考上已西迁到贵州的浙大化工系。

　　抗战时的交通极其不便，而去西南的人很多。现在乘火车从长沙到遵义不要一天时间，但那时我却走了一个月。只有一条路况甚差的铁路通到广西，要去遵义，不能直达。我先从湘潭乘火车到衡阳与同学会合，之后两人一同挤火车至桂林，大约走了三天，再转火车经宜山至金城江（属广西河池县），就到当时的铁路终点了，接下去只有转搭运货汽车。大家叫它"黄鱼车"，那时候根本见不到客车，就靠这个（黄鱼车）。车上条件可不好，拿铺盖卷垫在货物上就是最"舒适"的座位了，不过最难受的还是拥挤，我印象很深的就是当时有人抱怨"一个人为什么要生两只脚"，只因车上也就够一人放一只脚。好在那时天气较好，没有车篷关系也不大，又有同学做伴，相互有个照应。走前家里给了两只金戒指，路上用掉一个，那时有市场，金银都是硬通货，很紧俏。

　　但就是这样的"黄鱼车"也很难搭到，我们只能先住在路边的小店里，看到有货车停下就去问司机能不能捎一段，一般要住上个两三天才能再走一段，就这样，走走停停，经过独山、都匀，还有记不住名儿的偏僻停留地。那时公路路况差，贵州山又多，上下山口多是180度的急转弯，在危险的路段还不时地见到翻落在陡坡之下的车辆，让人心惊胆战。

经过一个月的颠簸，我们一路辗转到了遵义，找到浙大的办事处，难得碰巧地在次日搭上去永兴分校的便车。顺利抵达的时候，学期已经过去了将近一个月，好在学校考虑周到，为了我们这些晚到的学生，特意另开了班。遵义地区条件有限，所以办学分布在遵义、湄潭、永兴三个地区，全校一年级在位于湄潭东北约20千米的永兴场，我们工学院二年级起移到遵义。进校后，考试分数偶然会很有用，化工系对成绩在前几名（大概总分在80左右）且经济困难的学生，发放助学金（来源于肥皂厂的盈利，不稳定，有时够一个月伙食费，但往往发不出）。绝大多数学子们的伙食费，是靠国家下发的贷金。二年级后，通胀逐渐加码，即使贷金从开始时的约半年一加到毕业时基本上一季度一加，增加速度也赶不上通胀速度。因此这份管伙食的贷学金每每在要加钱前的一段时间，就只够吃白饭，买不上菜了。等到毕业，开始贷的钱已不值钱了，国家也就没叫我们还。

求学西迁的浙大

记得那时三分之一的课程不及格就要留级，一半课程不及格就得退学。我们一年级报到时有320多人，至少百分之五因为这个原因没能升上二年级（比例约与以往相同）。和我一个寝室的某同学就退学了，然后转到重庆另一所大学去读。

然而，虽条件艰苦，这片土地却没有辜负竺可桢老校长的选择。当年选这里，其中主要原因就是保证学生能有一个清净的环境学习，专心治学。落脚在遵义、湄潭一带的浙江大学仍保持了一贯严谨有序的教学秩序。紧张的日常学习、严格的学期考核，并没有因为条件的艰难而放松。

实验课对于理工科学生尤为重要，但由于条件缺乏，直到大二转到遵义后，我们才有机会到简陋的实验室中进行一些实验。为了尽可能地让学生能亲自动手实践，老师们可花了不少心思。另外，教师对学生的实验要求十分严格，实验数据都真实记录，在当时，要在实验中造一个数据是很罕见的，也不会有这个念头。

有一次我在的社团请到竺校长来做演讲，当时他说了一句话我至今还记得，他说"我们都是追求真理的，你们只要是求真理，都尽管去做"。当年，竺校长还给浙大学生留下著名的两问："诸位来浙大做什么？毕业以后要做一个什么样的人？"。我当时不会特意去想这样比较抽象的问题，但后来做事情的时候总会产生跟这个问题相关的思考，这大概也算是间接的一种影响吧。

那时浙大工学院，有化工、电机、土木、机械四个系，每个班都有50个人上下，有时也会多到60甚至70人。其他学院就少了，像在湄潭的理学院，学生就比较少，个别专业，如生物系，听说最少时只有一个人。

这样到1944年夏季，一直远离战火，只是家里的经济支持几乎断绝，加上日益严重的通货膨胀，还不时有一些大战的消息，让我不忘抗日战事正在艰苦中坚持。然而1944年的"湘桂大溃退"打破了平静，11月敌军从广西逼近贵州，气氛逐渐紧张。12月初日军还占领了黔南的独山（当时说还有都匀），山城动摇，大家在讨论如何应变，全校也停了几天课。在这前后，有国军经遵义南下，学生自治会发起劳军慰问及募捐，好些天从清晨到夜晚都有同学们在道路两旁迎送，唱歌、口号之声此起彼伏，情绪热烈，几乎在遵义的同学都参加了劳军活动。约是12月9日，捷报我军收复独山，据说敌军其实只有40个骑兵，见一路如入无人之境，也就放胆孤军深入，到达独山后，烧毁了仓库及军用物资，就撤退了，此后局势很快稳定下来。

大概四年级时候，李约瑟先生来到浙大，考察结束后，对遵义的浙大全体同学做了一个演讲。那时全校有1500多人，浙大人数最多时就是这个时候（抗战西迁，浙大艰苦条件下，办学不仅未受大的影响，学生在校人数还达到一个高峰）。

毕业工作及回校

1942年春，经校内选拔，我参加全国数学竞试，取得了第四名。1945年夏，我以优良成绩完成大学学业，去了昆明化工材料厂工作，那时没有国家统一分配，是系里介绍的，有老校友的关系在那里。那时抗战大后方并没有多少适合大学毕业生的工作单位，全班同学只有少部分由系里介绍找到工作，其他一些自己找，主要是去中学教书。因为大后方有许多内地人，学校师资缺乏，大学毕业生去他们很欢迎。

1945年7月我去昆明化工材料厂报到，刚工作不到一个月抗战就胜利了，大家高兴得难以形容！此后，交通逐渐恢复，国外化工产品质量比我们的好，价格也便宜，他们的产品进来，我们就失去竞争力，过不久只好停工，技术人员安排去内地搞接收，我和另一位浙大的同学杨光华，加上西南联大的两位同学，因为刚去不久，职称才是甲种实习员，领导觉得派不上什么用场，就都被遣散了。那时能找到工作的机会很少，只知中学有需要，我就去了中学教书。两年后，浙大化工系写信给我，让我回去做助教，这样又回到了浙大。

那是1948年初，学校已返回杭州，在大学路老校区。还没进校门，看到有铁丝网架在路口，因为于子三（浙大学生会主席，被国民党杀害）事件刚过去不久。那时，全校大概有1500人，七个学院都在大学路。

进校学习

1950年初，学校选派人去哈工大上研究生班，全校一共去了五人，化工系是我去。第一年全在学俄语，第三学期学专业俄语，边上课，边自己看书学。第四学期就是苏联专家给我们讲课，讲课的内容正好是我在做助教辅导的课《化工原理》。全国大学有近十人在哈工大学这门课。

到了1952年，先是思想改造，然后是大学院系调整，哈工大化工系调整到大连工学院，我们又转到大连待了一年。苏联是计划经济，原没有安排苏联专家在大连工学院的相关教学任务，我们的老师空缺。又正时逢教改，我和另外两人被安排以研究生的身份实际做化工原理教师的工作，称之为教学实习。这样，三人轮流教大连工学院化工系三年级的学生，有两个大班共300多人。那时号召尽可能用学习苏联的教材，但是全国还没有，就要我们自己编写讲义；三个人轮流，一人去上课，另两人紧张地备课，这样两个学期的化工原理全过程就教下来了。那时教学是教师工作的全局，教师是上班制，主要用于试讲：每个新教师的每一堂课，都要在教研室里先讲一遍（偶然，碰得不好要讲第二遍），其他成员听完课、提意见、进行讨论、帮助改进。1953年秋季回到浙大，情况也类似，只是试讲时间少了。我教化工原理一到两个大班，还担任小班的习题课（讨论课）、实验课、课程设计、生产实习等，教学工作分外紧张。其他就是开会，政治学习。

到20世纪50年代后期，上面号召教师做科研，要求教师既要教学，也要做科学研究。而且鼓励大家，刚开始要求不要太高，能开展就行；不做科研，教学也提高不了。那时和现在不一样，现在很多教师只注重科研，教学当副业。我从大连工学院起专注于教学，心思和时间都在教学上。这样每天工作就很忙也很充实，一个主要工作就是编教材，要把苏联教材简化、重新编排、用自己的话写出来，印成讲义发给同学用，这项工作很花时间，基本上，上班时间和业余时间，没其他事的话都花在教材编写上。那时没有双休日，只有礼拜天，每周难得有半天休息。

在哈工大学的俄语，看文献基本没什么问题，"文革"开始，业务靠边，其后也不用俄文了，专门看英文文献，俄文也就丢掉了。现在只有看电视时，屏幕出现的俄文字，有些还似曾相识，不过自己以前背的几首俄文诗还记得一些。

发明旋流塔板

我在20世纪60年代初就开始做科研，但是那时没有什么经费，大概到20世纪70年代中期，开始可向省科委申请，能批给几千元已经很不错了。

"文革"开始，我受到审查，1969年左右获得自由，然后下放到实验室里准备实验。刚好碰到一个机遇，浙江滨海有一个晒盐的盐场，要从卤水里提溴，需要做设计，对方找到学校，请求我们帮助，落实到我去帮他们完成一个设计。那时也没有设计费的概念，只要求在加工主塔时为我们制作一个直径300毫米的小塔，来为开车的步骤先做些实验。我就利用这个小塔开始做塔板实验，"文革"中很难找到什么技术资料，只好一边做实验，一边多设想。

一次想到：塔板的生产能力受到限制，主要是雾沫夹带过量，如果利用离心力，把雾沫甩到塔壁上去，这样能力是否可以提高？实验证明，效果果然很好，传统的塔设备气体空速限于约2米/秒，采用旋流技术后，利用离心力减少雾沫夹带，空速可以提高到3米/秒以上，这就取得了一个突破。

塔板是用铁皮制作的，改换不同的塔板相对容易，有铁皮匠，只要你设计好，他就能做得出，这样就可以实验多种结构的塔板，以找出效果较好、结构简单、制作较易的，然后寻求放大验证。

有关的实验，从1970年开始直到1973年，就我一个人在做，因我下放到实验

旋流板捕雾器

旋流塔板

实验现场

化工厂安装完毕

室时，原来的实验员去做领导工作了，其他人也各忙各的。实验到了一定阶段，就要测试塔板效率，但不要说蒸馏，连吸收、脱吸都没有条件。我想了一个方法，将空气加热，加入水蒸气，在塔内用冷水冷却，这样测定塔板的传热效率，只需用已有的精密温度计就行了，而且一个人也可以做。最终选出两种优化的结构，称之为"旋流塔板"。

到1973年底1974年初，又有一个机会，衢州化工厂要上一个设备，从碳铵干燥器的尾气中回收少量的碳铵粉尘和氨气，厂里一个技术人员也是浙大毕业的，他来联系我，问我新试验的塔是否可以用。我直觉完全可以，经过计算，他们需求的塔直径是1.2米，与技术员交流后，他很有兴趣，表示要在厂里上这个设备，并做测试。旋流板塔（应用旋流塔板的塔设备）在工厂里制作、安装、试车，经较长期的测定后，证实达到了原来的美好设想。他建议把成果写成文章发表，我们就一起合作，文章完成后刊登在《衢化通讯》上。这样，使"旋流塔板"的放大与推广，跨出了重要的一步。

成果推广应用

不过随后的推广工作并不太容易，即使你实验和生产都验证了，同样的塔径生产能力能增加50%以上，直到1976年，全国的小氮肥厂（习惯上称为小化肥厂）要逐步进行技改、扩建。为此，杭州良渚化肥厂要上一个热水饱和塔。他们看到我们发表的文章和实验资料，就来找我，问能否用到其内气量变化相当大的热水饱和塔上，我计算后说能行。

差不多同时，浙江海宁化肥厂也因技改扩建来联系，问脱硫塔能不能用。我说能用。很快这两个塔都投建了，使用后效果相当理想。认为时机已较成熟，我便与省化工局和科技局联系，申请进行成果鉴定。鉴定会在海宁化肥厂现场召开，原来脱硫塔的直径是1.2米，如果按老的填料塔结构，技改要求提高产量一倍，塔的直径要增大不少，高度也有所增加，而改用旋流塔板结构之后，两个尺寸都比原来的塔还小，脱硫效果还很好，运行费也有所节约。参加鉴定的人员大都来自小化肥厂，都是内行，一看就清楚旋流板塔的优点，这个鉴定为推广创造了极为有利的条件。

1976年11月，在山东威海荣成化肥厂举行了小化肥一年一度的技术交流和推广会议，会上，前面提到的两个厂都派人对所用旋流板塔作了介绍，这下就在全国推广开了。那时全国大概有上千家小化肥厂（按化工部的标准设计建成，当时要求每个县都有一家），凡我们了解的，都用上它了。小化肥厂中不同用途的塔设备比较多，有扩建等需要时，可以改造成旋流板塔，如嘉兴化肥厂、湖州化肥厂等，一个厂就上了十几个旋流板塔。

再以后一些中型化肥厂也用上了，如四川化工厂内有一个化肥厂是中型的，在扩建中就把它用在冷却塔上代替原来的填料塔，投资和运行费的节约幅度都很大。四川省科委专为此项目做了鉴定，给了企业一个四川省科技进步三等奖，当然我们浙大也在获奖单位里。

我从开始研究这个装置，目的就是要推广应用，所以在实验同时也注意如何去设计，起草了设计说明书。还用省科委给的少量经费，一个人在多家小化肥厂跑来跑去，协助建立、运行旋流板塔。全国推广后，一周各地有十多批人来访求我，我就把设计书印出来发给他们，便于他们遇到问题之后再来找我。那时提供技术完全是免费，是共享主义，到1978年还是这样。

直接和厂家沟通这种情况什么时候改观的呢？那是1978年底，我们国家有一个化肥的专门刊物《化肥工业》，专门出了一期旋流板技术专刊，里面登载了十几个厂的应用情况；也约我写了一篇文章，详细介绍了试验经过、应用综述、设计方法等，厂家有需要就不必再找我了。那时，发表文章还用集体名字（浙江大学化工原理教研室，执笔人谭天恩），也没有商品化的概念；现在要是搞出一个新设备的设计，估计就不会公开发表了。

获奖

因为这项技术在1976年就开始推广了，1977年省里评科技进步奖的时候，旋流塔板就评上了，那时候不分等级。1978年全国科学大会之前，学校把它报上去，获得了全国科学大会奖。1982年，校科研处让我们报国家发明奖，我为此做了一些调查，并请使用的十多家厂写了证明，还附上经济效益。小的企业几万元，大的有几百万，而推广应用的总有几百家，加起来经济效益就达到亿元以上。不过那时候不太讲究经济效益，它不是评奖的主要考虑因素。我们的项目1984年被评为四等奖（主要根据清华大学评奖委员的意见，说清华前年一新塔板评的是四等奖；没有考虑推广情况和经济效益的差异。以后他遇到我，特地还为此向我说抱歉）。这以后，根据旋流塔板的应用业绩或基础研究的进展，还获得了1988年化工部小氮肥建立30周年突出贡献奖，1993年化工部科技进步二等奖，1996年国家教委科技进步三等奖等奖励。

随着参与浙大环境化工专业的筹建，我的科研工作逐渐侧重到环境治理方面。1986年我承担了国家"七五"攻关专题旋转喷雾法烟气脱硫的子专题，专题获1992年国家科技进步二等奖。接着，在实验室研究、小型工业锅炉试用和理论分析的基础上，1996年为两套130吨锅炉的烟气脱硫除尘装置进行设计（每套的气量约22万标米^3/时，脱硫塔定为$2 \times \phi 3.6$米的旋流板塔），并参与制作和调试，装置顺利投产、达标，长期运行。用自己的技术建立中型规模的脱硫除尘装置，属于国内首创，填补了市场空白。这一项目1999年通过省级鉴定、并获当年浙江省环境保护科技进步二等奖。

后记

我从1978年起培养研究生，1993年底离休后，仍回聘继续带研究生，直到2005年最后两名博士生毕业为止，名下共培养了硕士28名、博士和博士后27名。

跟我学过化工原理的本科生有两千余人，研究生不少已成为院系的学术带头人，相信他们中好些人会青胜于蓝。

人物名片

　　谭天恩，出生于1923年。1945年毕业于浙江大学化工系。自1948年初起在浙大化工系任教，1993年年底离休。谭天恩教授发明的旋流塔板装置获1978年全国科学大会奖并至今仍在生产中。谭天恩与同仁们在1980年创建了浙江大学环境化工教研室，同时开辟了浙江大学大气污染控制与治理技术的研究方向，经过20年的艰苦努力，形成了明显的特色和优势，成为国内领先的环境工程研究所之一，尤其是大气污染控制与治理技术方向在国内具有较大影响。谭天恩教授曾任第一届全国化工原理课程教学指导委员会主任委员。他主编的《化工原理》获得首届化工部优秀教材奖和首届优秀畅销教材奖；他与指导的研究生共同获得海外华人环境科学家与工程师学会最佳论文奖共达八次。2000年教师节，他获得中国老教授协会为离退休后继续奋斗、成绩显著的26名老教授颁发的科学与技术工作优秀奖。

低温专业"创业"记

项目：多层绝热法及低温容器的研制

采访时间：2016年9-10月
采访地点：浙江大学玉泉校区邵科馆、各位老师寓所等
讲述人：朱长乐、李式模、邵敦荣、黄志秀、胡熊飞、郑建
　　　　耀、陈国邦、冯仰浦、徐烈
采访：金涛、张淑锵、朱原之、柯溢能
整理：朱原之

采访手记：那段时间，采访老先生们成了我每天的工作中最开心的事。李式模和朱长乐老师对当年参与低温专业开创特别自豪，对晚年生活也感到很满足和满意。李老师还一直关心着低温专业的发展，时不时地会去学院里转转；邵敦荣老师说，现在看到电视上播出中国火箭上天的新闻，总感觉很激动——当年自己参与做的液氢等试验也为今天航空航天事业的发展出过一份力呢。翻出一张当年六个年轻人的合照，还是对着镜头走来时的抓拍，意气风发，基本能认出见过的那几位老先生。此次我们有幸采访到的，并对还原"创业"故事给予大力帮助的还有黄志秀、胡熊飞、郑建耀、陈国邦、冯仰浦、徐烈等几位老师，这些最先经历创办专业和实践的老师也只是故事的一部分，有很多精彩片段没能记录进来。有很多位，比如孙芝芳老师，包括当年帮助过他们的杭氧等其他单位的前辈，还没有来得及采访。还有一些可能已经过世了。后来去邵敦荣老师家里收集反馈意见的时候，碰到了邵老师的夫人林容轩老师，她退休前是浙大化学系的老师，也曾经参与三分部的研究项目，她

很热心地与我分享了一些当年的故事，并提出了宝贵的修改意见——去老先生们家里总能有意外的收获。

希望经过这一次，回家的时候我也能有耐心听自己的爷爷奶奶讲故事。

专业初创的概况

1958年9月低温研究组成立，正值国家大跃进，科技发展的目标是要求赶超英美，新型专业——原子能系和火箭导弹系（简称"火箭系"）就是这个时候成立的，原子能系代号十系，包括4个专业；火箭系代号十一系，包括3个专业。其中低温专业代号"1003"，"10"指十系，"03"指零三专业。从现代视角看，原子能系做的是"两弹一星"的基础研究工作，而低温专业的主要研究对象是：第一，液氢制备，液氢的温度是−253℃，它可以作火箭发射的燃料；第二，用液氢精馏制取氢的同位素氘，燃烧后获得重水，这是反应堆的原料；第三，同时研究存放液氢、液氮等低温液体的低温绝热技术及储运设备，特别是真空粉末绝热和多层超绝热技术。

提前毕业做科研

朱长乐：

1959年底第一次做液氢试验的时候，小组里六个人，我、李式模、邵敦荣，孟东峰（从化学系调过来的，后来回化学系了），林国柱、王春森两位是从化机调过来的。他们五位当年都是根据国家需要提前毕业的。

为什么只有我一个人是正规毕业的呢？1949年我考进浙大化工系，是1949级的化工系学生，1950年抗美援朝，我决定投笔从戎，不是心血来潮。当时报名参军的有好几百人，录取几十人，工学院只有我一个女生被录取。我们班两个同学，一个男生参加空军，我参加海军。那时候大学生参军很少，学校敲锣打鼓地欢送我们去。部队里除了我们少数几个大学生，其他人很多都是初中生和没念过书的老兵，我参加了三到四个月的军训和政治学习，之后就一直在部队里教书。我到了海军学校先教初中的数理化课程，然后教高中数理化。后来教军事化学，我的同事们当中有一些是高中毕业，有的是大学毕业，有一位组长是复旦大学化学系的助教。我们的工作是研究一些军用的毒气，比如芥子气、光气等，以及如何防毒和消毒，并培养学员。参军之前我只在浙大化工系读了一年多时间的书，所以这时候当教师需要自己找各种资料，边学边教。大学里很注重培养我们自己找资料、看资料的能力，为这个阶段和以后的工作打下了基础。

　　1955年，部队要求凡有军衔的女兵都复员或转业，初步考虑安排我转到青岛大学去当教师。我想，我自己大学还没毕业，去大学教书很被动，就写了一封信给当时浙江大学化工系的系主任周庆祥[1]老师，他说，当初是敲锣打鼓欢送你去参军的，现在当然欢迎你回来，学校保留有以前的学分。执笔给我回信的是我的同班同学杨裕生[2]，他已经毕业留校，当时是助教。这封热情的回信使我很快就回到浙江大学再做学生了，1958年毕业的时候拿到毕业证书。后来国务院规定，所有参加抗美援朝的大学生也都要颁发大学毕业证书，所以我有两本毕业证书。毕业的时候分到了物理系，王谟显[3]副校长代表学校给我下了新的研究课题——低温，组织部给我配了五名还在念书的学生，让他们提前毕业，因为那时候年轻教师很少。这项工作要求参与的人政治上可靠。后来我们做了很多工作由于保密严格，不容许写文章发表，所以我们只能隐姓埋名做科研——

[1] 周庆祥（1901—1985），字林蓁。1947年7月应浙江大学校长竺可桢邀请，任浙江大学化工系教授。自1953年开始，先后担任浙江大学化工系主任、副校长。重要著作有《纯液体及其混合液的蒸汽之压缩比》《低温高压复杂混合气体的相平衡》等。

[2] 杨裕生（1932—），核试验技术、分析化学专家，中国工程院院士，中国人民解放军防化研究院第一研究所研究员。1952年毕业于浙江大学化工。1958年中国科学院化学研究所分析化学专业研究生，1960年在苏联科学院地球化学与分析化学研究所进修放射分析化学。创建了中国核试验烟云取样和核武器威力与性能的放化诊断技术，提出裂变燃耗、铀同位素全谱、锂燃耗、铀钚分威力等测试原理并指导研究成功。

[3] 王谟显（1907—1973），教授。1932年毕业于浙江大学物理系。1949年获英国剑桥大学哲学博士学位。新中国成立后，历任浙江大学物理系主任、教务长、副校长，浙江省物理学会第二届理事长、省科协主席，撰有论文《氢核的结合能》，著有《物理学》。

保密条例严格规定，自己从事的研究工作，不许向家人或非本专业的人传播。

李式模：

我1955年考进浙大化工机械（简称"化机"）专业，那时候大部分专业是五年制的。1958年9月，四年级开学的时候学校通知我提前毕业，留校做政治工作和参加科研，最开始给我的任务是"1002"——负责反应堆及原子核工程专业，我查了一些资料，了解到这个课题主要涉及的是物理方面的知识，我感觉凭我自己的能力很难完成，而且很快学校也觉得没有做这方面研究的基础条件，就取消了，我留在了低温研究组工作。

邵敦荣：

我1956年进入浙大就读化学燃料专业。1958年提前毕业的时候相当于只读了两年，基础还不扎实。和我一同入学的燃料专业有五个班，每个班大概三十几个人，一共有二三十个人分几批提前毕业，我们1958年的算是第一批。其他提前毕业的学生被分配到各个不同的项目中，也有去外地的。我到低温研究组之后做了实验室主任，负责实验室的建设工作——购置和装配设备。1958年开始建设的时候什么都没有，1959年开始工作，我们和杭氧合作研制我国第一套氢液化设备。

第一次液氢制备试验

1958年，当时没有场地给我们做液氢制备的试验，是刘丹校长亲自将校门口的实验室指定给我们的。校门口有两个小房间，北侧一个是传达室，南侧一个堆着东西，就是现在玉泉校区正门边经营旅游服务的小房子那个位置。我们就在那里开始做中试的实验研究，一是因为实在没有其他场地可以给我们，二是因为液氢有爆炸的危险，实验室要放在远离其他人的地方，那时候校门口南侧人烟稀少。这个试验需要压缩机、氢气柜和真空泵等机器设备，在实验桌上只能做个别的小试，做完小试，马上进行中试。那个小房间里已经可以放得下一整套机器设备，具备可以进行氢气液化的实验研究的水平了。这套氢气液化设备是我们自己设计的，主要参考的是在公开杂志上看到的一种苏联型号，叫作BOC-3，当时的外国资料主要是英文和俄文的。按照这个型号查到文献里介绍它的一些浅显的资料，不很详细，我们就根据这些资料自己摸索。设计制造阶段我们主要和杭州制氧机厂的一位工程师合作，因为杭氧有做低温设备的经验，我们和厂里的师傅一起劳动、一起讨论，加工过程大概经历了一年的时间。加工好的设备拿回学校的实验室，由浙大机械工厂的劳动模范桑锦荣老师傅帮我们安装；安装完成后开车[1]调试，调试的过程很复杂，首先氢气需要净化，里面不能混有氧气、氮气等，否则液化的过程中还没等氢气液化，这些杂质气体就先固化了，堵塞系统；经过净化得到纯的氢气后，第二步需要用液氮对高压氢气进行两级预冷，最后经节流液化。

据我们所知，我们当时做的工作在国内是首次，尽管实验室比较简陋，但因为是第一次液氢试验，所以我们很努力，加班加点地赶进度。

刘丹校长一直很关心我们，他觉得我们这些人很了不起，年纪轻轻就在做先进的国家科研项目，我们也经常向他汇报工作进展。第一次综合性氢液化试验是在1959年12月底，天气很冷，因为是低温设备，要求环境温度越低越好，所以我们把所有门窗都打开，让西北风吹。还有一个问题是氢气是不安全的爆炸性气体，空气里有4%的氢气就有可能发生爆炸。刘丹校长不顾这些，冒着严寒和危险到实验室看我们的关键性试验，我们很紧张，也很受鼓舞。试验比较顺利，氢气液化成功了，我们高兴得不得了，第二天，也就是1960年元旦，就敲锣打鼓向学校报了喜，同时也受到学校有关部门的关注。从这以后我们才成立低温组，在这以前都叫502研究组。1960年开始筹办低温专业的时候，我们是系里几个专业当中比较好的，因为我们已经有了氢气液化的试验成果。

从1960年到1963年，我们继续研究液氢的利用，制备反应堆里要用到的重水。制备液氢和重水都有各种方法，我们走了一条低温的道路。1960年搬家的时候我们把这套设备也搬到了三分部（现之江校区），之江校区的钟楼曾经是我们的低温楼，很多工作是在那里完成的。

---

[1] 指开动机器。

1958年"创业"六人小组（左起：王春森、孟东峰、邵敦荣、李式模、朱长乐、林国柱）

李式模：

大概1961、1962年的时候，学校各方面的管理都正规起来了，研究小组成立之初招募来的五个提前毕业的学生怎么办呢？根据学校要求，我们需要带职补毕业，有的回到自己原来的专业去补课，有的留在低温组做毕业设计和答辩。我的毕业设计是朱长乐老师指导的，毕业设计的题目是设计工业规模的、吨位级的液氢装置，并考虑其中可能遇到的各种技术问题。朱老师也是答辩组组长，参与审查论文、组织其他老师参加答辩等工作。所以我们才有了正式的浙江大学毕业证书。

邵敦荣：

我原来学的是化工，研究怎么把煤加工成化学燃料，后来提前毕业的人需要补课的时候，读的又是物理，物理很难读，特别是量子力学，老师讲的时候很多听不懂。补完课发给我的就是工程物理的文凭了。

专业调整

1963年，国家财政紧缩，提出"调整、巩固、充实、提高"的八字方针，在北京以外的很多地方进行的国家级研究项目都被压缩削减，浙大三分部的2个系6个专业都被"调整"了。学校就低温专业的去向征求我们的意见，我们要求回到化工系，保留一个教师队伍，成为一个科研组。我们组当时已经有七八个人了，已经自己培养出了57届和58届两届毕业生。

邵敦荣：

1960年之前我们的专业还没有开始招生，但是学校必须以教育为主啊，没有学生就不像学校了。我们是1958年提前毕业开始工作的，但是我们有一个学生是57届的，怎么回事呢？因为这个学生是从其他现有专业挑出来的，他在别的专业读三年级的时候，我们把他要过来做低温专业的学生。

我们的教学课程包括制冷原理、低温测量，和更专业的氢气液化、真空低温保温等，有的教材要自己写，但可以参考，比如真空技术可以参考别人已有的教材。

我们坚持这个专业不能撤，但是我们还是被压缩了，科研组保留，专业撤销。

朱长乐：

虽然我们专业被压缩了，但学生已经毕业了两届，我和校长说，我们专业是有基础的，不继续做研究很可惜，我们已经进行了很多研究，而且有两套中型的液氢和液氮设备，我们可以自己进行预冷和制备液氢、液氮等低温研究。刘丹校长很听年轻人的建议，很鼓励年轻人做科研，他觉得我说的话很有道理，他问我："你们这个专业可以挂靠到哪里？"我说可以挂靠化工系，因为研究组里好几个人都是化工系毕业的。

我们开玩笑说这叫作"下山打回老家"——"下山"就是从三分部的山上下来，回到校本部。搬回玉泉的时候，杨士林先生（当时化工系主任）也很支持我们，当时化工系的总支书记黄固（1917—）书记说，欢迎我们回来，教四后面做木工用的草棚可以给我们用。我们就去化工部申请经费用作旧房子改造，在这块地皮上造了一圈一层的平房。出于安全的角度考虑，当时圈的地范围很大，而且用铁丝网包围起来，非常显眼。浙江省省委书记直接批给我们两套新设备，杭氧生产的一套空气分离设备（当时价值7万）和一套新的氢液化设备（当时价值6.5万），省里拨款，我们去杭氧买。当时杭氧是我国最大的空分厂，相当有实力，大型的钢铁厂、化肥厂需要用的氧气都是靠杭氧的空分设备生产的。我们把设备运回来之后，杭氧的师傅指导我们怎么使用，之后的调试和生产我们就自己操作了。液氢、液氮、液空实验室都像模像样地建了起来，我们有了自己的"根据地"。到1966年"文革"前，低温专业框架已基本成型，在随后的几年时间中，教师队伍里每人的主攻方向也已基本选好。

李式模：

艰苦奋斗是我们的工作作风，最初开始工作的六个人，虽然之前根本没有做过低温的研究，全部从头学起，但是初生牛犊不怕虎。从1958年9月到1959年底，一年半的时间，就把氢气成功液化出来了。

当时国内除了我们没有一个大学有"低温"这个专业名称。刚开始建立的时候，专业叫过"稳定性同位素分离"，因为我们制备重水主要用的方法是通过液氢精馏分离出氘，和氧结合燃烧，变成重水。假如一直用这个名字作为专业名称，可能就不会走低温研究这条路，而低温研究和应用的面很广。而且后来我们才知道，制备重水主要用的是其他方法，用液氢精馏技术上可行，但成本太高。

低温这个名字来源于英文cryogenics。当时中国科学院有低温物理研究所，但它研究的低温物理完全是物理下的一个分支，即用低温的手段研究低温下的物理，偏理科；我们因为是化工系出身，所以偏工程。其他单位，比如杭氧也是做低温工程的，但他们原来只做空气分离，分离出液氧、液氮，后来和我们合作才开始做液氢，成立了杭州制氧机研究所，研究比空气分离温度更低一些的低温领域项目，比如氖液化。不过当时和我们一起合作的工程师陈大慈先生五十多岁就去世了，他比我们年长一些。

这个专业名称也是逐步完善的，最早的时候在教三的502房间，我们就叫"502组"。低温小组、低温实验室等先后都被作为名称，到1978年热物理工程学系成立之后，又取名为低温工程研究室。20世纪80年代我们考虑扩大研究的范围，把温度向两边延伸：向更低的温度方向发展，比如氦气液化及应用，开展低温物理理论研究——低温物理，舒泉声老师和冯仰浦老师就是物理系毕业的；向比较高一点的温度的方向发展——低于零度、高于液化天然气的温度，叫做普冷，比如空调、暖通、冷藏等应用技术。

但是达到液氦温度（−269℃）的液氦试验成本太高，氦气很贵，原装的系统里肯定会漏气，漏出去的氦气都浪费了。所以后来我们就不做这个方向了，当时国家不富裕，我们也没有这个条件。但是液氦的温度我们是达到过的，还实现过用我们生产的液氦产生磁悬浮现象实验。1981年我们低温专业第一次对外开放，是刘丹校长让我们接待来自香港的工商界人士代表团来学校访问的时候，他们参观了氦气液化的操作。代表团有至少30个人，包括记者，带着摄像机，我们一边开机器，他们一边采访，那是我们第一次看到现代化的拍电视的设备，场面很壮观。

液氦这个方向没有人再做研究了之后，低温专业分成了低温组和普冷组两个研究室，下设实验组、测试组——温度测量和气体成分分析等，各位教师自己选择方向。当时做低温的以西安交大、上海交大、华中理工大学和浙大为主，西安交大主要做空分——空气分离，上海交大主要做普冷，华中理工大学在空分和普冷两个方面同时发展，但是我们的工作开始得更早一些，而且对液氢的研究更熟悉。后来成立了制冷和低温工程研究所，到现在已经稳定了。20世纪80年代的时候，学校曾考虑成立一个低温中心，物理系研究超导的和我们合作，李文铸副校长牵头。但是我们考虑他们是理科，我们是做工程的，我们只是为物理的研究提供低温的条件，就没有再进一步讨论下去。

从20世纪60年代开始，我们挂靠的两个国家部委单位，一个是化工部，另一个是航天部。化工部有一个女副部长叫陶涛[1]，她曾经在一次会议上针对给或者不给经费的问题说，"你们不要折腾浙江大学低温了"，意思是对我们低温专业该支持的就支持，我们要求的条件能够满足的部委都尽量满足，化工部特批了资金，用于建造2400平方米的低温实验大楼。化工部系统里有两个生产液氢的工厂，一北一西——吉林的649车间和兴平的659车间，两个厂都是专门生产液氢燃料的，我们经常带学生去工厂实习。早在20世纪60年代，我们因为有氢液化设备，与航天部101站关系密切，到20世纪80年代还签约联合培养研究生。

邵敦荣老师：

科研方向到后期转向进行液氢温度下的一些相关研究工作，有了液氢后，液氢的保存、运输和应用是重要问题。

氢从化学性质的角度考虑是危险品，对密封性的要求很高，所以最难的还是安全问题。后来我们不仅做液氮、液氢、液氦的贮存容器，也开始做各种各样的特殊容器，例如专门供应航天员呼吸用的液氧容器、氢氧燃料电池用的液氢容器等。带上卫星的设备都有体积和重量的要求，比如要求一千克的氧气足够供给航天员使用一定时间，所以需要尽量减少额外消耗能量的重量，不能用钢瓶，因为太重了。我们用的材料是玻璃钢，玻璃钢是一种将玻璃纤维和树脂黏结在一起的复合材料，它必须有一定的强度和低温下的耐脆性。这大概是20世纪70年代初期国家给我们下达的项目任务，除低温组人员之外，学校还调集了化工、化学、力

---

[1] 陶涛（1917—2013），女，原名肖如琴。原化学工业部副部长、党组成员，化学工业部技术委员会原主任，原石油化工部副部长、党组成员，第31届、第32届中国化工学会理事长。1993年12月离休。

学等专业的教师参加，共同研究这个项目。

对共同努力研究出来的玻璃钢容器，我们必须进行检测，看是否符合要求。考虑到液氢的危险性，我们用液氮做试验：在距离实验室30米远的室外空地上挖一个坑，把这个装有液氮的玻璃钢容器埋入坑内，在容器中还装有电热丝，拉出引线和管道到实验室里测量，观察加热时容器压力的变化。经过大约28小时试验，压力最后上升超过氮的临界压力，证明了容器的耐压性和接头密封性均符合要求。

其他故事

李式模：

20世纪60年代初，民生困难，我们煮饭的时候把茄子放在饭里蒸一蒸，拿出来盐拌一拌当菜吃，你们现在可能也这么吃，但是那个时候是因为没有很多蔬菜品种可以选择，能吃到这个已经很不错了。年轻人有的时候肚子实在很饿，买到几块番薯，晚上在实验室里烧了吃，填填肚子。饭票每人每个月26斤，有的女同胞饭票有剩余，就送给男同胞。做试验经常需要晚上开夜车，因为低温设备一旦启动就是连着开的，液氮、液氢机器开车时，安排全组人员24小时轮流值班，不能停。有时晚上实验室里只有我一个房间在做试验，我就叫我的大儿子过来陪我，睡在我边上，壮壮胆子，那时候他只有三四岁。最早建低温房的时候这里是一片茶叶地，很荒凉，周围用铁丝网拦起来，但是会碰到蛇。有一年暑假，我们全家到实验室值班，夏天太热就睡室外，很可怕。金星悦老师的胆子很大，他一个人在实验室住了好几年。

做液氢试验的时候，半夜里一旦预冷剂没有了，就要跑到现在的河坊街（过去叫"劳动路"）上的普通机械制造厂买液氮。没有车子，邵敦荣老师和我两个人用扁担把两个空杜瓦瓶抬去，装满了液氮有一百多斤重，再抬回来，就沿着北山路走回来。后来条件好些了，买了一个三轮车，我们踩三轮车去买液氮就方便多了。我们试验用的氢气要到上海去买，用货车押运回来，那个时候的路高高低低很不平，有一句话叫"车子跳浙江到"，因为浙江的雨水太多，都是烂泥地，没有柏油马路，车子"乒乒乓乓"地一跳一跳的，绑在钢瓶上很粗的绳子都有可能被磨断。车子拉到以后，我们还要自己把钢瓶背下来。

还有一次，有一个用铁路槽车把液氢从吉林拉到北京的任务，二十几立方米的槽车，相当于一节火车车厢，我是浙大唯一一个参加押运工作的。因为液氢太危险了，所以专门带了一个排的士兵护航，而且这列车只能晚上走，白天不能走，每隔几公里就有警卫人员在铁道边做安检保卫工作。我当时也非常激动，因为他们这么信任我。但是在途中，大概山海关还没有到的时候，学校发来电报，通知我赶快回学校，有紧急的事情要商量，我就在中途下车回学校了。那时候我觉得很遗憾。

朱长乐：

我们参考过苏联式的液氢罐子，但最早看的资料是英文专业书，叫作Low Temperature Physics。我们还翻译过一本俄文教科书《深度冷冻》，想做教材用，这本书是苏联在这方面的主要教科书，上、下两册厚厚的两大本，我是总翻译和编辑，其他每人分一部分，一起翻译。我以前念大学时学的是英文，大概1956、1957年开始，学生改学俄文，俄文是我的第二外语。做翻译的时候我是产妇，从怀孕到生产之前，躺在床上也一直在翻译、校对，翻译稿也请教授审查过，完成后交出去了，但后来因为"文革"，就再没有听到过关于这本书的回音。再后来中文版的《深度冷冻》上下册出版了，但似乎不是我们翻译的那个版本。我们当时没有办法追查，很可惜，也只好埋在心里，一些教师的辛勤劳动化为乌有，当然翻译俄文也是一种学习。

1969年，我忍痛离开自己创建的低温专业，被调到化学工程专业。但我对低温专业仍充满感情，看到几十年来成果累累，专业发展很有起色，感到十分欣慰！

邵敦荣：

大概1970年前后这段时间内，尽管社会动荡，但是浙大仍有很多科研项目在进行当中，低温也有很多项目，只要是与液氢或者液氦有关的，甚至到北京、上海、武汉这些地方去做试验。但是因为社会动荡，老师们的精神压力很大，不得不去参加运动，又不能把实验丢下。有一次临时通知所有人都要去参加游行，进行到一半的试验只好放下，我们就在半路上找借口去上厕所，偷偷跑回实验室看试验进行得怎么样了。

人物名片

朱长乐，教授，1930年出生，毕业于浙江大学化工系，美国辛辛那提大学访问学者。长期从事教学、科研和科普应用等工作。1950—1955年参加抗美援朝。1958—1969年为浙大低温专业创始人之一，低温实验室、教研组组长，专业负责人。1969年被调至化学工程专业，美国访问后，创建了化工系膜科学研究组，从事科研、教学、培养研究生等工作。发表专业论文30多篇，参与编写有关膜科学技术手册（2种）。主编与合编教材《膜科学技术》（第一、二版，高教出版社，2004年），1984年调任浙江省科学技术协会党组书记、副主席（第三、四届）等职。1994年退休。

李式模，1933年出生，1958年浙江大学化工系提前毕业后留校工作任讲师、副教授、教授，1996年退休，回聘工作至2000年。主要从事制冷及低温工程专业的教学科研，曾任教研室、研究室主任、系学术委员会委员、能源系党总支书记、学校学科组学术委员会委员等职，发表专业论文90多篇。

邵敦荣，1935年生，1956年进入浙大燃料专业就读，1958年提前毕业，毕业后留校从事低温、制冷等方向的教学和科研工作，曾教授低温与真空、氢的液化、低温测量（低温测试技术）、计算机语言等低温专业的课程。1997年退休。

黄志秀，教授，1936年12月生，1960年浙大化自专业毕业后留校任教，先后在化工系、热物理系、能源学院工作，主要从事低温绝热、低温物性和过程的监测、低温生物冷冻治疗与保存的教学和科研工作。1996年12月退休。

胡熊飞，1937年生，1956—1961年就读浙大化工系，毕业后留校从事低温、制冷等方向的教学和科研工作，直至1997年退休。参与翻译《制冷与空调》等书。

郑建耀，1937年生，1959年10月起就读浙江大学化工系燃料专业，1964年毕业后留校从事低温测量等方向的教学和科研工作。1997年退休。

陈国邦，1941年9月生，浙江温州人。1960—1965年在浙江大学化工机械本科学习，毕业后留校任教；1969年到低温实验室从事制冷与低温的教学和科研工作，直至2009年退休；1980—1982年在科罗拉多大学和美国国家标准局（NBS）学习研究；1992—1999年任制冷与低温工程研究所所长；1994年被聘为博士生导师；2006年被评为浙大二级教授。

冯仰浦，1941年生，1960—1965年就读浙大物理系，毕业后进入化工系参与低温测量、制冷等方向的教学和科研工作。2006年退休。

徐烈，1942年生，1965年毕业于浙江大学，留校任教至1979年，后调至上海交通大学，任制冷与低温工程研究所教授、博士生导师，2007年退休，2012年完全退出工作。

创造的追求和创造的价值——王仁东先生其人其事

项目：高压容器的研究及应用Ø1010毫米氨合成塔断裂力学安全分析

采访时间：2016年8月31日

采访地点：浙江大学玉泉校区邵科馆二楼小会议室

讲述人：王宽福等

采访：单泠、金涛、朱原之

整理：单泠

采访手记：现在60来岁的浙大人，大多听过"王仁东"这个名字。这是一个立志以身报国的科学家，他没有赶上最好的年代，但他依然在浙大留下了很多传奇般的故事。幸好，王仁东先生的次子王宽福先生收集了很多王仁东先生的学生、同事、朋友的回忆，我们在王宽福先生、熊家钰先生、程景春先生、李泽震先生、陈学东先生和王飞跃先生的回忆中撷取一瓢，以王仁东先生同时代人口述的方式，将其记录在此。

因记述来自多位亲历者，涉及当年多个学科的发展史，故以时间为主线叙述，以方便阅读理解。在此，我们向提供史料的前辈们致谢。

我的父亲，用一辈子"科学报国"的科学家

讲述人：王宽福（浙江大学化机64届毕业生 浙大化机研究所教授，2002年退休）

我的父亲王仁东，原名裕大。1908年3月25日出生于上海。我的祖父王立才

王仁东先生指导分析断裂力学试验

是一位医生，在当地非常有声望。祖父青年时就是封建家庭的逆子，反对封建礼教、习俗，主张男女平等。清光绪年间曾任教育材私塾（南洋中学前身），后东渡日本学医，期望医学救国。回国后，开设诊所，为民祛病，对贫困者不收分文。他对子女要求非常严格，看病也一样排队。工作之暇，祖父给里弄小孩办义学、教画习字；还与黄炎培先生一起，倡导了主张不抽烟、不喝酒、不赌博的家庭日新会。父亲的名字，是甲午战争爆发后，祖父改的，三兄弟的名字分别改为"仁东""平洋"和"佑中"，寓意日后要"平东洋"和"保佑中国"。这是一个民族知识分子发自内心地对国家强盛的无比渴望。父亲从小就是在"科学救国"思想的影响下长大，"发愤读书，报效国家"是深深扎根内心的立命之本。

　　1937年，日军侵华战火日渐弥漫中华大地。1939年，为了不在沦陷区当亡国奴，经好友介绍，父亲携妻带着不满周岁的大哥，经海防、镇南关（今友谊关）、柳州，辗转投奔正在广西宜山办学的浙江大学，不久南宁沦陷，又随浙江大学迁至贵州省遵义。

　　在遵义7年期间，教授的生活十分艰难。父亲抱定"科学救国"的宗旨，想尽办法寻找参考书，钻研理论，先后为学生开设了机械制图、经验设计、画法几何、铁路机械、机构学、机械设计、材料力学7门课程。他总是不满足已有的教材内容，他的教授过程中理论推导和分析，每年都增加新的内容，因此他的课深受学生欢迎。

我1942年3月出生在遵义水井湾。父亲十分崇敬竺校长，常对我们讲："竺校长为人正直、爱才如命、唯才是举，浙大有今日之声誉是与竺校长的贡献分不开的。"父亲毕业于交大，在浙大没有任何背景，但因课上得好，第二年就转聘为教授。1944年，教育部下文推送教师赴美进修，要浙大在理工学院推荐教授和副教授各二名，再由教育部各圈定一名，条件是教课五年以上，没有留过学的，父亲符合条件就报了名。而工学院的另一位土木系的讲师，是竺校长的侄子也报了名。当时有人把公文上的名字做了手脚，把竺的名字放在前面，学生知道此事后大为不平，认为讲师是不够资格的，若他能去，大家不就都能去了？一时间人们在议论纷纷，训导长费巩教授将此事报告了在重庆的竺校长。后来学校将推荐人选报教育部后，教育部部长要竺校长亲自圈定，竺校长圈了我父亲，要知道当时竺校长的夫人在西迁途中病故，就是侄媳妇在帮他料理家事照顾孩子。从此事足以看出竺校长的人品，也让父亲铭记了一辈子。

1946年，父亲赴美。1947年，享有盛名的阿立斯却默斯机械制造公司聘他担任顾问工程师。1948年起，他又兼任美国西北大学客座教授，并在大型回转窑筒体应力计算和破碎理论方面做出了重要的贡献，改变了传统的破碎功计算方法，他提出的破碎机破碎功计算公式至今仍为世界破碎行业广泛采用。竺校长到美参加会议时还专程去威斯康星看望了父亲和同在那里的侯虞钧先生。

1949年，听到中华人民共和国即将成立的消息后，他马上义无反顾地踏上了归程，在中华人民共和国成立的第二天回到了祖国。

回国后，父亲继续在浙江大学任教，从此没有离开过热爱一生的科学与教育事业。

让学生记忆了一辈子的"扣分"[1]

讲述人：熊家钰（浙江大学机械58届毕业生、浙大校史研究会特聘研究员、曾任浙江大学校友会上海分会会长）

---

[1] 1952年院系调整后浙江大学建立了面向全校的力学教研室，王仁东是首任教研室主任。1954年他又开始承担化工机械专业的筹建工作，同时又积极争取筹建、创办化工自动化专业。1956年，他被评为二级教授。

王仁东先生在教学中

　　我和仁东老师交往较少，过从不密。但是1961年两次对王老师这位伟大的学者来说可谓"小事"的经历，使我对恩师严谨治教和培育后辈的博大胸怀感念深刻、永生难忘。

　　1955年，我在浙大读二年级，王教授为我们机械系4个专业的200多名学生讲授理论力学课程，在大约200平方米的大型阶梯教室里讲课，王老师从来不用扩音设备。当年他47岁，正值风华盛茂之年，讲话时声音洪亮，公式推导严密细致，楷书优美正规。他把稍许枯燥的理论力学和同学们（每周六一次）在校办工厂操作实习时接触的各类机械设备的运作过程结合分析，因而大家听得津津有味，上课时鸦雀无声。有时，王老师幽默、风趣的话语会引起满堂的笑声。这时候，王老师也会微笑着静观几秒钟。

　　有一次，王老师身体不适，第一、二节的课程请力学教研组年青的老师代课。当时，为全系一个年级全体学生开讲理论力学的只有教研组主任仁东老师，因而年轻的代课老师可谓是鼓起勇气走上讲台。教研组全体老师一齐出动到教室听课，为代课老师"壮讲"，可见老师们是如此重视这次代课效果，同学们也特别聚精会神地认真听讲。年轻的代课讲师虽然有点紧张，但两节课内容紧凑，组织严密、融会贯通，讲课结束，同学们满意地鼓掌致谢。就在这时，王教授推门而入，走上讲台和年轻的同事紧紧握手，连声祝贺说："您成功了！"原来，王教授在家中服药后，想到今日代课者是首次登台开讲，尽管知道代课教师准备充分也多次试讲，但面对四百多只眼睛流露的期待、考察目光能否适应，会不会"怯场"，尚无把握。所以王先生拖着病体赶到学校，至教室时讲课者正全神贯注地推导公式，他就在室外安坐静听。当王老师和代课老师握手时，全组教师都感动得两眼润湿，同学们也为恩师悉心栽培使教研组后继有人而欣喜。大家起立，为力学教研组全体老师鼓掌致庆。这一堂课的景象，是我永远不会忘记的。

二年级上学期理论力学期终口试时，我得了"良好"（4分）。我自认为主题回答准确，副题回答流畅，故对评分心有疑惑并形之于色。王老师见我盯着记分册观看，便询问对分数有何质疑，我如实以告。王老师拿出我写的口试书面提要，指出我有两处答题不够严密，有似是而非之嫌。一处是理解不透，应当扣分，一处可理解为书写和叙述简化，可扣分可不扣分。接着，他严肃地说："你如此看重分数，那提要书写和口述均应严格和无懈可击，而不应简化，另一处我可以认为你也是理解不透！"于是，他打开评分纪录，将"良好"改为"及格（3分）"我当时满脸羞愧，后悔举措失当。恩师见状，对我说："做学问要踏实一点，努力吧。"我回宿舍后彻夜难眠，起先认为王老师过分严格，最后终于想通，恩师此举是出于对我的爱护。经过这次"争分反失分"的教训，我在学习上有了起色，时常翻看日记本上写的"读书不用功，愧对王仁东"十字自警语句，思想也开阔多了。二年级下学期理论力学口试时，我轻松地得了"优等"（5分）。当王恩师在批签记分册时，我对他充满感激之情，他不仅教我怎样学力学，又教我如何做脚踏实地的人。

讲述人：程景春（香港竞成贸易公司董事长）

1958年初我是带着640个印尼归侨学生回国，我是团长，目的是回国求学、报效祖国。在那个时候，知识分子在"左倾"空气之下只能夹着尾巴做人，所以我们今天纪念王老师，我认为他是我们知识分子做人的榜样，他的骨气永远值得我学习。"文革"时批判王老师，（玉泉）教四走廊布满大字报，我想不通，因为我和王老师都是海外归来的学生。在批判后的那天晚上，我买了包花生到王老师家里去，他倒了一杯茶，我们两个人关起门，我说王老师我想不通，我们从海外回来，要求进步，为什么要剥夺我们的权利？新中国成立对我们海外华侨来说是多大的鼓舞，国民党腐败，我们这些爱国青年回来，我们要求知、要报效祖国，为什么那些人要用猜疑的眼光看待、用不公平的态度对待我们？王先生告诉我："你呀年轻，但是我们做人要对自己的良知负责。"他讲良知，这个问题影响我到现在，我做人、对人也要讲自己的良知。改革开放这三十年祖国变化多大，对我们炎黄子孙是百年不遇的盛世，北京奥运会邀请我去参加开幕式，这对我也是终生难忘的，是我一生难以想象的经历，是难忘的、非常难忘的、终生难忘的！今天我们纪念王老师，如果王老师看到我们今天的进步、国家的富强，他会很安慰的。

第一个具有我国特色的有关"压力容器缺陷评定规范（CVDA）的试验和制定

讲述人：王宽福

把理论运用到生产实践中去，以一己之长效力国家，是父亲那一辈知识分子为之努力一生的目标。

1958年父亲全力支持了我国小化肥急需的铸钢高压容器的生产，参加了国产30万吨合成氨配套设计会战，并为主机校核了扭转临界转速。20世纪70年代，父亲帮助上海硅酸盐研究所和大隆机器厂完成研制高温等静压绕丝高压容器的力学计算。当杭氧2000立方米/时、5000立方米/时制氧机配套的透平压缩机设计处于困境时，父亲带着铺盖住进了工厂的集体宿舍，承担了最困难、最棘手的转子临界转速和叶轮强度的计算任务，夜以继日的工作，终使新产品顺利投产。

20世纪70年代，断裂力学在国外刚刚兴起，父亲全身心投入，全力以赴地推动新技术的生产应用，他参与断裂力学的"技术进展"编写，在全国各地多次举办断裂力学培训班，并担任国家"压力容器缺陷评定方法试验研究 "重点攻关课题组"组长。主持了从日本引进大型乙烯球罐断裂力学安全分析攻关组的工作和1010带裂纹合成塔的安全性研究工作，在对日谈判中发扬了中国知识分子自尊、自强、无畏强手的精神，驳斥日方谬论，让日方专家目瞪口呆，显出一副前倨后恭的样子，为国家争得了声誉，激发了大家的爱国热情。对1010带裂纹合成塔的安全性研究课题的攻克，不仅为国家节省了大量资金，而且开创了我国用断裂力学分析评定大型工程设备安全性的首例，获得1978年全国科学大会优秀成果奖。

一个尖锐的生产问题引出的科学论证

讲述人：李泽震（原合肥通用机械研究所副总工程师）

事情要从1973年说起。当时我和我通用所的同事正在上海组织资深专家——浙江大学王仁东教授，华东化工学院琚定一教授、谢端绶教授，华南理工的陈国理教授等等，在一起针对压力容器新技术——断裂力学、疲劳力学、应力腐蚀、超高压容器的自增强理论、失效分析以及声发射动态检测技术等新学科、新材料、新设计标准等，编写《压力容器国外技术进展》上中下三册书。4个月中，我们同住一套房、同吃一桌饭，留下了很多难忘的回忆。

印象最深的要数这件事了：有一天，上海锅炉厂总工和胜利油田总指挥一起来到我们的住地，不客气地提出了一个尖锐的问题，要求我们给出一个明确的结论——上海锅炉厂为多家大型化肥厂制造的直径1010的多层容器，层板对接焊缝出现了上千条环向微裂纹，按多层高压容器设计制造规范，是不容许存在这样的裂纹类缺陷的，氨合成塔是化肥厂的"心脏"，停工的话就意味着全厂停产，更何况当时还有数个援外项目也涉及这个技术问题，怎么办？真是十万火急。

当时，我们这批人都是属于刚出"牛棚"不久的"臭老九"，况且按理说这个也并不是编写小组的职责内任务，但大家不说二话就开始投入应力计算和分析，再经过线弹性断裂力学及弹塑性断裂力学计算，几天之后，给出明确结论："层板纵焊缝的横裂纹即使扩展成贯穿层板的裂纹，在正常工况下，可继续安全使用一年以上，究竟能安全使用多长年限，待机械部课题完成后给出最终结论"。

这件事过程中印象最深的是王仁东先生当时面对化肥厂厂长斩钉截铁的神情和铿锵有力的话语："你们只管升压至320大气压，我和老李一起坐在塔顶上打扑克，请告诉工人同志们，请相信科学。"要知道，当时他走出牛棚是多么不容易，万一有什么不好的影响，会有什么后果？但王仁东教授就是这样一个人，绝不推诱，绝不逐利，无所畏惧。

　　之后一座座化肥厂由停产到投产，压力由200大气压升至正常的320大气压满产化肥，就是"科学技术就是生产力"的现实注解。

　　王老师是一个闲不住的人，事情干完一件又一件。王老师又提出一个新问题"少数救火队员是救不了大火的"。20世纪70年代末，压力容器缺陷评定规范试验研究编制课题作为首份科研合同获得批准的时候，王老师特别兴奋。1983年2月28日，王老师去世的前三天，还给我写了一封信，讨论的就是规范试验编制的第三次工作会议的准备问题。这部规范（CVDA–1984）是在一年半后问世的，短短二年，就为国家产生了19亿经济效益。

讲述人：陈学东（合肥通用机械研究院院长、中国工程院院士、浙大化机专业1986年毕业生）

　　王仁东先生最重要的技术贡献之一就是压力容器断裂理论及其工程应用。20世纪，中国的压力容器频繁地发生爆炸事故，深深地震撼了王仁东先生，在包括王仁东先生在内的老一辈技术工作者的共同努力下，我国断裂力学在压力容器的上应用研究取得蓬勃发展，压力容器的爆炸频率初步得到了抑制。王仁东先生最早与通用机械研究院合作，是在20世纪70年代。1973年我院组织专家编写《压力容器国外技术进展》的时候，王仁东先生急人所难，主动承担了最具挑战性的"压力容器的脆断问题"这一章，成为我国断裂力学在压力容器上应用研究的最早奠基人之一。从那时起王仁东先生与我院的合作日益紧密，从1973年到1983年的十年间，几乎每年都有十多次往返于杭州与合肥之间，亲临我院进行培训教学，指导、参加压力容器、断裂力学试验，与我院柳曾典、李泽震等老一辈工程技术人员结下了深厚的友谊。那时浙大毕业生分配到合肥通用所去，只要介绍是浙大化机毕业的，通用所领导都会特别关心，这与先生同通用所结下深厚的友谊有关。压力容器学会成立后，在王仁东先生的倡导下，我院着手组织编制"压力容器缺陷评定规范"。然而，正当我国第一部"压力容器缺陷评定规范"（CVDA-1984）即将颁布时，王仁东先生却在1983年2月突然离开了我们，留下了压力容器技术界深深的遗憾。幸好先生的事业仍在继续，"含缺陷结构完整性评估"的技术工作已从当年对缺陷的评估发展到今天考虑介质环境作用的缺陷与损伤安全性评估阶段，可以告慰先生的是，在这一研究领域，我们国家仍处于世界先进水平，现在我们中国压力容器的长周性安全局面已初步形成。

浙大化机的第一批研究生

讲述人：王宽福

1952年院系调整，1953年父亲就提出了筹办研究生班的提案。他在提案中是这样写的："中国决不能永远完全依赖欧美栽培自己的人才，否则就会犯'殖民地教育'的错误，现在应站起来前进一步，自己招收研究生、设立研究生班。"

一直到1961年，我国恢复了研究生招生工作，父亲的心愿才算实现了。当年浙大共招收了21名研究生，导师包括父亲在内一共是12位：化工系周庆祥教授、王仁东教授、周春晖教授，电机系郑光华教授、陈运铣教授，土木系李恩良教授、曾国熙教授，物理系王漠显教授，数学系董光昌教授，化学系严文兴教授，机械系金仇俭教授、徐纪南教授。浙大也是全国唯一的化机研究生招生点，"文革"前浙大化机在高压容器和破碎机械二个研究方向一共招收了六名研究生，要求、考核十分严格，却又赶上"文革"开始，最后毕业的只有黄载生和凌双庆两位。

化工机械学科研究生的培养计划及课程设置均由父亲制定，可谓是亲力亲为。公共基础课有：工程数学（包括场论、复变函数、计算数学、数理方程、统计数学、误差理论等）、外语（俄语、英语）、量子力学、统计物理、自然辩证法等；弹性力学、塑性力学和流体力学这三门专业基础理论课，都是父亲自己为两位研究生讲课。

在做课题研究和论文工作时，王先生既严格要求又耐心指导、定期检查研究生的工作进度，对于科研中所得的实验数据，都作认真检查和推敲，对于论文的审阅更是仔细、严谨，对论文中的理论内容逐一推演，对计算结果会一一校对核算，从不马虎。

父亲书房的灯，总是亮到很晚很晚。刘丹校长曾在一次全校会议上说："求是

1954年12月浙江大学力学教研组成立后全体人员合影于平湖秋月

村王仁东教授晚上的电灯熄得最迟。"

　　黄载生的研究方向是高压容器，论文题目是"大厚度高压容器极限强度计算"，为了开展高压容器试验研究，父亲在张景铎、朱国辉老师的协助下，先后设计、加工了2500大气压高压泵和10000大气压倍加器，黄载生做了大量的试验验证工作，进一步探索出厚壁容器的"极限强度"公式，其计算精度超过当时国际上认可的"曼宁"计算公式，取得了重要成果。凌双庆的研究方向是以压代磨的破碎机械，为开展试验研究，父亲在张景铎老师的协助下设计制造了第一台以压代磨试验机，凌双庆也参与了大量准备和试验工作，后来赶上了"文革"，试验终止，但凌双庆已基本完成了学业，只是来不及论文答辩，后来分到马鞍山钢铁厂，以后便失去了联系。

　　1978年恢复高考后，浙大同时恢复理科的发展，父亲受学校重托为力学独立建系，他兼任了第一任力学系系主任。他是浙江大学固体力学和化工机械两个学科的带头人，也是经国务院首批批准化工机械和固体力学两个学科的博士研究生导师。

　　虽然他对力学学科有很深造诣，但每次上课都认真备课，写好讲稿，每年的讲稿又都会增加新的内容，在讲课中他善于利用生动形象的实例，阐述抽象的力学原理，使学生获得深刻的理解。如在讲薄壁容器课时留下的至理名言"哪里有曲率变化，哪里就有弯矩"，在时隔50年后还在同学们中传诵。

当年教研室的教师绝大多数出身工科专业，自身数学、力学基础不强，他就亲自为大家讲授弹性力学和复变函数等知识。又考虑到年轻教师教学经验不足，就组织大家钻研引进的教材，分章每周由专人试讲，然后集体进行讨论、讲评。刘鸿文先生平时深入钻研教学方法，教学效果极佳，父亲就请他作示范讲课，号召大家向刘先生学习。并建立了集体备课和助教开课必须试讲的制度。他又针对力学理论好懂、深入理解掌握难的特点，亲自带头鼓励大家多做习题，以加深对理论的理解，从中发现教学中学生可能遇到的问题。他要求新助教要把密歇尔斯基习题集做完（密氏习题集当时刚从俄文翻译过来，有近两千道习题）。他让新助教随班听主讲教师的课，在主讲教师指导下上好习题课。这样，使得新助教们能在较短时间内掌握教学的基本内容，也培养了教学基本功，在与学生面对面的教学工作中增长了才干。当时在教研室及青年助教中，勤做练习、努力钻研教学方法蔚然成风。

对如何编写一套有中国特色的化工机械学科高级教材，确立化机专业人才的培养目标，父亲不仅提出了许多有益的建议，而且也付出了辛勤的劳动。他认为，"化工机械既不是化工加机械，也不是机械加化工，它是边缘学科，应办出自己的特色"；"化工机械培养的人才知识面要宽，基础要扎实，毕业后工作适应性要强"；"化机专业教学计划中，实践性教学环节要强，要做真刀真枪的毕业设计"。1959年，他首次为化工机械专业地开出了化工机械力学基础课程。这是具有开拓性的一门课程，进一步推动了化工机械学科的发展。王仁东还积极推荐青年教师参加统编教材的编写工作，并且亲自指导浙江大学和华东化工学院的两位年轻教师编写化工机械专业之主课泵和压缩机的教材，为他们认真地反复修改原稿和进行文字润饰，使年青教师迅速成长，很快成为化机专业的学术带头人。

一篇不会发表的论文

讲述人：王飞跃（1984届浙大力学硕士　中国科学院自动化研究所研究员）

王仁东先生是我研究生涯里第一位正式的导师，其实我跟他交往真数起来也就十几次，而且我只上了他一堂课，认真算起来只有半堂课，因为那一天我记得上课地点在教四顶楼，我们等了半个小时，王先生才到，说话也很吃力、很慢。其实那一天也没讲多少内容，二天后王先生就去世了，所从这一堂课是我一辈子忘不了的一堂课。我后来才知道为了上这一堂课，王先生其实是提前半小时从家里出来的，平常也就走十几分钟，那天因为生病，王先生一个一个台阶走上来。现在回想起来，这是一种什么样的精神，我都觉得我没法用语言来描述，只能一辈子用心去体会。

当时我在浙大写的第一篇文章是关于累积损伤的可靠性准则的文章，我记得当时读了一篇国外杂志上的文章，发现文章中的实验数据，应该是几千万分之一的概率事件，可作者做了十次试验就发生了四次，我觉得这数据不对，当时正好上庄表中老师的随机振动课，就按随机振动方法推演，作了一个累积损伤可靠性准则，我算出来的数据和国外做的试验数据也一致，然后我就花了整个夏天，写了一篇文章，完成后拿去给先生看，差不多过了一个星期文章就回来了，他说我的这个想法很好，但是一定要做自己的试验才能发表，后来我一算至少要做一千次试验，每个试验当时要花好几百元钱，那是在20世纪80年代初，这个费用是不得了的，这就逼着我当时提出用计算机蒙洛卡纳方法做计算机跟踪裂纹扩展试验，这个想法因为先生去世就再也没有做，但是今天我的一个主要的研究方向是社会计算，社会计算的核心是计算实验，就是把计算机作为一个社会实验室来做试验，其实这个想法就是当时做王仁东先生的研究生时的想法的一种延续。当时的这篇文章我就一直没有发表，因为我一直没有机会做试验，我这一辈子写东西很少有没有发表的，就是这一篇，这也是对我以后工作的一种激励。

人物名片

───

　　王仁东（1908—1983），应用力学家。长期从事化工机械、应用力学的教学和科研。在破碎理论、高压容器强度和断裂力学在压力容器工程的应用等方面均取得重要成果。1949年10月回国后在浙江大学机械系任教授至离世，开设高等机械设计、高等材料力学、高等动力学、水力机械、理论力学、材料力学、工程力学、复变函数等课程，是浙江大学力学教研组、力学系和化工机械专业创建人。1980年发起成立浙江省力学学会，任第一任理事长。同年10月中国压力容器学会成立，王仁东被推选为第一任理事长。主持了我国第一个防脆断规范的制定工作。

第五章

光机电

三年苦战：从0到1的过程

项目：激光测振仪的研制

采访时间：2016年8月29日
采访地点：浙江大学华家池校区寓所
讲述人：缪家鼎
采访/整理：汪晓勇、柯溢能

采访时间：2016年8月30日（电话采访）
讲述人：卓永模
采访/整理：汪晓勇、倪琪琪、谢臻

采访手记：缪家鼎老师住在华家池校区，一个电话就约好了采访时间，到缪老师家里后，他早早准备了一个文件夹资料册，里面是他在工作时候发表的文章合集，有很多篇是关于低频测振仪研制的文章，还有一些回系里后发表的论文。为了让我们听得更明白，缪老师手写了一个大纲，从项目由来到工作内容再到成果创新，非常细致。我们看了后非常佩服老前辈的工作处世方式。这应该就是浙大求是精神的写照。

电话采访卓永模老师的原因是那段时间卓老师夫人住院需要人照顾，卓老师走不开，就只能通过电话来跟我们讲述那个时候的科研故事。虽然隔着电话，但是也能够感受到卓老师做了充分的准备。卓老师普通话标准，电话采访并不费劲，声音听起来很和蔼。口述文稿进入审稿阶段的时候，终于在卓老师家里见到了他本人，其时师母已经出院。成稿过程中令人记忆深刻的是，卓老师非常细致，文稿中好几个错别字都被挑出来了，听说他前不久做了一个小手术，身体还在恢复中。

项目的由来

缪家鼎：

这个项目是1969年由国务院国防科工委下达任务到省国防科工委，然后再下到学校的。学校根据科研项目的性质成立了一个科研组，负责研制中低频振动标准装置，当时为科研组起了一个代号，没有具体叫中低频振动标准装置项目组。

1969年"文化大革命"期间，教师没有其他上课任务。学校科技处连寿金老师联系我，说学校让我担任国家科研任务的科研组组长，从这个时候开始，我当了3年这个科研组的组长，到1972年第一台中低频激光测振仪研制出来后，我回到系里，中低频振动标准装置科研组的组长就由童忠钫担任了。

这个项目由机械系主管，一共五个单位一起参与。机械系有童忠钫、徐柄南等；光仪系有我们几个人，包括我、卓永模、张仲先、王逸凡等；电机系有童福尧等；三分部有顾伟康等；机械工厂是厂长黄宝林参加，所有加工都由机械工厂完成的；二机部有几位代表参加这个项目，负责人是李晓光。

卓永模：

关于项目的由来，缪老师已作了准确的表述，我不再重复。1969—1972年是最困难的阶段，因为刚刚起步，大家原来都没有干过这个，也没有过这种跨系组织联合作战的经验。以前我也参加过一些科研工作，不过都是我们系组织的，跨系组织的我们还是第一次参加。当时我们是以军事化组织来进行的。我们从无到有，从不懂到后来慢慢地克服困难，慢慢不断地实验，不断地探索，花了3年时间把第一台装置做出来了。

三年苦战

缪家鼎：

中低频振动标准装置分为两部分：一个是激光测振仪，这个由光仪系、三部（无线电系）和机械厂负责，光仪系主导这个部分；振动台是由机械系、电机系、机械厂负责的，机械系主导这个部分的工作。激光测振仪是由激光干涉和细分系统、光电部分和负责光电信号接收处理和显示的计算机组成。激光测振仪的创新是利用激光干涉原理，采用压电陶瓷调制参考光路，多周期平均把一个干涉条纹细分得到0.03微米的分辨率。由于激光的方向性、单色性和相干性等优质特性，使激光干涉测量技术广泛应用于各种精准目标的测量，尤其是在测量各种微弱振动、目标运动的速度及其微小的变化等等方面。

卓永模：

我们光仪系的3个人主要就是负责激光测振仪的工作，它是整个装置里面的核心部件，因为定标准的话就是要靠激光测振仪来定，要以激光波长来定标准，当然就要先定一个标准振动，当时机械系和电机系是负责一个标准的电控振动台，无线电系负责做信号接收部分。

工作条件非常艰苦，设施简陋，没有参考资料。当时只要听说什么单位可能和这个方向相关，我们都去跑，包括研究单位，但可以提供给我们的资料很少，他们掌握的英文资料本身就很少，我们就是从这些很少的资料入手，然后根据它附的参考资料再去延伸，再去找，一步步找下去。后来在图书馆里找有关的资料，才知道激光是60年代才第一次出现的。因为"文化大革命"，我们系当时也没有这个课，也没有这个实验室，也没有这个设备，所以我们只能自己从头学习。

当时我们晚上经常熬夜，白天做了，天黑了继续做，因为这个试验不能中途停止，那只好连续做下去。所以有些同志留下了一些毛病，我现在身上的一些毛病都是那个时候留下来的。那个时候年纪轻，能熬。那个时候我们大家都有一股劲，要完成国家任务，很光荣，能为国家做一些事情大家都很高兴。加之完成任务是有时间限定的，时间上我们无论如何都要按时完成，没有条件可讲。好多人都是生病了都坚持着，除非是大病不能坚持了，有的人牙痛，有的人熬夜眼睛都红了，有的牙齿都肿了，有的腰闪了，这种都是小意思了。那种条件，跟现在比是天上地下了。我现在眼睛不好，就是那个时候自己也不懂保护，激光经常直接打到眼睛上，虽然光能量不是太大，但是经常这样也是有害的。后来知道了要保护，要戴眼镜。所以我现在看东西时间长了就会头痛，腰也不行。但那个时候没有任何感觉，觉得就是应该这样干的，大家也比较一致，都一心一意要把任务完成好。

合作攻关是浙大人的传统

缪家鼎：

激光当时在国内还很少，是比较新的一种技术。我们科研人员一方面自己学习、理解原理、制定研究方案，一方面到各个厂家去采购和订制出各个器件。当时记得是去过南京电子管厂、上海半导体器件厂。激光器是我们光仪系工厂自己研制的。组里同志们都很团结，把假期都奉献出来了，这也是浙大的传统，一个大的项目来了之后，就把各个系相关的老师集中起来攻关。得到的这个成果，实际上是一个大家合作出来的结果。另外我们有一个良好的合作环境，我们到各个厂里、各个单位里去制作、去测试，各个单位都给了帮助，能帮什么忙就帮什么，没有推托的。

卓永模：

干涉仪我们是比较熟悉的，利用原来我们实验室设备，我们把实验室进行了改装，我们把原来的实验室的设备加上新的激光设备，加在一起。我们就是因为这个项目开始激光测振仪的研究。那个时候的装备是很原始的，基本上是原有的设备改一改和新的激光的设备凑起来组成一个整机。测的时候还有一个艰巨的任务，振动台振起来地基都会振动，因为测量时要防止外界振动的干扰，为了保证测量准确度，所以需要有一个隔振装置，这个隔振装置我们之前也没有接触过，隔振装置究竟怎么才能应用到我们这个系统里面来？下达任务单位也没有讲这个知识。我们后来了解到当时造船工业，因为新船出海的时候振动也很厉害，为了避免振动就会有一个船样隔振器。我们听说无锡一个隔振器厂有生产，但是这个船样隔振器我们拿来是不能直接使用的。所以我们到无锡的隔振器厂去买了一些设备，再回到学校根据我们的情况再改造。当时我们加工出了很多新的隔振的器材，边做，边改装，边实验，边改装，边实验……一直做到基本上可以满足我们的要求。

建立了国家振动标准

缪家鼎：

中低频率大概在10 ～ 1000赫兹这个范围，这是当时1969年左右的范围界定。振动台振动后我们要测量的是它的振动幅度、振动的速度，加速度来标定传感器。传感器就是用来测量振动的振幅。在我们做出来之前，标准传感器都是从国外进口的，是我们建立了标准用于标定振动传感器。

那时国家没有振动标准。以后，国家振动标准采用了我们中低频测振仪建立的国家标准。现在通过振动试验，卫星上天、潜艇入海就没有问题。振动问题在航天工程里是很关键的，我们在研究的时候看到一个外国的数据，航空40%的事故曾是因为振动引起部件损害，机毁人亡。这个振动对航天、航空以及核工业的重要性非常关键。民用很多设备如房屋、桥、机器也经不起振动都损坏了。振动会导致很严重的后果，所以整个振动标准，振动的测试重要性就在这里。

这个装置的创新点在于我们建立了激光中低频测振标准，把干涉条纹细分能够提高测量精度，标定振动传感器的精度，建立了国家振动标准；我们采用了当时的先进技术，激光相干技术、压电调制、光电技术、半导体技术和计算机技术；我们组内外通力团结合作，集合各单位的优势形成合力攻关；我们采用了合理的创新性的方案——激光干涉相位多周期平均法。

全国科学大会奖是"意外收获"

缪家鼎：

1978年是第一次全国科学大会，科学大会结束了之后设立了一个科学大会奖，获奖的是1978年以前完成的一些重大的科研项目，也没有分一等奖、二等奖，我们这个项目获得了第一次全国科学大会奖。

1978年科学大会表彰了激光中低频测振仪项目，当时我们并没有申报，好像是单位申报的。

卓永模：

获得科学大会奖，当时通知我的时候我正好在高频测振仪的鉴定现场，鉴定不是在学校鉴定，是在另外一个地方进行。记得当时接到通知要我回学校，为学校获得科学大会奖的项目成员代表在大操场拍照，当时机械系科研组负责人童忠钫也在。对我们来说，得奖是个意外之喜，因为我们从来没有想过会得奖。

人物名片

缪家鼎，1950年入学浙江大学，1953年毕业，1960—1964年赴当时苏联就读副博士。1969—1972年任500号项目组组长，1973年回浙江大学光仪系工作，曾任光仪系正、副系主任和浙江大学图书馆馆长。

卓永模，1955年进校就学光仪专业，当时光仪专业还在机械系。1960年毕业，那一年光仪系成立了，卓老师留系工作直至退休。卓老师从1969到1983年的15年间从始至终参加了中低高频振动标准装置多个项目，负责激光测振仪部分的研制。

为战斗机的"心脏"做"听诊器"

项目：ZZF-5310非接触式位移振幅测量仪研究

采访时间：2016年8月29日

采访地点：杭州市上城区寓所

讲述人：谭祖根

采访/整理：柯溢能、汪晓勇

采访手记：我们提前一周左右联系了谭祖根老师，电话中约了8月29日周日下午2点去他家采访。令我们印象深刻的是谭老先生早早准备了十余本跟这个项目相关的书籍杂志、几张写好大纲内容的纸和一支笔。一盏茶、二小时、三个人，谭老师思路清晰，普通话标准，跟我们聊着当时的科研故事。"那个年代做科研的人不是很多，我们的研究正好适应国家需求，非常有意义"，谭老跟我们说。那个时代的科研受各种因素影响跟现在有很多不同，但是大家做科研努力、负责、求是的态度没有改变。

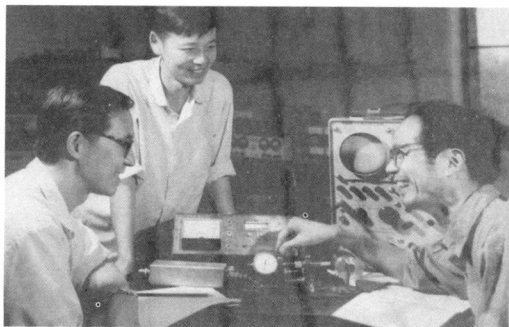

谭祖根（右1）与同事们讨论
非接触式位移振动测量仪的研究

战斗机担负着保卫我国领空、夺取战场前线制空权的艰巨任务。而作为战斗机心脏的动力系统，是整架飞机安全行驶的重中之重。20世纪70年代中期，国家对战斗机的研究进入纵深阶段，对发动机的检测显得越发重要。位移振幅测量仪的主要功能就是通过非接触形式振动传感器，检测发动机主轴的振幅和轴向的位移，并对危险情况及时报警。

为608所制造发动机测试仪

1975年的上半年，我在上海的第二电表厂参加一个仪表的鉴定会，在这次会上，主办方也请来了航空工业部608所的生寿华工程师。

当时624所是做发动机研发的，608所负责发动机测试。生寿华对我说，他们有个问题没有解决。飞机发动机轴的振动和轴向的位移仍未能测试。当然608所也通过自己的渠道拿到一个测量仪的原理图。在鉴定会休息期间，生寿华将我找去谈话，他说："谭老师，您有没有办法研制出一台位移振幅测量仪？"这一想法的产生是由于发动机不能有超越界限的转动，否则叶片会打到其他设备。

我当时心里一想，自己做了这么多年传感器，这种非接触式传感器我还没有接触过。但是从原理上来讲，应该有研制出来的希望。我就在返校后，开始留心这个科研项目。

首先我想找一个合作同伴，因为机械系出身的我，对电路研究并不在行。那个时候，很多物理系基础课老师下放到各个系。我们系就有6位，我找了陈守川老师商讨，他也表示同意和我合作，这样我们两人就开始了工作。

于是我就先开始做前期试验，我用胶木棒去连一个传感器的芯子，绕上线圈进行试验，这主要是为了验证原理是否有效。为了测试，必须将信号传输出来并放大，然后经过一些电子仪器配合测试，于是我请陈守川先帮我搭一个前置放大器，用来试验传感器。

经过多次实验，证明是可以制作的。我就给608所写信过去，表示可以一起研究。接到信后，生寿华和王海林专程到杭州来商讨这个项目。他们表示愿意从所里拨出5000块钱，两家一起参与研究测量仪。由于我在学校有较为繁重的教学和行政任务，生寿华和王海林欣然答应可以专程到杭州住到浙大，到我的实验室来参与研制，时间为半年。根据合同，最后的成果是研究出两台位移振幅测量仪，一台留在浙江大学，一台带回608所。

70年代，做科研的人不是很多，我们却一拍即合。陈守川和生寿华、王海林负责电路方面的具体搭建试验，我负责传感器和仪器总体设计，同时我也去过608所、624所调研，当时看到了还在研制线上的是歼七、歼八和运五、运六，我心想我们的研究正适应国家需求，格外有意义。

过了1976年的春节，我们的项目组正式启动，除了四位前期就参与的科研人员，我还把自己带毕业设计的四位即将毕业的工农兵学员带上一同参加，让他们把这个作为毕业设计内容，趁这个机会让他们看一看、学一学，跟三位老师学一些研究的思路知识，培养一点动手能力。因此整个课题组的构成就是四个老师带四个学生。当时要买几个大功率的集成块，因为我的学生是上海过来的，所以总会派他们去买元器件。研究过程大致是两块，第一块是传感器和前置放大器，第二块是集线板上搭电路。之后将这两块链接起来，我再继续搞整机的设计，仪表外壳、面板包括里面的设计都由我研制。

在整个传感器部分的研究中，首先要清晰研究电压与距离的关系，我发现输入和输出有一段是非线性的，而我们需要线性输出，因此要通过一个校正器将电压与距离的关系用在线性的一段。矫正器是一个装有千分表的机械装置，并将传感器也装在上面调试。这个校正器的设计对我来说比较容易，因为我是机械系毕业的。但是加工却遇到了很大的困难，因为"文革"，很多厂都停工了，没有单位可以机械加工，好在我曾在余姚帮助筹办过一家仪表厂，所以与他们商量，帮我制造加工出了校正器。

到1976年的5、6月份，我们的研究差不多完成了，而这四名工农兵大学生也因为临近毕业先离开了研究团队。剩下我们四位老师利用暑假的时间，日夜工作，将这台测量仪进行了完善。当时天气很热，实验室有没有空调，只有一只吊扇，有时候热得大家赤膊干活。仪器按期完成以后，608所就把仪器带了回去，协助624所测试战斗机的发动机。

1976年暑假之后，航空工业部在株洲开了一个科研成果鉴定会，相当于对我们研究的正式结项。

这一次鉴定会一切正常，但临开会前，却是让我们为之狠狠地捏了一把汗。

会议前一天，我们把位移振幅测量仪调试完毕，但是到了会前一个小时，设备没有信号了。生寿华、王海林和陈守川三人怎么调试都调不好，找来找去找不出什么毛病。好在开会前十分钟找到了问题关节，测量仪里有一个线头被松开了，陈守川跟我开玩笑说"紧张得从背心到衬衫都渗透了汗"。作为鉴定会上最后要展示的设备，如果测试仪真开不起来就真是出洋相了。这也给我们一个教训，在制造过程中，每一个细小的工艺都要认真仔细地去做。

测量仪的应用推广

　　研究结束后，我在考虑一件事情，这套非接触式位移振幅测量仪除了用于发动机测试外，在学校里给学生做实验用也是可以的，但总有种大材小用的不甘心，我在想能否做一些有意义的推广，将理论转化为实践，把科技成果转化为生产力。

　　当时国际上，美国本特利（Bently）公司在生产这种传感器方面做得很好。国内有些大型电厂和石油化工厂的汽轮机轴位移和振动的监控装置，都来自美国本特利厂。虽然买了设备来，却根本无法仿造。因为本特利公司为了保护知识产权，就直接在传感器装置内用塑胶封死，一旦打开就全部毁坏。这样就无法看清传感器内的线圈结构设置。

　　我就想，既然我们已经能够做出与国际先进水平相当的测量仪，为什么不进行推广呢？

　　正在这时省机械厅科技处有一位负责仪表的工程师到我家来找我。

　　原来，当时拱墅区区委书记找到机械厅，想建一个层次较高的仪表生产厂。当时杭州有一个温度表厂和压力表厂，杭州仪表厂生产普通的温度表、压力表和电度表，另外就没有其他的仪表厂。机械厅科技处的工程师问我："你们研制的非接触式位移振幅测量仪可不可以批量生产？能否在拱墅区这个厂里批量制造？"我却告诉他，拱墅区想白手起家是很难的。

　　工程师信心满满，他说，拱墅区调现有的元件厂厂长再派一位书记带一些工人，再招一批高中生，兴办一个仪表生产厂。机械厅的工程师这么一说，我也心动了。后来就正式成立了一个厂，取名为杭州自动化仪器厂。

工厂办起来后，主要生产位移振幅测量仪，我将留在浙大的这台机器作为样机借给了杭州自动化仪器厂。从前也没有技术转让费这么一说，我把整套设计图全部送给了他们。焊接、绕线调试这些，工人在制作中都需要学习，但是对整个位移振幅测量仪的原理不了解就会盲人摸象，没有全局观念。

既然答应拱墅区要把杭州自动化仪器厂办好，我只好隔天下午四点到仓基上的自动化仪器厂里上了个把月的课。我从基本原理开始讲起，把所有大小关键点都教给他们。从厂长、书记到普通职工都来听课，随着培训的深入，职工也能够装备出位移振幅测量仪了。也正是在这个时候，好多仪表厂的杂志也知道我研究出了位移振幅测量仪，就纷纷向我约稿。这些稿子一经发表，在电厂、化工厂企业系统中流传，他们之前买不起美国公司的设备，现在得知国内也有相关技术，都欣喜若狂，纷纷到厂里订货，厂里也派人跟仪器到使用工厂进行安装调试到运行。

杭州自动化仪器厂就靠着位移振幅测量仪越做越大，给民用单位生产了一批高性价比的仪表。1978年开全国科学大会，我们并没有报送这个材料，我是得奖之后才知道是由航空工业部上报而使608所和我们同时获得了全国科技大会奖。

我希望这个位移振幅测量仪能和教学结合，于是将很多应用方面的探讨，编进了统编教材《非电量电测技术》，再版了很多次。后来我又为了继续提高，通过带研究生做理论研究，并对传感器进行了计算机辅助设计和优化设计，取得了一定的成果。

帮助余姚建设仪表厂

前面说到位移振幅测量仪的研究中校正器的制造在杭州遇到了困难，最后我是让余姚仪表厂去制作。为什么找他们呢？这要从我和余姚浙江仪表厂从1972年开始的缘分开始。

可以说，余姚仪表厂是在我手里帮助建设发展起来的。我们教研组李惠球老师的爱人在计量局工作，和县、市很熟悉，余姚当时想建立一个测试温度的动圈仪表的生产厂，但是没有设计图纸，就找到了计量局。最后通过李老师爱人的渠道，他们找到曾教过机械制图的我。

余姚方面知道这一消息就来了一帮人请我帮忙。当时正值"文化大革命"，我也靠边站不再教课了，帮忙建厂也有点活好干。

当时动圈仪表属于全国统一设计的图纸，上海自动化仪表研究所有一套，我就带着两位老师去复制设计图。从前没有复印机，我们就没日没夜地描，透明纸放在原始图纸上，用铅笔描摹。厚厚一叠的图纸，我们用两天时间就完成了描摹。

拿到图纸后，余姚镇里下命令，机械部分由农机厂做，外壳由金工厂做，对整个机器制造进行了有模有样的分工。具体业务由我去帮忙指导，而线路方面的制作，由于过于专业化和复杂，我就请他们派人到实验室来专门学习。余姚并专门派来一位采购员住在杭州，只要我们对元器件有需求，告诉他一个小时后，他就出发开始采购，上海啊，西安啊，只要是能找到我们需要的，他都任劳任怨。

等到了1972年9月末，余姚仪表厂动圈仪表装配成功，仪表器还被作为当年度宁波市国庆献礼成果，仪表厂厂长端着它走在锣鼓喧天的队伍里，十分自豪。在办厂过程中，这位厂长遇到问题都会找我帮助解决，让厂子从一个小厂变成远近闻名的仪表厂。

大学分配人人都希望到祖国最需要的地方

我是1950年从蕙兰中学考到浙江大学。1952年，国家第一个五年计划需要人才，所以1952届、1953届的学生都要提前一年毕业，可以不做毕业设计，但需将课程学完。当初我们学习条件还是很苦的，每天上午6节课，每节课50分钟，从7点30开始上课，一直到下午1点多。到第四节课结束后，每个人发两个馒头。

我1950年进校的时候一个班里有30个学生，院系调整之后，从之江大学并过来70多人，总毕业人数是108人，我们有个说法是"一百零八将"。大家都表态要到祖国最需要的地方去，我们都希望到东北去工作，因为东北当时重工业最发达。8月底，分配志愿大会召开，名单是现场宣读的，读了很久都没有听到我，最后报到留在浙江大学的，我听到了自己的名字。

当天下午宣布，晚上学校食堂搞毕业生聚餐，餐后到人民大会堂看一场电影，大家回到学校已是12点多。第二天一早，去东北的一列火车就走了，我们就去送他们。

"我们再见吧亲爱的妈妈，请你吻别你的儿子吧，再见吧妈妈别难过莫悲伤，祝福我们一路平安吧。再见吧亲爱的故乡，胜利的星会照耀着我们，再见吧妈妈别难过莫悲伤，祝福我们一路平安吧……"一早广播里就放着这首动人的歌曲，为去外地的同学送行。很多同学毕业都还没有回家就直接去了单位，这时候要分别了，大家唱着苏联歌曲，情绪都很高涨。

我们留校的人第二天也要报到，报到后第一件事情就是把我们载到黄龙洞山上，开展未来教育。接待我们的老师指着老和山下的一块地，告诉我们这里未来是浙江大学。我1954年来到玉泉校区教书时，第一宿舍已经建好了，房屋拆开隔板，三个房间可以成为一个小教室。大课就在草棚里上课，当时的餐厅也是草棚。

经历浙大精密仪器仪表教研组到科仪系的几十年[1]

1959下半年，浙大讨论在老系中增办新专业，当时机械系由成立两个新专业，一个是特种加工工艺专业（简称501专业），另一个是精密仪器仪表专业（简称502专业），机械制造专业仍保留（简称503专业）。

精密仪器仪表专业由吕维雪和我负责筹办，教研组的人员基本上由机制教研组分出，有吕维雪、郭大津、杨世超、施义品、张玲玲、曹关祥以及从天津大学分配来的陈文浩，把我从制图教研组调过来。吕维雪任教研组主任兼专业党支部书记，我任副主任兼副书记，后来调整了一下，吕不再兼支部书记，由我任书记和副主任。从1958级开始招生，再从其他专业抽调1958、1959两个年级的学生来充实生源，这样一个新专业由8位青年教师共同办起来了，大家平均年龄约25岁，这就是现在生仪学院的最初情况。

这个专业从1960年暑假开始招收60级新生，并开始上专业基础课，由张玲玲上自动元件设计、陈文浩上仪器零件设计、吕维雪上自动调节原理。同时准备1958级学生的生产实习、专业课、选修课。当时定下两门专业课，一门是自动转

---

[1] 本部分系受访人早前专门撰写的回忆文字。

换仪器，即现在的自动检测仪表课，由我负责讲授；一门是自动记录仪器，由吕维雪负责讲授。选修课定了气动液动设计，由杨世超、郭大津负责，所有实习基本上由谭祖根、郭大津负责联系、安排和带领。

1961年适逢国家困难时期，全国高校不少新专业纷纷下马，浙大也不例外，我们做了努力，这一专业被批准为暂时下马，但1958、1959两班仍继续进行教学，1960级学生则转到其他老专业，1961级停止招生。

1963年国家困难形势好转，教育事业又有所发展，我们精仪专业由于高年级仍在进行教学，而国家也需要仪器仪表人才，所以学校决定恢复专业，又从其他专业抽调1960级、1961级、1962级学生，每个年级一个班。同时专业的第一届学生毕业了，工作由国家统一分配的，我们由机械工业部分管分配方案。从分配情况看，出乎我们的意料，大部分学生被分配到机械制造方面的企业，如量具厂、机床厂等，因为上面认为精密仪器仪表就是千分尺、分厘卡之类，这样专业里学的东西就用不上了。

后来吕维雪去北京教育部开会时反映了这情况，但那时专业名称只能在国家专业目录中选，所有的仪表类中没有和我们对口的方向，一些仪表专业都是有行业对口的，如热工仪表、计时仪表、化工仪表、航空仪表等，只有一个专业仪器仪表专业，没有说明属于哪个行业，于是我们选了"专业仪器仪表专业"这个名字，这样我们专业的名称就改成了专业仪器仪表专业，简称也从"精仪"改为"专仪"。当时也考虑到我们专业仍放在机械系不大合适，而光仪系两个专业都是仪器类的专业，所以要求校方于1963年将这一专业从机械系转调到光仪系。

"文化大革命"时，教学停止了。1970年学校开始恢复教学，招收工农兵学员试点班，我们也争取到招一个小班，接着招了1972、1973、1974级等，当时为了招生方便，使学生、家长、单位容易了解，同时教育部也没有了对名称的规定，故又改名为"自动化仪器仪表专业"简称"自仪"。

1977年全国恢复高考，招收四年制本科生，为了专业名称与专业所学内容更加匹配，因此把专业名称改为动态测试仪表，简称"动仪"。同时根据国家需要，从动仪专业抽调部分教师，成立了生物医学仪器专业，并从校外引进了一部分教师，该专业由吕维雪负责，成立医仪教研组，而动仪专业则由我负责。

1978年学校开始招收硕士研究生，于是我系也招收了6名研究生，当时医仪方面5名，由吕维雪担任指导老师；动仪1名，由我担任指导老师。

后来我们又感到我们的两个专业方向在光仪系与两个光仪专业关系不大，于是积极筹建新系，经过各方面努力，学校终于批准我们单独成立了"科学仪器工程学系"，包括动仪、医仪两个专业，由吕维雪任系主任，我任副主任，成立了系党总支，从光仪系总支调徐云兰任总支书记，我任总支副书记，这就是目前生仪学院的前身。

人物名片

谭祖根，1931年5月出生，1953年毕业于浙江大学机械系并留校任教。1986年晋升教授。曾任科学仪器系副系主任，浙江省科学技术委员会副主任，党组副书记，浙江省教育委员党组书记，常务副主任，浙江省杭嘉湖技术开发公司总经理，浙江大学校务委员会副主任等职。1994年退休。在校期间开设了大学本科课程非电量电测仪器、轻工仪表等，开设研究生课程传感器设计等近十门课程。获全国自然科学大会奖一项，省、市科技奖五项。著有《压力测量仪表》《非电量电测仪器》《电涡流检测技术》《检测自动化》《新型传感器》等著作，主编过《中国工业自动化仪表手册》二分册。

杭大五·七工厂的一项发明

项目：荧光数码管研制

整理时间：2016年12月24日

讲述人：葛世潮

整理人：单泠

整理手记：葛老师现旅居美国，采编小组七拐八弯联系上他的女儿之后，终于收到了发自美国的回函。原本我们还设想是否可以请老先生隔洋发送语音，但葛老师直接为我们发来了他的文章。事隔多年，老人家说："记不得太多细节了，抱歉"。

背景

20世纪60年代晶体管和集成电路的电子计算机替代手摇计算机迅速兴起，当时作为电子计算机的显示器主要是层叠式的辉光数码放电管，这是一种充有氖气的真空管。管内有一个阳极和十个分立的0—9数字形状的阴极，每一个阴极单独做成一个十进制数码。当阳极加有正高压、电路选中某一阴极，该阴极就产生橘红色的放电发光以显示该阴极形状的数字。这种显示管每一管只能显示一位0—9中的数字，不能显示其他字母和符号；十层阴极重叠、显示模糊；同时，其工作电压较高，难以和晶体管集成电路匹配。

为此，当时人们从各方面研究寻找其他更合理的显示器。

1964—1967年学校让我去北京中科院物理所，师从徐叙瑢教授（中科院院士）学习发光学，曾与所里同事一起研究用电致发光制作平板笔段型数字显示器。回校后继续研究这类显示器，但其亮度低和使用寿命短的问题一直解决不了。

探索之路

因此我们设法寻找其他更合适的技术以解决难题。经过几种可能技术的分析研究和试验，决定用低压阴极射线发光，即低压荧光显示，实验室研究表明其亮度和寿命应该可以满足数字显示的要求。由于当初的环境不是很有利于做研究工作，材料和设备靠直接购买或委托加工都是不太可能的，大部分需要自行设计和制作。在校科研处的支持下，我们的研究工作被安排到校五七工厂。我们设计的低压荧光显示器需要在一个玻璃基板上，用化学气相沉淀或真空镀膜方法制作导电层，然后光刻数码电极和它们的电连接线，用丝网印刷印上荧光粉，再在玻璃基板上用低熔点玻璃制作支架，再制作栅极和阴极，把栅极和阴极点焊到支架上，再把镀覆有透明导电层的玻璃盖及其由低熔点玻璃制作的框架覆盖在上述玻璃基板上，再用高温炉烧结密封，然后抽真空和激活阴极并封离，再制作阴极、栅极和各阳极的电引出线。由于条件有限，基本上样样都得我们自己摸索制作。低压荧光粉我们自己烧制，煤气系统自己建，阴极是买来钨丝自己电泳发射粉，真空系统、高温炉、透明电极制备、光刻设备、低熔点玻璃、低温银浆等都由我们自己制作，场地不够，我们把厕所改造成化学工作间。在当时情况下，确实困难重重，夏天没有电风扇，晚上加班没有加班费；我和工厂师傅们一股劲地研究，失败了再来，设备不行改了再改，不知流了多少辛劳的汗水，经过两年多日夜奋战，经历了多次失败，最后，荧光数码管终于研发成功，符合实用要求，并推广到十多家工厂生产。

荧光数码管替代了辉光放电管

我们研发成功的新产品荧光数码管体积小，一块玻璃基板上可制作多位数字和符号，可显示数字、字母、符号，寿命长、功耗低、发蓝白色光、亮度高、显示清晰、可读性好、工作电压低，可与晶体管集成电路匹配，被用来全面替代老一代辉光数码管。后被广泛应用子仪器仪表、办公设备、录像机、家用电器、军工装备、计算机等信息显示设备上。

我们的荧光数码管项目最早技术转移到绍兴电子管厂进行批量化生产，之后由于市场需求量大，在全国发展到十多家工厂生产，从1978年到2005年近30年的批量生产，一直到LED显示器件兴起，至今荧光数码管的身影在一些仪器和家用电器上仍旧可见。

人物名片

葛世潮，教授，生于1934年。1957年毕业于杭州大学物理系并留校任教。曾开设本科生课程高等物理实验、光学，硕士研究生课程发光学。数十年从事发光技术的研究，100多项成果获国内外授权专利。完成的主要研究成果：荧光数码管，用于替代当时的层叠式辉光数码管，并推广到国内10多家企业生产；1977年研制完成的彩色荧光矩阵显示屏，获得浙江省科技成果一等奖；1978年在全国科学大会上作为先进个人受到表彰；1985年论文《高亮度荧光显示与饱和亮度》获得国家教委科技进步一等奖，并被收入《1986年中国百科年鉴》；1989年研制成彩色超大屏幕视频显示系统，被收入《1991年中国科技成果大全》；1998年研制成长寿命冷阴极节能灯，批量生产和在国内外销售；2010年研制成高效率LED灯丝灯，2015开始在国内外批量生产和销售。

可控硅中频电源的诞生

项目：250千瓦2500赫可控硅中频电源

采访时间：2016年12月21日

采访地点：浙江大学求是村寓所

讲述人：汪槱生

采访/整理：赵彬、金佩雯、张国宏

采访手记：在电气学院科研科张国宏老师陪同下，我们有幸造访汪先生家采访。老先生一再表示自己做的都是过去的事情，不值得提了，现在学院的很多年轻教师做得非常好。可经不起我们三番五次的努力，老先生最终答应了我们的请求，这才有了《可控硅中频电源的诞生》。最后，老先生着重描述了中频电源的现状。他的话，让我们再一次理解了工程技术发展的阶段性和为国家建设服务的战略目标。

　　在浙大，我的工作有三件对国家建设是比较有意义的。第一件就是参加了电机双水内冷技术的研发。这个概念是郑光华教授首先提出的，他是第一批主要参加者之一；这个项目直接参加时间最长的是林章伟；在研发过程中还有很多人的努力，我是其中的一个参与者。第二件是中频电源的研发。1969年，我们七八个人白天黑夜搞研究，终于用一年时间，在1970年，我国第一台1kHz100kW的晶闸管中频感应加热电源问世。这是第一代的，现在看来很落后，在当时却是很先进的，全国有很多人来学习这项技术。我们把设备无偿带到工厂，教工人如何使用，生产出来的中频电源供应全国。第三件事是创立浙江大学电力电子专业，因为当时很多工厂的维修都需要老师们亲自去做，而且培训班也不能满足需求，培养本科生势在必行。于是1972年浙大成立了全国第一个以电力电子技术为主要内

汪槱生先生80岁寿诞

容的专修班，1977年，我们组织了力量自编教材、制订计划并正式招收了第一届本科学生。1981年应经济形势需要，浙大成为全国第一批有电力电子博士点的学校，这样就把电子学科建设起来了。1987年，这个专业被评为第一批国家重点学科。一直以来这个专业的学生都供不应求。

课题源起

　　开始研究中频是在"文革"开始之前，"文化大革命"一来，我们都去了五七干校。当时浙江省国防工办因为国防工业的需要，与浙江大学联系，希望研制中频发电机。学校来找我的时候，我说这个做不起来的，凭我们当时的生产条件和科学技术水平，是不可能做的。而且我的观点是，据我所了解，杭州市的这些工厂企业也做不起来。但是省国防工办再三要求，我答应说："那我们只能试试看做电子变频式的中频电源，代替中频发电机。"

　　我是在杂志上看到，国外有中频电源这个东西了。我们之前没有接触过，因此只能把它当作一个课题开发试试看。决定做这个课题之后，电机系组织了几个教研室的教师力量一起来攻关。课题负责人是罗守信，电工学的教研组主任，他是组长，我是副组长，我负责技术上的事情。

当时国际上中频电源出现的时间也不长。可控硅是1957年美国研发的，1963年的时候，我们国家还没有可控硅，我们都只是在杂志上看到。看到之后我很想做一些这方面的研究，用可控硅做变频调速。可是没有可控硅就没办法。我们想到国外去买，当时是禁运的。从英国想办法买了两只可控硅。这两只可控硅，换算一下就是当时一斤黄金换一只的价格，还是通过校友帮忙才买来的。这两只可控硅都是很低端的可控硅，不过当时可控硅才生产出来，水平都不高。有了这两只只能低频工作的可控硅，我们开始在实验室拿它们做变频调速实验。但变频变速实验两只可控硅不够用，至少要6只。因此我们只能做半波单相。我们用二极管把电动机转子的电流变成直流，这样用两只可控硅，通过半波单相逆变，实现调速。这个我们在1963年就已经初步调出来了。当时也没课题什么的，就是自己有兴趣，做完了之后，学校要求我们集中力量研发双水内冷发电机，电力电子调速的研究就停下来了。

1970年，我们课题组的老师中，有工业自动化教研组林渭勋老师等人，有电工学的罗守信等人，有热能教研组的朱柏年老师，那个时候热能是属于电机系的，还有电器教研组的老师，我是电机的，一共有七八个人，就是这么开始的。后来明确这个课题组归电器教研组，电器的老师中又有几位（杨思俊、顾逸新、赵丽娟）参加进来，负责的是杨思俊。这个组主要是林老师跟我两个人负责。林老师是学工业自动化的，控制、电子学他都熟悉。接着程肇基老师也加入进来了，卡敬明、陈立铭、邵金水，还有工业自动化的其他老师。后来不久工业自动化的老师因为他们自己要开课，又有其他的任务，所以就回去了。热能教研组王汉民等老师加入之后，顾逸新、王汉民、朱柏年等跟我在一起工作了很长时间，包括后来进入推广阶段的时候，我们也还是在一起。

技术问题

课题组建立起来以后，最先要解决的难题就是怎么样由可控硅这样一种电子开关来产生大功率的中频电力，而不用发电机来产生。这里面有很多的问题要解决。

　　1969年的时候，我们国家开始可以生产最低端的可控硅，是上海整流器厂生产的，刚刚开始从国外引进技术，能够做出最低端的可控硅。产品出来以后非常紧俏，也是买不到。我们也是通过一些熟悉的朋友跟他们商量，终于买了8只可控硅来，都是整流管，当宝贝一样，第一台中频电源就是靠这8只管子做出来的。

　　首先是在线路上想办法。开始时最困难的就是要解决中频电源的启动问题。因为中频电源跟发电机不一样，发电机有励磁，肯定会发电的；中频电源开始没有磁场，没有电流，线路里面没电流也没有电压，什么信号都没有的，也没有脉冲，可控硅不会通，不可能先来固定一个频率发电，因为它是频率自动跟踪的。要等通电了，有信号了，由这个信号来确定是什么频率，再由这个频率去触动可控硅，可控硅就按这个频率开始启动工作。如果可控硅的触发频率跟炉子的振荡频率不一样的话就失败了。两种频率一定要一样。电源里面触发的频率跟炉子里面振荡的频率这两个频率要同步才能工作。

　　这是一个两难的问题。炉子上没电就没办法同步，没信号也没办法触发，没触发就是不会有电，不会有电就没信号。这两个总要有一个东西先有，两个都没有就什么都开不出来的，就没办法启动。

　　发电机没这个问题，但是发电机发电也有不理想的地方，因为它发电的频率是固定的，多少转速就是什么频率，但是用在炼钢上，炉子里的钢是在变化的，有时是半炉钢，有时是一炉钢，有时是冷的钢，有时是热的钢，炉子的参数也是不断地变化的。参数不断变化，振荡频率就不断变化，而且是随时在变的，但发电机的频率是不会变的，要使得炉子的振荡频率跟发电机发出来的一样，是通过调节电容来使得振荡频率跟发电机的频率一致了才可以工作。但过程非常麻烦，一开始是手工调，后来是自动调，但都是机械开关。中频发动机就是靠这样来工作的。因此电子化以后才能实现自动化、信息化。电子化了以后，我们的触发频率可以不断变化、自动跟踪，不是像发电机这样固定频率。由负载来发出中频，不是固定1000周/秒，可以1100周/秒，可以900周/秒，都可以实现，能在1000周/秒上下自动调整。

　　这个触发系统的困难，就是自动跟踪开始是没有电源的，炼钢炉还没电的时候就没有振荡，也就不知道是什么信号频率，因此也就没办法触发。不触发可控硅就不会通，不会通就没有电供给炉子，炉子也就没信号启动，互相牵制，就好像鸡生蛋，蛋生鸡一样的，没鸡也没蛋，没蛋就没鸡，两个都没有了，最后还是个启动问题。触发跟炉子的振荡频率怎么能配套好？炉子参数不断在变，触发要自动跟着变，炉子参数变起来很快，一块冷钢加到炉子里，频率马上就变了，冷的钢跟热的钢也不一样的，变化很大而且随时在变。因此触发频率一定要随时跟着它跑。可控硅在一定条件下才能关断，要满足这个条件，首先要晓得这个波形，电压波形过了零点以后就关不断了，正弦波一定要在0之前。譬如说是100微秒后要到0了，还没到之前就要出脉冲，使第二个可控硅接上来，如果到了0第二个可控硅触发还没有接上来，第一个可控硅就关不断了。

这个要求有一定困难，怎么能知道快到0了？波形是在不断地变化，要有未卜先知的本领，电路设计要设计出这个功能。怎么知道再过100微秒会到0？怎么判断？这个就是技术难点。因此我们电路设计里面，要自动跟踪，可控硅要关得了，要能启动。一个是可控硅怎么关断的要求，要在0以前递减一百微秒关断，光实现这一点就想了很多办法，这个办法不仅要管用，还不能太复杂，太复杂的电路完全不可靠，也不实用。

当时我提出了一个办法。这个办法后来试成之后一直在用，因为简单实用。所以从1969年开始到现在还在用。我们实验成功之后都无偿传授给需要的厂家，上海的几个老总说这个办法他们想不出来。很多中频电源书里都写了，这个办法解决了控制的启动问题和关断的信号问题。解决了这个问题以后我们下面就很顺利了。

启动是这样的——开始的办法还是比较笨的。开始没电，最初的办法就是不用电容器用开关，接触器在没并上去之前先用一个直流电源把电容器冲到高电压，待电容器充好电以后再并上去，它就会产生一个振荡，这个振荡很快会衰减，只有两三个振波，要抓住这两三个振波，信号一出来马上让触发系统跟上，有点触发马上送电，振荡越来越大，就振荡起来了，信号就越来越强，就这样启动起来了。现在这个办法已经不用了，因为又要用接触器，又要用充电器，现在不需要用这个了。从原理上说就是撞击启动，充好电传到感应器，先有振荡，等于先有鸡然后再有蛋。

中频电源基本上有两种，一种叫串联逆变，一种是并联逆变，我们走的路是并联逆变。国内是并联的多，因为我们推广的时候是并联的。但是国外两种都有。国际上最大的公司做的主要是串联的，美国应达公司主要是串联的。这两种电源都能做成，各有优缺点。

这两个难题解决以后，第一台就基本出来了，1969年底做出来后，1970年初送到云和县去试用，非常不可靠，故障非常多，我们不停地跟踪，勉勉强强用了几个月就出故障，所以马上重新改进做了第二台，几个月以后就换下第一台，线路没有变，但是工艺结构改了，效果就好了很多。

培养人才

中频电源的研究一开始就是由不同学科背景的老师、不同教研组的老师组合到一起来的，成立专业是后来的事了。一开始是课题，课题完成了，就有了产品，有很大的需求，就要推广这个新技术，就要出去培训，要讲课，就有了学生，开始是培训班，后来是进修班，脱产培养两年，专科性质的。1972年，成立了我们电力电子第一个两年制的专科班，学生从基础学起，培养两年。电力电子这个专业在最初阶段就是这样起步的。

但是我们很快又发现，单单培养只能搞中频的人是不行的，国家需要的是发展电力电子行业，这样才开始培养本科生，就成立了应用电子专业，就是这样慢慢不断地扩大起来的。

应用电子专业一开始林渭勋、程肇基、蔡永芳、卡敬明等许多老师都出了很大力气。因为这是一个从无到有的过程，一开始什么都没有的，教材也没有，实验室也没有，课本也没有，老师也没有，都是靠自己摸索。当时这些老师每个人都独当一面，就这么起步的。

在这个专修班的时候，一机部成立了一个中频领导推广小组，就是一机部下面的几个厂，主要是上海的，跟我们的学校一起组织一个推广小组，当时参加组里的成员单位不少。因为中频发动机没有，我们开发出来一个中频电源，许多生产企业都需要这个，因此就在上海松江的一个电器厂，叫第二开关厂，专门转型开始生产中频电源。当时一机部和冶金部都下了文来推广中频电源。生产和供应主要是由上海第二开关厂供应的，全国基本都是靠他们供应的。正因为供应的中频电源多了，懂得使用的人才不够了，所以我们才开始办专业，办专业的目的就是为了适应当时的形势需要，发展学科来解决这个问题。

当时本科专业的第一任教研室主要是我、卞老师、朱柏年老师等许多老师共同把这个专业办起来的。下面是两个部门，一个是强电部门，一个是弱电部门，强电部门是林老师负责的，弱电部门是程老师负责的。要写教材，一个弱电，一个强电，他们两个人负责的。实验室建大楼是卞老师负责的。实验室是钱老师负责的。教材都是自己编的，那时候没有教材。那本教材可以说是中频国内的第一本，专业也是第一家，一直到我们这个专业办起来，外面好几年还没有，就是我们这里有。所以电力电子我们比人家早一点。

当时我记得程肇基老师写过一篇总结，大概是1975年，最大的中频炉是两吨炼钢炉，四台中频电源并联的，每一台都比较小，只有250千瓦，四台250千瓦的电源并起来供给这个大炉子，这个是当时最大的中频电炉，是在武汉一个水利设备修造厂，这个厂也需要浇铸水利设备，要用到炼钢炉，这个炉子的电源设计是我们设计，由湘潭电机厂生产的。当时湘潭电机厂来了几个工程师参加我们的设计和小样机的试验，样机试验成功后再在湘潭生产。程肇基老师的总结就是讲了四机怎么并联供给一个大炉子，但是论文后来并没有发表。

特别要说明的是，我们研究中频电源的起源是为了铸造行业熔化钢材等金属材料的需要，尤其是为了精密浇铸的需要，后来发展到热处理行业加热的需要。但是之后又用到大型电炉炼钢，它就影响到钢材的质量。因为中频炉只是一个熔化设备，而不是一个能够吹氧脱碳的炼钢设备。因此现在国家不准许在大型电炉炼钢中使用中频电源，是为了保障钢材的质量。

人物名片
_____

　　汪槱生，1928年8月出生。著名电力电子及控制设备专家，浙江大学教授。1950年浙江大学电机系毕业后留校任教至今。1994年当选为我国首批中国工程院院士。现任浙江大学电力电子应用技术国家工程研究中心技术委员会主任。1958年作为主要成员之一参加了双水内冷电机的研究。1970年初研制成功中国第一台大功率晶闸管并联逆变式中频感应加热电源，为中国中频感应加热电源及其应用做出了巨大贡献。1972年创建了中国第一个电力电子专业，培养了大量优秀人才。曾获得中国科学大会奖、国家教委优秀科技成果奖、国家科技进步一等奖（合作）等多项奖项。

双水内冷汽轮发电机研发始末

项目：双水内冷电机的研究

采访/整理时间：2016年末

采访/整理：易史

采访/整理手记：双水内冷电机中的"双"，是指发电机中的定子和转子；"内冷"是指采用绕组内部冷却的方式。冷却的介质为水，因为水的比热容最大，使用水来对绕组直接冷却，可以大大缩小发电机的体积，节约制造、运输和安装等的成本。同时，水作为冷却介质，其制造成本低廉，无污染。浙江大学的发明，实现了双水内冷的设想，在国际上产生了重大影响。但项目的第一发明人郑光华先生已在2006年去世，我们已无法再听他讲述那段夜以继日奋发苦战的日子里发生的故事了。好在因为这一项目的影响力和知名度巨大，我们还是找到了相对比较完整的资料，尤其是浙江大学电气工程学院对郑光华先生的研究工作所做的整理。同时，我们还得到了项目主要成员之一的陈永校教授的补充说明，得以聊补缺憾。

　　郑光华毕业于北洋工学院电机系，自1949年起，郑光华一直在浙江大学电机系任教。郑光华所在的电机教研组，党支部书记是汪槱生，副书记是陈永校。新中国成立后，郑光华目睹了新中国在党的领导下朝气蓬勃，蒸蒸日上，对中国共产党产生了无限的崇敬。汪槱生和陈永校是他的入党介绍人。同时，他们也都是双水内冷电机研制的主力。

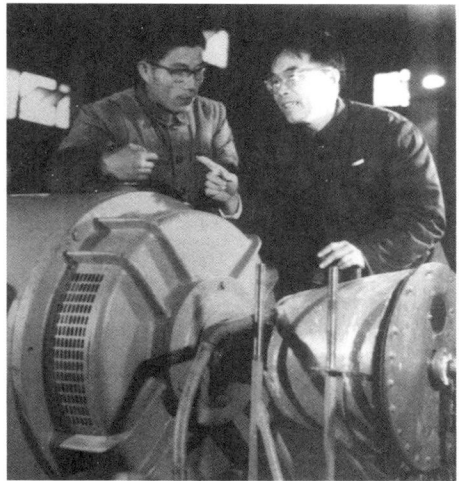

郑光华教授（右）

外国人没有的，我们更应该搞

　　新中国成立前，中国是个典型的"贫电国"，根本就没有自己的电机工业。新中国成立后，国家为发展电力工业，先后建成了上海电机厂和哈尔滨电机厂。

　　1958年初，第二个五年计划开始后，中国国民经济快速发展，但同时与电力供应严重不足之间的矛盾也越来越突出。国家发展需要电，人们生活也需要电，而发展电力工业的关键之一——电机制造工业却十分落后。上海电机厂在1954年试制成功仿苏的0.6万千瓦汽轮发电机，从此结束了中国不能制造汽轮发电机的历史。然而，尽管发展神速，中国仍没能跳出向外国"学步"的框框，占电力行业七分之六的汽轮发电机仍然需要依靠国外，国内的汽轮发电机转子材料全部由俄罗斯空运而来，设备非常紧缺，自身的制造能力还远远落后于生产需要。

　　汽轮发电机是电网中的主力机组，由于它转速快、体积大、单位功率的重量大，散热冷却是其核心问题。因此，电机技术的发展一直是以提高发电量必须更多更快地带走强电流产生的热量为前提的。从空气冷却到氢气冷却，从"外冷"改为"内冷"，为了"保冷"，电机技术的改进已经经历了五、六十年。在此期间，曾考虑用水来代替气体，因为水的冷却效果是空气的50倍，氢气的12～15倍，然而这一技术在当时被公认为世界级禁区。公认有三大困难，一是在每分钟3000转的高速下水通不进去，二是会夹带进空气使其堵塞不通，三是传统电机的动平衡问题的解决方法在有水之后无法实施。

直到1956年，西方发达国家才试制出了定子水冷汽轮发电机。当时，国际上利用氢气冷却和定子水内冷，能够将电网中常用的每分钟3000转的汽轮发电机单机容量做到20万千瓦，而我国的相关工作当时尚处于空气冷却阶段，单机容量仅为1.2万千瓦或2.5万千瓦，差距很大。当时国家安排给哈尔滨电机厂的任务是发展氢气冷却的汽轮发电机，由苏联专家指导；安排给上海电机厂的任务是生产空气冷却的汽轮发电机，由捷克专家组指导。

为了解决国家电力供需的矛盾，各相关企业和科研机构都在动脑筋想办法解决难题。上海电机厂邀请了上海交通大学、浙江大学的教师一起共同研讨试制定子和转子双水内冷汽轮发电机的可行性。决定先试制定子水内冷、转子氢内冷的汽轮发电机。试制工作从1958年5月间开始，预定1960年完成目标。浙江大学参加讨论会的是郑光华和陈永校。当时，浙江大学电机系教研组已经确定了"电机的冷却"的科研方向，参与了帮助上海电机厂进行汽轮发电机的空气冷却的研究工作。

浙江大学电机系教研组组长是郑光华，党支部书记汪槱生、副书记陈永校。为了走出自己的科研途径，党支部一班人想法非常一致：既然是科学研究，外国人有的当然可以搞，外国人没有的，我们更应该搞。

回到杭州之后，郑光华检索了美国、英国、匈牙利大量有关转子水内冷的研究资料。这些资料一致认为转子水内冷具有很好的冷却效果，但很难实现。英国一家电机厂有一篇关于转子氢冷、定子水冷的汽轮发电机的期刊资料，其中提到"转子水内冷是更为根本和更为有效的，但在这样高速旋转的转子中通水是很困难的；并且转子同时通电和通水是更困难的。因而迄今未能实现。但转子水内冷的巨大利益常常吸引着人们回顾这一问题"。这一文献带给他极大的启发，他针对难点问题进行了深入的研究，与陈永校一起讨论，根据流体力学理论计算出转子水内冷所需的水压后，更确定这是值得一试的汽轮冷却方式。经过夜以继日的文献检索和思考，他终于验证了技术的可行性，并提出了转子绕组水内冷的电路、水路布置方案。

1958年11月，国家主席刘少奇来到浙江大学双水内冷课题组

解决了动平衡的难题

有了结构方案之后，陈永校对实验模型的结构提出了进一步的改进建议，马上动手开始制造实验装置。郑光华、陈永校、林章伟等，和有实际生产经验的俞金波师傅，大家都夜以继日忘我地工作在实验室，不少问题也在大家的集思广益中迎刃而解。他们只用一个星期就设计和制造出了一台简单的只通水不通电的转子水内冷模型机组。模型试验于1958年6月26日获得成功，并取得了必要的数据。试验证明，结构设计合理，可以使电机转子顺利通水，不会因为通水而引起振动。

模型试验成功后，学校决定召回正在下放劳动的汪槱生，与郑光华、陈永校等几位教师一同承担起双水内冷发电机的实验工作。党委书记周荣鑫前去看望课题组，他提出："科研不能停留在实验室，应该投入到实际生产中去。"课题组决定立即去上海电机厂商谈厂校合作事宜并进行试制。郑光华和汪槱生顾不上印出方案及初步实验报告等资料，便带上手稿直奔上海电机厂。

1958年6月，参加转子水内冷电机研究的老师们受到了浙江省委第一书记江华同志的接见，江华书记很快拍板，支持试制1500转的双水内冷实验机组，表示出现一切问题都由江书记自己负责，费用由省里补助，要求尽快联系相关人员开始实验。学校当即联系了杭州市市长周峰商讨相关事宜。随后课题组接到了新的任务：指定萧山电机厂在正在投入生产的750千瓦凸极式汽轮发电机的原设计基础上，试制3000千瓦凸极式新型冷却电机。萧山电机厂新型电机的设计工作由郑光华等主持，并由浙江大学教师及应届毕业生进行设计。

研制过程中出现了很多问题，导致试制的进度很慢。第一个问题是，发电机的转速从几百转上升到上千转之后，振动也随之增大，因此首先要从理论上分析产生振动的原因是什么。郑光华的研究再次解决了这个问题：流动水在高速旋转转子中流动，极易导致转子不平衡，引起转子振动。通过理论分析证明，消除振动的关键：只要转子冷却水无气泡，通水转子动平衡与不通水转子动平衡一致。实验中这一理论得到证实，有效地解决了转子动平衡校正的难点。

与上海电机厂正在试制的隐极同步发电机不同，这台电机的转子是凸极式的，在工艺和结构上较隐极式有不少区别。它的试制为今后发展用途广泛的双水内冷凸极同步电机打下了基础。

萧山电机厂的这台3000千瓦双水内冷同步发电机于1958年9月16日试制完成，这是世界上第一台大中型凸极式转子水内冷汽轮发电机。中央对此相当重视，国家科委、一机部和浙江省委在浙江大学召开了全国性的转子水内冷技术现场会议。会中，郑光华作了"汽轮发电机转子内冷及变压器油冷研究"的报告。上海电机厂作了"水内冷12000千瓦汽轮发电机试制情况"的报告。

为了进一步配合电机厂的试制，郑光华课题组在实验室又把一台12.5千瓦的凸极同步发电机改制成一台60千瓦的双水内冷同步发电机。这台电机的加工量比较小，经过师生四十五天的日夜苦战，终于在1958年8月试制成世界上第一台中小型定转子双水内冷发电机。

在1958年这一年里，浙大课题组科研人员完全凭着自己的技术力量试制成功了中小型双水内冷凸极同步电机、大中型双水内冷凸极同步电机和大型隐极双水内冷同步电机，这三台双水内冷电机的创制成功大大地促进了我国电机制造业的进步。而此时，苏联专家的0.3万千瓦的双水内冷发电机还处于实验室试验阶段。之后的一年多时间里，上海电机厂又相继试制完成了从1.2万千瓦到10万千瓦的双水内冷汽轮发电机系列，完成的总容量达到23万5000千瓦，接近于该厂1957年汽轮发电机总生产量的两倍。

大学与企业合作的成果

1958年6月27日，上海电机厂欣然接受了厂校合作试制转子水内冷隐极式汽轮发电机的建议，厂党委胡沛然书记激动地说道："浙江大学送来了东风，我们十分欢迎！"次日，上海电机厂孟庆元厂长主持高级技术会议，会上把浙江大学的隐极式发电机转子水内冷的结构方案和草图、初步计算数据、模型试验结果都做了详细的介绍，并论证了制造这种电机的可行性。

介绍后，绝大多数人十分感兴趣，认为这一结构创新与国外的氢冷转子技术相比，无论是在工艺上或结构上都要方便简单得多，以后在生产大型汽轮发电机时可以不必采用国外的氢冷方式了。但当时也有人对此表示怀疑，毕竟在当时的技术条件下，上海电机厂一没有现成的技术资料，只有薄薄的几页英国MV厂介绍定子线圈水冷的文章；二没有实物做参考，只有浙江大学的试验模型；三没有专家指导，对水内冷工艺很陌生，试制困难相当大。

要不要上？电机厂组织了大讨论。在课题组和厂党委组织的讨论中，大家都认为，在世界上第一台"双水内冷"没造出来前，怎么可能出现这种电机的完整设计呢？事实上，世界第一台蒸汽机、第一台印刷机都没有完整的施工图纸，都是在边试验边设计中逐步探索出来的。

1958年7月，上海电机厂成立了双水内冷汽轮发电机设计试验小组。浙大的6名应届毕业生和西安交大的10名应届毕业生也加入到研发工作中。设计人员在郑光华带领的浙大师生的帮助下，经过集体讨论草拟了一张转子通水示意图，注明技术要求，发动大家讨论，根据大家提出的不同方案进行模型试验。设计中碰到了难以解决的技术问题，设计人员就在厂门口贴出告示征求妙计；同时深入现场，组织工人七嘴八舌地议论，不断完善设计方案。有些问题一时无法解决，大家就齐心合力，从实践中寻找好办法。当时的工作环境和设备条件都很有限，中央试验室的工作人员在进行进水结构的试验时，充分发挥集体智慧。没有吊车就用三脚架，没有轴承座就借用半成品，工人群众提出用平面轴承代替石棉盘根的建议，他们及时采用，很快就完成了试验。

1958年7月20日，上海电机厂顺利完成了汽轮发电机转子内冷的设计，7月底，世界上第一台双水内冷汽轮发电机的设计工作基本完成。

恰是三年自然灾害时期，物资非常缺乏。那时在上海电机厂实习，由于粮食紧张，规定所有共产党员不准到合作社里去买饼干。为了填饱肚子，企业有的员工只能跑到闵行买不限量的青菜来填饱肚子晚上才可以睡得着。研究人员长期的饮食缺乏也影响到了双水内冷发电机的研制，有一位老师因为长期紧张，压力比较大，出现了失语的症状，无法说话，医生看到这种情况后叹了口气说，主要是营养不良造成的，在进食一周的牛奶米饭后才恢复正常。由此可见当时的科研环境是非常恶劣的，但是在这么困难的情况下浙大依然保持严谨作风，联合电机厂完成了双水内冷的研发，现在回想起来，依然是值得浙大人骄傲和自豪的。

设计关过了，制造关迎面而来。

制造过程中遇到的最大问题就是漏水。"双水内冷"对水的密封要求极高，一定要做到滴水不漏、天衣无缝。新中国成立之初中国企业的生产设备和材料都很落后，生产精密部件对于企业来说是个大难题。但终于，困难被一点一点克服……1958年10月27日，世界上第一台双水内冷汽轮发电机在上海电机厂诞生了！

20世纪60年代初，中国科学院和一机部联合在北京召开关于生产20万千瓦汽轮发电机采取冷却方式的论证会，准备把中国生产汽轮发电机的能力提高到当时的国际水平。但采取何种冷却方式必须加以论证。会上，由郑光华领导的浙江大学双水内冷电机课程组与上海电机厂合作论证了双水内冷的优越性。

双水内冷发电机的成功研制，使中国不必采用当时国际上大型汽轮发电机唯一采用的氢气冷却方式，而可采用更经济，更高效的双水内冷技术，为国家自制大型发电机铺平了道路，加速缓解了国民经济与电力工业的供需矛盾，促进了国民经济的发展。同时，仍有一些不同意见认为，"大型汽轮发电机必须采用氢气冷却，否则空气摩擦损耗太大，效率降低"。为此，郑光华结合科研成果，系统地进行理论分析和实验验证，撰写了《双水内冷汽轮发电机减少通风摩擦的新途径——20万千瓦双水内冷汽轮发电机铁芯空气冷却论证》的论文，从而为推广自行研制双水内冷发电机技术扫清了障碍，也为发展双水内冷发电机建立了扎实的理论基础和技术平台。

后记：双水内冷50年

50年来，双水内冷发电机技术为国家电力工业的发展做出了巨大贡献，主要反映在：

1. 使我国自制发电机的单机容量迅速上升。中国自制汽轮发电机容量迅速从1.2万千瓦提高到2.5万、10万、12.5万、20万千瓦；1981年制成了单机容量达30万千瓦的双水内冷汽轮发电机。同时又制成了1万、7.25和30万千瓦的双水内冷水轮发电机。

2. 使我国发电机总装机容量迅速增长。1987年一年，浙江省新增发电机总装机容量120万千瓦，其中一半是双水内冷的，包括秦山核电站的双水内冷发电机。当时，中国自制的双水内冷发电机总台数及总装机容量都占世界首位。截至2009年，我国有发电机总装机容量6.8亿千瓦，其中自制的双水内冷发电机起了很大作用。20世纪80年代末，双水内冷发电机在整个电网中占了很大比例，其中约占杭州市火电中的十分之九，发电量占浙江省所发电量的一半；在全国5万千瓦及以上容量的火电机组中，双水内冷已占总装机容量的52.34%。

3. 20世纪70年代开始，为了促进中小型电站的建设，郑光华开始了将双水内冷技术应用于中小型电机的研究和推广工作。郑光华科研组研制了一台500千瓦，每分钟500转的立式水轮发电机，在安徽黄山麓二坝电站投入运行。这是国内外首创的小容量双水内冷发电机。

自1958年发明首台双水内冷发电机以后，郑光华不断深化该技术的研究，并为此申请了四项发明专利和两项实用新型专利。1960年一机部授予浙江大学双水内冷发电机课题奖金一万元、银盾一枚。1964年国家科委授予双水内冷发电机国家发明证书，编号0024号。这也是中华人民共和国成立之后的第24项发明。1985年3000转/分双水内冷发电机获得国家科技进步奖一等奖（合作）。

人物名片

郑光华（1918—2006），电气工程学家及教育家。曾主讲电机设计和电机学课程。主要从事电机设计与制造研究，双水内冷电机技术的第一发明人。曾任国家科委电工专业组和学科组成员、中国电工技术会理事、浙江省科协副主席。郑光华主要著作有《双水内冷汽轮发电机减少通风摩擦损耗的新途径（20万千瓦双水内冷汽轮发电机铁心采用空气冷却的论证）》、《双水内冷中小型同步电机》、《5000KW全水冷发电机顺利运行》、《电机设计》（合译）、《电机学—特殊部分》（合译）、《电机最佳尺寸的选择》（合译）等。

汪槱生，1928年8月出生。著名电力电子及控制设备专家，浙江大学教授。1950年浙江大学电机系毕业后留校任教至今。1994年当选为我国首批中国工程院院士。现任浙江大学电力电子应用技术国家工程研究中心技术委员会主任。1958年作为主要成员之一参加了双水内冷电机的研究。1970年初研制成功中国第一台大功率晶闸管并联逆变式中频感应加热电源，为中国中频感应加热电源及其应用做出了巨大贡献。1972年创建了中国第一个电力电子专业，培养了大量优秀人才。曾获得中国科学大会奖、国家教委优秀科技成果奖、国家科技进步一等奖（合作）等多项奖项。

陈永校，1930出生，教授。1953年浙江大学电机工程学系毕业后留校任教。长期从事电机方面的教学和研究工作，指导了四十多名博士生和研究生。曾任浙江大学电机及控制研究所所长，兼任中国电工技术学会电机专业委员会委员，小功率电机专业委员会副主任委员，中国电工技术学会电机专业委员会噪声振动学组组长。1993年之后，参加神舟飞船配套电机的研发工作多年。

附：《科技简报》1980年第一期

我省第一台500千瓦双水内冷发电机运行情况良好

由浙江大学电机系和临海电机厂设计制造的我省第一台500千瓦双水内冷科研发电机，于一九七六年底安装在临海车口溪水电站二级站，并于一九七七年初开始并网运行，经过不断改进和完善，自一九七八年五月至去年九月止，已正常运行五千八百四十小时，发电二百二十四万五千度，为祖国"四化"建设作出了贡献。车口溪水电站二级站建于一九七一年，水头为七十米，流量为3秒立方米，总装机容量为1800KW，原来已安装了二台空冷400KW，TSWN半导体自激恒压式同步发电机，都用临海机械厂制造的HL129-WJ-50水轮机，一九七六年底二号机改装5KW—6P双水内冷发电机。

　　根据运行情况来看，双水内冷发电机有许多优点，完全适用于小水电站运用。归纳它的优点主要有六条：1．双水内冷机比空冷机出率高18%多，在有水情况下，由于受水轮机出力的限制，只能带430、440KW，但比空冷机还是高，在这种情况下，空冷机的功率只在360～390KW。2．双水内冷发电机并网运行比较稳定，这给安全发电创造了有利条件，为运行工人带来了工作上的方便。3．车口溪二级站位于海拔1300米的括苍山下，自然环境较好，气候比凉爽，但是厂内自一九七一年安装二台空冷400KW发电机投产后，夏天室内温度最高达到42℃，即使在房顶做隔热层，室内装上二台排风扇，仍然无济于事。但用双水内冷发电机发电，它通过水冷却，就降低了温度，使厂房内外温度基本相同。4．500KW-6P双水内冷发电机组是无刷励磁装置，取消了滑环和炭刷，这样就不会出现火花和滑环磨损，更没有炭刷磨下的粉末沾染，比较清洁。5．500KW-6P双水内冷发电机的体积相当于空冷16DKW-6P电机的体积，其重量又比同容量的空机组轻一半，吊装运输方便，有利发展山区小水电。6．双水内冷发电机成本低、造价省，500KW-6P双水内冷发电机与同样500KW-6P的空冷发电机对比，省铜三分之二，矽钢片二分之一，机械加工工时基本上和160KW-6P发电机组相同；转力线圈加工总工时比160KW-6P略省，而锭子线圈加工、嵌线、连接所需总工时相近。

　　双水内冷在运行中，总的情况是好的，但也有不足之处，在运行过程中，由于引水绝缘管及水泵材料不符，曾使塑料水泵键断裂，引起断水，并使五只硅元件、四只磁极线圈烧坏，造成停机修理。另外，该机组冷却系统布置比较复杂。目前，浙江大学已研制了改进设备，待改装。再是单机不并网运行时，水泵电源与励磁电源无法解决，有待改进。

　　　　　　　　　　　　　　　　　　　（临海车口溪水电工程指挥部供稿）

另一种视线记录核爆

项目：250万幅/秒等待式转镜高速摄影机

> 采访地点：浙江大学玉泉校区第三教学大楼
> 讲述人：王子余、冯俊卿、赵田冬
> 采访/整理：汪晓勇
>
> 采访手记：高速摄影机的研制，有近20位老师参加。获得全国科学大会奖的，是该项目中的一部分成果。在此前，项目组的黄振华教授等曾经代表项目组执笔写过回忆文章，中国人民解放军某训练基地的陆权钦教授的文章则详尽地回忆了协同组的工作。2005年，学校曾专门召开座谈会。因而，我们得以比较全面地了解这一项目的始末和贡献。而如王子余教授、赵田冬教授和冯俊卿工程师这样以亲身经历者的身份详细记述，则让我们身临其境，再次体会了什么叫"永远不会忘记"。浙江大学光电科学与工程学院的叶松老师、姚达老师为我们提供了大量宝贵的历史资料，在此致以感谢。

我们研制的超高速摄影机记录了辉煌的瞬间

> 采访时间：2016年5月18日
> 讲述人：王子余

　　高速摄影机和超高速摄影机是一种能够拍摄瞬变目标动态变化过程的装备。例如白灼灯钨丝的点燃、雷管的爆炸等。高速摄影机，在光仪系较早就作为自选课题，1964年前后，由王兆远老师为主，结合应届毕业生的毕业设计进行的研发。于1965年做出了一台可控型转镜式超高速画幅摄影机的实验样机。当年就被选送到全国高教展览会展出，引起了国家有关部门的关注。它的最高拍摄速度为340万幅／秒。如此高的摄影速度是用了四排排透镜来获取的，因此，画幅尺寸很小，仅5x5毫米，相对孔径也随之很小，从实用的角度来说的话，意义并不大。

在北京与高教展览会同时举办的还有一个全国仪器仪表新产品展览会。在这个展会上，我看到了有中科院西安光机所的两台可控式高速画幅摄影机展出。虽然拍摄速度远较浙大的为低，是十万幅／秒量级的，但看上去有模有样，在外观设计上和加工制造上都无可挑剔，相比之下，我们的相机就显得笨拙粗糙。

1952年浙大创办了光学工程专业，这是全国最早的。时任校长刘丹一直来对其成长和发展注以深切的关怀；聘请苏联专家给首届留校的毕业生以进一步的深造；把原附设在机械系的光仪专业扩展成光仪系；从无线电、机械、物理等系调入所需的配套人才等等。这些工作都使得光仪系在教学和科研上得以快速发展壮大，具备了研发大型光机电高度结合仪器装备的潜能。

在1965年末的全国高教展览会上，中国人民解放军某训练基地研究所的领导看见了浙大的转镜式超高速画幅摄影机展品后，有意委托浙大光仪系研制将在氢弹试爆时配置在现场的超高速摄影机。1966年初，训练基地研究所孙瑞蓄主任约请浙大派人前往北京参加有关摄影机方案和研制事项的会议。光仪系派出吴敏达、吕维雪、孙扬远和我参加。在会上，孙主任提出了一些基本要求：拍摄速度250万幅/秒，要等待型的、分幅的，水平方向的分辨率要高于垂直方向的分辨率等。还有一些性能参数，经共同商讨后确定为：主物镜焦距1000毫米、主物镜通光口径120毫米、系统总焦距1000毫米、双排透镜、画幅尺寸10x10毫米。返校后组成了以吴敏达为首的课题组，参加课题组的人员有黄振华、孙扬远、吕维雪、王子余、王兆远、冯俊卿、陆祖康、赵田冬、包正康、周定霞、徐文娟、郑增荣、许绍华、林金豆、贝国华、徐昌标、张利民、郑汉章等。大家分别被划拨在总体、光学、机构、电子和马达组，投入前期的准备工作。

1966年3月初，国防科委正式下达了为某训练基地研究所研制三台250万幅/秒等待型转镜式分幅高速摄影机的任务。限定完成时间为1966年11月。同样的任务还下达给了西安光机所。

这是一个光机电密切结合的大型项目。任务重、时间紧，且在当时的现实条件下，我国尚没有先进的办公设备和计算工具，大量的机械和光学加工图纸、装配图、光学系统图、电子线路图等，全部靠人工绘制，再经描图、晒图才得以完成。尤其是光学系统设计，其中所需大量计算的光路，只能依靠七位或六位三角函数表和机械式的手摇计算机来计算，计算速度慢，劳动强度大。至于电控部分，当时尚没有集成器件，只能用晶体管等分立元件，由人工在线路板上焊接出来。所有这些，工作量都很大，因此，课题组吸纳了不少毕业班学生结合毕业设计加入工作。此外，某训练基地研究所也派出了以陆权钦、徐鹤年、俞焕隽、庞有源等同志常驻浙大，与我们一起战斗。

由于摄影机是等待型的，无论是在光学系统，还是在机械结构的整体设计上，都要比可控型的复杂得多。因可控型只需用平面镜扫描获得的一个扇形区内拍摄。而等待型，需应用三角形转镜，对从上、下方向射向它的光束在相邻的两个反射面上相继实现扫描，获得相对分布的两个扇形区，各自首尾相接而能保持所摄照片的连续性。因此，光学系统必须加进一个具有较长平行光路的负一倍中间成像系统，再对平行光束实现分束，并各自经过转折光路后，形成自上、下方向入射于三角形转镜的扫描要求。等待型摄影机结构复杂，但这是必需的，为了保证一定能拍到照片。当然，不能让其重复曝光，要及时闸断光路才能获得有效的照片。本机中，闸断光路用的是爆炸快门。

超高速摄影机的最关键部分是高速转镜及其驱动部分。根据250万幅/秒拍摄速度的要求，转镜的旋转速度应不低于15万转/分或2500转/秒。要驱动转镜平稳地达到这样高的转速，会面临一系列需要解决的难题，如高速转镜的材料问题、驱动动力问题、轴承问题，还有高速三角形转镜的加工也是一个非常困难的问题。经马达组人员和技术员蒋培陞、技师张振强等反复讨论研究，多次外调求援，不断实验求证，终于成功研制出悬浮在油膜轴承上的透平。用压缩氮气作动力，驱动转镜高速旋转。转镜高速旋转时，动能很大，曾有一次在试验时，转镜的转轴折断飞出，穿透了水泥天花板。幸未伤及人身，不然后果不堪设想。

当时，浙大的机械工厂相当有规模，光仪系还有一个各种工序基本齐全的光学车间，且各不乏技术精湛娴熟、经验丰富的工人师傅和技术人员。鉴于项目的重要性和紧迫性，全部加工任务，皆能优先安排，按时完成。值得一提的是，技术员蒋培陞、技师张振强和腾伯良、蒋雅仙、楼善宝等老师傅，他们不仅在手艺上高人一等，在结构设计上也能提出一些独到的见解。例如关键零件三角形转镜就由蒋培陞亲手加工、研磨而成。三角形角度精准，反射面平面度好，光洁度高达镜面要求。因没有精密动平衡仪，未知动平衡状态如何。为此，他特地将其送到西安光机所做动平衡试验，结果被告知动平衡状况很好，令人惊叹不已。其实，如果动平衡不好，就根本不可能将其平稳地驱动到那么高的转速。

在项目研制的整个过程中，某训练基地研究所孙主任多次分别陪同副所长程开甲和长春光机所所长王大珩来浙大检查和指导研制工作，给课题组以很大鼓舞。

正当课题的研制工作在紧张有序且顺利地进行时，"文化大革命"开始了。"革命风暴"席卷了全社会，全校停课闹革命了。大字报铺天盖地，打倒资产阶级反动学术权威，揪出走资本主义道路的当权派，游行、集会、批斗，不一而足。我们中间也有一位教师受到冲击而离开了课题组。尽管如此，我们全组人员依然坚守岗位，日夜奋战。当工作进展到整机调试和各种试验时，我们需要用到教三二楼的整条走廊以及教三和教四的阳台。白天在走廊上，仿照场区的工作程序做模拟联运试验，晚上在二阳台间做雷管爆炸的拍摄试验。这些工作，难免被造反派发现而遭盘问和干扰。经报请学校领导请示省委后，决定将我们这摊工作全部搬迁到花港疗养院大礼堂内进行。大家吃、住、工作在礼堂，夜以继日地奋战了约一个月，终于在十一月上旬如期完成了任务。共三台相机，每台分装四箱，共12箱，由专用车皮从铁路起运，进试验场地。学校派出黄振华、冯俊卿和赵田冬三位教师随车进场，共同参与核试爆任务中的拍摄准备工作。

任务完成了，东西运走了，照例应该放宽心了。可是，不知相机能否最后完成核试爆的拍摄任务，又如何能够放得下心来呢。但愿黄振华他们带回胜利消息，让我们把悬挂着的心真真放下来吧！

1966年12月28日清晨，从广播中听到了我国氢弹爆炸成功的喜讯。很快地，得知我们研制的三台相机都拍摄到了氢弹起爆的序列照片，由一个小点逐渐扩大到充满整个画幅，图像清晰，取得了圆满的结果。此时，我们的心终于放下来了。

这是一次氢弹原理性试验爆炸。随后，在1967年6月17又成功地进行了一次高能量级别的氢弹空中试爆，也用我们的三台相机拍到了满意的照片，而且其中有一台相机的单幅曝光时间测得为0.33微秒，也就是说这台相机的拍摄速度达到了300万幅/秒。

1967年10月，21所又给我们下了第二期任务。三台相机运回浙大，除了对其作维护保养外，还要求对其作三点改进：1、把焦距由原来的1米增大至2米；2、改进控制台的线路，使之更稳定可靠；3、把驱动转镜的透平直接改成电机。

这次相机的改进任务，初期的设计工作在校内完成，后期的总装和调试工作搬到杭州陆军疗养院的礼堂内进行。除原班人马外，还增添了叶关荣和孟广延。21所也来了更多人员一起战斗。

焦距由1米增大至2米，对拍摄核爆试验的相机很有必要。因焦距增大，可在保持像的大小不变时把拍摄距离拉得更远。这样，可把相机安置在距离爆心更远之处，以确保其安全。这项修改，在设计上没有多大困难，但在加工上，大件很多，工作量很大。做成后的相机，个儿更大了。

控制台是相机运行的指挥中心。它根据场区的工作程序，要精准适时地指挥相机执行下列操作：打开相机、开启机械快门等待摄取照片、触发爆炸快门闸断光路、关闭机械快门、关闭相机。上述任一环节的指挥失误，都将会使拍摄以失败告终。所以控制台在线路的设计、元器件的选取、线路板的焊接等方面都必须做到慎之又慎，以确保其质量稳定可靠，万无一失。因已有首期任务的成功经验，改进工作进展顺利。

至于第三项改进工作，要把驱动转镜的透平直接改成电机，可是一项全新课题，难度很大。因为没有那么高转速的微型电机，所以必须要用增速结构来达到要求的转速。显然，常规的齿轮变速系统是不能用的。在马达组成员和技术员蒋培陞、技师张振强和腾伯良、蒋雅仙等高级技工的共同努力下，经过反复讨论、不断试验、精心总结，终于创造出了一种很巧妙的增速结构，用精密的加工和装配工艺，试制成功了这一高速旋转的电机系统。用电机取代透平，可以省却繁重的外围设备累赘，且更稳定可靠，使相机质量得到进一步的提高。其外形如下图所示：

这项增速结构的成果后来获得了国家发明三等奖。

二期任务完成后，学校派出黄振华、林金豆和孟广延三位教师进场共同参与核试爆任务。这是一次飞机投弹空爆试验的跟踪摄影，相机架置在高炮架上，由炮兵操作指挥仪进行跟踪。这次，我们浙大的相机也摄得了空爆的照片。随后，

250万幅高速摄影机

还进行过二次拍摄。总共五次，次次拍摄，台台收获，实现了满堂彩。

超高速摄影机的研制成功以及它们在我国多次核试爆记录中取得的成就，获得了国家科学大会的嘉奖，在浙大光仪系发展的历史中增添了光彩的一页。

911项目研制的战斗岁月，已时过半个世纪，令人难忘。战斗团队中，已有吕维雪、黄振华、王兆远、周定霞、许绍华、孟广延、张利民等七人离开了人间，惟望他们在天国得到安息。活着的人也都已步入老年，祝愿大家健康长寿，安享幸福快乐的晚年。

高速摄影机的现场使用和所见所闻

采访时间：2016年3月15日

讲述人：冯俊卿

浙大光仪系研发高速摄影分为三大类，即转镜式高速摄影机、条带式高速摄影机、狭缝式高速摄影机。

转镜式高速摄影的研发分为三个阶段，在1958年研制实验室转镜式可控型分幅高速摄影机，在1965年又进一步研制实验室转镜式可控型分幅高速摄影机。在1966年3月正式承担核工业部实战用的转镜式等待型分幅高速摄影机（代号911）。转镜转速为15万转/分（即2500转/秒），拍摄频率为250万幅/秒，最大工作时间

1/5000秒。三台全自动高速摄影机，拍摄核弹起爆全过程。在下达任务之日起已定下高速摄影机的火车托运时间（1966年11月），若完不成，废铜烂铁也要运走的"军命状"，经过科研组全体成员的日夜努力，我们按时完成了任务。在1966年12月28日三台参加现场拍摄工作的相机均获得了核弹爆炸全过程的高清晰度高分辨率的照片记录。

代号980的条带式高速摄影机，在1968年开始研制实战用的三台相机，胶片宽度180毫米，胶片长度60米，拍摄频率为100幅/秒，工作时间为1分钟，单幅画面尺寸为174*9.5（毫米），可以用来三台相机组合拍摄姿态和轨迹等重要资料。

狭缝式高速摄影机，在1976年开始研制，分Ⅰ型和Ⅱ型，应用范围更广。狭缝相机投入了批量生产以获得更好的经济效益和社会效益。

代号911的高速摄影机，全称"转镜式等待型分幅全自动超高速摄影机"，拍摄频率为250万幅/秒，最大有效工作时间1/7500秒，是核爆炸试验的必备仪器，是中国人民解放军某训练基地研究所下达的重大科研项目。该项目由吴敏达为科研组长，由光仪系为主执行，全校有关单位的配合，也得到国内有关单位的支持和解放军科技人员（陆权钦、徐鹤年、俞焕隽、庞有源等）的大力协同，经过八个多月的日夜奋战，终于在1966年11月初完成三台250万幅/秒高速摄像机的制造，每台分四箱（约500公斤），共12个大箱一大卡车，通过火车邮政车厢运到目的地（沿途加进上海的设备和西安的设备）。

超高速摄影由光学元件、机械零件和电器控制组成，简称为光机电的组合体。为了获得万无一失的科技资料，浙大派出赵田冬、冯俊卿、黄振华三人，自带铺盖行装随同高速摄影机邮政车厢，经过四天三夜不断更换火车头到达大西北的大城市乌鲁木齐，再由飞机、卡车运到目的地。沿途解放军同志告知研制任务下达后，起运的日期和运输车辆也定好了，即使不能完成，就连废铜烂铁也要运到目的地的死命令，同时向我们灌输一个保密的思想。刚上火车就说不能和家人通信联系，到了西安让我们在西安人民大厦住下洗了个澡，美美地睡了一个好觉。解放军同志又告知不要离开大厦，也不要和亲朋好友联系。到了基地完成任务后又告知现场的情景看在眼里，烂在肚里，所以我回校后从未谈起现场情况。

到了大西北的一个大城市，由于时间紧迫，我们坐飞机到达目的地现场。当时坐飞机是一种享受，而且是六人座的飞机。到基地眼前一片蒙蒙大沙漠，不知

2005年10月学校召开的成功记录我国核试验科学家座谈会合影

天南地北，朝东朝西，除了沙土，还是沙土。只看到一个半地下掩体，基地的人称Ⅰ号工壕。高速摄影机就在里面工作。每台高速摄影机前面墙上有一个大圆孔，是装有光学玻璃的窗口，高速摄影机的镜头就通过圆孔瞄准高高铁塔上的"宝贝"。

到测试现场拆箱安装调试，高速摄影机经过长途运输和超低温-30℃的考验，相机光机电各部均有不同程度的问题，机械装置气动马达问题严重。要达到250万幅/秒的拍摄频率，气动马达必须以每秒2500转的转速（即150000转/分），马达转速越快，拍摄频率越高，气动马达十分娇气经不起折腾，很难对付。

气动马达果然出问题了，而受热胀冷缩的影响，首先马达装不进150毫米的圆孔，其次高速马达达不到2500转/秒的转速，再是各种通道的塑料管硬化，很难连接。部队的同志和基地的领导看着很着急，我说不用急，凭我的知识和技能可以解决的。我去之前已做好充分的物质准备和思想准备，所以带去了必要的专用工具。首先将150毫米的圆孔扩大，其次将整个气动马达进行清洗。气动马达是一个汽轮机，转轴中间是一个三棱反光镜，由两个油膜轴承和两个喷气叶轮组成，在真空室内由高压气体推动叶轮使三棱镜高速转动。第三将塑料管道部分加热，用铁丝扎紧，经过两天一夜的修复，终于达到预期拍摄片频率为250万幅/秒的目的。

经过近一个月的调试联动，在12月27日接到命令，工作人员在27日晚上全部撤离工作现场，我知道核爆炸就在近期了。我们一次又一次地反复检查，装上胶片（如子弹上膛），走出工壕，关上大铁门，堵上钢筋水泥块，运走发电机，拆

《浙江大学报》报道的2005年10月 "成功记录我国核试验" 科学家座谈

走帐篷，燃烧废弃物（取暖），好似烟火狂欢。

我们离开现场到很远的一个新地方。1966年12月28日上午，所有仪器操作人员均无事可做，集中到一个斜坡地段，等待那惊心动魄的核爆炸。从广播传来 "5、4、3、2、1、起爆"，我的眼睛看到一个火球，随即看到一个蘑菇云，耳朵听到一声巨响，人感到一股暖流，脚感到有微微的振动。核爆炸了。所有的人欢呼、跳跃，高呼毛主席万岁、中国共产党万岁，一片欢腾。广播里又传来了周恩来总理的声音，同志们辛苦了，他代表毛主席、代表党中央向大家表示祝贺，全场又一片欢腾。核爆炸成功了，但我们相机有否拍到照片还不知道，我们的心情十分沉重，始终高兴不起。由于气候的原因等了几天后，我们相机拍摄的照片由专业人员冲洗出来了。

解放军同志笑嘻嘻来到我们的住处，带我们去工作暗室，我们亲眼看到了我们研制的三台相机拍到的核爆炸起爆的序列照片。开始由一个小点逐渐扩大到充满画幅，拍摄完全成功。

这是我国核试验爆炸第一次用最高拍摄频率的超高速摄影机，第一次拍摄到起爆的连续照片，第一次获得清晰的图像，第一次拍摄氢弹的原理性照片。这些照片对核试验真正起到什么作用我们就不知道了，反正是核试验专家研究分析的重要资料。

最后工作总结时，部队同志和有关领导向我们祝贺，给我们庆功，分别给黄振华、冯俊卿评记三等功，嘉奖赵田冬。经过艰苦的工作和长途跋涉在1967年1月底高兴地回到杭州。

　　1967年由于核爆的目标要求，需对911相机进行了大的修改，又派人参加实地拍摄。后来由部队同志自己掌握拍摄多次核爆炸试验。最高拍摄频率为300万幅/秒，均获得很大成功。

　　时隔半个世纪，想起50年前的场景，历历在目，久久难忘。

　　（本文得到范正翘教授的指点和帮助，致谢。）

回忆在"核塔"下作业的日子

　　采访时间：2015年5月2日
　　讲述人：赵田冬

　　纪录片"国家命运"，就像是一个时间隧道，把四十九年前的氢弹原理性塔架、核爆炸试验场景的一幅幅画面重新呈现在我们的眼前。

　　我们这一班人，当时就在这个"天上无飞鸟，地上不长草，百里无人烟，风吹石头跑"的罗布泊戈壁滩上。离核爆试验的爆心位置约1～2千米，有一排被称为"工号"的半地下掩体。我们工作所在的"工号"内，面向爆心的前壁离地面约半米高、开了三个直径约400毫米的圆孔，让高速相机主物镜、瞄准系统透过圆孔瞄准铁塔顶端的目标物，这些圆孔在拍摄后、冲击波到达之前必须自动关闭，以避免高速相机被损坏；"工号"工作区面积在安置三台高速相机后，其空间所剩无几，因此，仪器台面成为我们用于光、机部件装配、调试及整机联试作业时的工作台；控制系统的某些调试和检修，则在"工号"后门附近临时搭建的工作帐篷内进行。工作帐篷内有两张高低床与一对桌凳，室内温度很低，往往连电烙铁都难以熔热；离工作帐篷约10米处，建有简易用膳帐篷、坑厕；基本密封的"工号"内温度比外界温度（最低时低于–30℃）高些，一般在零下十几度；左邻"工号"是二机部九院的工作区。

　　根据国防科委和训练基地研究所的要求，学校要选派光、机、电共三人，随三台高速相机前往核试验基地执行任务。对于毕业才一年多，理论基础缺乏、实践经验又少的我来说，仅仅凭参与了高速相机的被称为"帕斯卡尔蜗线"设计，腰形排透镜聚列的装配与校准，以及整机调试、联试、拍摄的一点经历，如何能作为"光"的人选去担此重任？所以，我一再请求校系领导考虑，选派有一定经验的光学老师前往，经过近一个月的上下多次反复，最后结果还是要求我服从组织命令，出色完成任务。

1966年11月21日，我们三人（黄振华、冯俊卿和我），肩负着学校的重托和参与课题的上百位教师、学生、工人师傅们的期待，自带铺盖，走进装满高速相机仪器箱的火车行李车厢中。因为该车皮的特殊使命，所以从杭州城站出发到上海就开始不断变换火车头和列车编组；为严防"文革"红卫兵大串联时的冲击，行李车厢前端后尾均有军人站岗把门；我们与三位八个半月朝夕相处的训练基地研究所军人同志一起，在这特殊的火车行李箱里，辗转六天六夜才到达新疆乌鲁木齐。这六天六夜吃、喝、拉、撒的火车行李车厢生活，现在的人是无法想象的。至于每日三餐，在火车到站时，总会有军人送上可口的饭菜，我们此时享受了贵宾般的待遇，也是情绪最放松的时刻。高速相机主体包装箱成为我们和衣睡觉的最佳卧铺位，行李车厢内的温度随着火车北上、西行是越来越低，至徐州站时不得不加盖一条从浙大招待所暂借的厚棉被。对于一个女同志来说，最最困难的莫过于解手了。在新疆军区招待所前后休整了六、七天，前三天大概因为路途奔波太劳累了，连"吸血鬼"臭虫都没能惊扰我们的睡梦。从体力、精力基本恢复的第四天开始，时不时地猜测着、估算着以三辆军用大卡车作为运输工具的、三台高速相机的主体箱会到哪里了？还需要几天时间才能到达目的地？我们焦急地、盼望着进入核试验基地的这一天早点到来。

1966年12月初，我们三人连同三台控制箱，分乘两架军用直升机飞入基地，这是我们第一次乘坐飞机。进入基地，面对一望无际的戈壁大沙漠，心里唯一的念头就是如何尽一切努力拍好此次核爆试验的清晰照片。第二天一早，我们头戴严实的防寒帽、身裹厚厚的毛皮大衣、足穿几斤重的大头鞋，乘五吨位的军用敞篷大卡车去"工号"上班，副驾驶位置理所当然的让位于腿脚不便的上海来的师傅，我一步步攀登、抓上大卡车的轮胎与护栏，在几位男同事的车上拉、车下托的合力下，总算爬上大卡车车厢，到达"工号"目的地，下车似乎比上车容易些，但疼胀了的双腿已不听使唤，只好原地活动、按摩，数十分钟后才恢复正常工作状态。第一次进入"工号"时，立即被已完整布置着的三台高速相机所吸引，就像久别重逢的亲人一般。偶遇左邻"工号"二机部九院人员的大客车到来，他们的接送车与着装的防寒性能，远好于我们所在的协作单位，并且或许还具有防辐射性能。我们往返在生活区至"工号"几公里的十几天中，既经受了像搓衣板那样的沙石路的颠簸，也熬过了−30多度的寒风刺骨。沿途可以看到一些前四次留下的核试验效应物：歪歪斜斜的汽车、坦克，房屋的断垣残壁、烧焦的电线杆等等。在路经备装氢弹装置的高高铁塔架时，总是盯着铁塔架上的目标试爆物，并情不自禁地猜测目标试爆物是否已上架。为确保仪器运转万无一失，我们于爆炸试验零时前的十几天，住进"工号"后门的工作帐篷中。不分昼夜地作业在"工号"中的仪器旁，不时地借助瞄准镜、主物镜瞄准目标试爆物，把仪器调整到最佳位置。为准确而可靠地把高速胶卷装入高速相机暗箱的特定位置上，往往需要脱下厚厚的毛皮大衣。安装精密的爆炸快门更得认真、仔细。高速相机经一次又一次的整机联试，彻底排除由于长途颠簸及低温环境对仪器产生的各种故障，使三台仪器都处于"临战"状态。困了就和衣随地打个盹，饿了就用晚餐留剩的食物充饥。辛苦、疲惫、劳累、紧张，但所有的辛劳与马兰陵园的烈士们相比却是微不足道。

12月28日，晴空万里。我们在离爆心几十公里的一个斜坡观察区，人人都戴上墨镜，一声惊雷，一朵灰褐色的蘑菇云在戈壁滩上腾空而起，全场欢呼雀跃。几分钟后，喇叭里传来了我们敬爱的周总理洪亮的声音，他说："同志们辛苦了，向同志们问好！"每一个人的眼里充满了激动和幸福的泪水。可是不久，我们三人的心情却变得十分沉重，不知三台高速相机是否拍摄到照片，有三台、二台、一台，还是全没？

两天以后，我们在百公里外的试验基地研究所大本营实验室，亲眼看到了由受过专门训练的人员穿着防护衣、进核爆炸现场取回的高速胶卷的冲印结果，三台"250万幅/秒等待式高速摄影机"全部成功地拍摄、记录了氢弹原理性塔架爆炸初始瞬间。从起爆时的一个亮点，慢慢扩展，到充满画幅的一组清晰照片，把核爆炸过程的相对时间拉长了几百万倍。我们如释重负，紧绷了几十天的神经才慢慢地放松下来。

参与高速相机研制的浙大师生员工，在课题组长吴敏达同志的领导与组织下，顶着"美、苏二霸"的禁运与封锁，"文革"的冲击与干扰，在设计、计算工具十分落后，物质保障又相当困难的条件下，充分发挥集体的智慧，短短八个半月的日日夜夜，把自行设计、制造的三台"250万幅/秒等待式高速摄影机"，成功的用于我国首次氢弹原理性塔架核爆试验。

在成功拍摄氢弹塔架（固定目标）核爆试验的基础上，为能拍摄高空氢弹轰炸机空投（活动目标）的核爆试验，需要增长高速相机的光学系统焦距。采用不改变主物镜而变化腰形排透镜的光学参数的改型方案，使光学系统焦距从原来的1米增长到2米。为此，根据"帕斯卡尔蜗线"重新设计的数据分析，高速相机关键部件暗箱及其内部的相关结构件的重新设计、加工、装配、调整等的工作，成为此次改型任务中的主要内容之一。当时（1967年夏天），由于"文革"干扰，浙大校内的环境已无法保证新任务的完成，因此，我们不得不借用杭州陆军疗养院的两幢大楼，并迅速安置从试验基地运回的待改型的三台高速相机。参与改型任务的科研人员，又一次经历了日日夜夜的加班加点，于当年11月中旬按时完成了改型设计、加工和整机调试任务。

经改型的三台高速相机在1967年12月的氢弹轰炸机空投试验中，又一次全部取得满意的结果。这是浙大人在20世纪60年代的骄傲。

浙江大学党委于2005年10月召开了"成功记录我国核试验"科学家座谈会，与会全体研制人员和21所的同仁们，接受了浙大学子献上的鲜花和崇高的敬意，当听到时任校党委书记张曦感慨"这是一次迟到了40年的表彰"，大家无不十分欣慰。

人物名片
_____

王子余，1932年3月出生。1956年毕业于浙江大学机械系并留校任教。1985年晋升教授。曾任光学仪器研究所副所长、光学仪器工程学系副系主任。2002年退休。主要研究方向为光学系统的设计和评价。开设了本科课程几何光学、光学设计，研究生课程像差理念与光学设计。获国家级科学技术奖二项，省部级拉学技术奖5项。著有《计量工程光学》（1980）、《应用光学》（1982）等著作。

冯俊卿，1932年出生，1950年参加机械加工生产，多年的实践工作为以后的学习工作奠定扎实的基础。1963年毕业于浙江大学光仪系留校任教。从事光仪工厂的生产管理。曾任本科生的高速摄影教学，研究生的辅导工作。参加多项高速摄影机的研制，几乎与国外同步，自主研发研制国家"七五"科技攻关项目图像消转仪。随250万幅/秒高速摄影机参加核试验，荣立三等功；图像消转仪二次获省科技三等奖；250万幅/秒高速摄影机（主要研制者）获得1978年全国科技大会奖；条带画幅高速摄影（主要研制者）获中国科学院科技一等奖；1986年晋升高级工程师。

赵田冬，教授，1940年12月出生。1960年考入浙江大学11系（工程力学系），1962年9月转入光仪系光仪专业。毕业分配至中组部工作。1965年11月调回浙江大学光仪系，直至2000年12月退休。主要研究方向：光学系统设计和模拟人眼视觉（光度、色度）传感器的匹配与测量。开设本科生课程几何光学、仪器光学，为建筑系开设研究生课程环境光学。获全国科学大会奖（集体），作为主要参与者获国家科技进步三等奖1项、国家发明四等奖1项，及省部级科技进步二、三等奖6项。获授国家发明专利2项、实用新型专利5项。1991年荣获浙江省有突出贡献中青年专家称号。

资料链接

___

250万幅/秒等待式转镜高速摄影机

项目负责人：吴敏达

项目成员：（以姓名笔画为序）

王子余　王兆远　包正康　孙扬远　冯俊卿　吕维雪　许绍华　陆祖康
张利明　孟广廷　林金豆　郑增荣　周定霞　赵田冬　徐昌标　徐文娟
裘然继　黄振华

超导电机的起步

项目：428千伏安超导交流同步发电机

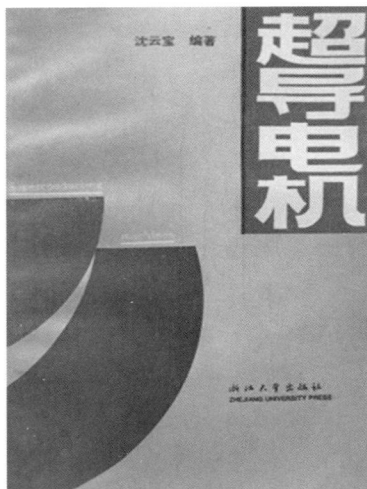

《超导电机》

采访时间：2016年4月12日

采访地点：紫金文苑寓所

讲述人：沈云宝

采访/整理：赵彬

采访手记：与沈老师的几次接触，给我很深的印象——沈老师非常谦虚。在初稿形成之后，我将稿件交给沈老师审核，沈老师坚持要略去采访时提及的一些教学情况，他不想点出自己有过哪些高徒，表示学生的成就主要靠他们自身，自己的贡献是微薄的。不管是讲到同步电机，还是讲到写过的著作，他始终都强调自己是个平凡的人，取得一点成就都是党和国家以及学校培养的成果。

　　1955年，我从浙江大学电机系电机专业毕业后留校任教。这之后，1958年参加双水内冷电机科研小组，1959年跟苏联专家学习一年，1985年被派赴英国利物浦大学作为访问学者学习工作一年，1993—2004年参加国家载人航空工程神舟号"航天员生命保障及环境控制系统"研制工作。

　　超导电机这个项目，是在20世纪60年代后期做的工作。

　　当年电气设备方面的领头羊有上海电气设备成套设计研究所、上海电机厂和我们电机系。早在"文化大革命"以前，我们电机系与上海电机厂合作研发的双水内冷汽轮发电机获得国家发明奖，这在当时就是国家最高奖项。所以我们和上海电机厂的关系从那时起就比较紧密。

　　1973年10月，上海电机厂邀请我们参与这个课题，学校派我和当时的化工系制冷教研室（现能源学院）徐烈老师一起去上海。当时化工系的徐烈老师参与制冷工作，我参与电机的设计、研制工作。这对我家里来说有很大困难，因为家中有两个孩子要照管，我为了去上海做课题，只能把一个孩子寄养在南京的亲戚家，而我爱人在临安五七干校带着另一个孩子。这个情况一直持续到1976年课题结题。从1973年到1976年，我就一直住在上海机电厂的职工集体宿舍里。当时与工人同吃、同住、同劳动，条件比较艰苦，但给我思想上的教育和帮助颇大。

　　这个课题是由上海电气设备成套设计研究所（隶属于机械工业部）发起的，由于研制中的制冷低温系统设备比较庞大，所以由上海电机厂长期提供场地，又邀请了我们和上海机械学院参加协作。

　　课题研究了超导交流同步发电机，利用超导材料的超导性，可以大大提高发电的效率。早在1911年，荷兰科顿大学首先在实验中发现，汞在温度降到4.2开尔文时会发生超导现象，即其电阻几乎为0。之后，1957年，美国麻省理工学院发现铅也有超导性。他们制成一个铅环，在7开尔文温度下，产生永久电流。观测了三年半时间，始终未见电流衰减。后来还在许多金属中都发现有超导现象存在，像铝、铟、铌、钛、锡等都可以在低温下实现超导。而要想推广到应用，就必须使发生超导现象的材料温度尽可能高。60年代，铌和钛做成的合金可以在8～9开尔文下实现超导，比原先的4.2开尔文要好很多。这一点提高在实际应用中不可小觑，因为前者在液氮温度以上，后者则为液氦温度，而氦的取得比氮要困难、昂贵得多。

　　发电厂用的汽轮发动机是交流同步发电机。我参与研制的超导交流同步发电机的电磁设计全部是由我一个人完成的。液氦机从启动到出液氦要开24小时，即从气体氦到压缩成液体氦需要24小时。要想获取到足够的液体氦输送到电机，液氦机要连续工作两天两夜，所以我们就三班倒，或者两班倒，有时不得不通宵工作。

　　1978年获奖的时候，世界上有超导发电机的国家除了美国、日本、英国之外，就是中国了。我们的超导发电机的额定功率只有400千瓦，跟美国1万千瓦的相比要小得多。超导发电机用液体氦冷却，而氦气在大气中含量非常低，只有几百万分之一，需要从天然气中提炼出来，进而压缩液化，所以超导发电机的造价很高，作为科学研究尚可行，但现实意义较小。相比之下，液氮的获取就方便得多，更具实际价值，所以我们就向着液氮的目标去做。因为要做的电机很大，上海电机厂就专门划出一个厂房，让我们做实验。我们最后实验成功的是428千伏安并网发电。其中既有有功，也有无功，总的合成是428千伏安。原本设计的是400千瓦，但是这需要的原动机功率很大。

当时的理论和实验资料都是保密的，笔记本也要上交。1985年我在伦敦参加IEEE大会，投了一篇关于超导发电机的论文，那时候超导发电机已经解密了，我借了一套幻灯片在大会上投放，不过没法复制，用完之后归还了，我这里没有留下照片。

1993年我参加神舟号科研，我是我校课题的主要研究人员之一，神舟号中所用的电机本体都是我设计的。课题组组长是林瑞光老师，主要负责控制部分。我从1993年一直做到2004年，电机部分主要在贵州完成。

我写过《超导电机》和《计算方法》两本书，都是浙大出版社出版的。《计算方法》是数学系和我们合作编写的，我是第二作者。因为我2006年搬家了一次，课题的许多资料已经遗失，当时又是我一个人去参与这个课题的，所以这些资料都找不回来了。

我是个最平凡的人，一个教师，没有做出什么了不起的事情。我会去上海做超导同步发电机这个课题，也是因为学校派我去。我一生都在浙大。我认为我对得起国家，对得起党，对得起学校对我的培养，能尽菲薄之力，做出些科研成果，我就知足了。至于学校是否给我什么荣誉，我没有任何要求。

人物名片

沈云宝，1934年3月出生，浙江大学电机系教授。全国高校电机专业教学指导委员会委员，中国电工技术学会高级会员。曾任该学会全国超导技术及应用专业委员会委员，全国直线电机专业委员会委员。著有《超导电机》(专著)、《计算方法》(高校教材)等书籍，参加了《电机工程手册》(此书获全国优秀科技图书一等奖)、《大百科全书·电工卷》等的编写。

高压直流输电技术的探索

项目：31千伏高压直流输电

采访时间：2016年10月19日
采访地点：求是村寓所
讲述人：吴国炎
采访：赵彬、单泠、金佩雯
整理：赵彬

采访手记：与其说到是吴老师家中采访，倒不如说是去听吴老师讲故事，从求学到科研的故事。吴老师称做学问、搞科研为"做业务"，他讲起当年与同事在上海一起看书、一起讨论、一起设计的那段纯真年代来，神采奕奕，一脸怀念。几乎我国直流输电领域所有的骨干人才都上过吴老师等四位老师的讲习班。这四位老师在全国讲习，被吴老师比作"四驾马车"，在我看来再确切不过了。正是像吴老师这样的"马车"奔驰在前，才有我国自主研发的高压直流输电工程。老先生印象深刻的是《直流输电》这本书，此书一再小量重印，也还是"断档"了，不断有学生和同行来索要，自己手边硬留住了一本。他说，很想重新理一下，做一次修订，很遗憾，没有做成。

我1952年读大学，大一是在厦门大学电机系。在厦门上课那段时间，很艰难，不仅是我们学校艰难，整个厦门的环境都很艰难，上课上到一半，常常有国民党的飞机过来，我们就赶紧躲到防空洞里，接着上课。之后国家考虑到发展的需要，全国进行院系调整，厦门大学工学院被撤，我们这个班的同学被拆开，一半到了浙大，专业方向是强电；另一半到了南京工学院，专业方向是无线电，工

《直流输电》

学院的其他同学也都被分派到全国各地的大学。所以我大二就到了杭州。浙江大学那时还在大学路，我刚到时也是在大学路学习，1954年搬到玉泉。后来同我有长期合作的戴熙杰老师，本来是厦门大学的助教，因为院系调整，也来了浙大。在厦门大学时我还是学生，所以我们在厦门还不认识。

　　在20世纪50年代，国外现代高压直流输电技术开始进入实用化阶段，到1970年已有9个工程投入商业运行。1970年高电压大功率晶闸管换流器研制成功，取代了故障率很高且制造难度很大的汞弧阀换流器，促使高压直流输电进入快速发展阶段。当时，我国在直流输电技术方面还是一片空白。1970年底，水电部科技司向华东电管局下达了启动直流输电科研的任务，目的是填补技术空白，为以后开展正式工程建设储备技术力量。1971年该局抽调上海电力部门有关人员组成了直流输电小组，开展初步规划工作。最后确定利用上海杨树浦电厂至九龙变电所的交流23千伏旧电缆作为直流线路（长度8.6千米），在电厂和变电所各建一座换流站，连接成一个单极直流输电系统。根据当时国产品的水平和旧电缆的实况，直流电压定为31千伏，直流电流150安，输电功率4650千瓦。虽然规模不大，但尽量采用先进技术，例如采用晶闸管换流器，直流系统的控制装置采用数字控制方案。该项目取名"上海31千伏直流输电试验线路"，表明这是试验研究性质的项目。项目批准后，科研小组立即展开工作。至1974年中，设计工作完成，换流器等主要设备已开始制造。当时他们没有条件进行试验验证，无法检验数字控制装置的性能，于是寻找高校协作。

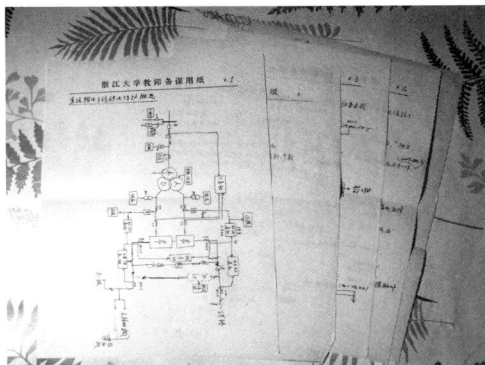

吴国炎老师的备课笔记

1974年7月华东电管局找到我校联系协作，协作的主要内容是上海直流输电运行和控制性能的试验研究，由浙大提供实验设备，也就是交、直流电力系统物理模拟装置。电机系和电自教研室同意了这项协作，决定派戴熙杰、赵礼生两位老师和我参加。当时我正在五七干校种田，得到调令后激动得一夜不能入眠，我们已有多年没有进行教学科研工作，现在能为我国电力事业出力是多么难得的机会，我们三人都很高兴，决心尽全力完成任务。

我们的第一个工作是了解这一工程的全貌，搜集和熟悉各种设备的设计资料性能和参数等。戴、赵两位很快就去了上海，约一个月后我才赶去。

事实上，这个领域当时对我们来说很陌生，直流输电还涉及工程电子、控制论等等。因此我们遇到的困难，不仅是不熟悉高压直流输电，理论知识肤浅，没有实践经验，而且找不到参考资料。好不容易才在校图书馆找到一本英文版的直流输电著作（全馆只有一册），后又在上海图书馆找到几期IEEE杂志，再加上一本俄文版书籍。记得英美的书写得非常精炼，但看起来比较吃力；俄文版的是苏联出的书，讲得比较具体。这就是我们的"家当"。

我的首要任务是学习，记得在上海供电局招待所斗室中，我日夜苦读"恶补"，稍入门后我们三个就开始边讨论、边工作、边学习。这里要特别感谢我的师长戴熙杰教授的指导和帮助。

大约两个月后，我们结束了上海的工作，回到杭州。

这时候最紧迫的任务是组建交、直流电力系统物理模拟设备。当时还未建专用的实验室，因此借用了高压实验室的两间平房。交流系统模拟设备原来就有了，当时还没起用，一直堆在那里，我们只要安装到位就可以了。直流输电的物理模拟则要自己动手设计制造。每件工作，例如换流器模拟的钢架和木结构、内部设备的安装以及辅助电子装置的制造等，都是我们三人动手完成的。我们的电子设备少得可怜。现在一块小电路板就能解决的问题，我们当时做那一大块板子，不知道花了多少工夫。后来有了标准电路板，就进了一大步了。那时我们既当钳工、木工，又当电工，为了赶工期，几乎没有休息天，年龄最大的戴老师有几次抬重物扭伤了腰，为了赶进度也没有休息，从此留下痼疾。电机系领导非常关心和支持这项任务，让我们不受干扰地安心工作。就这样苦干了一个多月，终于完成了整套设备的安装调试工作。这样我们就有了上海直流输电线路按比例缩小的物理模型，它可以直观地重现实际系统正常运行和发生故障时的工作情况，是研究待建工程的重要工具。1975年夏初，制造完成的数控装置运抵我校，上海直流输电小组参加试验研究的人员也同时到达，于是一起开始了持续约一年的试验研究工作。

我们着重研究在数控装置作用下直流输电系统的行为，包括各种工况的正常运行状态以及发生各种故障时的动态特性。在试验过程中不断对数控装置进行调整和改进，直到全部都满足要求为止，工作量相当大。通过上述试验，我们全面观察被研系统的运行特性，判断是否满足设计要求，对可能存在的问题提出改进措施。1976年6月全部试验研究，我们的结论是，上海直流输电线的运行性能满足设计要求，完善后的数控装置可供工程使用。

1977年5月，上海31千伏直流输电试验线路成功投入运行，各项指标符合设计要求并通过了鉴定。该项目获得1978年全国科学大会奖。

这项科研工作结束后，戴熙杰教授建议成立直流输电科研组，以直流输电作为主要科研方向。他分析了我国的具体情况，认为我国必然会应用高压直流输电，而且有广阔的发展前景。科研组刚成立时只有他、赵礼生和我三个人，后来赵智大教授也加入了科研组，从事直流输电高电压技术研究。之后又增加了徐政、江道灼两位老师以及葛邦显高级工程师等人。

我们直流输电科研组成立后接到的第一个项目是舟山直流输电工程的科研任务。原来19世纪70年代舟山岛严重缺电，要求大陆向舟山送电。由于大陆（宁波）与舟山之间的海面有几十公里宽，交流输电无法满足舟山的用电需要（受当时我国技术水平的限制）。听到这个消息后，戴老师向浙江省电力局提出用直流输电向舟山送电的方案，向他们介绍了直流输电的特点，分析依靠我国现有技术力量实现的可能性。经过戴老师细致的工作，省电力局也倾向于采用直流输电方案。然后双方一起制订了具体方案。采用双极直流输电结线，用海底直流电缆向舟山供电，直流电压±100千伏，直流电流500安，输电功率10万千瓦。第一期先建一个极，输电5万千瓦。接着就去北京向国家计委、国家科委和水电部汇报，水电部同意先进行可行性研究。1976年4月，水电部在舟山召开舟山直流输电工程技术论证会议，会上，省电力局和我科研组提交了舟山直流工程方案，仔细说明直流100千伏500安的换流器、100千伏直流海底电缆等关键设备，根据当时我国的技术水平，依靠自己的力量都有可能研制成功。经过论证，与会代表及水电部都认可了这个方案。1980年12月，国家计委、国家科委联合批复了舟山直流输电工业性试验工程（第一期）计划任务书。从此正式开始了舟山工程的研制建设工作。

对于舟山直流输电工程，我们科研组参加了方案的制订和论证、可行性研究、系统初步设计以及工程设计等工作，还承担了多项科研项目，主要有：受端弱交流系统的舟山直流输电运行特性和控制保护对策的研究、控制系统及装置的研制（合作）、舟山工程模拟试验研究、控制装置成品的特性检测和质量评估等。

1980年，我们新建的电力系统物理模拟（动态模拟）实验室竣工，建成了我国第一套交流、直流电力系统物理模拟装置，成为研究交、直流电力系统的试验基地，在舟山工程试验研究和技术人员培训方面都起到了重要的作用。

1987年11月27日，舟山直流输电工程正式投入运行。这项工程的成功不但实现了通过海峡向舟山送电，还表明我国在这方面已从试验性研究走向工业性应用，对我国直流输电技术的研究和应用起到了推动的作用。我们科研组的工作成果也获得了机械电子部科技进步奖特等奖、国家科技进步奖三等奖、国家重大技术装备成果一等奖，以及三项部级奖。

纪念舟山直流工程投运三十年之际，喜见我国已建成二十几项超高压和特高压直流远距离输电工程以及非同步联网工程，成为直流输电大国。作为我国第一批直流输电的科技工作者，我们感到无比欣慰。

我们的直流输电科研组中现在还有徐政教授和江道灼教授从事直流输电科研工作，戴教授已作古，其他各位均已退休。徐、江两教授工作非常出色，特别在柔性直流输电领域做出了重大贡献，居于国内领先地位，在国际上也有影响。周浩教授在超、特高压和交、直流输电中的高电压技术方面也有深入的研究和重要的成果。

人物名片

吴国炎，1933年3月出生。1956年毕业于浙江大学电机工程系并留校任教。1992年晋升教授。长期从事直流输电成套设备的研究，并获得多项国家和省部级科技成果奖。开设大学本科课程：电力系统电机暂态过程、电力系统稳态分析、电力系统暂态分析、直流输电等，研究生课程：直流输电原理等。著有《直流输电》（1982）、《直流输电基础》（1990）和《电力系统分析》（1993）。

科研路上的主角和配角

项目：沸腾炉烧石煤及白煤

采访时间：2016年11月11日
采访地点：浙江大学玉泉校区热能研究所办公室
讲述人：岑可法
采访/整理：朱原之

采访手记：刚见到岑老师的时候，他就说你写写我们的团队吧，采访过程中也一直能感受到热能工程研究所的团队是岑老师最为骄傲的。后来有幸又采访到岑老师在讲述过程中提到的、当年被破格提为教授的倪明江老师。岑老师所说的"有时候当主角，有时候当配角"的团队精神，对年轻人的不吝提拔，以解决国家发展亟须解决的重大问题为研究目标，通过深入工厂、以研究真正能被工厂使用的技术为研究方向，以及围绕这些原则设计和实践的团队建设和团队管理的方法，都是自团队建立开始就始终坚持的。截至2016年，热能工程研究所的团队一共有十四个项目拿到国家自然科学奖、国家发明奖和国家科技进步奖，并于2016年获得了国家创新团队奖。

提起往事，岑老师感慨万千，说当年自愿留在浙大工作就是因为浙大和其他高校比有较好的科研氛围，工程学科要建"大平台"，要有"大团队"，才能出"大成果"。不能靠一个人"单打独斗"，要有思路、有想法、有步骤。"作为团队的带头人，既要有当主角的精神，又要有当好配角的胸怀。"

2002年青年教师与岑可法老师合影

　　我们能源工程学院先后属于机械系、电机系、热物理工程学、机械与能源工程学院、工学学院，变了很多次，2009年正式成立能源工程学院，但是团队没有变。现在的团队里只有我一个人是经历过20世纪六七十年代的。

　　华中科技大学[1]是新中国成立后才成立的，我1952年入学，是正式的第一届，读能源方面的专业。1956年毕业，通过正式考试，教育部批准我们可以到苏联去留学，当时只能去苏联或者一些东欧国家，需要经过层层评审和全国考试。我从华中科大毕业后，被派到北京外语学院学习了七八个月的俄语，除了通过考试，还要求有两年左右的工作经验，我先回到华中科大，工作了大概九个月之后，我想去不同的学校体验一下，就来到了浙大。选择浙大是有原因的，我认为浙大有她的传统，日本人来的时候一路西迁办学，这些事情我们都知道。1958年一月份到浙大的时候，有一位陈运铣[2]老教授在，我在浙大工作了一年，1958年底去苏联，1962年回来，此后就一直在浙大工作。

---

[1] 1952年，国家为适应大规模经济建设，特别是工业发展对建设人才的需要，在全国范围内进行了高等学校的院系调整，中南军政委员会决定在武汉建立华中工学院。1988年1月，国家教委批准华中工学院改名为"华中理工大学"。2000年5月26日，原同济医科大学、武汉城市建设学院与华中理工大学合并，组建华中科技大学。

[2] 陈运铣，教授。1942年毕业于浙江大学机械系。1947年获美国科罗拉多大学机械工程硕士学位。1947年后，历任浙江大学副教授、教授、电机系副主任、热物理系主任，浙江省电机动力学会第一至三届副理事长，国际燃烧学会中国分会理事。是第六届全国人大代表。长期从事动力工程和煤的燃烧技术的研究，对旋风燃烧、沸腾燃烧，特别是劣质煤双床硫化燃烧的研究取得成果。著有《蒸汽锅炉之自动控制》。

我们选择抓生产

"文革"期间，要闹革命，也要抓生产，我们都选择抓生产。对大学来说，抓生产，一是解决国家需求的问题，一是直接面对生产解决问题。我们的工作项目主要有两个：一个是国防科工委的"○九工程"，给核潜艇设计动力方案，在全国范围内一共征集了十个方案。我们在一个地方集中起来，在秘密的状态下做了一年多到两年时间的研究，设计出一个以二氧化碳作为动力的方案。二氧化碳是一个好工质，它的优点是效率高，超临界下的压力比较低。研究二氧化碳作为动力是当时国际上最先进的研究方向，所以虽然方案没有入选，但我们积累了很有价值的研究经验。

抓的第二个生产项目是发电。当时全国很多工厂都停产了，但是发电厂、水厂这些机要部门不能停，农民还要种田，工人还要生产。很多其他工厂都减产，比方生产茶杯的工厂少生产几个也过得去，一个茶杯用两年就换一个也可以，用三年也可以，不会影响生活和其他生产。但是很多煤矿也出来闹革命了，不去挖煤，这样能源就成问题。

浙江省没有大煤矿，以前靠进口。省内很多地方的山上，包括地面上，有很多石煤，石煤就是石头煤，像石头一样硬，能够燃烧，但是热值（单位质量或体积的燃料完全燃烧时所放出的热量）很低。油的热值高，有10000大卡（约41840焦耳）每公斤。石煤的热值不到1000大卡每公斤，很低，但是还能用。我们这些老师就被抽出来，和学生一起，到全省各个地区进行锅炉革命。我们的工作就是把全省范围内的烧煤的锅炉改成烧石煤的锅炉，用石煤代替外地运来的煤，让生活和生产能够继续下去，有些要开发新的锅炉，有些要改造老锅炉。我们这些所谓的有技术的人，哪里需要就去哪里，全省跑，我们工科就是要做工程。

我们大概分了七八个组，稍微大一点的组里有七八个人，我在杭州带学生去过生产轮胎的杭州橡胶厂，这个厂很有名，就在望江门外。因为工厂大、设备大、用煤多，我们去的人就多一点，有十个人。从设计、施工、调试到运行，都成功之后才能走，一共用了一年多时间。我们还去过专门做粮食油的粮油化工厂，在那里时间很短，两三个月就搞定了。每个工厂的情况都不一样，我都记不清一共去过多少厂了，有的地方待很长时间，要两年。外地的工厂一般都会给我们安排住宿，有时候和工人一起住，有时候也住工厂边上的小旅馆，近的像杭州本地就早出晚归，最远去过衢州、温州。

外省也去过，只有老师去，不带学生，因为出差的费用很高，对方只能付老师的费用。浙大是有名的大学，外单位一听，就来请浙大的老师去帮忙解决一些技术问题，不是有关石煤的技术问题，因为只有浙江省的石煤比较丰富。有一次，连云港的工厂通过工宣队找到我们帮忙解决技术问题，我们就要去。火车是先运行李，人再去。结果行李去了，我们还没上车，就收到通知，说那边武斗开始了，行李都被打没了。那时候我们要带被子去，因为不知道会被安排睡在哪里，可能会睡工厂一个办公室的地板上；还带了一些书去，因为有时候还要计算。这些和行李一起都没有了，但是我们很庆幸人还没有去，不然命都有可能没有了。

虽然条件比较艰苦，但我还是觉得收获很大。技术原理我们在书本上都学过，经历实践过程才能真正把理论变成实际，工程需要理论结合实际。真刀真枪地干就锻炼出了求是精神。浙大也不敢不派我们去，他们有来自指挥部的压力，就是浙江省革命委员会组建成立的锅炉革命指挥部，大食堂都是烧煤来煮饭的，煤没有了，饭都没得吃怎么行？所以不改造是不行的。

改造的过程是这样的，到一个工厂，我们首先跑到锅炉的炉膛里去做调查研究，看炉子是什么形式的，炉子的形式有上百种那么多，按照工作原理不一样，可以分为几大类；跟工厂的工人座谈，了解炉子的操作方法：大炉子是仪表盘操作的，小炉子是手工操作的，我们要先学习原炉的操作。实习一段时间后，我们才开始研究改炉的方案，画出改造的设计图纸，有些改造需要重新发明。有时候还需要在工厂做些小试验，大试验需要直接在生产用的炉子里做，有些炉子不让停，所以只能做小试验。有时候实在需要做大试验，就向革委会、工宣队提出要求，他们批准之后，才让运行中的炉子停止工作，用来做试验，我们都是守规守矩的。

汽油的热值是10000大卡，标准煤是7000大卡，一般煤的标准稍微低一点，是5000大卡，而石煤是1000大卡以下，最低的800大卡都有，800大卡以下的就很难长期使用了，因为为了排走烧完的灰还需要提供热量，所以烧热值太低的煤就得不偿失了。这样热值小五、六倍的煤进锅炉，出来的灰渣[1]很多，发热量就很低。全部都能烧完的煤发热量才高，有些煤既没有渣又没有灰，那就说明都变成热量了，而石煤70—80%都是灰。比方本来用一公斤煤就可以烧开一壶水，现在热值1000大卡的需要烧五公斤，甚至六公斤，那就等于多了五六倍的煤，所以现在不再用了。第一，运输成本高，相当于增加了五六倍的运输量；第二，破坏生态，山被挖得千疮百孔，树也砍倒了。到了最近七八年，就禁止开采石煤了，保护生态。同时污染也需要解决，如果一个人长期生活在含有2%的二氧化碳的空气中，是会生病的。燃烧排出的烟气一般都有百分之十几的二氧化碳，当然还有二氧化硫、氮氧化物、粉尘等污染物，这些都是很有害的，都需要处理。大大小小各种规模的电厂，工业大锅炉、工业中锅炉、工业小锅炉，经过几年的锅炉革命，都能够维持最低生产水平了。当时煤的革命就是从烧好煤到烧差煤的革命。

石煤里面还有很多有用的东西，我们顺便也把石煤的灰渣里这些有用的东西提出来，比如钒[2]、锗[3]、硅，灰渣还可以做水泥，所以当时我们形成了把石煤变废为宝的思想，我们的锅炉革命得的第一个奖是从灰渣中提钒。可以提钒的炉子就是重新发明的新炉型，在义乌一个小电厂里提钒成功。钒是国防和钢铁需要的，也是化工催化剂需要的重要金属。中国的钒很丰富，不但自己用还大量出口，特别浙江省的很多石煤里含有很多钒。

用水煤浆代替油燃烧

当时"文革"期间提出过一个口号：没有煤，烧油！油田里开采的油是机械泵出来的，输过来直接烧。我们当时深深地体会到，从大庆辛辛苦苦开采出的原油一把火烧掉，是最浪费、最不经济的一个办法。因为原油可以用来提炼出各种

---

[1] 可燃物质（如煤）充分燃烧后余下的矿物渣滓。

[2] 钒（fán）：元素符号 V，银白色金属，熔点很高，常与铌、钽、钨、钼并称为难熔金属。可用于合金钢和催化剂。

[3] 锗（zhě）：一种化学元素，化学符号是Ge，是优良半导体，可作高频率电流的检波和交流电的整流用。

品种的产品，高级的产品可以卖得很贵，渣油[1]才拿去烧掉。锅炉并不需要烧原油，原油等于黄金，烧钱也能发电，烧油就等于烧钞票嘛！一吨原油几千块钱，一吨煤才几百块钱，用几千块钱代替几百块钱烧是很浪费的，而且我们中国油的产量特别低，现在我们也有接近50%的油都是依赖进口的。这不但没有解决没有煤烧的问题，反而造成了极大的浪费。尽管我们很反感，但还是要把发电厂烧煤的锅炉改成烧油的。油是很容易烧的，燃烧器要改、炉子要改，而且烧原油是没有废渣的，就把废渣机都扔掉不要了。原油从采油厂用火车运过来，所以还要建储油的油罐。

几年之后，大家意识到了油是宝贵的资源，怎么能一把火烧掉？20世纪70年代末，国家科学院就下任务给我们，让我们把烧油的电厂改回成以煤为燃料的。当时有两种情况：一种是原来烧煤的设备还在，那就比较容易改回来；还有一种，假如烧煤设备经过几年都扔掉了，怎么办呢？我们提出了一个新的方法，煤加水变成油一样，当然需要加入一些添加剂和催化剂，用这种新技术——水煤浆，代替油。浙大作为组长，带领中国科学院的六个研究所，先在浙大做原理性试验。和水混合是水煤浆，和油混合是油煤浆，和油一样喷出来就可以烧，这样设备就可以少改动。一开始是在油里加入煤粉和添加剂，但是只能代替40%的油，实际上主要还是油，煤加得太多又流动不起来，固体怎么流动呢？

我们先自己做试验，然后去做工程试验，鞍山钢铁公司是中国当时最大的钢铁公司。鞍钢的炉子大，耗油量很大，所以作为试点的意义也很大。现在我们还做了全世界最大的用水煤浆发电的电厂，在广东，一台机组发电20万千瓦，每年可以节约很多油。

用洗煤剩下的污泥发电

原煤从山西、从内蒙古开采出来，不能直接运出来，要先经过洗选[2]，往水里加入一些催化剂，在一个大机器里，把里面的泥巴、石头等一些杂质分离出

---

[1] 原油经减压蒸馏所得的残余油。
[2] 煤炭洗选是利用煤和杂质（矸石）的物理、代学性质差异，通过物理、代学或微生物分选的方法使煤和杂质有效分离，并加工成质量均匀、用途不同的煤炭产品的一种加工技术。

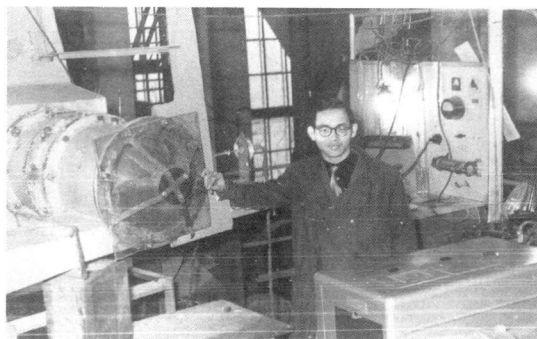

岑可法院士1961年在莫斯科包曼高等工业大学攻读研究生时实验室留影

来，使运输出来的煤是比较好的煤。从洗煤厂洗出来的污泥如果倒在河里，鱼都死了；倒在田里，稻米都死了，那农民要造反了，所以这些污泥都堆在厂房里面。每年一千万吨洗选量的洗煤厂，大概有五十万吨污泥堆在厂房里面。五十万吨不是小事，满地都是污泥，请人来拉走也要花很多钱，拉回去的人也不知道怎么用，乱扔又糟糕了。中央下定决心要解决这个问题，问浙大，你们敢不敢做？那是七十年代末。

我们先在实验室做试验，试验成功了有信心了，再去四川做中间试验。我们提出了一种新方法——煤泥能够发电。煤泥含水百分之三十几，软绵绵的，不像石煤硬邦邦的，一烧起来满天的灰，因为颗粒很细，比米粉还细，你想河里的淤泥颗粒多细啊！里面还有很多没有用的污泥，怎么用来发电呢？就像研究石煤燃烧发电一样，这是一个新课题。

本来洗煤厂的附近就有很多发电厂，实现煤泥发电，这些污泥就又变废为宝了。全国有几百座电厂用我们这个技术，一个电厂有一两百人，这就解决了国家很多就业问题。不但不用雇人把煤泥拉走，还能用来发电，为电厂、为政府增加收入，为国家增加产值。美国能源部专门派人来调查，为什么我们能够做成？他们的战略计划里说了，浙江大学的煤泥流化床是非常值得我们关注的一项新技术。当时全世界都没有做成功，是我们先做成功的。现在基本上全国的洗煤厂都在用我们的专利。

一定要建团队

我们的团队是20世纪80年代中期才真正建立起来的，以前虽然大家有朦朦胧胧的思想，但是没有形成明确的团队精神。团队精神是什么呢？一个研究所分成几个研究室，每个研究室都不是属于某一个人的，大家的任务基本上是平均分配的。不同的课题，你有时候当主角，有时候给别人当配角，不管是谁，包括我在内。假如一直我当主角，这个团队就不能前进，因为都为我一个人服务了。20世纪80年代我们拿到五个"杰青"[1]、五个"长江"[2]，教授很多，年轻人成长得很快。

倪明江[3]老师评教授的时候，有人问我，"这个人水平怎么样？"我说这个人水平很好，能够解决国家重大问题，能够理论结合实际。"你认为他够不够升教授的条件？"我说我认为他完全够升教授的条件。我觉得尽快为国家培养年轻教授总是好的，虽然我自己也是刚升的教授。这时候团队精神就具体表现出来了，有些人觉得："我刚升教授，那你慢点升吧，我先当一段时间老大。"当时是韩校长[4]主持会议，他说："你把材料送到全国最有名的五个大学去审查，如果他们都认为他能够达到升教授的水平，我们就破格升他为教授。"我们把材料送到了清华、西安交大、上海交大、华中科大、哈工大这些有名的大学去审查，审查都通过了。倪明江老师就升上教授了，再过一段时间升为博导，这样就培养出一个人才了，就有两个人一起做团队了。

只有一个教授的时候，算不上团队，全部项目都由你带头，你的成果越来越多，人家没有成果，谁愿意跟你啊？成为教授，才有资格牵头做一些项目，这是形成团队的最基本的外部条件。

---

[1] 国家杰出青年科学基金（简称：杰青基金）是中国为促进青年科学和技术人才的成长，鼓励海外学者回国工作，加速培养造就一批进入世界科技前沿的优秀学术带头人而特别设立。

[2] "长江学者奖励计划"是中华人民共和国教育部与香港李嘉诚基金会为提高中国高等学校学术地位，振兴中国高等教育，于1998年共同筹资设立的专项高层次人才计划。

[3] 倪明江，浙江大学热物理工程学系教授。1949年6月生，1979—1986年在原浙江大学工程热物理学专业学习，获硕士和博士学位。

[4] 韩祯祥（1930— ），苏联莫斯科动力学院副博士。1984—1988年任浙江大学校长。曾任中国电机工程学会第三、四届理事会理事长，第六、七届全国人大代表，第七届浙江省人大代表，国务院学位委员会学科评议组成员，国家自然科学基金委员会材料与工程学部评审组成员。

陈运铣教授

　　内部条件是必须要有团队制度，就是有时候你当教授牵头，但有时候课题拿到了，具体牵头需要做的事情交给副教授，让他/她负责一个课题。一个大课题下有很多小课题，小课题给他/她做。什么事情都由一个人牵头，就培养不出人才，所以最快的办法就是把副教授培养成教授，他/她就可以独立申请题目了，可以在全国有信誉。一个团队里有很多教授，不就说明你的团队很好吗？有的团队里的人当了教授就跟你分道扬镳了，那就成不了团队。共患难很容易，共享成果很难。石煤怎么烧起来？水煤浆代油怎么烧起来？煤泥怎么能发电？靠一个人是烧不起来的。所以我们要求，来参加这个团队的人一定要有"有时候当主角，有时候当配角"的精神。

　　1962年我从苏联回来，也有学校很希望我加入，为什么我不愿意去呢？我就是想用自己的力量去做一些事情，建成一个团队，办成全国一流的学科，这是我的心愿。1958年我从华中科技大学到浙大来实习和工作的时候，浙大还没有这个专业，但是别的学校已经有了，所以我们比人家落后。但是我听说当时浙大有老先生对科研很有想法，所以我就想当他的助手，做一点科研。做工程一定要理论结合实际，我认为工学院的教授，工程做不出来就不是好教授。就像你做传媒的，不写文章、不去宣传，怎么能说是好媒体？完全理论脱离实际，只懂理论，那怎么行？

　　当时浙大从苏联回来的有七位老师，苏联的副博士相当于中国的博士，也就是说七位老师都是拿了博士学位回来的，其中六位都自己独立了，各个专业都有。韩校长也是从苏联回来的，他问我："你自己独立带课题还是给教授当助手？"这个问题非常难回答，我考虑了一下，我说我愿意当助手。为什么我愿意当助手呢？因为我早就有给陈运铣教授当助手的想法。助手一当就是21年，但我觉得很值得，因为老先生对我们很好，他很相信我们的人品，放手让我们做科研规划、管理等各种工作。1963年开始可以招研究生，他名下招来的研究生，也让我参加带，我带了五个研究生，跟着他，虽然我付出了很多，但我各方面的能力都得到了锻炼，对我之后开展工作很有帮助。所以，你不先有所失，就不能有所得。

人物名片

岑可法，教授，1935年1月出生，中国工程院院士。

1956年于华中工学院动力系毕业后到浙江大学任教，1958年公派到苏联莫斯科包曼高等工业大学留学，1962年获副博士学位后回国。

岑可法院士提出了洗煤泥流化床燃烧发电技术、预热层燃烧技术以及计算机辅助优化数值试验（CAT）和气固多相流等理论，在水煤浆燃烧技术、流化床技术、煤的清洁、高效燃烧及强化传热、煤炭多联产综合利用及污染防治等方面研发出了具有国际先进水平的成果。

岑可法院士始终工作在教学和科研第一线。由他主编的教材《锅炉燃烧试验研究方法及测量技术》获能源部优秀教材一等奖、全国优秀教材奖；《工程气固多相流动的理论和计算》获华东地区优秀自然科技图书一等奖、全国优秀专著奖；《燃烧流体力学》获全国高校热能、水电、动力类优秀教材二等奖。培养高水平工学博士新机制获国家优秀教学成果二等奖。曾先后取得10余项国家奖、100余项发明专利，10余项省部级科技奖和1项国家"七五"攻关重大科技成果奖。为我国新能源产业发展做出了突出贡献。

2010年1月，岑可法院士将多年积蓄350万元捐献给浙江大学教育发展基金会，设立岑可法教育基金，用于资助学生成长成才。

第六章

医　药

低温在民用领域的一个应用——冷冻治疗

项目：N-101，S-107型液氮冷冻治疗器及临床应用

采访时间：2016年3月9日
采访地点：浙江大学紫金港校区月牙楼
讲述人：黄志秀
采访：金涛、朱原之
整理：朱原之

采访手记：黄志秀老师反复说，他的故事不一定要写，浙大应该有很多项目获得过全国科学大会奖。应该多采访其他人，把其他精彩的故事写上去。他说，当时只是出于希望能为国家、为老百姓做点有用的事情这样单纯的目的，低温专业的研究不曾中断，才有了一些成果。也许从未出名，也没有那么"精彩"的故事发生在身上，但每一个埋头做研究的科研工作者，都曾为专业的发展出过一份力，而发现他们身上精彩的故事应该是我们作为记录者的责任。

我是1956年成立的化自专业的第一届毕业生，毕业后留校开始研究低温过程的分析、监测与控制。

我们属于"嫡系部队"

20世纪六七十年代，做科研都想为国家，为老百姓做点有用的事情，很少考虑个人。国家经历了三年困难时期后，对国民经济进行调整，原设在浙大的低温专业下马了。当时化工部二局是军工局，负责国防新材料研制。局长对我们低温很重视，说无论怎么调整，你们低温的班子不能动，要保留，国家有用的。其中

本科1958级全体同学毕业留影

前排左起：黄志秀、林理和、李式模、王谟显、张明山、朱长乐、蔡秀娟；中排左4：胡熊飞。

一个原因是美国的"阿波罗"已经发射了，国家在这个大方向上需要人才和研究团队。液氢、液氧是火箭发射的燃料，我们就开始围绕液氢的有关问题——包括低温、保温和液氢的性能，做试验，研究多层绝热。那时候这个领域有个国际学术会议，每年开一次，会议报道里介绍了关于"阿波罗"发射用到的低温多层绝热材料，所以我们开始的时候基本上是参考美国的资料来研制国内的材料。我们为这个项目在全国跑了很多地方做调查，手上拿着国防科工委[1]开的介绍信——很有用的"通行证"，可以到许多国防研究单位去。这个项目是和军工局直接挂钩的，我们属于"嫡系部队"。我们的"多层绝热"研究成果在国内处于领先地位，并为后来的多层绝热容器研究打下了一定的基础。

有兴趣的人一起来试试看

除了在航空上的应用，低温在其他领域的应用也很多，我们的低温不仅要研究高深的课题，也要开展民用项目的研究，比如在食品保存和医学方面的应用。

大概20世纪50年代的时候，看到国外有人将低温技术应用在医疗上的资料，那时候没有网络，但是能从图书馆的科技期刊上了解国际动态。这是一个很大的启发，我们国家能不能也在这方面开展工作呢？正好有浙江省中医院的两位医生，一位是放射科主任，他是权威，好多其他医院的片子都请他看；一位是外科主任，也很有名气，他看的资料比较多，先有了这个想法。这两位主任，那时候年纪也很大了，但他们劲头很足，想利用低温治疗疾病，就来联系我们学校。没有课题、没有钱，但他们积极性很高，从医院外科挑选了一些医生和护士，专门建了一个研究组，又找了杭州制氧机研究所（简称"杭氧研究所"），三家单位对这个方向有共同兴趣的人就联合在一起开始干了。杭氧研究所当时在全国都是很有名的，研究和加工能力都很强，内地其他地区，像四川的一些空分厂，好多都是杭氧过去支援建设的。我们的研究组就是一个非官方的民间组织，有兴趣的人一起来试试看，用现在的话说叫"自由探索"。

省中医院经常接到患血管瘤的病人，治疗上有很多困难，特别是小孩子的血

---

[1] 中华人民共和国国防科学技术工业委员会。

管瘤，很难开刀，血管瘤周围有很丰富的血管，一开就可能要大出血，这时需要一种不容易发生大出血危险的手术方法。最开始医生用棉花在液氮里蘸一下，进行皮肤表面的治疗 [1]。液氮温度很低，–196℃，碰一下就会导致冻伤。但是棉球容易与皮肤粘牢，且接触不好，所以未采用。

我们也尝试过用其他冷冻剂，比如干冰。干冰的温度是–78℃，但是没有用干冰，一是因为干冰很难找，二是因为干冰是固体，一下子气化成气体，没有液氮气化那么容易控制，而且液氮可以保存。

其他金属材料也试过，但是温度很难控制。最终我们想到了电烙铁，电烙铁烫头是发热的，能不能把烫头变成冷头来进行低温治疗呢？

我们先一起讨论了一个方案，把基本的原则定下来。我们买了一个现成的广口玻璃保温瓶，也就是冷藏瓶，大概500毫升，像一个小的热水瓶，然后按照保温瓶的尺寸，在外面做了一个不锈钢的密封保护套和一个密封盖，然后引出一根管子，像电烙铁的原理一样，不过是用来导冷。冷头是不锈钢材料的，防止铁的材料生锈。就这样用了一些土办法，拼拼凑凑起来，然后在瓶子里装上液氮，稍微加点热，液氮就稍微气化一点，从管子里出来，到达冷头。

我们设计的装置可以通过控制压力来控制冷头的温度，压力过高时出来的是液体，压力小时出来的是气体，压力再控制一下，就得到气液混合态。温度不能太低，一般零下六十几度就可以达到好的冷冻杀伤效果了。

但是我们也碰到了一个大问题，那就是液氮一旦气化以后，体积会立即庞大起来，变成原来的几百倍，这个情况很容易发生：第一，容器的保温性能差，里面的液氮迅速气化；第二，容器摇晃，使得液氮气化。这两种情况如果发生，都会使冷藏瓶变成压力容器，很容易发生爆炸。所以，和高压锅上的安全阀一样，低温的安全阀非常重要。如果外面湿度比较高，水汽把安全阀冻住的话，也会闯祸，所以一定要采取安全措施。

为了设计安全保障，一家杭州的仪表厂为装置配置了一个控制温度的仪器，同时配套设备监测冷冻过程中温度的变化和冷冻的时间。把热电偶装入冷冻针头

---

[1] 冷冻治疗的原理主要是降温后细胞内和细胞外迅速形成冰晶，导致肿瘤细胞脱水、破裂。同时冷冻使微血管收缩，血流减缓，微血栓形成，阻断血流，导致肿瘤组织缺血坏死。

里，焊成一体，就可以监测冷冻头到达的那一个点的温度。持续冷冻多长时间是需要做试验的，组织不一样，面积不一样，部位不一样——表面的、体内的，达到治疗效果需要的冷冻时间也不一样。治疗的同时监测温度，达到一定温度，还需要持续一段时间，马上拿掉是没有效果的。掌握冷冻时间的经验主要由省中医院的大夫在实践中摸索，通过观察机体组织的颜色变化。开始试验的时候，冻一下，比如一分钟，停一下，过两天再来一次，几次一个疗程。开始可能效果不好，后来慢慢就摸索出了适合的冷冻时间和冷冻次数。

在基本型的基础上，我们还做了可以控制温度的改进型，加了开关。开关一按，稍微加点热，液氮就出来了。当时在省中医院三楼有一个专门的"冷冻治疗室"，用这个仪器治疗皮肤表面的血管瘤，在门诊已经比较成熟了，并且发展到治疗痔疮和其他一些浅表的小病症。当时虽然也有做成产品的想法，但是考虑到买的人不会多，其他医院不会像省中医院这样持续投入力量，因为操作是需要经过摸索和试验的。这个设备一直用到1975、1976年。

没能完全攻克的难关

我记得很清楚，1975年全国农业学大寨的那半年，省中医院打电话来叫我回去做技术改进的时候，我还在德清，不允许随便回来的。每次要申请，系里批过"同意"，我才能赶回来做几天。当时省中医院很想攻克体内治疗的难题，就是能够把冷头伸到体内去，技术要求是只有头上是冷的，管子和其他部分都是室温，才能不破坏其他的组织。利用低温液体输送过程中的二相流原理，管子中间跑低温液体，周围为气态，这样的要求，如果管子比较粗，保温容易做到，但如果管子很细，比如直径两到三个毫米，而且在−196℃还能够弯曲，就需要一种能够耐低温的非金属材料，一般塑料在这样的温度下就发脆了。我也找过上海制造针头的厂家，可以把不锈钢的管子做得很细，甚至直径一个毫米的都有，但是不锈刚刚性太强，不能弯曲。这个非金属材料我当时还真找到了，叫聚酰亚胺，但是很贵，而且只能做成薄膜。它的柔性很好，不会硬化，做成薄膜在液氮里都可以弯曲，但是要做成管子很困难，所以这个问题研究了很长时间。尽管没有找到合适的塑料管，但这个寻找的过程为后来的工作打下了基础。

"文革"结束之后，科学的春天来了，当时胡耀邦是科学院院长。知识分子以前是"臭老九"，抬不起头来，现在是工人阶级的一部分，地位提高了。全国科学大会的材料是省中医院上报的，把浙大、杭氧我们两个单位也联合报上去了，我说不要报，我们就做了一点工作，说真的大量工作都是省中医院在做。全国科学大会后，学校在（玉泉）大操场上开庆祝大会，得奖的人戴一朵大红花，挂一个红绶带。化工系里开了座谈会，喝杯茶，大家表示祝贺，就这样。浙大得奖的项目有好多，这也说明浙大的老师，在那个年代，很多人都还在继续工作。

后续：慕名而来

省中医院这个项目之后，浙大做冷冻医疗有一点名气了，就有人找上门来。大概八几年，湖北十堰因为有个第二汽车制造厂（也称"二汽"），武汉市一家大医院整体迁到十堰，成为十堰中心医院，那里的两位医生在全国进行调研后，最后来到浙大，找到我，问我是不是能用冷冻技术治疗肝癌。他们很着急，说那个地方因为水质原因，是肝癌的高发地区。这个项目是有经费的，当时五千块还是几千块，请我们做设备，我和低温的陈师傅一起做，做好以后把这个设备运到湖北十堰中心医院做试验。这个治疗装置叫作全方位肝癌冷冻治疗仪，为什么是"全方位"？因为如果肝区的肿瘤比较大，一般5厘米以上，就不能开刀了，但可以采用冷冻治疗的办法，需要多个冷冻头，当时我们做了十几个针头，一起插入到肝组织里面，所以治疗不像在皮肤表面是一个点，而是一个整体。管子很细，管壁很薄，外径2～3毫米，内径1～1.5毫米，长大概10厘米，输送液氮的管子在低温下要能够弯曲，而且中间不会断裂。冷冻头选用导热系数最高的铜材料，而且前面要尖，因为要插到组织里。管子的材料是之前为解决体内治疗的难题时，试过的很多非金属材料中的一种特种塑料。控制低温容器压力可调整管子内液氮的流速，可以使输送的液氮处于一个气—液两相的状态，中间是液体，$-196℃$，周围是气体，温度相对高一点，气膜可以包着中间的液体，为它保温。装液氮的容器比之前省中医院用的小型冷冻治疗仪大了很多。

我去二汽做了多次试验，最开始做的是动物试验，印象深刻的是和医院一起做的比较大的临床试验，那是真刀真枪地来啊。所有带进去的仪器全部经过消

885124 双套管冷冻治疗器的研制

冯仰浦、黄志秀等 《低温与超导》 1988 № 2 10
~14

浙江大学研制了适用于五官科、直径小于 4mm 的冷
冻探头。采用两相喷雾流态输液系统和定时控温装置，研
制了双套管冷冻治疗器。其结构简单、使用方便，通过试
验测定，降温迅速，降温速率为 −168℃/min，控温精度
±5%，输出冷量不小于 5.9W。

发表于《深冷技术》总第129期

毒，包括复温用的吹风机。肝癌的大刀一做就是好几个小时，吃完早饭进手术
室，手术结束出来已经下午两点钟了。医生一边做手术，我一边监测实时体内温
度，达到多少度、冷冻多长时间后停止，控制温度、气量、压力，而且要把参
数、数据都记录下来。温度会传递，冷肯定会扩散，所以时间很重要。冷冻多长
时间，确定需要冷冻的组织达到了需要的低温，但是周围组织的温度不能低，好
组织才不会被破坏，所以周围组织的温度也要监测。除了我，其他人都是医生、
护士。我的记忆就一个字——慌，开刀那个情景对我来说很陌生，所以慌，但是
一定要保证作为医疗装置，不能出问题，否则就是医疗事故了，发生爆炸什么的
就更糟糕了，所以绝对不能出问题，需要经过反复测试，确定仪器可靠。调试好
之后我告诉医院里的人怎么操作，他们正式用起来就比较可靠了。

这个研究从在学校开始设计、加工、调试，到运到当地去再调试，调试好再
正式用，整个过程大概一年左右。后来全方位肝癌冷冻治疗仪的鉴定会我也去参
加了。鉴定会很隆重，来的都是外科的专家，连协和医院外科的"老祖宗"都来
了。提供了病例、临床试验结果、鉴定报告等好多材料，鉴定结果就是手术是成
功的，在体内使用冷冻方法，可以作为5厘米以上的肝癌的治疗手段之一。当时
还举了一个肝癌病例，这位病人的肝癌部位直径大于5厘米，病程较长，连走路
都有些困难，经冷冻治疗并康复后，这位病人可将煤气瓶一口气从一楼扛到六楼
家里。成果在《中华医学杂志》《Cryogenics》杂志上发表了，后来还得了湖北
省科技进步二等奖。

人物名片

黄志秀，教授，1936年12月生，1960年浙大化自专业毕业后留校任教，先后在化工系、热物理系、能源学院工作，主要从事低温绝热、低温物性和过程的监测、低温生物冷冻治疗与保存的教学和科研工作。1996年12月退休。

我的科研路上，曾有过"214"工程

项目：自动X线静电摄影机

全国科学大会奖状复印件

采访时间：2016年8月3日

采访地点：浙江大学紫金港校区

讲述人：徐佩绅

采访：王方、朱原之

整理：王方

采访手记：徐佩绅老先生给我的第一印象是比实际年龄显得年轻，尽管年近耄耋，他声音却很洪亮，不用拐杖，骑着车便来了。

开始采访后，徐老师拿出先前准备好的纸条，上头记着"214"、"干板"这样的关键词，对照纸条，娓娓道来了他们的故事，非常粗线条。我尝试着去深挖细节，问出故事，可近40年过去了，再难忘的事大概也被时间的洪流冲得变了模样。果然，老先生回答我："不记得了，都不记得了。"

初听下来，让我甚是苦恼，不过后再一想，也罢，那么长久以前的事了，究其细节，恐怕真实性都难保。因此，我便把着力点放在了理清事件的脉络上，以求得事实和逻辑上的准确。

徐老师掏出一张泛黄的奖状复印件，年代很久了，上头却只有折痕，看得出主人很是珍惜。他说："30多年前的事儿了，能让人记起来的，也就只有这张奖状了。"起初，我不理解这话的意思，一个大奖，岂有完全被大家遗忘的道理？而后，听着徐老师的讲述，才明白，随着时间的流逝、科技的日新月异、同伴们的离去，再加上获奖时间节点的特殊，当初的科研成果早已经历大浪淘沙，被替代、被遗忘，而几位发明人也一直不为世人所知，只能借着这张奖状和自己模糊的记忆感慨时间匆匆。但我想，尽管没有鲜花与掌声，他们的创造无疑是个里程碑。大路虽无言，但谁能说它不是丰碑呢？

"这只是几个小人物的小研究，应运而生，应时而终。"40多年后，当年参加过"自动X线静电摄影机"研制的徐佩绅老师谦虚地回忆道。

1978年我从学校那儿领来了全国科学大会奖状的复印件，这个奖状的故事还要从1970年诞生"214"说起——

"214"工程

1970年，我应召回到了浙江医科大学——我的母校，加入了研制静电摄影机的课题小组。

1970年的X光诊断和今日的数字化操作完全不同，工序复杂繁多，需要胶片、药水、暗室等多种硬件设施。这样的"看病必须拍，病人拍不起"的尴尬局面让X光诊断技术陷入窘境。其实，这价格高，就高在胶片价格太高。当时也有不少人致力于X光诊断技术的创新，想要改变这一困境，但一直举步不前。

好在当时的浙江省科委、省卫生厅及时发现了这一问题，并联系浙江医科大学（现为浙江大学医学院），打算借浙医大的力量，组成医疗器械研究组，推进新型X光静电摄影技术的研发，避免胶片的使用，从而降低X片的费用。

尽管正处"文革"时期，学术研究不受重视，但听闻有如此"接地气"的科研项目，我便毫不犹豫地放下已干了9年的医生工作，回到母校，加入这一课题小组。组里除我之外，有老师，有医生，有工程技术人员，甚至还有原杭州医

浙江医科大学医疗器械研究组合影

前排左起：胡永跃（物理教研室）、陈文乐（省中医药研究所）、俞晓维；

后排左起：徐佩绅、潘瑞龙（工厂）、张德钧（浙二医院）、陈学齐（省科委）。

疗器械厂的副厂长、复员军人，这也就是"文革"时期所谓的"三结合"的典型形式。

小组成立后，省科委给我们组起了个代号——"214"。"214"指的是庆祝建国"21"周年，用科研成果来迎接第"4"次全国人大的召开。当时在浙医大一问"214"大家都知道，反倒我们小组的"大名"——医疗器械研究组，都没多少人知道。

为了给我们的课题研究室提供场地，学校特地将原来位于校园角落的医务室的几间旧房腾空，分配给我们。几年后，这改造过的实验室就像我们的第二个家，在里头熬夜赶工都是常有的事。从研发到推广，这八年的时间里，我们之间从未出现过矛盾分歧，合作很顺利。

攻难题

我们做的研究就是要省去传统拍X光方法所必需的胶片，节约成本，于是我们利用半导体材料硒元素[1]对X线具有敏感性的特性，将半导体材料与医疗诊断结合起来。

小组一成立，我们几人便聚在一起，开始讨论——

"可以通过X光，把人体器官的影像投射在硒制的半导体板上，然后在半导体板上撒上带有单种电荷的半导体粉，使影像显现出来。这样不就省了胶片了！"一位成员颇兴奋地讲起思路。

"可这样出来的影像是反的呀！就跟镜子成像似的。"另一人质疑道。

"而且医生也不好端着撒上粉的板进行诊断吧，手一碰不就破坏了？"紧接着又有人发出反对声音。

讨论一时间安静下来，许久才有人发言："我们不妨把呈现在半导体板上的影像转移到纸上，只要将纸在电炉上稍微烤一烤，熔点低的油墨粉就固定下来了，即使手碰到也不会模糊，可供医生诊断用了。这样一来解决了上面的问题，二来

---

[1] 半导体材料硒，在避光的条件下，是一种良好的绝缘体；而在光线（包括可见光和不可见光）照射下，其电阻率下降，导电性能增加。

能让半导体板重复利用，一举多得。"这建议一出，大家都频频点头，脸色也都明朗了不少。

找到了突破口，详细的解决方案很快便诞生了。因为这一技术利用了X光，使用了半导体的板，并免去了在水中洗相片的复杂步骤，我们便将它称为X线静电干板摄影技术[1]。

紧接着，我们拿着解决方案，着手实际操作。为了让半导体材料硒发挥作用，我们选用了铝板作为半导体板的基材，借助工业中已有的真空涂膜机进行真空涂膜，在铝板上均匀地蒸发上一层薄薄的硒。这样做出来的硒板很光滑，就像是一面黑镜子。大家围着这个刚制成的干板三言两语地讨论着，迫不及待地想要看看这个干板的成像效果。

然而，现实却不怎么理想。经过测试，这个第一代X线静电干板成像不是十分清晰。我们继续埋头实验室中，改良技术，并与上海和江西的金属冶炼厂协作改进硒的纯度。要想制成一个成像清晰的干板真是不容易！半导体板成分的比例、加热的时间等数十个变量稍有变化，干板的成像效果便有所不同。但为了破解优质干板制作的难题，找到最佳的制作方法，我们只得一点一点改变变量，一遍又一遍照X光成像，比较上百个干板的成像效果，从中寻找最佳方案。

制作一个半导体板成本要几十元，在当时并不是一个小数目，但为了确定最优的制板流程，我们不计成本，造出一个干板后就给病人们免费照X光进行实验，成像不好的干板只能报废。可哪有那么多的病人愿意来做"小白鼠"呢？实在没有病人了，我们就照自己的手、脚。现在人们说起X光，都有点儿"谈虎色变"，甚至不敢站在X光科室边上，更何况当时的技术，辐射更难避免。可为了完成研

---

[1] X射线硒板静电照相是应用半导体材料硒（Se）的光导特性和静电现象进行无损探伤的一种方法。对涂有硒膜的金属板——硒板，在暗处进行表面充电，使硒膜表面带上一层均匀的电荷后，放入暗盒内进行X射线曝光。X射线投射到硒膜上，入射光量子能被硒膜吸收，原来分布均匀的表面电位随被检部位的厚度不同或组织密度不同发生了变化。硒膜表面电荷随着接受X射线剂量的多寡发生不同程度的衰减，形成不同密度的电荷分布，从而在硒膜上形成了一个电荷潜象（像），也叫静电潜象。然后往硒膜上喷洒带有与硒膜上的电荷极性相反的电荷的粉末，在静电作用下，按静电潜象电荷分布的不同，粉末吸附于硒膜表面，将潜象显示为可见的粉末图像。再将这幅图像由硒板用静电的方法转印到纸上，即得可长期保存的静电照片。——摘自《无损检测》1989年4月 第11卷第4期《无损检测新技术——X射线硒板静电照相》

究，我们怎能推辞？

　　在"浪费"了无数个干板后，我们终于探索出了最优的做法。当时别提多兴奋了，恨不得把全身照个遍！我们还找了浙医大里珍藏着的"三寸金莲"标本来照，效果也很好，成像清晰，层次分明！

　　解决了最核心的干板问题后，如何实现机器自动制作成了又一难题。为了成像，必须要在干板上撒上半导体粉，这个说来也容易，抓上一把，手动撒撒，也无伤大雅，只是手工操作难免存在不确定性，效率也十分低下，又怎么能在医院推广实施呢？其次，若人工将影像从干板上转移到纸上，容易出现差错，破坏了最初的成像，这又该如何解决呢？

　　经过讨论，我们与奉化医用电子仪器厂合作，将这一系列步骤集合在一个小木箱中，只需在木箱的一头对所要拍摄的物体进行曝光，另一头便能直接输出已经烤干了的一张纸，上头印有所摄物体的影像，就跟我们现在熟悉的复印机类似，过程都被隐藏了起来，让原先单薄的干板进化为一个颇具规模的自动X线静电摄影机[1]。

　　随着机器化的初步实现，有成员提出："我们再进一步扩展这个摄影机的规模吧，造个全自动的大型机器，性能也能更优。""这可不行，比起大型机器，这个'五脏俱全'的小木箱反倒更实用。"一位颇有临床经验的医生立马反驳道，"这一来节约成本，二来方便携带。"要知道，当时的情形不比现在，要是有地方受灾了，大型的器械难以运送到灾区以支援，反而是我们的X光摄影机，背上便能照，更适合灾区的医疗，简朴但不简陋！

　　经过反复的讨论和实验，我们的自动X线静电摄影机总算是成功了，并且我们发现这个干板技术除了其有成本低、效率高的优点，成像的层次也很明显，非常适合骨折、乳腺内肿块的拍摄。

　　就在我们埋头干板研究时，远在1500公里外的北京医科大学（现为北京大学医学部）也在着手这一课题。当时的北医大三院以乳房肿瘤诊断技术而闻名，正

---

[1]　在原来试制成功的X线静电摄影机基础上研制成自动化机器，整机为床式，能自动完成充电、显影、转印、烤纸、清洁板的全部过程，从拍片、显影后50秒钟内能出一张照片，充电、显影电压可调。由于自动完成一系列操作过程，因此操作简单，无污染，拍片范围以四肢、骨骼、造影为主。——摘自"自动X线静电投影机"项目的《科技成果登记表》

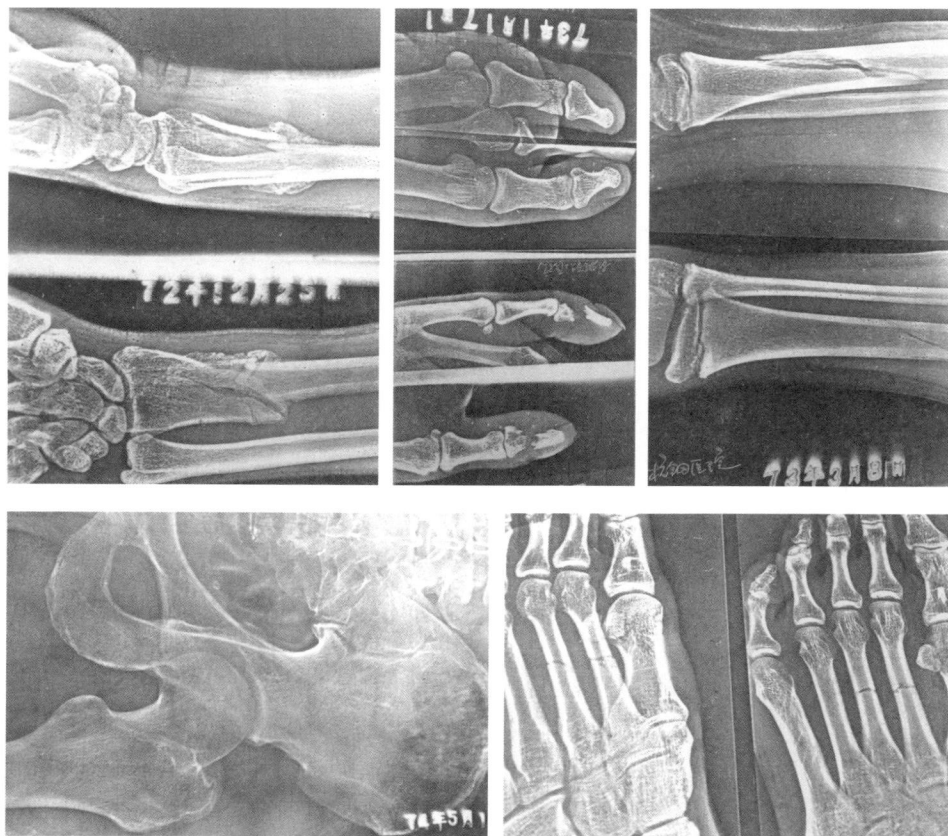

当时照的X照片

适合X线静电干板摄影的临床应用，他们将这一技术实际运用得非常好。

得知了北方竟也不约而同地选择了这一课题后，我们带上干板前往北京，学习了不少他们在临床应用上的技巧。北医大也派代表来到我们学校，学习我们制作干板的技术。几次开会交流下来，我们都发现了彼此的优势——北方胜在临床应用，南方优于干板制作。于是我们南北双方便约定互派代表相互指导，弥补自己的不足，真是事半功倍！

推广新技术

从1970年开始到1978年，我们除了研制干板，还要进行推广——以推广会的形式普及这一新型摄影机，我们的推广工作与研制工作几乎是同步进行的。

从1970年起，在刚生产出第一代的X线静电摄影机后，我们便在全国各地的省、市、县医院，农村卫生院及矿山、解放军医院中举办推广会，例如当时杭州的浙一、市一、市二医院便是推广点之一。由于推广的地域范围很广，这就少不了南北方的合作——南方要召开推广会了，北方的协作组便派出代表出席；北方有推广会，我们也会带上干板，赶去参加。

每当有推广会，附近大大小小医院的医生、技术员都赶来参加。几十场推广会下来，从地方医院、工矿医院到部队医院，都纷纷订购干板摄影机。

由于这个课题在当时很有普及意义，所以在1978年改革开放后召开的全国科学大会上，我们浙江医科大学医疗器械研究组获得了全国科学大会奖。

人物名片

徐佩绅：1937年生，曾任生物医学工程学系[1]副系主任，教授医学仪器（生物医学工程）专业的计算机语言、医学影像技术等课程，于1997年从生物工程学院退休。

---

[1] 吕维雪先生于1977年创建浙江大学科学实验仪器工程学系。1998年浙江大学生命科学与医学工程学系与浙江医科大学临床工程学系组建成新的生物医学工程学系，并与仪器科学与工程学系共同构成生仪学院。

自找的难题：从微波测量到标准制定

项目：高频、微波对人体健康影响及其防护研究

采访时间：2016年7月5日
采访地点：求是新村寓所
讲述人：姜槐
采访：王若青、徐怡
整理：徐怡、王若青

采访手记：采访前，偶然了解到姜槐老师早在1949年就加入了中国共产党，这让我们对她产生了加倍的敬意，当然好奇心也油然而生，难不成姜槐老师是地下党？姜槐老师作为国内微波公共卫生领域的专家，她是从什么时候开始关注到高频、微波对人体健康影响的，又是怎样开始对这个课题开展研究的？这些问题都促使我们想尽快采访姜槐老师。2016年7月5日，终于与姜老师相约而见。虽然80余岁高龄，但姜老师的记忆力惊人，她将当年如何与国民党特务周旋，如何开展微波公共安全的研究，以及如何在国际会议中彰显正义的经历一一道来，让我们更好地认识了一位爱国、正直、严谨、敬业的老一辈科学家。

加入地下党组织

那是1949年新中国成立前的上海，我在当地一所学校上高中一年级，社会矛盾十分尖锐，国民党政府混乱腐败，作为一个青年学生，看不到国家的希望，当然更看不到个人的前途命运。

就在这个时候，一个契机改变了我的命运。我的高中学校离上海交通大学不太远，那里的进步学生经常会带着一些地下刊物来我们学校。渐渐地，我对共产党有了一个简单的认识：共产党是要改变世界的，是倡导人人平等的，是不压迫人民的。

在革命热情的激励下，我和班上一些同学经常将传到我们学校的进步刊物中的一些内容剪下来，偷偷贴在墙上，用墙报的形式向同学们宣传共产主义理想。

1949年3月，我被介绍入党。我至今还记得那段对话：

"你要参加共产党吗？"

"好啊！参加共产党是不是革命以后就人人平等，把反动派打倒？……"

单独谈话并宣誓后，我成了一名光荣的中国共产党党员。尽管当时我只有15岁，并且也了解国民党对革命人士的残酷迫害，但我还是决定成为共产党的一员——我当时就想过，我家里7个兄弟姐妹，死了我一个也没什么关系，所以我没什么不能割舍的。

大概就在上海新中国成立前的2～3周，我们为解放上海做了一些工作。在斗争形势严峻的情况下，我们班成立了一个宣传队（4个党员、2个非党员），集中精力搞宣传，准备扩大影响，将积极分子吸引到我们的队伍中来。此外，我们还会偷偷将家里的米放到书包里，为进城的解放军准备一点口粮。

时间一天天地过去，我们接到的最后一个任务，就是在地图上标识出各自所分工地段的巷道：哪些巷是通的，哪些巷是互通的，哪段是断的，为解放军进城做准备。

然而，就在即将完成这个任务的当天夜里，意外发生了。那天夜里，我家的门被特务敲响，说是要查户口。但打开门后，特务先是点名，点到我的时候，就说："你快起床！"接着便把我的东西翻箱倒柜地一通乱翻。这时我才明白，美其名曰的"查户口"实际上查的就是我。没查到什么东西，气急败坏的国民党特务就要将我带走。

"你有什么理由带我走！"我理直气壮地问道。

妈妈十分紧张："这个小孩子年纪轻，不懂事，你们要原谅她，她没礼貌。"

胳膊终究是拧不过大腿的，尽管心中紧张万分，我还是若无其事地跟着特务走出家门。一出门，看到门口的吉普车上坐着我们宣传队的另一位成员。心中

姜槐老师

隐隐感到不妙，估计是有人在勘察地形的时候出事了。

坐车到了巡捕房，发现我们宣传队6个人全到了那里"报到"了——宣传队暴露了，勘察地形的事情也可能暴露了。

毕竟是这么小的年纪，第一次进这种地方，说不害怕是不可能的。其中，那个陪着特务一块来抓我的同学最为胆小，看着她胆怯的表情，一个特务开起了玩笑："这么小的年纪不好好读书，在搞什么名堂？你们连国民党和共产党都还分不灵清呢。"正是这句玩笑话，启发了当时不知该如何面对审问的我。一想到当时的国民党也在搞宣传工作，我准备将搞不清楚共产党、国民党的玩笑话坐实，索性弄它个稀里糊涂。作为最后一个被抓进巡捕房的成员，理所当然我成了最后一个接受审问的，于是我对着问我的人说：

"不是你们叫我们宣传的吗，不是你们要搞的吗？……"

两三分钟后，特务将我们6个宣传队员以每2个人一排的队形带进了警车。

我们坐着警车来到了警察局，以嫌疑犯的身份坐在了候审室。那里还有很多所谓的"嫌疑犯"。

由于特务分子在巡逻，所以一开始，我们6个人之间没有任何言语交流。然而随着对环境渐渐熟悉，我们的胆子也大了起来。在与队员的交流中，我了解了宣传队暴露过程的来龙去脉。

　　原来，宣传队中的一人在勘察地形的过程中，被特务拿枪抓了起来。胆小的她便陪着特务将小组内的其余5人抓到了警察局。至此，宣传队完全暴露。

　　接着，有一天，一个警察来问道："哪一个15岁的？"

　　心下仔细琢磨了一下：我一般以虚岁做年龄，应该是16岁，不过，我实岁刚好15岁多一点，那大概就是我了吧。

　　"姓姜的，有人出钱来保了。"

　　跟着那人出去，跑了好多地方，心中却是无比镇定，反正我已经摆出姿态了。结果面对的是一个特务头子，他一见我就问我关于共产党的事情，我都答"不知道"，后来更是直接提出了我的入党介绍人的名字，问我："这人是不是'左倾'分子？"

　　"'左倾'？什么是'左倾'？"

　　"你别来这一套，这名单中有你啊！"

　　"什么名单？哦，可能是这样，我功课比较好，我们这几个人感情还可以，有时候他们不懂的都来问我，因为我乐于助人。"

　　这样的答案显然并不能让他满意。他的脸色一下子阴了下来，凶巴巴对我说道："你别以为你爸爸有什么，如果查出来你是共产党员，不但是你枪毙，你的爸爸跟你一起枪毙！"

　　听到这样的恐吓，我却并不害怕，出人意料的，我不但不哭，反而笑了起来。弄得对面的特务分子也傻了眼："带下去！"

　　又被带到了老地方，趁着特务到别处巡逻的空隙，有同学问我审问的情况，我便一五一十地告诉他们。说着说着，那个胆小的女生大声地哭了起来，连带着另一个女生一起哭了起来。清一色的6个女生，在这种氛围的感染下，都有点害怕。说实话，我也想哭，但豁出命来想想：反正大不了一死，反正为革命牺牲的学生也不是只有我一个，一定要忍住，在敌人面前不能掉眼泪！

　　生死攸关的当口，渐渐靠近的炮声给我们带来了生的希望——解放上海的日子越来越近了。而此时的国民党特务内部也开始乱了起来……

　　没过多久，一个看似管理候审犯人的人到候审室，对所有"嫌疑犯"谈话："今天，你们这些候审的嫌疑犯就交给我管了，我决定放了你们，但有一个条件，你们每个人自己找到家属，把钱交过来，拿钱来作为交换。"

稍作停顿后，他又说道："我今天放了你们，你们以后别忘了我。"

谈话结束后，我们每人打电话到家里，家里人拿了钱，一个一个将我们赎了回去。

从警察局出来后，回想起待在审讯室里的场景：犯人受刑时的嚎叫声、被抓到证据的进步学生被带上车去枪毙时，汽车启动时的引擎声……时常萦绕在耳。若不是解放的及时到来，我们这群人，恐怕并不会这么早被放出来，也可能是有去无回的。

我回家后，才知道妈妈担心我担心得吃不下睡不着，爸爸也没心情工作，一门心思想把我从警察局救出来。借助于自己区卫生所所长的身份，曾送钱给市卫生局局长请求帮忙去央求警察局局长把我放出来。

新中国成立后，回校参加庆祝解放活动。经组织审查，我恢复了党籍。

方向选择：步入公共卫生领域

1951年秋，我进入浙江医学院（浙江大学医学院前身）念大学。一开始，受到父亲的影响，我也准备读医，将来做个救死扶伤的医生。但时代的契机总是这样眷顾我，让我选择了一条自己今后要走的道路。1953年，入校两年，同学们都是打算做医生的，突然要我们分系，除内、外、眼科以外，还有一个公卫系，不是做医生的。大家心中都有个疑问，那我不做医生干吗的呀？有的同学说是通阴沟、扫垃圾的。后来才明白，公共卫生就是让人不生病，少生病的。一个医生一生能治多少病？公共卫生做好了的话，却可以使很多人不生病。

一番解释下来，仍没有人自愿参加。作为一名共产党员，在关键时刻是要发挥带头作用的。于是，在党员意识的推动下，我填的第一志愿就是公共卫生系。从此以后，我就成了公共卫生系的一分子。

当时虽然已经解放，但是国民党反动派的特务分子还有潜伏着，要进行破坏。所以我在学习的同时，要协助公安部门密切观察防破坏，以及开展发展党团员、建党小组、团支部等群众工作，我没有办法将全部精力放在学习上。

虽然没有时间和精力去全身心地读书学习，但地下党工作经验却培养了我的思维能力，能够抓住重点去理解。所以说，我的学习成绩还是不错的。这为我进入北京医学院学习做了一个良好的铺垫。

毕业以前，组织上挑选了6个人去北京医学院读研究生，经考试后，我成为被录取的4人中的一个。1955年秋，我开始了在北京医学院作为一名劳动卫生研究生的学习生涯，我们这一批是新中国成立后招收的第一届研究生，当时还没有建立学位制度。

原以为，研究生阶段自己能好好读书，这样毕业后就能为国家作更大贡献，万万没想到，反右斗争的运动到来了，学校陷入了每天停课半天搞学习和运动的状态，这严重影响了我们的学业和研究。我非常焦虑，因当时我已经和上海的纺织局联系好，要去纺织工厂调查几个案例，研究苏联专家提出的纺织厂女工在不同照明情况下，光线、视觉功能与生产效率的关系这个课题，介绍信都开好了，但停课运动却阻碍了我的研究。终于，我忍无可忍，找到当时的系总支领导，提出要按计划去上海做调研。

"我一定要走了。您要是讲得出道理来我就留下来。"

"你走吧。"讲不出什么道理的领导终于同意我离校。

然而就在我买好火车票准备走的那一天，我却在办公室看到了一张条子，告知我学校不允许我离开。一气之下，我离开了学校。走了没几天，学校的同学传来了消息："快回来，快回来，院党委领导在全院大会上点名批判你犯了右倾错误，要开除你党籍。"尽管想不通，还是匆忙赶了回来，这样一来，我的党籍倒是保住了，但还是受到了留党察看两年的处分。不过后来，在"文革"结束纠正冤假错案时，原处分单位党委承认是错案，予以撤销。

意外的课题：高频、微波对人体健康影响

1958年底，我完成了研究生论文答辩后毕业，并带着这个处分回到了母校浙江医学院，当了一名助教。尽管带着一个大处分，但心中其实并没多少介意，该做的事情照样做：讲课、带学生下厂实习并帮助车间测定有毒气体含量，设法降低其含量以保护工人健康，为工人检查身体……

这样的工作状态一直持续着，直到1960年有一天，我还是照例带着学生下厂测定有害气体，厂里的领导却找到了我："姜老师，最近我们（有害气体）这些

问题倒不严重，我们最严重的就是新引进的一台设备。一个技术员、一个工人，两个人在操作的，他们这两个人大概操作了半个多月后，开始老打瞌睡，之后两个人都失眠了，其中最严重的是有一个人性功能衰退，而且是年纪很轻的一个技术员。"

在这样的情况下，工厂的这个车间进入了停工的状态。刚刚建立起来的一个车间，难道就这样让它停工？当然不行！

"我尽量，我想办法给你解决。"尽管这样回答，但说句实话，这样的案例我也是第一次接触，没什么经验。于是接下来，就是一个全民皆师的阶段了。

先向工厂工人询问具体的生产过程。一问之下才了解，工厂所引进的设备是高频的热处理机，用高频将金属加热至高温后迅速降至低温从而来改变金属性能。在谈话的过程中，一个词语引起了我的注意——高频电流。高频电流必有电磁场，这个东西是不是致病因？带着这个疑问，我们观察了车间的生产环境。这是一间崭新的车间，干净、无异味，也没有有害粉尘，那么从生产过程分析，气体这个因素应该可以排除了。

这时候我们想到了采用测量的办法来确定高频电磁场，那么就要做出一台测试仪来。怎么做？标准是什么？一切都要从头学起。

接下来就是主攻文献。在查俄文文献时，我找到了在北医读书期间我的苏联导师写的一篇关于高频电磁场对人体健康影响的文章，所以我想办法给他写了一封信。遗憾的是，那时的中苏关系已经恶化，我的这封信当然也是石沉大海。

我转而向国内涉及无线电专业的十几所大学寄信，还联系浙江广播电台询问他们测定高频电磁场的方法。听着他们讲的方法，有种云里雾里的感觉。总而言之，由于知识上的缺失，我和他们缺乏共同语言。

那又该怎么办呢？我做了个决定——在工作的同时去上省级机关夜校，学的是无线电电子学。在夜校补习知识期间，我也时时在向他人请教。其中对我帮助最大的，是浙江大学的一位教授。当我跟他提到用无线电部门使用的方法所测出来的数据与苏联文献上所报道的数据有数量级差距的情况时，他一语点醒梦中人——走的完全是弯路。原来，无线电的广播系统测量和工厂工人工作位的高频电磁场电测量完全是两回事。一个设备周围存在着近区场和远区场。由于无线电部门关心无线电波的传播效率如何，测的是远区场。而工厂中工人所处的电磁场是近区场。这就意味着，我要自己摸索出一套测量办法。

一边上着夜校，一边要向人请教，我渐渐感到力不从心。后来，由卫生学教研组抽调了一名技术员用部分时间和我一起讨论，按照专家的理论做出模型，然后去工厂进行实验。一开始，本质上还是外行人的我们，失败的频率就很高。在高频电磁场卫生学测定仪诞生之前，几乎我们所走的每一步，都是失败后才得以成功。

经过多年研究到了20世纪60年代初，高频电磁场卫生学测定仪最终成型。有了它，我们就可以测量工人受到的辐射强度到底有多大，辐射源是什么部位，从而来做进一步的防护工作。

当我们拿着仪器到工厂车间进行实地测量寻找辐射源时，看着仪器上的数字一路飙升，终于意识到了后果的严重性。进一步观察后我才明白，为什么这个后果那么严重？原因很简单：这个设备原来是带着机壳的，但是安装中工人将原有变压器上面的机壳取掉了，在离机身很近的距离内作业。可想而知，他们所受的辐射有多大。随后，参考俄文文献中的记载，我们用金属材料做了屏蔽处理，并进行接地处理。做完这一切后，再次拿着仪器测量，看着数字慢慢降下来，不仅工人开心，我们也很高兴。这个难题终于解决了！

渐渐地，这件事情开始在其他工厂传了开去。不久，听说上海一家高频熔炼工厂的工人也是出现了性功能减退的症状。与浙江那家工厂不同的是，这家工厂的工人生病的原因是没有将设备高频传输带用金属隔离而仅仅只是用木板挡住，有时工人还靠近它取暖，导致他直接接收到强辐射。

由于上海工业发达，先进设备比较多，出现类似案例的可能性很高，因而，当地十分积极地成立了一个高频防护的调研组，邀请我担任顾问。就这样，我带着自己做的测定仪和他们一起，一个工种一个工种地测定受辐射强度，提出防护办法。我们还请一个浙江的工厂以我们的测量仪器为模板，生产了几台测量仪，提供给需要的单位使用。

那时我们对"科研"二字，其实并不是很熟悉，做任何事情的出发点就是生产以及工人的需要。但有一点却很清楚，我们的工作在更大范围内传播开了。接下来，我便在哈尔滨、北京等地开始讲课，到现场为他们解决问题。

1964年，浙江医学院的一位副校长通知我，说有会议邀请信（电报）让我去即将在沈阳召开的全国劳动卫生职业病学术大会上做报告。这样一个专家级的会议，却为我这个年青教师破例，不限时地做一个学术报告，这对我有着莫大的激励。我坐飞机来到了沈阳，在学术报告中将我之前所遇到的问题、解决的经过及办法一五一十地说了。事后我才知道，要我参加这次会议，是上海一位权威教授的力荐，虽然他没有直接参与我们的调研组，但作为该领域的全国两大权威人物之一，他的话无疑很有分量。

遇"文革"，研究再度搁浅

可以说，先前所做的一切工作，其实只是为射频电磁场的卫生学课题做了一个良好铺垫，但就在我真正要将工作推广开和深入下去时，"文化大革命"开始了。

1968年，我被"反修兵团"抓了起来，理由很简单，我在上海新中国成立前被国民党反动派逮捕过。有了这段经历，我完全可以被说成是"叛徒"了。但判罪还是要给个证据的，为了找到我是叛徒的理由，那些人对我进行轮流地审查。新中国成立前被捕后，我患上了胃溃疡，再加上多年来的学习工作的过重负担导致的长期失眠，且当时又恰逢我产后还不到一个月，我有点吃不消这种日夜审问的模式。

"老是让我谈这个事情，都审查过多少次了。你让我讲我就讲一遍，如果还要讲就再讲一遍。"

"你最狡猾！你对国民党特务装糊涂，你对我们也装糊涂！"

我心中甚是无奈。后来，军宣队工宣队进校后，秩序才有所好转。大约数天后，工宣队队长找我谈话，并告诉我可以回家了。他说："我们审查过了，你不是'狗熊'是英雄。"

我答："英雄不敢，主要是当时的上海解放很快，再加上我们很年轻。"

后来一段时间，我又参加了军宣队和工宣队组织的全校教师和职工分组到农村参加劳动，以接受贫下中农再教育，中间还进行了半夜紧急集合等军事训练。在结束返校前，工宣队队长对我说："我跟你讲啊，有沈阳的人来过学校找你，请教工厂工人健康问题，你肚子里面还有点'东西'的，回去工作吧。"

大约在1972年，我再次回到了自己的研究室，然而这时的心境却与以前大不相同，失去了这么多年的研究时间我得赶紧把它赶回来。在办公室里，我看见了由当时的国家第四机械工业部发来的一封来信，信中讲到，随着国家生产的发展，决定采用和推广国际上其他国家都在用的微波技术。尽管我们国家有了微波技术，但在微波的防护上却出现了问题：国际上西方国家所允许的人体接受强度标准与苏联相差了一千倍。苏联比西方标准严，这是一个让人无法忽视的问题，进而成为国家生产发展中应用微波技术的阻碍。

正是在这种情况下，四机部要求我在一个会议中做报告。在那个会议报告上，我分析了为什么国际上的标准差距如此之大，并提出在我国还没有展开这方面工作的情况下，我们也应该有一个自己的标准。会议之后，由四机部拨款，我负责牵头全国18个单位，组织对微波电磁场的调查研究。

在确定研究方案后，我们开始了现场调查。与高频时期的调查相比，这时的调查有了更为先进的技术支持，再加上众多技术人员的团结合作，工作进展得还算顺利。根据高频研究时期的经验，我们一方面对脑电、心电、免疫功能、心血管功能等进行检查，检查完后再对数据进行分组分析；另一方面，从文献中寻找对微波进行屏蔽及其他防护的办法，同时进行了大量动物实验。经过大家的不懈努力，我国最终也有了第一套微波辐射的卫生标准。与此同时，学校方面也给了我很大的支持，设立一个微波研究室。

"You are brave."

1978年，学校领导通知我参加全国科学大会。在这次会议上，我获得了两个奖项，一个是全国先进科技工作者，另一个就是全国科学大会重大科技成果奖。这两个奖项的获得，不仅仅是对我工作的肯定，也给了我在科学道路上继续前进下去的勇气。

会议之后，我才开始真正感觉到，科学的春天确实到来了。尽管自己的水平有限，但我还是要为国家贡献自己的力量。于是在参加完会议回来之后，我开始给美国在生物电磁学领域中两个研究派别中与我方观点相近一派的专家写信。正是这次尝试，他邀请我去美国学术交流，并负责解决我在美的一切费用。我得到了去美国8个单位参观的机会，但作为条件，我要在其中5个不同地方的大学做学术报告。

1980年，这是我第一次去美国进行学术交流。在一次做学术报告中，将自己准备的报告脱稿讲完后，接着就是问答环节。一开始真的很紧张，所以我在听问题时，并没有听懂。在那种情况下，唯一的办法，就是调整自己的心态，不要慌张就行了。于是，我开始慢慢静下心来，在提问人再一次用另一种方式提问时，我终于听懂了。得益于报告中的内容储备，我回答了他的问题。并顺利地完成了第2个、第3个、第4个⋯专家们所提出的问题，在回答完他们的问题之后，我说道："对不起，我的英语不好。"

当时一个专家在会上站起来对我说道："我可以证明，你的英语是好的。"这句话无疑是对我莫大的鼓励。

而在8个实验室的参观，也给了我很大的启发。当我在美国的环境保护局参观时，一位专家问我："你们国家有制定大环境中对人体接受电磁场辐射最大允许标准吗？你们能做得到吗？"

答案毫无疑问，我国在这方面一片空白。因而在回国后，我在向四机部（国内到国外的来回机票由四机部出资）做汇报时，提到了这个问题。接下来的一切推进很顺利，我和我同事们组织了北京、南京、上海、武汉的4所大学的环境卫生学老师进行一个调查，由国家环保局出资，开始了射频电磁场环境卫生方面的科研工作。制定了我国在该领域的卫生标准。此后，从射频到工频磁场，从动物到细胞的作用机制等，进行了系列深入研究，获得多项成果。

在对外学术交流过程中，曾经多次出国参加国际学术会议，受邀请去讲学。给我留下最深印象的是一次在中国召开的国际生物电磁学学术会议。在那次会议上，一位美国专家反对微波存在非热效应这个观点，并由此攻击另一位美籍华裔专家。其实，那位华裔专家的观点与我们的观点十分相近，我们认为，在非致热的条件下，效应是肯定有的，但至于它的效应全貌及其作用机制和如何利用其非热效应对人体可能产生有利作用，防止其有害作用等，还需要做深入的探讨。身为该会议的共同主席，我想，该我说句话了，于是我站了起来，讲道："我要说几句话。这是一个科学会议，在这个会议上进行个人攻击是很不好的。我们科学家之间是应该互相尊重的，是应该讲科学问题的。"

话一说完，四下里一片掌声。坐在我后排的一位也是本次会议共同主席，世界卫生组织代表（生物电磁学专家）对我说，"You are brave."

会议结束后，那位在会议上进行个人攻击的专家也向我道了歉。但令我感到安慰的并不全是这个原因，而是我觉得自己维护了我们国家的尊严——因为，我们中国科学家是讲道理、讲科学的。

人物名片

姜槐，1933年10月出生。1955年毕业于浙江医学院卫生系。1958年北京医学院研究生毕业。任原浙江医科大学教授、微波研究室主任、环境与健康科学研究所副所长。20世纪60年代在国内首先开展了高频电磁场的劳动卫生研究，研制了我国第一套电磁场的卫生学标准。在高频、微波和工频磁场对人体健康的影响及其防护，电磁场对生物体的作用机制方面进行了研究，并获得系列成果。担任中国生物电磁学会首任及历届主任，国际生物电学会理事。

抗蛇毒血清是怎样"炼"成的

项目：精制蝮蛇、五步蛇、银环蛇抗毒血清

采访时间：2016年8月9日

采访地点：杭州市灯芯巷寓所

讲述人：黄美华

采访：王若青、童敏

整理：童敏、王若青

采访手记：很多人怕蛇，更怕毒蛇。然而当我们了解到，有这样一位女科学家非但不怕蛇，反而与蛇为伍几十年，我们的好奇心油然而生，十分想认识一下这样的"女汉子"科学家。2016年8月9日，终于在黄美华老师的寓所相得一见。大大出乎我们意料的是，黄老师身材纤小，典型的南方女性，可就是这样一位外形纤弱的女科学家开启了中国国内最早的抗蛇毒血清研究。当年，黄美华等老师与上海生物制品研究所合作，利用给马匹注射不致死剂量的蛇毒，让马对蛇毒产生免疫力，然后再把马血抽出来，提取抗蛇毒血清。他们前后花了近10年时间，到了1971年左右，抗蛇毒血清才大批量进入临床。黄美华等老师的研究填补了我国国内治疗毒蛇咬伤药物的空白。

缘起

1949年，厦门刚刚解放，我考上了厦门大学，读的是海洋生物专业，1953年毕业后，分配到浙江医学院（现浙江大学医学院）。进校后，来到医学生物教研组，根据学校安排，年轻的老师都要跟着资历深的副教授一起做研究。跟我

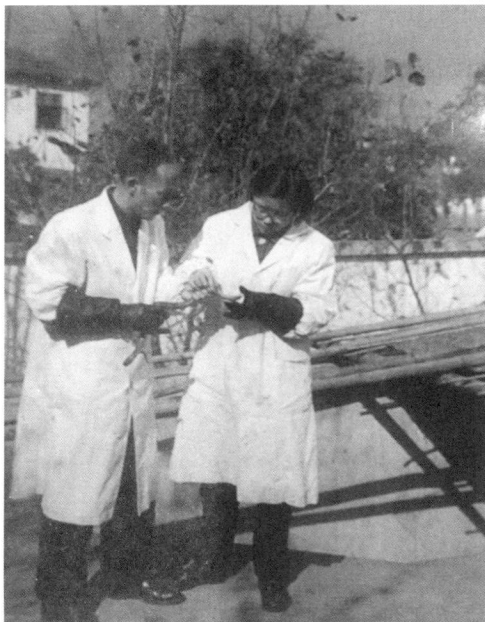

黄美华（右）与胡步青老师在蛇园

一起进校的还有一位老师，领导说公平起见，就抽签决定我俩分别跟哪位教授一起做科研，我一抽抽中了胡步青老师。胡步青老师是老浙大毕业的，刚开始做科研的时候是跟着贝时璋教授做丰年虫（一种当时在杭州松木场水塘里特有的节肢动物，现在已经绝种了）的研究，所以我也跟着胡步青老师研究起这个"杭州特产"来。

我们总觉得这个研究与医学的相关性不大。那个时候正好有蛇伤的事情经常来找我们生物教研组。有的被蛇咬的病人情况很危险，在农村曾经看到被五步蛇咬了以后，脚烂就截脚、手烂就截手，很可怜。蝮蛇咬伤了以后，来不及抢救的话也很容易伤亡，银环蛇就更危险。我就遇到过一个病例，晚上农民去抽水，水抽好要把水车扛回家，他去清理抽水时被吸进水车的杂草，没料到银环蛇就在那杂草内，咬了他一口。因为银环蛇的蛇毒含有神经毒，被咬后这农民不红不肿不痛，所以他本人也不知道，回来了以后他很累就睡觉了，第二天早上被发现时，已经因呼吸衰竭死亡了。所以，就有很多问题堆在了我们面前，比如有什么药可以治，怎样治等等。我们想既然是在医学院做科研，就要做一点跟医学有关的项目，社会上有那这么多蛇伤的事情，那就来做蛇的研究吧，所以从1955年开始我们就进行蛇的研究了。

那么蛇的研究要从什么地方做起呢？我们觉得，首先要把本省的蛇的情况摸清楚。比如，浙江省到底有多少种蛇？多少种是有毒的？多少种是无毒的？这是基础性的工作，所以我们就首先开始做浙江省的蛇种类与分布的调查了。

那时学校给我们这个课程的老师排课是半年的，另一个半年就让大家做科研。我上半年专门教学，从暑假开始就上山、下乡，浙南、浙西、浙北等，走遍了浙江的山山水水。哪个地方分布的眼镜蛇多、哪里蝮蛇多、哪里五步蛇多、哪里银环蛇多，我们都要去调查清楚。这样的调查工作做了一段时间，到了1959年，我们出版了《浙江蛇类志》（北京科学出版社）一书。

我们原本其实和蛇根本没什么接触，我是研究海洋生物的，除了海蛇外，其他蛇都没接触过。该怎么做呢？一是查资料，另一个就是向捕蛇的人请教，跟他们交流，向他们学习捕蛇的技巧。

我第一次抓蛇不怎么紧张，反而感到特别好奇：看抓蛇人轻手轻脚"嗖"一下就抓住蛇了，那我也学他们的样子轻轻地试，对准蛇的头颈处一把控制住，这就成功了。抓蛇最关键是控制蛇头，绝对不要给它任何机会反过来咬你。头把牢了，蛇身不用管，哪怕它的粪便什么的甩到你身上也随它去。有时候蛇会挣扎，紧紧缠绕你的手臂，那就让它绕，并不碍事。即便厉害的像五步蛇，也不用害怕它的两个巨大勾牙，只要注意它的头部，用蛇钩一勾，压住蛇颈就能掌控它了。抓蛇人怎么抓，我们就怎么学。抓蛇人会一条、两条、三条……直接在手臂上挂十多条蛇，让蛇乖巧不动，这本事我们也有模有样地学会了。

抓眼镜蛇难度较大，我至今还记得第一次到余杭抓眼镜蛇的经历。山丘里眼镜蛇分布最多，为了走动时不弄出声响，我们不能穿皮鞋，得穿鞋底类似草鞋的那种帆布长筒靴。出了惊蛰，眼镜蛇就开始爬出洞口边晒太阳边等食物，这时是下手的最好时机。但这时它的蛇毒多而浓，捕蛇时要特别注意安全。眼镜蛇对震动很敏感，一有声响就缩回洞中。我们就分头从两个方向找蛇。一旦发现有蛇，就在眼镜蛇身后猛地用蛇钩把蛇颈压住，然后就迅速抓住眼镜蛇蛇头装入蛇袋。

相对于眼镜蛇，更难抓的是竹叶青和烙铁头。它挂在树上不着地，只好用蛇钩把它从树枝上勾出来，把它猛甩到地上去，再去制服它。所以我们的抓蛇点有时在树边，有时在洞穴口，当然最普遍的还是乡间田埂里。

对于我们来说，那时候最痛苦的事不是抓蛇难，而是赶到一个地方却找不到一条蛇，而一旦发现并抓住了蛇我们都会高兴得像小孩子那样大喊大叫。

那时的农村很苦，交通不便、生活贫困。我们到乡下去都是两条腿走路，除了日常用品和药品外，还要自己背上很重的被褥，背不动了，还得请乡里人帮忙挑行李。住宿环境更不用提了，蚊子、跳蚤都是常有的事。好在那时的领导对我们的科研工作非常支持，我们经常向科研处汇报工作，跟他们讲为什么要做这个工作。道理讲清楚了，他们就非常支持，给我们提供科研经费和一些路费、补助什么的。

出图谱制血清

到1959年的时候我们出了一本书——《浙江蛇类志》，把浙江的蛇类分布和毒性都调查清楚了。比如，蛇的类型应该怎样鉴别？有毒没毒？是哪种类型的毒？在这本书里说得蛮清楚了。这本书可以说是全国第一本地区性的蛇类志，后来很多省也跟着做了。

这第一步做好了以后，接下来就要做生态了，特别是要弄清楚几种剧毒蛇的生活习性是怎么样的。于是，我们就打算造蛇园养毒蛇。向学校一申请，学校马上就同意了，并且全力支持我们造蛇园，但那时条件有限，只能在老的中医学院造了一个比较简陋的蛇园。

那个时候是20世纪60年代，"文革"之前，蛇园里面只养了6种主要的毒蛇。蝮蛇占一格，竹叶青、烙铁头喜欢爬树，归到一起，然后把眼镜蛇、银环蛇、五步蛇各安排一个场地。这样，我们就开始观察、研究它们的生活习性，日夜观察，一种习性一种习性地记录。最后，完成各种剧毒蛇的生态状况研究，并写成科研论文。

生态做完了以后，我们就考虑应该有个全国性的蛇类图谱，当时全国其他各省也都开始做调查了，于是我们邀请中科院成都生物研究所和上海自然博物馆合作着手编写这本书。每种蛇都有彩图，而且都是按蛇的色彩鳞片绘图。当时的照

黄美华老师在采蛇毒

相设备还不是非常高级，如果用照相机拍鳞片不清楚，我们就请来专门的美工，教会他们怎样数蛇的鳞片，并且按照蛇的真实鳞片数目来画。而且对各种蛇的分类、生态分布等均有全面的描述。我们就这样完成了一本《中国蛇类图谱》，经过不断完善后，最终在20世纪80年代由上海科技出版社出版了。这本书出来以后，国际上非常重视，这是全世界第二本国家级的蛇类图谱，第一本是日本在20世纪30年代出的，它是一幅一幅的图，而我们的则是一整本书。虽然我们的这本比日本的晚了50年，但在国际上是非常有影响的。

完成《中国蛇类图谱》后，我们就回到了最初关注的焦点——治疗蛇伤。农村是蛇伤的高发地区，为了向基层老百姓普及蛇伤防治知识，我们决定一边下乡做调研，一边向村民宣传。光口头讲还不够，我们还编写了一本科普小册子《毒蛇与毒蛇咬伤的急救》，由上海科技出版社出版，后来我们都带着这本册子去农村讲课。

这样子做了以后，我们就想，医学院嘛，总归要以蛇伤研究为主。那时，国内西医没有什么办法治毒蛇咬伤，主要都是靠祖传的一些中药，一贴方子要七八种中药，而且那些中药有局限性，所以也很麻烦，并且效果怎么样也很难讲。后来我们就发现国外有抗毒血清，那我们为什么不做呢？所以我们就想研究抗蛇毒血清。

经过调查我们发现上海生物制品所在生物治病方面的制品是做得最好的，所以就想到动员他们来合作。我们就和上海生物制品所联系，跟他们说抗原由我们负责，我们有蛇园，抗体由他们负责，因为这个抗毒血清是要把抗原——也就是我们弄出来的蛇毒，打进马的身体里，由马产生抗体，再从马匹的血液里提炼这个抗体来制造抗毒血清。

上海生物制品所的技术人员专程来杭州参观我们的蛇园，看我们挤蛇毒。他们刚来的时候当然很害怕，我们在挤蛇毒的时候，他们缩在椅子上，脚都不敢放地上。他们看到我们很熟练地从蛇的毒腺里把蛇毒挤到杯子里面去，挤了以后冰冻干燥，保证质量。我们跟他们说，我们浙江最普遍的是蝮蛇，再就是五步蛇，还有一个晚上出来咬人的银环蛇，还有一般白天晚上都有的眼镜蛇，所以这四种蛇毒是可以保证有稳定的抗原的。我们也向上海生物制品所提要求，抗毒血清要做到精制，不精制是要发生问题的，打进人体里的如果不安全，病人就不敢用，所以要做到绝对精制。

血清的制作，比较好的方法应该是少量多次免疫，但开始的时候他们没有经验，把马的血都放光了，马就死掉了。后来有了经验，加上马也多，就从这匹取一部分血，那匹取一部分血，然后再让马匹保养恢复，恢复后再免疫再取。他们的马匹哪里来的呢？就是当时部队退役了的老马什么的，送给他们，他们就养起来。就这样，我们两家开始合作了。

抗毒血清研制出来后，我们先做了动物试验，成功后就找医疗单位做临床试验。因为我们在中医学院附近养蛇，我们就找到了中医研究所，让他们把这个抗毒血清拿到病人身上去用，安全不安全？好处有没有？好处到底多大？结果，用下来效果非常好。

抗毒血清是有针对性的，因为每种蛇的蛇毒不同，所以抗毒血清也不一样。所以要一样一样做出来，先做蝮蛇的，成功了再做五步蛇的，之后再做眼镜蛇的，然后再是银环蛇，等等。就这样一样一样地做出来。然后，把抗蛇毒血清拿到这家医院试试，那家医院试试，一个医院一个医院去试验。结果，有几百个病例用了这抗蛇毒血清，效果都很好。因为抗蛇毒机理非常清楚，蛇毒到了人的血液里面，分布到全身各个地方，把各个地方都弄坏了，抗毒血清一进去就把这进入体内的毒素抓住了，然后把它排掉，那么病症不就轻了吗？立刻见效，基本上三天病人就好了，病症不会发展，也不会导致残疾、死亡什么的。研究论文《蝮蛇抗毒血清治疗蝮蛇咬伤530例疗效观察》刊登在1974年《中华医学杂志》的中文版和外文版上。

现在抗蛇毒血清已经用得很普遍了，一旦被蛇咬伤，医院首选的治疗手段就是用抗蛇毒血清，先把病人的命保生。抗蛇毒血清，国外老早有了，我们国内却是空白，所以我们的工作就是填补了国内的空白。为什么这么说呢？国外有抗蛇毒血清为什么不直接拿来用呢？不行啊，因为品种不一样，蛇的分布地域性很大，不同蛇种有不同的适应范围，有的分布在这个地方，有的分布在那个地方，有的这个国家有，有的这个国家没有。所以，各个国家有各个国家的毒蛇品种，也就有各个国家的抗蛇毒血清，所以我们不能用别人的，我们只能自己研发。当然，当时条件有限，没法针对一种一种的蛇毒开展抗蛇毒血清研制，但是有的蛇毒毒性比较接近，所以有交叉效果的抗蛇毒血清也可以用。比如说竹叶青、烙铁头，跟蝮蛇有相近之处，所以蝮蛇的抗毒血清可以兼顾一部分蛇毒，也有一些综合作用。这样子我们就抓重点的，用有限的人力物力，做到了事半功倍的效果。

20世纪70年代，浙江省卫生厅、国家卫生部先后派人观看我们用兔子做的现场试验：将相同剂量的蛇毒注射进几对兔子体内，过一段时间，给一对兔子的其中一只打抗毒血清，将注射了抗毒血清的和没有注射的兔子进行比较。毫无意外，没有采取救治措施的兔子死亡了，而注射了抗毒血清的兔子，病情轻的，很快就恢复了，现场效果非常明显。所以，在1978年，我们浙江医科大学基础部和上海生物制品所联合研制的《精致蝮蛇、五步蛇、银环蛇抗毒血清》获得当年全国科学大会成果奖。

后记

俗话说，常在河边走，哪有不湿鞋。跟蛇打交道这么多年，我也被毒蛇咬过。那是在蛇园工作期间，当时，蛇园里养的五步蛇生蛋并孵出了小蛇，小蛇数量很多，我们需要人工喂养它们长大。一次，我喂好后，我的同事还在一边喂，他有点心急，竟然忘记将盖子盖好，一些小蛇都窜出来了！情况太危急，我赶快去盖，但它们仍然窜了出来。我在盖的时候触怒了小五步蛇，两条小蛇在我的左右手各咬了一口，右手咬得比较严重，高高地肿起，只好去住院治疗，最后就是用抗蛇毒血清治疗好的。

　　不入虎穴焉得虎子，很多研究蛇的老师都有被毒蛇咬的经历，我们做毒蛇研究的人没法怕，只有胆大心细，才能做好研究。

人物名片

　　黄美华，1930年11月出生，1953年大学毕业分配到浙江医学院。1970年代研制成功精制抗蝮蛇蛇毒血清和抗五步蛇蛇毒血清，填补了我国在抗蛇毒血清这一领域的空白。与人合著的《中国蛇类图谱》获浙江省1981年度优秀科技成果三等奖，主编的《浙江动物志》及《浙江动物志两爬类》获浙江省1991年优秀科技进步一等奖及全国第六届优秀科技图书一等奖、第六届中国图书一等奖。蝮蛇毒蛋白C激活剂生物学性质研究及临床应用获1998年浙江省医学技术进步二等奖及浙江省人民政府科技进步三等奖。中国动物学会两栖爬行动物学会副理事长，国际自然保护联盟物种保存委员会中国两栖爬行专家组成员，浙江省动物学会理事长兼蛇类研究会会长。

第七章

农　业

水稻两段育秧与我

项目：水稻两段育秧

采访时间：2016年4月6日
采访地点：杭州市庆春路刀茅巷寓所
讲述人：王兆骞
采访/整理：张岚

采访手记："周荣昌、来传根、黄汉江、张惠宝……"，这些农民朋友的名字，王兆骞老先生张嘴就来。"我有得是农民朋友。两段育秧这个成果，其实是我和农民，特别是一批回农村的知识青年一起折腾出来的。"

一个出生在上海这个大城市，上大学之前几乎都生活在上海，家里甚至连个农村亲戚也没有的人，怎么会爱上农学，爱上农民，进入农业这个领域的？这总会让人很好奇。

对于这个问题，至今仍保留在我手机里的王先生的一条短信给出了精确的答案：我的科研历史始终有一条核心轨迹，便是从"知农"到"爱农"到"为农"。知农，从在上海时点滴的、理性的知到经历几次下农村的感性的知。由知之渐深产生了情感沟通，进而产生内心的爱，就想为他们做些事。知之弥深、爱之弥坚，这种爱是发自内心的，由知农进到爱农是我人生观的一大改变，也是我倒贴钱在农村科研的动力……第三阶段或说是境界那就是必然产生的"为农"了，脑子里尽往三农方面想，为谁服务的思想与观念也就逐步形成了。

天上掉下来的大奖

　　我的科研人生分两段：前半生专攻水稻育秧，而后半生致力于生态农业。我在水稻栽培方面得到的最高科研奖项便是我命名的"两段育秧"，在全国第一届科学大会上与其他8项农业研究成果一起，获得优秀科研成果奖。

　　得到这个奖不是像现在这样，先自己申报，经过各级单位层层审批，等道道关口都过了然后正式发布的。有趣的是，当年我这个成果是江苏省上报的。这是怎么回事呢？

　　事情要从"文革"说起。那时我因为"家庭社会关系复杂"而被看成另类。其实我的父辈兄弟姐妹无一不是职员或工人，只因父亲在1948年去了台湾，再加上我"不幸"在众多青年助教中恰巧于"文革"之前被提升为讲师，又因担当了农学系的团总支副书记，因此，就在"文革"开始给我贴了和"反动学术权威"几乎一样多的大字报。

　　因为在我身上实在找不到"反动"的影子，于是就赐我以嘉名曰"二权威"，因为我"上可以与'反动学术权威'平坐论道；中可以和青年教师称兄道弟；下可以笼络迷惑青年学生"。大字报不过是一阵风，吹过就算了。而当时群众分帮结派，昼夜辩论，却没有人敢公然与我亲近，这倒给了我一个自由自在，无人管束的客观条件。

　　那时，自己算来年龄已近四十，觉得工作年龄已经过了将近一半，还没有做出多少事业，心中总觉遗憾。我与农村始终保持着接触，知道在生产上有许多问题迫切需要研究，但当时这些工作没有人做，甚至原来的农业技术推广人员也离开农村，到城里去"闹革命"了。我想着我愿意下乡去帮助农民研究和解决一些问题。但是，在那个时期，到哪里去申请科研经费？经过一番考虑，我决定先下农村再说，好在我有得是农民朋友，和他们去商量，总强过在校园里万般无奈而"生炉子、拎篮子、抱孩子"。

　　我选择了两个地方：一是萧山的西兴区；二是海宁的斜桥区。南下西兴只要骑自行车即可到达，中途只花一角钱摆渡过钱塘江；斜桥则乘早上6点的火车，花一元钱，下车后再走十几里路，也就到了。我每月52元工资是政府给的，花这点钱做些有益的事情，值得！

1978年全国科学大会奖状（档案馆资料照片）

　　要是没有那些勤劳淳朴的农民朋友，我会寸步难行、一事无成。我到斜桥找到大队长周荣昌，对他说："现在你们没有农业技术人员，我来代替。我来指导你们栽培技术和病虫害防治。但是，要求你派10名有文化的青年农民，在你自己指导下和我一起做田间试验。"他欣然应诺。在双方相互充分信任的基础上，他精心挑选了10多位从嘉兴农校毕业，但是没分配工作的青年农民，划给我十来亩地形理想、土壤均匀的稻田。这样，按照田间试验规范，开始了我们的两段育秧试验。

　　西兴响七房村的来传根大队长，也是我永远不会忘记的朋友。在克服技术难点上，他总是自己动手，严格要求和把关，最终解决问题。在校园农场里我也有好朋友农工张惠宝，他热情地、毫无代价地帮助我在农场安排了规范化的试验。

　　说到义务工，要提一下我的女儿王华瑜。她在那时是个初中班的班长。我们的两段育秧试验里有一个分秧的环节，就是把一块块带土的秧苗掰开成带有4～5根苗的小块，这个工作是初中生们能够完成的。她这个班长一声令下，全班人到齐。劳动一个下午，弄得浑身是泥水，然后我就每人发给他们一根当时最廉价的冷饮——两分钱一根的白糖棒冰和三分钱一只的香蕉酥。这几乎已经是我用自己工资所能办到的极限了，因为家里还有老岳母和三个子女需要抚养。看着他们舔着棒冰、啃着香蕉酥，享受着劳动之余的快乐，我的心里也在笑。

还有黄汉江，方脸，长着永远剃不干净的络腮胡子，他在我记忆中始终是个强健、粗犷、直率、勤奋好学、行动远胜于言辞的小伙子。

我和他相识是在1969年，因为"文化大革命"中，在"抓革命、促生产"的旗号下，"革命委员会"组织了一批农学、植保、土化系教授、讲师中的"闲人"组成小分队，借诸暨蚕校办了唯一的一期工农兵学员班，为期半年。工农兵班有学员30人左右，选了一个班长，他就是黄汉江。

每天清晨黄汉江最早起床吹哨子叫醒大家，领头跑步。上课时，记笔记最仔细和发问最多的也是黄汉江。他每天晚上在规定熄灯时间以后，打着手电筒躲在被子里读书。当然，教师一般是欣赏这种行动和这种学生的。

我和他再相逢是在1971年，我住在海宁斜桥做田间试验的时期。他就在斜桥旁边的长安镇农村里。听说我在斜桥，就来找我。正巧我希望有人做科研助手，黄汉江是再理想不过的人选。就这样，他时常来斜桥，同时，在长安镇也布置了同样的试验进行观察记载。他做的田间观察和记载详细而又工整，我们就这样成了科研搭档和朋友。在我发表的两段育秧研究的早期学术期刊论文中，常有他的名字作为第二作者。

在我回到杭州时，他有时也来我家和我讨论试验，还常跟我一起到实验室做水稻样品的化验分析。说起化验分析，也得感谢许多人。药品仓库反正放着没用，他们大方得很，要什么就给什么，分文不取。当然，室内工作的条件与现在是不能比的。比如说从第一段小苗秧田无论抛入、栽入寄养田后，根系的生长量、总面积和根系活力都显著增长，我在测定根系活力时，试验了好几种方法，得到了规律一致的结果，最后还是选阿法–萘胺法。但是，起先做了不少实验，数据彼此相差较大，最后发现在26℃~27℃来做准确度最高。在大热天只有夜里11点以后才符合这样的温度要求。于是，黄汉江常来杭州为我替班，有时白天不回去，就在桌子上睡觉，夜里做实验。照例，也是义务劳动。

我与黄汉江在科研上的合作一直很默契。但是，他很少谈起他的家庭和村镇的情况。"文化大革命"结束了，没想到海宁长安镇时，针对黄汉江的"革命"行动却仍然继续。一天，黄汉江清早来到我家，一般他从长安镇来我家不会这么早。我感到他有点身心疲惫的样子。他交给我几张科研记载表格，坐了一会儿，就走了。没有料到这竟是我和他的最后一别。

事后我才知道，黄汉江就在最后一次从我家回去时，在他家门口投井自尽，那次来是向我告别的。及至闻知，既震惊又惋惜不已。又过一年，海宁县由主要领导出面，邀请我去做学术报告，场面弄得比较大，好几位主要领导超出常规亲临主持。会上讲了许多我对海宁的贡献等等场面话，会外说了若干道歉之词。也提到黄汉江，称他是人才，为在一场做过头的"运动"中发生误会表示遗憾和惋惜。如今事早过，境已迁，人杳然。我却常怀念他！

再说回两段育秧，两段育秧是我和农民合作在吸取秧苗带土浅栽及水育大秧、传统寄秧等方式优点的基础上，发明和完善并且由我命名的。它把秧苗培育全过程分成两段：第一段称小苗阶段，由于秧苗初期生长慢体积小，可以吸取小苗带土秧节省秧田和早发、快发的优点，实行密播、旱育。当秧苗长大相互挤轧，以晚粳稻为例，大致叶龄[1]5～6，苗高约2～15厘米，净秧板叶面积指数约6～8时，就或铲或栽或抛地"寄植"，疏散开去；第二段就称寄秧阶段，是两段育秧获得优势的主要阶段。把育成的小苗带土分散成带4～5根的小块，浅浅地寄植到经过耕整施肥的寄秧田里，在优越的水、肥、气条件下促进秧苗粗壮，培育出胜过普通水育大秧的壮秧。同时，由于寄秧田仍然可以种当季早熟的早稻，也就减少了专用秧田的面积，促进早稻总产量的提高。

我们的试验和在江苏、浙江两省的大面积实践都证明：两段育秧用于迟栽的连作晚粳稻，晚季中籼、中糯以及杂交水稻，都能起到迟栽高产、早熟避灾的作用，不仅能显著增产，而且能使晚季中籼及中糯等容易延迟抽穗的品种适当迟栽仍能在秋季低温来临之前及时抽穗，不易因受寒潮影响造成"翘穗头"。作为冬季作物后作的迟栽早稻品种，适当延长秧龄后不易发生过早抽穗，导致"小稻头"。

两段育秧推广的效果比较明显可见。例如，1974年是两段育秧在江苏省试种后大面积推广的第一年，该年仅江苏省和浙江北部的两季水稻中就推广了近千万亩，每亩可增产稻谷50～100斤。即使以每亩大田增产稻谷50斤计，也至少增产5亿斤以上。至于连续七、八年在长江流域推广的累计面积和增产的稻谷，总共应

[1] 叶龄是指主茎已出生的叶片数。

该分别有几亿亩和几百亿斤。总的推广数据应该是农业部掌握的，因为这正是他们推荐与评选出优秀科研成果奖的依据。

我至今仍感谢和怀念我的许多江苏老朋友。其中与吴县县长陈金根、苏州地区农业局黄锡局长的合作最是令我难忘。在他们的宣传发动下，苏州农民跋涉百里来海宁斜桥田头参观，最多十天之内竟达三千多人，挤满田埂，路为之塞。

那时还只有很累赘的中文打字机，打在蜡纸上，在蜡纸下面还垫着一张薄薄的棉纸，上面有打印的痕迹，常用来校对错误。无锡县农业局的钱恒同志，和我一起回杭州，等在打印员身旁。刚刚打完，还没有来得及校对，他就扯下棉纸，赶回无锡自己去打印了，而且以此内容马上出版了小册子，回去推广。第一年就在苏南地区推广了数百万亩，增产数亿斤，次年更扩展迅猛，他们当即向农业部和国家科委申报科研成果。

后来，两段育秧在第一届全国科学大会上被授予全国优秀科研成果奖，同时也被授予浙江省优秀科研成果奖。被科技部编撰的书中列为近10年理、工、农、医286项重大科研成果之一。可是，这个奖竟然是极偶然地"从天上掉下来"的。

当时，我压根儿没有想过要得什么奖。当然，那时更没有从申请到论证、评议、审批这一套规矩。就在我毫不知情的情况下，一天，我们农大新来的党委书记李超同志突然把我找去，说省长王起同志在北京看到展览出的浙江省科研成果中有一项两段育秧，据查是浙江农大研究的，又据说是你在研究的。我就约略地作了第一次的口头汇报。

得奖的过程还有点复杂。原来江苏省先向农业部报送了以"两段育秧"为名的科研成果。经农业部查证，江苏省推广这项技术是领先于全国，但是作为科研成果却是出于浙江的。其时，浙江省长王起正住在北京饭店，看到大厅里悬挂着这项注明浙江省科研成果的照片，立即打电话问农业厅。厅里说是农大做的，王起省长打电话给农大党委书记李超，经过查问才知道是我，其实是我和农民，特别是一批回农村的知识青年，其中有若干农校毕业生一起折腾出来的。而这项成果也就这样在事先毫不知情的情况下得了奖。

其实，丁振麟校长早就知道我在做研究，而且很关心。直到他生病之前在校园里见到我，还关照我把两段育秧的材料再整理一下，系统化后发表。可惜这篇文章竟与悼念他逝世的文章刊登在同一期《浙江农业大学学报》上，这也是我此后挥之不去的遗憾和悲伤。

有趣的是，当我在二十多年后，作为国务院七部委领导的全国生态农业县项目专家在贵州山区考察时，当地有关人员根据同行农业部官员的介绍，称我是"生态农业专家"。而在当农业局长汇报到"积极推广新技术"时，竟首先提到推广两段育秧。当时，农业部官员指着我插了一句："他就是两段育秧的发明人。"于是在我们以后逗留的几天里，当地官员辗转介绍我的时候，竟不提生态农业，而只说我是两段育秧专家。其实，这些技术在它的发源地长江下游已经不再用了，而在贵州山区的生态环境和农作制度下还能发挥作用。这使我感到意外，也让我增加了一分生态学和农作制度都要因地制宜的知识。

虽然两段育秧得到了全国和浙江省的最高奖，但是它也就是个经过若干技术改进的集成技术创新而已。然而，它的产生过程和精神价值却是我永志不忘、鞭策自己的动力。

为了理想选择学农

我是在上海这个大城市出生的，除了因抗日战争逃难去过昆明两年之外，都在上海读书，家里甚至连个农村亲戚也没有。我之所以进入农业这个领域，似乎有些偶然，却也事出有因。

我即将从上海育才中学毕业的1950年，清华大学在我们学校里设立了招生点，我的很多同学也确实大多考进了清华理工系科，清华还成立了一个人数不少的育才同学会。在两班毕业生中只有我和另一位同学报考了浙大农学院。

这倒不是因为我对农业有什么认识，而是有三个"诱因"：一是我母校的生物学教师孙振中先生给我的影响，他不但以严谨的生物知识教育着我，还叫我做他画生物挂图的助手，这使我对生物学和进化论有了兴趣；二是听了当时被请到育才做报告的复旦大学农学院长卢于道的一番演讲，他讲到农业的重要、农学的重要，吸引了我；第三，也是最重要的，是参观了华东农业展览会和看了两场苏联农业电影。在农业展览会上，我看到了七八百斤重的大猪，就想去大规模地饲养它；在米丘林彩色电影中，那人工培育的鲜红的600克安东诺夫卡大苹果，还有那部《拖拉机站和总农艺师》电影中的年轻女农艺师指挥着几十辆排成长队的大型康拜因，顷刻间把一整块麦地齐齐割倒的场景让我看了热血沸腾，我憧憬着在这样的地方工作，为新中国作一些贡献。所有这些因素，吸引了我。我义无反顾地选择了农学专业。

后来，我才知道，因受电影的影响而进入农学院的人还不止我，至少就有我的同班同学沈惠聪，后来成为我的夫人。她和她女子中学的若干同学也是被这两部电影从上海"引导"进农学院来的。

我愈进入到农业、农民当中，对农业的认识也愈深，同时对农学的兴趣也愈来愈浓厚。

我第一次下乡接触到农村，是在1954年春天。这段经历使我毕生难忘。那是大学毕业前在嘉兴农村进行的生产实习，是首次试行学习苏联的教学计划。按苏联计划，在第八学期是生产实习，但由于没有经验，也没有任何事先准备，系领导举棋不定。我们就和老师一起与农业厅联系，先把学生分散安排到嘉兴北部农村的农户家里，同吃、同住、同劳动，就这样开始了我们的农村学习生活。

那年春天，气候特别反常，是历史上少有的春雨水涝年。正是育秧季节，我们分散住在农户家里，跟着农民一起劳动，一起生活，学习和研究农业技术。

那一年，时断时续、时大时小的雨，竟绵延了四五十天，1/3以上的低洼稻田成了一片泽国。我和农民一起冒雨到秧田排涝，检查水稻秧苗，还学会了踩水车。我们很多人都是第一次身披蓑衣，那时还没有塑料雨衣，在极粘、极滑的青紫泥稻田小田埂上行走。那些田埂都是下硬上滑，即使走了好几次，有了一点经验，即使小心翼翼，还是会滑下田埂，弄得膝盖以下的裤腿满是烂泥。从田里回来，又和农民一起焦急而又无奈地站在屋檐下望着雨，盼望着停歇。

当然，在这样的天气条件下，秧苗根本无法扎根、生长，到处都发生烂秧。那是我平生第一次体会到农民的艰辛、农民的心情。

后来在填写毕业分配表格上"个人志愿"一栏时，我的愿望没有变，只是少了一些浪漫，多了一些实事求是和对艰苦的准备。因为我看到并体会到了农村的贫穷落后，我也看到方正三教授讲农业机械化课程时，讲到康拜因的构造与原理时，只能指着黑板上挂的图说："这是康拜因的图"。凡此种种，让我体会到，要像苏联那样拥有威武排列在田间作业的机械化还要经过很大的努力。

但是我的志愿没有改变，我知道黑龙江边境的中苏友谊农场已经有了，其他地方也会有的！只是要靠我们来努力。于是我在分配工作的志愿表上填写了新疆农垦兵团，其他志愿全部"服从分配"。据我所知，我们班级与我同样填法的至少有三四位以上。

在浙大的美好记忆

老浙大的老师、学生、朋友，以及建国初期那略显荒芜却更显自然之美的华家池，继承着抗战时期处处为家，坚持教学、科研的可贵精神，让我至今记忆犹新。

当年课堂不够，部分大课就在一层薄薄铁皮覆盖下的"活动房子"里讲演。"冬冷"自不用说，而阳光直接射在房上的日子，才让在活动房子里的师生们真正尝到"夏日炎炎"的滋味。当时在铁皮房子里讲课的老师都是浙大名教授：谈家帧教遗传学，仲崇信教植物生理学，吴长春、王曰玮教植物学，么枕生教农业气象学，陈鸿逵、吴昌济教植物病害，唐觉教昆虫学，吴耕民教果树园艺，张学民教蔬菜，杜修昌讲农业经济，郑止善教森林学，方悌、彭起教畜牧兽医学。到了四年级，我还选修了庄晚芳教的茶学等。

对于教授们的讲课，我坚持在课堂上集中注意听讲，用小而端正的字，在笔记本上尽可能地根据自己对讲课的理解作详细笔记。因为我在课外还担任着浙农大共青团与学生会的宣传部长，社会活动和体育活动几乎占去了我大部分课外时间，不得不坚持"课堂学习为主"的学习原则。好在每学期结束之前有一周不上课的复习时间，同学们都往图书馆抢座位，而我有个秘而不宣的独特去处。

那时的杭州远没有如今的繁华。全杭州只有几条公交线路，其中，5路公交车的起点站就在浙农大老大门口，终点站是灵隐。我每天准备好几块大饼，带着我的听课笔记和书本、讲义，乘头班车，买张九分钱的车票，直达灵隐。

我的目的地是灵隐寺对面的飞来峰半腰的天王洞，这地方高不过五六十步，我称之为洞，因为它的确凹进山体，有十多平方米相对平坦的地面，洞窟内墙雕有天王像。就在这小小的洞里，摆着四张简陋的小桌子和几把破旧的靠背藤椅。这儿原来是个幽雅的茶座，周边是山石和老树，下方是横亘在飞来峰和灵隐古刹之间的潺潺小溪。

　　这是个千金难觅的读书之处，更难得那位泡茶续水的好心人，我不知道他是当地老乡还是灵隐的方外之人。就这样，我不到一天就能复习完一门课，口袋里的烧饼也一并入肚为安。在天王洞用功几天，再"出洞"应考，顿觉泰然。

　　浙江大学在1952年以前，并没有拆分。那时校本部在大学路，庆春路口是北大门，也就是正门，现今的横河公园是老浙大的东南部，有座土山，山顶有口钟，钟声是上下课与召集师生的号令，洪亮的钟声直达学校西南部的田家园，就是现在浙二医院北和北大门内的阳明馆以及以（王）阳明、（黄）梨洲、（张）舜水三位先哲命名的教学、科研楼护卫着的子三广场，这就是我记忆中的老浙大。如今当然已是面目全非，但隐藏在密不透风的高楼大厦之间，我发现居然还能看到阳明馆的完整楼房，只不过经过几番易主，如今成了一座连锁旅店。

　　记得当时党委书记、校长金孟加对体育很重视。当时农学院的操场跑道上每天早晨挤满了跑步和运动的学生，而在简陋的健身房里也时常能看到校长金孟加练习举重的身影。

　　从1952年建立农大起，每年的春秋两季运动会是最让学生们兴奋的。学生们按照班级在操场四周搭建帐篷，全班人马一个不缺。每个学生都必须参加1～3项比赛。以跑步项目为例，当大喇叭通知某某项目参赛人员报到时，其余人员就按估计的时间，准备到跑道近终点处"加油"。所以整个赛场人流穿梭来往，热闹非凡。我们农学系2、3、4年级算一个单位，得奖牌的运动员最多，吼声也最响。我则靠了两条长腿，每次都能在800米、1500米以及跳高、跳远等项目上拿到男子总分冠军，而我们队也必定是团体总分冠军。

　　其实，我对体育的兴趣全是进入浙大后培养的。1951年暑假，我被选送到共青团在原之江大学校区举办的团干部短训班学习近一个月。班长是当时任浙江省青委书记的乔石同志，他带着我们几乎是半天学习半天玩。之江校区位于钱塘江边的山脚，绿树成荫，即使夏日炎炎，也自有一片荫凉。我们就在山腰的篮球场里车轮大战，玩得浑身大汗淋漓，冲向山下，在清澈的江水里洗却身体与心灵的污秽。从此，在我每天的活动计划里就少不了跑步和篮排球。

　　我在学生时代还有一次难忘的活动是毕业班为了浙江省新安江水电站建设作前期土地测量，并提出土地利用的建议。我们执行任务的范围在淳安县大部与相邻建德县的一部分。虽然我们也曾在老淳安县城集中过，但是这座老城及其周边

王兆骞教授在家中

不是我们要关心的地方，因为令人期盼的新中国第一个大水电站的蓄水库即将把它们全部淹没。

谁也没有想到那里将成为一个美丽的千岛湖，而我们在那些日子每天爬上爬下的高山——什么黄茅尖、柏庐坪那些千座高山，都成了湖中千岛。人们现今正在热衷于潜水探寻老淳安县的"古迹"，现在我想起60年前的往事，却清晰犹如昨天。那时的我，的确是个未经实践，知之甚少的初生之犊。却偏偏指手画脚，出了一些回想起来可笑的点子，倒是那时的勇气确实有些可嘉。

有一天晚上，我们在山顶上，有消息报来说，在某方位发现一大块平地，要测量队去测量。那时测量队正在山脚下的一个村子里，天一亮就将离去，必须赶在他们离开之前与他们取得联系。那时当然没有手机，于是我必须得在下半夜赶下山找到他们。这山很高，只有一条小路沿着山山相连的斜坡蜿蜒而下。

我就在下半夜三四点钟出发，左手执电筒，右手舞一根竹棒。在皎皎月色下，走在山体凸出的阳面，小路依稀可辨，可以大步跨进，而在阴面，就只能摸索寻路，必要时还得打开电筒。正当我从一段阳面走到阴面时，路的上坡杂树林里唰唰大响，我立刻感觉到遇上了野兽，而且很可能是我最害怕的蛇。于是我亮起了电筒，把竹棒舞得呼呼作响，借齐天大圣之神威，居然一瞬间把"野兽"镇住不响了。可是，我在明处，它在暗处，它看得见我，我却看不见它。于是我把电筒一闪一闪，竹棒挥舞得风生水起，而它潜伏不动，我无可奈何，心里的惬意更浓。只好背对前路倒走，以防偷袭，如此形成双方僵持之势。大约对峙了半小时，听到呼噜噜的粗重喘气声，随着一大团黑物从小路上方呼啸滚爬而下，渐渐隐没在下坡的玉米地外。此时，我才放胆大步前行，而东方的山背已隐现白光，我依稀看到那只野兽站立在山脊上，大概是只大野猪。

下得山来，找到同学，完成任务。与当地老乡说起刚才发生的事，他们说：你遇到的如果是刚刚受过伤的野猪就会有很大危险。几天前村子里就有一位老猎手被受过伤的野猪一头撞在胯下，当即身亡。不过，一般的野猪，你怕它，它更怕你。此话颇含哲理，我体会良久，记在心里。

开始教学生涯

1954年我留校任助教，直到在自己学校报到时，心里还认定学校是坐办公室的地方，而我并不习惯那样的工作。其实不然，你若一直"坐"着，你就会一事无成。

我被分配在普通耕作教研室当助教。此前的农学系学习苏联体制，建立了作物栽培、遗传育种两个教研室；而学习苏联新建的耕作学，还有些1952年院系调整后由农学院自己开的专业基础课如农业气象、测量学及水土保持、农业机械，乃至林学系"挂单"留下的森林学都被纳入这个教研室。

在学习苏联的背景下，院系调整之后的普通耕作学进行了改革。它以苏联土壤学家威廉斯所著的《农作学》为基础，强调提高土壤肥力，采取轮作、深耕等措施，为高产稳产创造条件。我的导师沈学年带领我们把当时正在兴起的南方耕作制度改革导入耕作学，使其内容更加丰富、充实、"接地气"。

我在1955年春随丁振麟、陈锡臣、游修龄、汪丽泉四位老师到北京，参加了农业部举办的作物栽培学苏联专家讲习班，地址设于刚刚建成的北京林学院，为期四个月。讲课专家叫契尔诺格洛文，年纪至少60岁，在自我介绍中讲述他如何悬梁刺股般地用功学习，终于功成圆满地得到了博士学位。但是他的讲课内容却让我们不敢恭维。

那么我们从全国来了四百多名教师，在这四个月里学什么呢？农业部领导及时组织了教学指导组，由水稻研究的元老、中国农科院长丁颖为组长，浙农丁振麟、沈农杨守仁、华中杨曾盛与四川杨开渠等著名教授为组员，组织学员中对各种作物研究造诣最深者，轮流登台讲课，大部分还补发自编讲义。这样，集全国名家于一堂，倾心倾囊互相传授，大家获益匪浅。更重要的是当时各校派出教师中都有1~2位小青年，这些人从结识到成为好友，在学术成长过程中，不断相互学习，对我国农业科学有相当的推动作用。

在作物栽培讲习班之后，我又去北京农业大学师从孙渠教授学习耕作学近一年。孙教授就是威廉斯土壤学与农作学原著的翻译者，他博学广览，对年轻人悉心传授，而且时常向我详细垂询南方的种种情况。讨论南北方在耕作学方面的共性和差异。当我在北京的进修快结束的春小麦收获季节，他给我机会，让我远赴黑龙江北部的大型国有农场，参观那些一字排开的康拜因，齐头并进割倒并同时脱粒的壮观场面，圆了我多年的梦想。惜乎孙先生在我离京后即盛年早逝，是农学界一大损失。

我刚刚回杭州，沈学年先生就接到农业部的邀请，让他到新疆去参加耕作学的苏联专家讲习班，并作为中方专家组组长。为了积极支持他所向往的学习交流之行，刚刚毕业两年的我，在他的亲切关怀与嘱托之下，一个人接下了讲课与实验的任务。我用蝇头小楷详细写了讲稿，再另外用硬些的纸片写成提纲，以防讲课时偶然接续不上，可以看看。至于实验，那就有趣了。有一个耕地质量检测需要用拖拉机耕田，然后由学生测量耕地深度及其他耕地质量指标。我就先学习驾驶农机房里仅有的一台中型福特拖拉机，又试着开到刚刚收割完的水稻田里耕起田来。

等到实验课前，我先用扁担挑着箩筐。里面装着测量土壤容重的小铝盒、皮尺和直尺，杂七杂八装满筐，置放在田头。然后，自己去农机房驾驶带着两只犁头的拖拉机，有些地方耕得仔细点，有些就有意无意的马虎点，让学生在现场或者取样回实验室测定。好不容易结束了一堂田间实验课。一面在想哪些方面有问题，下次需要改进；一面又有些沾沾自喜。一堂从未开过的实验课，居然还乱中有序，就这么一个人，像跳猴把戏似的撑下来了。

为求知的农民讲课

在"大跃进"亩产稻谷万斤的荒唐闹剧之后，我们全校师生下乡劳动锻炼，直到"四清"运动前后，华家池校园又有了正常的上课与琅琅书声。进入20世纪

60年代，随着"技术革新"、"四清"等运动的开展，理论结合实际、下农村这些问题又一次被强调。省委在浙江农学院蹲点领导四清运动，到最后落实整改措施时，公开征求群众对教改的建议，我提出要在农村建立固定基点，让学生、教师有研究农业、农村、农民，并为农民服务的具体对象和场所，当场得到主持会议的省委宣传部长盛华同志的支持。他说："就请你组织一个小组，带头下去，怎么样？"我当众毫不犹豫地应承："好！"。

几天之后我们就在萧山农村安下了家，我"高卧"的"床"，就是在一个像如今居民区门卫岗亭那么大的废弃农舍里，往一个空的大水缸上横铺了一块门板。在农村的日子长了，我体会到在种稻的过程中，农民最感到烦恼的就是育秧技术。在西兴，我的第一项"科研成果"，便是协助农民一起研究防止水稻烂秧的技术，并在大幅度减少烂秧的同时，和当地农技站一起，把搭矮棚尼龙育秧的技术在西兴大队推广到占当地秧田90%以上（总要留下一点晚稻秧田），乃至人们一进入西兴的田畈便见到有异于它地的一片片塑料薄膜架子秧田。

我在那里又一次和农民一起，在早稻育秧季节，面对着少见的连续阴雨，一边向老农学习经验、一边用科学知识帮助他们分析，然后在"学习、总结、分析、提高"的基础上，研究解决双季稻栽培，特别是育秧中出现的问题，许多经历至今难忘。

如果要在我那时的生活中撷取一个最难忘的镜头，那就应该是我在农村对农民讲课的情景。1970年的暮春，乍暖还寒。秧田里的苗还没到栽插的时候，农忙还没有开始，大队长叫我给农民讲水稻课。这已经不是第一次了，不过他说希望我先讲一课水稻栽培的大致规律，以后再结合田间情况，在关键时刻分几次讲。这是切合实际，讲做结合的好方法。

我很认真地思考讲课内容与方法。首先水稻生长过程是农民最熟悉的事物，也是我所熟悉的。我就围绕水稻从发芽到成熟的一生，尽量讲活，把生理、生态的有关科学道理，以及所要采取的措施，结合农民心里最熟悉的记忆来讲，我还把我学的当地方言萧山话尽量用在讲课里。而这时得到他们的回应，比如应答、对讲课里的比喻会心地笑等等，都是对我的鼓励。

不知是什么缘故，我一想起往事，就有一个特写镜头闪现在眼前。镜头定格在20世纪70年代初期，我在萧山西兴向七房大队，与农民一起研究两段育秧讲课的情景：那次讲课，依然是在村子里带着大天井的祠堂大院里坐了将近两百多位农民。而在中间坐着一位正在给小孩哺乳的妇女。她的座位背靠粗大的廊柱，一面哺乳，一面聚精会神地听我讲课，一直到讲课结束才随着大家一起离开会场。当我一眼扫过，看到这个场景，心为之动，讲课的精神更加振奋。可惜那时没有照相机，也没想到要留下什么记录。

多年来这个场景时常在我眼前浮现。我想，她一定是位下田的主要劳动力，我讲的正是她所需要的知识。我能为她和像她一样的农民做一点事情，发挥了知识的作用，这就是我的愿望。农民是最诚恳的实践者，西兴镇明显低于其他地区的烂秧率，以及遥遥领先于其他地区的尼龙育秧使用率，就是对我们努力的最好褒奖。

防烂秧技术和我交了很多农民朋友的这些农村基地，也是我在"文革"后期，在萧山、海宁二地，一呼百应，试验和推广"水稻两段育秧"，从而获得1978年全国科学大会优秀科研奖的"预研究"或前奏。而我至少在4篇已发表的科学论文题目下，在作者中列入了农民合作者的名字。

我始终不能忘记一连串名字：萧山农民来传根、来吾泉；海宁农民黄汉江、周荣兴；还有我们农大农场的农工张惠宝、杨文波、楼再兴。今天这些同志有的已经作古，其余也已年届耄耋矣。

与生态学的缘分

我在1979年写了《用农业生态学观点分析杭嘉湖地区三个大队的增产经验》论文，此后，在研究水稻和农作制度的基础上，我一头钻进农业生态系统和生态学的研究。在浙江农大建立了国内第一个农业生态研究所，并和同志们一起建立了浙江省生态学会。之后，在年轻同事们的努力下，发展成生态学博士点及国家重点学科。

怎么会想到创建这个专业的？当时我国工业化已经开始发展，在发展中必然产生的负面作用已经显现，个别地区已经很严重。以生态学家马世骏等为代表的生态学者和边疆、石山等老首长一起疾呼要重视保护环境与生态，希望先从生态农业开始。与此同时，经济学家许涤新、杨挺秀等也痛感原来发展经济的模式不考虑资源和环境，是不可持续的。

当时美国人卡尔松在1962出版的《寂静的春天》一书已传到中国，这本书列举了大量西方发达国家在发展工农业中对环境的破坏与污染的严重性和危害的长期性。其中所举农药的例证，更振聋发聩。这是发达国家百余年发展所积累的惨痛教训。中国在发展中也已发生诸多环境问题，不但要花好几倍的人力物力财力去修复，而且有些毒害会遗留好多年。我们开始认识到整个地球村的人要的是"可持续发展"，生态建设和环境保护必须在发展过程中就抓。生态农业，它是我国政府大力提倡的农业发展模式和方向。

有的朋友问我：你得过作物栽培的大奖，也被选为一些学术组织的负责人，还曾经被选为全国教学指导委员会作物学科组长，水稻高产研究会副理事长和国际上的亚洲农作系统学会执行董事等，为什么"转行"去搞生态学了？

其实，这是误会。我在学习研究水稻等作物学时，就是以作物生态学作为基础的，我最敬仰的丁振麟教授在他去世前几天还在医院里和我一起会见上海科技出版社的总编辑讨论帮助他一起编写出版作物生态学的计划。我在导师沈学年教授指导下讲授的第一门课程是耕作学（也称农作学），也是以广义的生态学为理论基础的。

我在当时的农业大学建立国内最早的农业生态研究所之前，对作物科学，特别是稻作学和耕作学已有了近30年的学习研究历史。有一条深刻的体会是：水稻不是单独存在的，它的繁荣或没落离不开整个种植制度和种养结构，而种植制度和种养结构又与农村大环境的综合因素地理、气候、土壤、水域密切有关。当然，也受到社会和经济环境的巨大影响。"文革"结束后，我国农村经济体制开始了新的变化，经济体制的变化又在很大程度上影响着农业、影响着作物布局，甚至作物和农作系统的兴衰。带着这些认识，我开始学习并接受系统论和生态系统生态学的思想。

应该说一说对我影响很大的一位澳大利亚专家麦克·克莱蒙特。他是一位生态学家，也是第一期世界银行对我校贷款的负责人。我还记得他站在办公室走廊里和我做了一个多小时的长谈。我们谈到生态系统理论、谈到农业生态学，强调在研究综合系统中多学科综合研究的重要意义，他还介绍我阅读美国生态学泰斗奥多姆的著作。在他的推荐下，美国经济学家米勒教授由世界银行派来浙江农大讲学，课余与我交谈良久，还签名送了我一部考克斯和阿特金斯主编的《农业生态学》。这些都使我接触到现代生态学，特别是宏观生态学的新观点、新信息。

我熟悉杭嘉湖平原水网地区的农业和农村，在不断吸收新的学术观点之后，重新审视着我们的农业生态系统。我对圩上栽桑，田里种稻，农户养湖羊、猪，塘里混养四大家鱼以及捻河、塘泥返回桑地和稻田的千百年可持续发展的传统良性循环经验有了新的认识。

1978年冬季，暴雪降临杭嘉湖平原，积雪盈尺。我踏雪进驻德清洛舍陆家湾村，和著名劳模陆阿大一起下田观察绿肥、油菜、大麦冬季作物轮作的效果。在陆家湾的工作使我第一次以农业生态系统的观念在学术期刊上发表论文，也是我跨入生态农业研究领域的重要一步。

人物名片

王兆骞，1931年12月出生，1950年考入浙江大学农学院，毕业后留校任教，1985年任教授，1990年任博士生导师。1989年创建国内首个农业生态研究所，任所长。国家级重点学科浙江大学生态学科学术带头人。

成功地创造了培育长秧龄壮秧新技术——水稻两段育秧，获得巨大效益，并因此获得首届全国科学大会优秀科技成果奖。20世纪80年代以来，主动联合不同学科的教授，组织以农业生态系统为对象的多学科综合研究，促进了中国生态农业的发展。

曾讲授作物栽培学、耕作学、高级农业生态等10多门课程，主编和副主编农业生态学、农业生态系统管理、作物栽培、中国生态农业等学科方向的教科书及中英文专著十余部。曾主持国际课题7项和国内课题8项，并应邀在联合国所办的亚洲理工学院讲课。

曾任中国生态学会常务理事、荣誉理事，浙江省生态学会理事长和终身名誉理事长，亚洲农作制度学会常务理事、联合国粮农组织顾问专家等。

为粮食增产把"污染"关

项目：工业废水污染的防治和综合利用研究

采访时间：2016年10月13日

采访地点：浙江大学华家池校区核农所会议室

讲述人：陈传群

采访/整理：陆兴华

采访手记：30年前，当我踏入农大求学时，陈传群已经调任浙江省科委工作了，所以这么多年来尽管听老师们说起过多次，我从未见过陈老师一面。翻看有关资料，笔墨最多的是关于陈传群与星火计划。在省科委，陈传群不仅是一名星火计划的组织者和实施者，更是一名勇于探索和开拓的实践者，也因此获得国家科委授予的星火特殊荣誉奖。尽管担任过10年的省科委主任、4年的农科院院长，但陈传群心心念念的却是核农所的科研和课程。采访的过程，陈传群并未提及他付出心血的星火计划，他反复说，我骨子里就是一名教师，一名科研人员。这些年他一直住在华家池畔，对参与创建并担任第二任所长的核农所有着浓浓的"家"的情结。

现在讲绿水青山就是金山银山，环保的理念已经开始深入人心。但在四十多年前，却没有这个理念，高校甚至还没有环保系。那时候出现的是"黑水光山"，"光山"好理解，就是靠山吃山，上山砍柴砍树，把山砍得光秃秃的，而"黑水"呢，就是工业废水，有的废水中含有氮、磷等元素，一些地方将工厂排放的污水灌溉农田做肥料用，有一定的增产效果。而电镀、皮革、冶金和化工等工矿企业广泛使用各种铬化合物，其排出的废水中含有不同程度的铬化合物。含铬废水直

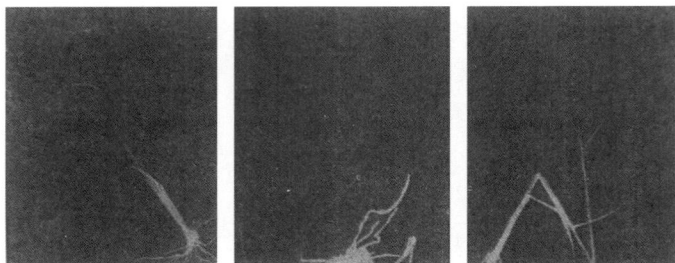

水稻不同生育期^{51}Cr在植株中分布自显

接排入农田和地面水体，会造成对饮用水、水产水质、农田灌溉水质以及土壤的污染。含铬废水废渣直接作为灌溉水和肥料使用，给我们提出了一个问题：这些废水中的铬在作物和土壤中吸收、运转、积累及其影响如何？这方面的研究，国外也有过报道，但尚未见铬的环境学性质及其对农业环境影响的系统的报道。

为了进一步探讨含铬废水用于农田灌溉的安全性，防止其对作物和土壤的污染，我们在1975年开始利用示踪原子^{51}Cr（铬-51）做了初步研究，研究了工业废水中铬对稻、麦的影响以及铬在土壤中的吸收、转移、分布积累。

后来我们和中国科学院原子能研究所（丁锡祥、苏宏渊研究员）合作，应用中子活化分析法进行研究。

中子活化分析方法是国际上先进痕量分析技术之一，在很多领域中得到运用。我们的研究为含铬废水作为肥料给作物灌溉安全标准来提供依据，就是说含铬的污水怎么能够利用，什么是安全的，提供依据。这个结果在全国第一次中子活化分析会议上我们做了两个报告，而且在这个领域里面，中子活化分析只有我们一家。

上述研究结果为农业部制定农业灌溉水质标准提供了依据，我们的课题成果也获得了全国科技大会的优秀奖。

克服困难，三方合作出成果

课题立项是1976—1977年。这个项目得到学校、浙江省科委、农业部的支持。

　　"文革"刚结束的时候，百废待兴。我们当时跟土化系的叶兆杰、何增耀老师经常交流、讨论工业废水污染的防治和利用研究。因为他们与杭州皮革厂有联系，所以他们就提出皮革厂废水这个问题，经商定做含铬废水的项目。以皮革厂的废水，作为研究对象，分析废水中含铬化物状况。我们利用放射性同位素^{51}Cr模拟这样的废水，研究水稻对铬的吸收及其在根、茎，稻壳的和稻米吸收分布状况，结果表明，铬在水稻根、叶、谷壳和稻米都有吸收而且吸收量不一样，以及铬在土壤中各层次的转移和分布。

　　我们的研究也是克服了许多困难。第一个问题是采用什么方法研究。从研究方法看，当时我们感到除了我们自己应用放射性同位素示踪技术外，我们还可以跟中国科学院原子能研究所合作。采用中子活化分析技术，因为中子活化分析在全国来说也是刚刚开始的，在工业废水利用研究我们还是第一家合作。

　　第二个就是经费问题。因为经费较为困难，从省里面到国家当时经费都很少。所里我们拿到几万元课题经费大家分着用的，不像现在经费是几十万、几百万这么多的。所以我们的合作各方是各管各的，皮革厂、原子能研究所经费由他们自己负责。我们自己的东讨一点，西讨一点，来支持我们的研究工作。

　　第三个问题是怎么合作。主要是两个部分，一个方面是我们在做的，就是应用放射性同位素示踪方法的研究；另一方面我们到北京去，跟中科院原子能所合作研究，我们把样本送到北京应用中子活化分析技术，主要是这两部分研究工作。校、厂、所三家合作做。

　　课题研究的内容，第一个作物里对铬的吸收分布，包括水稻、小麦、水生生物，还有蔬菜，这是研究的对象。主要看铬在这些作物里的吸收分布，以及在土壤里分布动态的情况。这个主要为含铬废水作为肥料和灌溉标准来提供依据。这个工作的结果，第一个就是得到土壤里面的背景值，就是土壤里面原来铬的含量。另外就是在水稻、蔬菜和水生植物中的吸收、分布的情况。以及铬进入土壤里面的分布情况怎么样，分布到哪一层，各层比例多大。提出综合结果来看，在什么情况下，哪些含铬工业废水可以用，哪些不能用，最后为农业部制定农业灌溉水质标准提供了依据。这个研究成果在全国第一次中子活化分析会议上我们做了报告，在这个领域里面，中子活化分析只有我们一家。

20世纪80年代初，陈传群在给学生上课

分析水平，走在全国前列

铬废水中铬在作物和土壤的分布情况，我们可以定量地把它与原有土壤中的铬分开出来，一般常规的化学分析手段还做不到，所以我们这两个手段，同位素示踪和中子活化分析，对当时来说，在环保领域，还是走在前面的。

同位素示踪，我们用的是^{51}Cr，就是铬的放射性的同位素。我们制定的水多少量，添加多少进去，以后用这个水灌溉盆栽的水稻等，灌溉后，我们在不同生育期采样。就水稻来讲收获的时候就是把水稻植株各部位分开，测量它的放射性，测算铬的含量，这样可以知道哪些超标，哪些不超标。

还应用放射性自显影，可直观看到铬在稻株各部位的分布情况。这是其他方法做不到的。

我们最后得到灌溉水中的铬在蔬菜、稻、麦等作物里面，不同时期、不同部位分布的情况。在土壤里面，水灌溉以后，分析铬在土壤里面怎么移动的，在各个层次怎么样，3厘米、4厘米、5厘米别取样再来测量，知道各个层次移动和积累的情况。

中子活化分析是非放射性含铬样品土壤，到反应堆里面变成放射性后，再来分析定量，这就得到土壤背景值，就是土壤里面原来的铬的含量分布情况怎么样。

把废水放到土壤里面，土壤会吸收，植物也会吸收。另外有个标准，你吸收

陈传群参加1997届研究生毕业典礼

了多少，超过了一定量，就不好了，就会污染土壤和作物。我们要盯住作物吸收了多少，在哪一个部位，因为成熟的水稻各部位用途不一样。铬在作物的各个部位的分布含量怎么样，苗期、中期、收获期的分布又是怎样，土壤里面移动的情况，垂直的移动有多深，各个层次的分布，要回答这个问题。

所以有个灌溉水质标准，农业部制定的，如果工业废水中铬是超量的，以后就是要限制，不能排放了。我们的研究工作为含铬废水使用标准提供了依据。

不管多热，都要穿好厚重的防护服

我们老一代在20世纪50年代末开始接触放射性同位素工作，现在已经几十年过去了。我们做含铬废水研究，要用放射性同位素^{51}Cr。

因为这个铬是放射性的，^{51}Cr带有伽马射线，所以我们做实验就要用铅玻璃防护。不管冬天夏天都要穿铅围裙防护。那时候没有装空调，夏天其热可想而知，按规定做放射性工作要有营养补贴，可那时候没有经费，也就没有营养补贴。

你现在观察一下，现在学校里的科研人员做研究基本上都不用放射性同位素，其中的一个原因就是怕这个辐射。这部分基本上没人做了。那时候只要科研工作需要，就会采用这个方法。

我们去做实验，先把防护服穿好，还有防护眼镜，夏天最热的时候也要这么穿戴起来，实验室里面没有空调，到20世纪八九十年代的时候才装有空调的。

陈传群在实验室

这项研究，我们所里主要是我和徐寅良老师参加放射性这部分工作。徐老师那时候还年轻，现在也77岁了，他几十年都坚守在这个岗位上默默奉献。

团结协作，科研从未停顿

我是1953年考进浙江农学院的，1957年毕业后留校任教。1953年浙江农学院也是刚刚从浙大分离出来的。那时候华家池没有高楼大厦，只有一些老的馆舍。

1958年建立同位素试验室，1960年建农业物理系生物物理教研室。我毕业后先到土化系干了三年助教，再调到生物物理教研室，后来经过国家形势发展，陈子元教授带领大伙创建了核农所，并担任第一任所长。后来他当浙江农业大学校长，我接任所长。在核农所，我教学科研一直干到1983年。

核农所的发展过程，得到了学校各方的支持，也凝聚了全所科研人员的心血。当时我们这个单位没有专项经费，特别是"文革"期间经费很困难，很多行政管理部门虽然对我们很支持，但爱莫能助，所以我经常讲，我们得奖也得益于各方的帮助和支持。一个团队成功的因素是多方面的，重要的是团队的团结协作、无私奉献，当时没有人为了个人的职称、工资、经费、科研项目争过、吵过，都是对课题全力以赴。

"文革"的时候，全国我们这个行业都停顿了，包括北京的北农大、中国农科院的原子能所都关门了，就是我们没有关门。教研室老师没有离开过，做项目经费不多，还是坚持做科研工作，有时白天参加批判会，晚上做科研工作。当时不仅硬件上困难，而且还有政治上的压力。当时因为科研工作需要扩建实验室，有人去攻击我们说"毛主席说，农业大学办在城里见鬼去，通通搬到乡下去"，有人还说这里大兴土木。压力之大可想而知，能够顶住，坚持下来，靠的是坚信我们做的是对的，大家团结才顶住这压力，靠的是团队精神，不为名，不为利，坚持下来。核农所取得今天的成就，其团队的精神是非常重要的。没有团队精神，靠一两人再大的的本事也是没有用的。"文革"后，1977、1978年我们连续两年被评为浙江省科技工作先进集体。1978年全国科学大会陈子元获全国先进科技工作者称号。

服从省委决定，但我有一个要求

我是1983年调离农大的，这个也是很偶然的。1983年省委组织部有位领导找我谈话，他跟我说，省委考虑把你调到省科委工作。我说我在这里已经干了27年教学和科研的工作，现在马上要开学了，我还有一个摊子，要上课、搞科研，整个教研室的科研、教学要安排，20多年来我的教学科研都在这个地方，校外行政工作我没有接触过，哪一个省长、书记名字我都搞不清楚。请您跟省委再反映一下我的意见。他说你在学校干过很多社会工作，中学、大学学生会主席、大学生联合会副主席，你在这里还兼过很多行政工作。我说这个不一样，这个跟政府里的行政工作不一样的，希望您帮我向省委反映一下，让我再继续留在学校工作，而且马上就开学了，教学科研有很多工作要做。他说好的，我帮你去反映，但是你要有思想准备。

我想他会把我的意见反映上去，我就准备开学工作了。过了一个礼拜，一个电话叫我参加全省计算机会议，我想全省计算机跟我没有什么关系，我打电话去问，回答说是的，要你参加，吴敏达同志（省委分管科技的副书记）在会上要宣布你到科委工作。我就是这样去参加会议的。我到了计算机会上，一位领导叫我去主持开会，我说我怎么能主持开会，他说今天大会发言，我想大会发言还可以，我点点名字，他说你开完会再回去，我说不行，学校还有很多工作，最多一天我就要回去了。

最后，他问我你还有什么要求，我说我的要求已经讲过，省委决定了，我一个党员当然要服从了。我说我有一条要求，仍兼农大教授。为什么我要这样讲呢，我也考虑了，我想这个行政管理岗位我是很生疏的，如有一天不要我干了，我要失业了，要留后路的。最后他说省委同意你兼，我就是这样去省科委工作的。

那年我就去科委担任主任、党组书记。这都是历史转折，我当然没有这个思想准备。学校也没跟我谈过，就是省里邱清华同志代表省委找我谈话。

1992年，当时省委组织部长卢展工找我谈话，要我去省农科院，担任书记兼院长。我说我马上要退休了，还要去干什么。他找我谈话我第一次没有答应，第二次还没有答应，第三次找我谈话，我想既然组织上这样定了，我就服从，就这样去了农科院4年。我骨子里就是一名教师，一名科研人员，这种转折根本都没有想到的。

后来我一直兼任核农所的教授，兼到我退休。我一是和其他老师一起指导研究生，二是搞科研，就这两件事。行政工作再忙，我都要抽点时间，研究生答辩，课题立题，最后科研成果评估，像这些工作我都要参加的。

人物名片

陈传群，1933年4月12日出生。1953年考入浙江农业大学，1957年毕业后留校任教。从事过教学、科研和科技管理工作。曾任浙江农业大学核农所所长。1983年8月调任浙江省科委主任、党组书记，1992—1996年任浙江省农业科学院院长、党委书记。1996—2000年任省科协副主席。

参与编著出版两部高校教材，主持完成6项省、部级科研项目。7项科研成果获省、部级科技成果奖。在中国核学会，浙江软科学研究会等多个学术团体任理事、理事长等职务，在星火计划管理上有较为丰富的经验，1994年获国家星火特殊荣誉称号。

开创核素示踪农药残留研究

项目：放射性同位素标记农药的合成研究

采访时间：2016年10月13日

采访地点：浙江大学华家池校区核农所会议室

讲述人：陈子元

采访/整理：韩天高

采访手记：《放射性同位素标记农药的合成研究》由原浙江农业大学农学系陈子元、孙锦荷、张勤争、徐寅良等人完成。为了完成这一口述项目，我们有幸拜访到了陈子元、孙锦荷、徐寅良三位"核农人"，以陈子元先生作为主要讲述人。放射性同位素标记农药的合成研究，是核农所团队长期系统开展农药残留研究工作的一个部分。老先生的讲述，为我们还原了当初那些难忘的科研工作场景和往事。先阅读本书《我们编制了首部全国农药安全使用标准》一文（本书第322页），再读本篇更佳。

任何事物都有一个发展过程，万事开头难。就科研本身而言，放射性同位素标记农药的合成研究，是我们利用核素示踪技术聚焦农药残留研究之后遇到的一个比较难开的"头"。只有突破了它，后面的一切才有可能，才能顺理成章。这正如同，要讲好我们的故事，就需要首先解释清楚放射性同位素、核素示踪等基本概念。

概念解释：放射性同位素

1895年和1896年，X射线和铀的放射性先后被人类发现，人们从此第一次观

陈子元院士

察到了原子核的变化现象。在组成自然物质的103种天然元素中，有一类元素被称为放射性元素（放射性核素），其原子核不稳定，在自然界的自然状态下能够自发地从原子核内部放出粒子或者射线，同时释放出能量。这一过程叫作放射性衰变，即核衰变。就目前的测试水平，可以认为放射性核素的衰变速率在任何物理化学条件下都是恒定的。科学家们的发现证明，放射性物质的辐射比X射线具有更强大的穿透力。

同位素是指具有相同原子序数的同一化学元素的两种或多种核素，在元素周期表上占有同一位置，化学行为几乎相同，但是原子质量或质量数不同（原子核内质子数目相同，中子数目不同），从而其质谱行为、放射性转变和物理性质有所差异。19世纪末人类先后发现了放射性同位素和天然存在的稳定同位素，并测定了同位素的丰度。同位素有的是天然存在的，有的可以人工制造。许多同位素有着重要的用途，比如碳–12是作为确定原子量标准的原子，两种氢原子是制造氢弹的材料，铀–235是制造原子弹的材料和核反应堆的原料，等等。

已被发现的放射性同位素多达1200种，但其中大部分半衰期太短或太长（放射性比度太低），并无实际使用价值。半衰期合适、可以加以实际应用的放射性同位素不到200种，其中比较常用的又不过50种左右，容易制备而又用得最多的约为20~30种。常用放射性同位素有的是从反应堆生产的，如钴–60、碳–14、

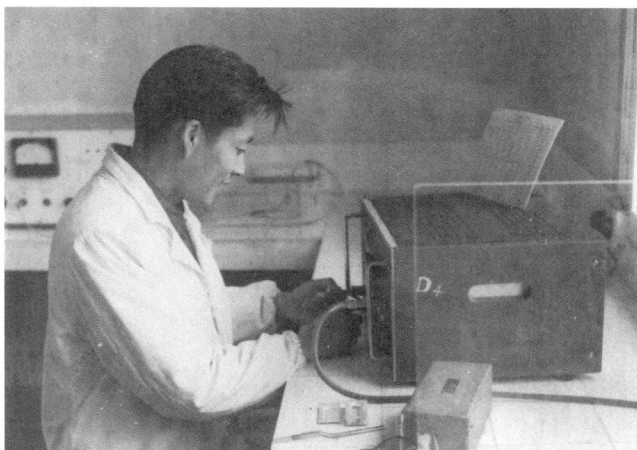

1959年5月陈子元在浙江农学院同位素实验室测量放射性样品

锶–90、铯–137、碘–131等，有的需要用加速器生产，如钠–22、锰–54等。

放射性同位素应用是一门新的科学技术，它的发展是和放射性同位素制备技术的发展分不开的，面非常广，但总的分为射线的应用和示踪原子的应用两大类。其中，按照使用性质的不同，射线的应用可以分为射线的直接利用、辐射效应的应用、放射性仪表和仪器应用等三种。

放射性同位素的化学性质和它的稳定同位素的性质并没有什么区别，但它能放射出某种容易被仪器探测到的射线（如 α 射线、β 射线、γ 射线、内转换电子和X射线等），这就使得它无形中带上了一种特殊标记。因此，当小量的放射性同位素与大量的稳定同位素混合在一起时，可以通过对射线的测量，测出稳定物质在某一变化过程、运动过程、生长过程、相互作用过程中的变动情况，这就是示踪原子应用的原理。同位素示踪法广泛应用于科学研究、工农业生产和医疗技术，被认为是继显微镜之后，生命科学工作者又一强有力的工具。国际原子能机构曾在一份公报中指出：从对技术影响的广度而言，可能只有现代电子学和数据处理才能与同位素相比。

示踪原子的技术很早就已被采用。当以示踪动力学和辐射生物学为基础理论，以同位素、核辐射测量、辐射防护为基本技术方法，通过核素示踪、核辐射、核分析等途径应用于农业科学和农业产业研究的时候，就形成了原子核科学技术在农业上的应用，也就是核农学。它作为核科学技术与农业相结合的新兴交叉学科，被认为是核工业中的轻工业。我们的"农药残留研究"就在这一学科领域。

听了这些介绍，即使你是一名外行，也不难发现放射性同位素标记农药合成研究的特性和优势所在，亦可以理解这种研究可能存在的困难和必然潜在的危险。我带领同事们着手具体研究之时，面临的就是这些平时远在天边、突然近在眼前的险阻。

我们的故事：标记农药合成

20世纪60年代初年，浙江农业大学初创的核农技术应用研究进入低谷，经过深入农业生产一线调查研究，我们决定调整主攻方向：聚焦农作物和土壤中农药残留研究，以解决农产品人畜安全问题。

要确保农产品人畜安全，首先必须搞清农药在作物体内及其周围环境中的动态变化，制定出合理用药标准和有效的方法。这就需要利用原子核技术来开展农药残留研究。而要利用原子核技术研究农药残留问题，前提条件是要有放射性同位素标记农药，这成为研究进行下去的"卡脖子"的地方。

如果把一种化学农药的分子里的某些原子使用放射性同位素来代替，比如用碳–14代替原来的碳原子，这种化学农药就带有了放射性，而有了放射性就可以方便、准确地测量、捕捉其"踪迹"，这样的农药就是标记农药。标记农药与非标记农药的化学性质一样，不影响正常使用，又因为其放射性极其敏感特异，做到超微量即可发挥作用。做了放射性标记"手脚"的标记农药，使用以后会非常直观地自动"显形"，可以拍成照片，到哪里了，量多少，一清二楚。

但是，当时放射性同位素标记农药国内没有现成品，全部需要进口，不仅价格昂贵，而且不能及时供货，采购周期一般要三四个月之久。研究工作等不起，最好的办法是自己合成！尽管这个非常困难，但是我们还是下定决心自力更生自己搞。我是学化学出身的，搞农药合成有着"先天"优势。

放射源（放射性同位素）都从北京购运，标记农药合成难度非常大。农药厂也搞合成，但它们是宏量的。为了节约，我们不能走农药厂合成路线，而是做微量半微量合成。合成一种标记化合物需要很多步骤，试验比较复杂，往往不是一次两次就能成功的，需要严格控制过程反复冷试验，才能得到符合要求的标记性化合物。然后，才能进行最后一步也是最为关键的环节：热合成——把放射性同位素引入分子中间去。热合成这一步必须力争成功，否则就前功尽弃，浪费钱物和时间。

我记得，我们比较早期地合成了放射性同位素标记农药"^{32}P–乐果"，并应用它与中国农科院茶科所协作开展了农药在茶树上残留课题的研究。1962年，孙锦荷老师从华东师大放射化学专业毕业，分配到浙农大农业物理系生物物理教研组工作，成为我的助教和科研助手。茶科所位于杭州梅家坞附近，由于那里有茶园，为避免移栽损伤从而获得更好的研究效果，课题试验就选择实地进行，结合实际喷施农药，在自然条件下观察农药消失情况。按照课题试验计划，喷洒药液后，30分钟、6小时、1天、3天、5天、7天、12天和17天要分别取样分析。为了反复采样、制样和放射性测量，我们师徒二人踩着自行车，路经六和塔，一趟趟地往返茶园和学校之间。最终，我们组成的一个5人课题组，完成了课题研究并写出了我国比较早期的核素示踪研究农药残留的代表性学术论文《利用放射性同位素研究茶树上喷洒有机磷杀虫剂—"乐果"后的渗入、消失和残留情况》。

1963年，我国部分农村地区发现有机磷农药中毒，开展相关农药残留研究需要合成放射性标记化学农药^{35}S–E605和^{35}S–E1059。我们联合中国科学院上海有机化学研究所进行合作，由孙锦荷老师带着出差任务，多次往返沪杭。合成成功后，利用^{35}S–E605和^{35}S–E1059等，我们广泛开展了标记农药在茶树、桑树、稻、棉等农作物上的残留研究，为农业生产科学施药提供切实指导。1964至1966年间，我们陆续发表的农药残留研究论文有十多篇。

"文革"期间，我所在的生物物理教研组科研工作不断线，大家坚持"白天搞批判，晚上搞试验"。虽然饱受影响，但也出现了一些可喜的情况。一是，由于之前打下了深厚的"老底子"，"文革"期间，从试验材料、试验方法、试验结果到分析讨论直至得出结论，全部可以依靠我们自己的力量来进行和完成。二是，因为服务生产实际的研究需要，到70年代初的时候，我们科研工作者又可以大刀阔斧地搞合成、做试验并再次发表论文了。

20世纪70年代初，浙江省金华县等地水稻抽穗后使用化学农药有机汞剂"西力生"防治稻瘟病，因喷药次数多，浓度大，致使有机汞毒污染谷物，社员食用后，有三百多人中毒。同时，金华县、嘉兴县等地还发生了施用"稻脚青"（学名"甲基胂酸锌"）造成的有机砷农药中毒事件。人们通过把大米外表皮磨掉降低砷含量的办法防毒，起了一定的作用。但是，这只是权宜之计的土办法，当时大米等粮食非常紧缺，禁不起如此"折磨"，研究更为科学有效的控毒方法势在必行。农药中毒事件引起各级领导的高度重视，迅速布置有关单位进行农药残毒研究工作。由于我早已开展过此类研究，便于1971年从被选派驰援技术革新的杭州味精厂奉调回校，投入科研攻关。

"稻脚青"的毒性主要来自于所含成分有机砷。解决稻米安全进行安全合理施药方法研究，需要标记合成^{76}As–甲基胂酸锌农药。比起其他一些项目，这一标记合成的难度和危险都要大得多。无论前期已预知，还是后期才领教，这种艰险让整个团队面临着严峻考验。但是，没有商量的余地，一切只能知难而进。

为了赶在早稻时投产施用，加快后续测量研究工作，我们1971年春季开始进行砷–76标记合成"^{76}As–甲基胂酸锌农药"。砷–76的辐射剂量高，含有很强的γ射线、β射线，而半衰期又比较短（每26个小时内就会衰减一半，试验合成时间必须非常短暂）。所以，从北京运回后要马上开罐合成，不及时就可能报废，合成操作也必须保证连续完整。冒着高辐射风险，面对短时间连续合成困难，由我来具体"操刀"，其他人员配合。那时还没有机械手，人工操控需要确保：接触距离要远，接触时间要短。时间是算好的，强度是多少，承受的辐射量是多少，就知道有多少时间可以利用了。当时的防护条件还非常有限，我拿着竹竿做成的遥控棒，从铅罐中迅速地拎出砷–76放到实验台上进行热合成。

标记农药合成好了以后，马上配制成与农民大田同样的浓度，由孙锦荷和徐寅良两位老师用加盖了有机玻璃的提物篮，抬至500米以外的网室，喷洒到土壤、水俱全的盆栽水稻上。检测试验不能在大田里做，那样容易产生污染。网室约有50～60平方米，外面罩网，防止禽鸟飞入，里面按不同实验用途隔离成不同的区域。施药以后，按照几小时到几天不等的时间梯度，进行整株采样，依旧由孙、徐两位老师用提物篮抬回试验室，供制样和测量。测量工作由孙老师和另外一位同事承担。

做完早稻试验后，孙老师突然出现了头疼等不适症状。她赶紧去体检，发现白细胞降到了平时正常指标的一半。其他人的体检显示，白细胞均下降很多，男老师们降到了靠近一半，相对好一些，也未出现明显的症状。孙老师开始吃药治疗，实验室也进一步组织采购了防护器具，在晚稻深化合成试验时，新购的铅玻璃、铅围裙、铅砖、铅眼镜等就都一应俱全了。经治疗，孙老师的白细胞指标恢复了正常，她和徐老师再次晚稻作业时穿上了铅围裙，提物篮上面也已加盖铅玻璃进行防护了。

付出换来回报。相关研究的阶段性成果《利用^{76}As标记农药研究稻脚青在水稻上的活性情况和残留动态》，当年即投稿并于次年被刊出，对生产实践起到了很好的指导作用。

一起搞标记合成的，有孙锦荷、张勤争、徐寅良、王幸祥、张永熙等一大批人。现在回过头来看，我们先后使用^{3}H（氢–3）、^{14}C（碳–14）、^{32}P（磷–32）、^{35}S（硫–35）、^{76}As（砷–76）等多种放射性核素进行标记合成，最终合成的放射性同位素标记农药包括有机磷、有机氯、有机氮、有机砷等不下15种。这不仅节省了大量外汇，而且填补了国内空白，为同行开展研究提供了物质条件，带动、发展了全国农药残留研究市场。

当然，当时我们的标记农药合成不是为了外销，也不是越多越好。要合成哪种放射性同位素标记农药，都与需要研究的问题和对象有关，是当时研究需要、研究进程的一种体现。

由于标记农药合成工作要看"田"吃饭，实验室的老师们那时候没有寒暑假，休息都要视试验进度而定。而且，当时连营养补贴也都没有。我带头不叫苦，大家也都跟着不作声。现在想想，心里还是非常惭愧的。那时，大家毫无二心，都把焦点对准了科学研究。而事实上，研究过程中什么困难都会遇到。

标记合成需要加入一些中间体。20世纪60年代刚起步搞合成时，这些中间体都得从上海试剂厂取得。试剂厂位于上海郊区嘉定，承担任务的孙锦荷老师下车后需要步行很长一段时间才能到达试剂厂。由于道路陌生而偏僻，加之年轻，她事后经常告诉同事们，当时走在路上心里其实非常非常害怕。即使到了现在，她也还是深深地感到后怕。

我们研制的放射性标记化合物在正式投产前需要做很多空白试验，并进行最终鉴定。20世纪70年代一个炎热的酷暑，孙老师等几个人在做放射性标记杀虫脒合成试验，空白试验成功了，但复做时一连十几次都失败了。当时实验室又闷又热，通风就靠门跟窗对流，而使用的试剂中含有致癌物，由于做不出来孙老师很着急。我鼓励她不要灰心，并从一边悄悄地观察她的操作，帮着分析问题所在。她的操作非常规范严谨，没有什么瑕疵和破绽。最终，我们怀疑是不是试剂出了什么问题？她把试剂重蒸了一下，通过沸点发现果真是它"对不上号"。那时是"文革"期间，普遍比较乱，应该是试剂生产厂家把瓶子上的标签贴错了。

最大的困难，还是来自试验中的人身危险。实验所用的进口试剂价格昂贵，为了节省，常在试验后加以回收。一次，在回收试剂时我不小心打翻了试剂瓶，手背皮肤顿时被溅上的溶剂烧坏了，边上的人被吓得目瞪口呆，我自己只能尽力保持镇定。每次做大剂量的放射性同位素试验，防护条件虽然按当时的实际做到了最好，但毕竟还是存在不足，面对可能的高辐射风险，我总是第一个靠前站。

实验过程中的危险是多方面的，也是随时随地可能发生的，即使到了80年代仍然如此。我和许多同事都不会忘记1980年7月6号那一天。那是一个星期日，陈传群老师发现很晚了大家都还没有回来，就到实验室去看看。在合成氮−15过程中，需要革新样品转移装置（真空减压系统）。他走进实验室，发现大家正在忙着解决这项革新难题，也不由得加入其中。正当大家干得热火朝天时，危险突然而至，重达10多公斤的玻璃瓶"嘭"的一声发生了爆炸。陈传群、吴美文、占桃英、徐寅良、奚海福等受伤成为"血人"，碎玻璃穿过衣服进入体内，鲜血直流。当时没有救护车，紧急找来一辆大卡车，大家横七竖八地躺在大卡车上被运往浙江第二医院抢救。手术过程中，大块玻璃还好说，碎玻璃根本难以取出。虽然都没有生命危险，但是人人吃尽了苦头。陈传群老师做了6个小时的手术，人"差点走掉"。至今，他身上还残留着无法取出的细小玻璃粒子。

往事可堪再回首！前行之中，无论顺逆，在成功面前，我们这一帮核农人都公而忘私，不求回报；在困难前面，都是个人与集体始终抱团，共同努力；在利益面前，大家从未吵过架，从没红过脸。可以说，每一个人都忠诚地爱祖国、爱人民、爱科学，都在默默无闻地付出，很好地做到了为国家、为人民、为科学。

在日复一日的"合成"工作中，我们啃下了科研道路上的一根硬骨，由此，中国核农学同位素示踪应用研究事业从探测化学农药在作物上的残留掀开了篇章。

　　"合成"项目荣获了全国科学大会优秀成果奖之后，大家都很开心，但什么都没有多说，只是每个人分到了一枚小小的纪念章。我又把奖状复印了一下，每人一份……

人物名片

　　陈子元，1924年10月出生于上海，浙江宁波鄞州区人。现为浙江大学农业与生物技术学院教授，中国科学院资深院士。1944年毕业于上海大夏大学化学系，先后在大夏大学、华东师范大学、苏南蚕丝专科学校任教，1953年调至浙江农学院。1978年晋升为教授；1979至1989年间任浙江农业大学副校长、校长；1985至1988年间任国际原子能机构总干事科学咨询委员会委员；1991年当选为中国科学院生物学部委员（院士）。陈子元自1958年起从事生物物理学、核农学的教学和科学研究工作，是中国核农学开拓者之一，先后发表研究论文120余篇，出版专著6种。他组织创建我国农业院校第一个同位素实验室、制订中国第一部农药安全使用标准，是国际原子能机构总干事科学咨询委员会第一位中国科学家和中国核农学第一位院士。

小麦组五人合力研究化学杀雄

项目：小麦化学杀雄的研究

采访时间：2016年10月19日
采访地点：浙江大学华家池校区核农所会议室
讲述人：谢学民
采访/整理：姜天悦

采访手记：采访那天，空中飘着微雨，校园里行人稀少，对华家池校区并不熟悉的我，几经辗转才寻得约定见面的会议室。当我到达时，谢老师已经坐在里面，他起身热情地招呼，瞬间带给我一种无比亲切和温暖的感觉。

为了这次采访，谢老师特意用稿纸端端正正地写了一份小麦化学杀雄的课题回顾。几十种试剂和浓度等级配对的背后，是五六年默默无闻的辛勤研究。成千上万次实验，频繁往返于南北两地，化学杀雄小组将坚持与汗水融进了小小麦粒中。

对于1978年的全国科学大会奖，我们核农所陈子元院士组织的有两个项目获奖，还有一个是陈传群。核农所第一任所长是陈子元；第二任是陈传群，后来当科委主任、党委书记；第三任就是我。下面是我对得奖始末的回顾。

海南参观开启杂种协作研究

20世纪六七十年代，那时候"文化大革命"期间，集中"抓革命、促生产"，全国推广"两杂"——杂交玉米和杂交高粱的生产，尤其在农村里大规模开展。这种情况在北方比较多，因为南方好像杂交玉米、杂交高粱种得少。杂交小麦和杂交水稻也开始进行研究了，因为农作物的杂种优势非常明显，是生物进化的动力之一。

在70年代初期，全国掀起了杂种优势利用的高潮。鉴于这样的情况，由浙江省科技局，就是现在的浙江省科技厅，在1970年11月份，派了浙江省农科院的叶复初，还有浙江农业大学的我，两个人代表浙江省到广东去参观考察。当时我们到了广东省农科院、华南农业大学参观，因为他们两个单位都在热火朝天地推广杂交玉米、杂交高粱，并且要对杂交水稻和杂交小麦进行研究工作。当时海南地区集中了全国成千上万的科技人员在那边，因为那边冬天温度高可以种水稻，进行冬繁。

到广东海南参观，主要看他们科研单位搞杂交玉米、杂交高粱的推广工作，因为北方都大面积使用了，还有杂交水稻和杂交小麦的研究工作。袁隆平是做杂交水稻方面的，我们去看的时候已经有试验田在，他这个试验田旁边都有站岗的，因为这需要保密，生产上还没用呢。袁隆平和他的学生用野生稻跟水稻杂交，杂种优势很明显，以后保持系也解决了，恢复系也解决了。恢复系是恢复雄性可育，保持系是保持雄性不育。杂交作物一定要三系配套才能够在生产上应用，这是一个办法。不是三系配套，化学杀雄也是可以的，水稻也好，小麦也好，都可以把雄性器官杀死，然后进行交配，但是生产上用化学杀雄做起来比较麻烦，而保持系、恢复系，农民经培训易于知道这一系是不育系，这一系是恢复系，他们就会了，生产上可以用了。我和袁隆平没有具体交流，因为是不同作物。但是我们农科院那时候跟他的交流更多，因为农科院也是搞水稻的。

我们考察回来以后向省科技局有关领导做了汇报，浙江省科技局同有关单位商量以后，决定成立浙江省农作物杂种优势利用协作研究组。成立这么一个组织，各个单位马上就抽调人员集中到我们这里来。是从浙江农业大学抽了5个人，浙江省农科院抽了4个人，杭州大学抽了黄纯农一个，杭州市农科所抽了沈秋泉一个，还有一个老工人，当时连农民师傅加起来一共20多个人，在浙江农业大学的"红五楼"合作办公。我们不用去学校里搞"斗批改"，集中科学研究，而且那时候没有学生，都是教师、工人，还有农村里聘来的农民。

整个二楼都是实验室、办公室，部分工作人员住在那边宿舍，当时协作组的组长叫刘庆芳，是农大当时校党委委员兼农学系的总支书记，他是组长，我是副组长，因为他不大过来具体工作，我就做他代理人，主持日常工作。这20多人的摊子要我张罗，还有两个副组长，一个是农科院的叶复初，还有一个是杭州市农科所的老工人占文阁。省科技局拨专项经费给农大，专款专用。当时我们负责杂交高粱推广工作，还有水稻和小麦的杂种优势研究工作，其中杂交玉米由东阳县玉米研究所负责。

五个人的合作与分工

我们这里主要搞小麦化学杀雄工作，当时山东等好几个省都开展这方面的研究工作，几乎跟我们差不多。实际上这个技术本身是引进技术，因为当初我们农大一个老教授，叫周承钥，是一个曾留学美国的老先生，现在已经过世。他是从文献里面看到美国用乙烯利（2-氯乙基膦酸）对小麦有杀雄效果，他当时就在香烟壳上写这么一个信息告诉同在遗传教研组的张全德。因此，我们就把这个理论具体细化，一直到可以直接操作为止，然后在温室与农场初步实验，发现确实杀雄效果是比较好的。1972年我们就叫农大的张全德还有杭大的黄纯农两个人到黑龙江，夏天去种小麦，进一步做小麦实验。当然这个到黑龙江其他几个人都去过，我黑龙江就去了三次，在夏天；海南岛也去了三次，在冬天。

在小麦的品种选择上，因为黑龙江也种水稻、小麦，我们就是尽量利用适合当地种的小麦。冬小麦、春小麦不一样的，我们尽量利用春小麦。我们这里冬小麦温度最多零下两度，但是到黑龙江去，夏天也不能温度太低，因为北方都是春小麦，我们这里是冬小麦，但是要选择两边都能够适应的品种。

两年以后，1973年学校开始招工农兵学生了，协作组就做调整，原来所有成员都集中在农大的，但因为学生来了，人多不好住了，协作组成员要回原单位去，协作组依旧存在的。

最初有三块，一块是做高粱研究，但这个研究了两年以后看起来杂交高粱在浙江省没有什么用，老百姓也不愿意种，就停止了。杂交玉米当时本身也没有研究，因为东阳有个玉米研究所，省科技局杂交玉米就交给东阳玉米研究搞。我们只搞杂交水稻和杂交小麦，杂交水稻有一个摊子，由浙江省农科院负责，我们负责杂交小麦。杂交水稻当时由农科院叶复初来负责，因为省科技局有经费给农科院，搞水稻杂种的老师都到农科院去了。杂交小麦的研究是在农大，他们叫我来当协作组组长。

　　当时农大有三个，叫张全德、朱汉如、谢学民，杭大是黄纯农，杭州市农科院沈秋泉，一共五个人。大家还在农大上班，我们有一个温室，还有一个农场，我们这个农场比较好，现在卖掉了，那时候一共五百亩地，我们每年至少用十亩地以上作为小麦的试验地。我们一部分研究化学杀雄，一部分研究三系配套的杂交小麦，不育系、恢复系、保持系，三系配套，这部分研究工作以朱汉如老师为主。化学杀雄是以张全德和我两个人为主。另外就是杀雄完成后到下面试种，也是以我们两个为主到田里去，到萧山和余杭。我们是这样分工的。杭州市农科院也是三系的，黄纯农以化学杀雄为主。

　　我们五个人做实验在一起做，因为实验室都在农大这里，黄纯农回去以后还搞一点细胞学的东西，这个他回到他们系里去做，不在我们这里做。

化学杀雄实验和试种

　　我、张全德和黄纯农三个是主要做化学杀雄。化学杀雄就是用乙烯利，乙烯利是一种生物生长的调节剂与催熟剂。比如香蕉本来很生的，塑料袋包起来一喷以后马上就可以成熟——催熟剂，我们浙江余杭化工厂有生产的。起先我们采用了不同的试剂，具体做的有好几十种。配好药剂到田间一小块一小块试验，最后看看结果，哪个效果好哪个效果不好，喷的效果不好就淘汰了，好就再进一步做得细一点，最后发现其他的试剂没有乙烯利效果好。在配浓度的时候，浓度开头跨度比较大，比如说10个ppm[1]，50、150、200、500、1000、10000这样。我们比较小麦在不同的发育阶段喷药的效果，看看什么时候效果最好。

　　最后试出来4000~6000ppm效果最好。所以我们每年都做实验，不同时间喷，但喷的时间上来说，最好是小麦花粉母细胞形成到减数分裂这段时间，因为生长发育是有规律的，这个时候喷效果最好，这也是实验结果。

---

[1] ppm是溶液浓度（溶质质量分数）的一种表示方法，ppm表示百万分之一。如1升水溶液中有1毫克的溶质，则其溶质（溶质质量分数）为1ppm。

但是小麦化学杀雄过程很复杂，不仅要杀雄，还牵扯到杀雄的残留问题，但这个问题有关单位也做过试验，实际上就是一系列小麦杀雄，对当代有点影响，但是第三、第四代以后就没有影响，可以允许食用的。我们也做过残留方面的试验的，而且是另外单位做的实验结果。

我们的实验场地有温室有农场。在农场里实验的时候，设有大棚，经常会遇到大雨或者风暴，所以我们一般都是听广播，广播说明天要下雨我们就不会喷。还有个问题是麻雀，农场里要派人管着驱赶它们。但是我们好多都是在温室与网室里做，温室里不顾忌这些。

配好种子要去试种，试种时把杂交好的种子种到地里，同当地推广品种来比较，直接看杂交小麦种子的增产效果。我们自己亲自种，当地有工人管。关键时候还是要我们去的，播种的时候要去的，播好以后由当地老百姓管着，有一个队长跟我们联系，有什么问题告诉我们再去看看。杀雄制种时候也要去的，也要自己操作，收割一定要去，所以还是很辛苦的。

水稻可以种两季，小麦只能种一季，秋天种，第二年春天收获。收获以后马上到黑龙江去，夏天种，种好以后马上回来又到海南岛去，这样一年可以种两三季，然后换不同的试剂还要做。所以农业试验比我们其他的科学实验要复杂，一个生长周期长，环境条件、气候条件比较复杂，一做就要这么长的时间。

他们在黑龙江和海南岛试种的面积都是比较小的，也就一两亩，只是试验田。杭州农场（农大）就比较多了，萧山那边的推广农田有十几亩，一共加起来有一百亩。

全国有一个杂交小麦研究协作组，组长是中国农科院原子能所的王琳清，我们经常开全国协作会议的。我们1975年那年准备开一个全国现场会，在余杭实验农田边上。会议准备开了，突然春天阵雨大风过来，作物倒了，会议就没办法开了，我们就临时打电话告诉王老师不能开了，这个影响很不好，现场不好看了。没倒大家印象还比较好一点，倒了以后杂种优势就不好说了。

研究结果属国内先进水平

对小麦进行化学杀雄有效果，而且效果比较好。小麦是雌雄同花，如果要进行杂交要先把小麦的雄蕊杀死，然后用其他花授粉，这样就有杂种优势。当时试验结果是6000ppm，现在是用毫克每千克（mg/kg）作单位，6000ppm效果比较好。而且喷的时间是在小麦花粉母细胞形成到减数分裂这个期间，从外观上来看，是最后一个叶片的叶鞘抽出1厘米左右的样子，这时候喷药的效果最好。

这个之后我们做了一小部分的试种实验，接着1973—1975年间开始做大型试验了，在萧山、余杭，余杭的翁梅公社，试验田前后加起来有150亩左右。因为小麦组合的差别很大，我们要大量筛选，却始终没有找到最好的组合。最后试验增产的达到15%左右，跟杂交水稻的效果比还不是很明显——杂交水稻是成倍增产。而且制种比较麻烦，农民掌握还有点困难，所以没有像杂交水稻这样大规模推广。所以这个项目成果实际上只是作为一个成果存在，在生产上面没有发挥效果。

到1976年5月8号，由省科技局组织对我们的研究成果进行鉴定。鉴定会是杭大科研处主办，外面请了上海农科院、山东农学院的几位专家参加鉴定。我们都去了，而且作为主要研究参与方。鉴定会上一是汇报整理好的实验成果，二是现场参观，到杭州现场去看，主要是在农大，然后进行讨论。

鉴定结果是，我们的研究成果属于国内先进水平。当时我们主要关心研究的进展，获奖我们当然高兴了，但是关注程度不是那么高，不像现在这么注意这个事情。后来到了1978年，召开全国科学大会前夕，省科技局有关同志同我们商量申请报奖，但是申报奖的过程当中，有位跟我们直接联系的省科技局同志，他传达省科技局的意见，把我们几个一起合作的单位怎么报奖都定了下来。这样的干预产生了不好的结果，本来我们的成果是集体科研成果，大家一起密不可分，从1971年开始到1976年一共有五六年时间，人为分开报是不公平的，也没有反映客观情况。所以我们拿完奖以后相关的杀雄研究也就没有再继续了。

农校毕业生

我是农校毕业的，高中是农校，1953年杭州农校毕业。当时我们农校毕业的，国家都要分配工作的，到农村里工作。当时大概1953年普遍高中生人数比较少，全省农校有六七个，要挑选30个人考大学，考上的读书，考不上就工作。我考上了，考入浙江农学院，那时候是全国招生的。我们全班有70多个人，学生约三分之一是福建的，三分之一是江苏和上海人，还有三分之一左右是浙江人，大体是这样子，其他地方比较少。

我们那个时候学苏联，一边倒，读书学的是俄语。本来我们上午四节课，下午上三节课，后来大概学苏联，他们是六节一贯制，早上起来一直上六节课，下午不上课了，中间吃点心，六节课以后才吃饭。当时读书的时候，学生自主能力比较强，搞学生活动比较多，陈传群是校学生会主席，我是团委副书记，那时候我们自己管自己，每个班都有团支部书记、班长与学习组长，称"班三角"。

我们有一年时间基本上都到农村去生产实践，平常我们有各种课，有基础课，有高等数学、物理、化学，还有植物实验。很多课都是在实验室上的，还有育种，比如说水稻怎么育种，什么时候育秧，小麦什么时候播种，再到田里操作。最后一年基本上全部到农村里实习。1958年是全部下乡，我那时候在宁波余姚的横山公社，去农村"三同"，跟农民同吃、同住、同劳动。农民干什么我们就干什么，由贫下中农来评价这个学生劳动好不好。

我1953年进校，中间学校抽调工作一年，于1958年毕业。1957年毕业分配在全国各地的都有，有北京，有河北，有山东、安徽、江苏，分配到安徽的最多。1958年的那一届基本上都是在浙江，个别到外省，到安徽、福建。分配结果是开大会现场宣布的，没有报志愿，分到哪里就是哪里。那时候留在学校里要德智体全面考虑，我分在浙江农学院。

从生物物理教研组到核农所

我毕业以后分配在遗传教研组，遗传教研组当时带过两次实验课。然后1958年下乡到农村的，1959年搞全省土壤普查，我到宁波工作组当组长，大概搞了大半年，到9月底，学校特别通知我马上回来，当时叫我要么考研究生，要么去北京学同位素，两个东西要挑一个。我不想再读书了，就去学同位素，因为同位素比较新鲜，是新的技术。我就说到北京去，然后学了两个月就回来。

1959年年底我回学校，临时去保卫处，工作了一个月以后，1960年成立农业物理系。农业物理系当时要招老师，副系主任是陈子元先生，因为他原来是土化系的副系主任，叫他回来当农业物理系的副系主任，主持日常工作。在招年轻教师时，把我们学过同位素的几个人招回来，到农业物理系来工作。1960年正式招生。一成立，系里就有一年级、二年级、三年级三个年级的学生，但教师也是够呛的，因为当时教物理、数学、化学都有现成的老师，而农业物理系的专业课却开不起来，我们连专业的教研计划都不知道。

因为是一个新的专业，刚好我们这里有一个学生的同学，他是在苏联留学的，来杭州看同学时我问他是什么专业。他回答说是苏联的农业物理系的，我说你有没有教研计划，他当时拿出一个教研计划、教研大纲。后来我们以他的教研计划为核心编制教学计划、教研大纲，放射化学是陈子元先生自己开课，核物理没有现成师资，就叫王寿祥老师开课。当时抽了六七个高年级的学生，和年轻老师组成一个教研组，叫生物物理教研组，开了十来门课。当时叫我开生物物理课，叫陈传群教同位素研究课，叫王寿祥老师教核物理。

我没有学过生物物理学，只能边学边准备。那时候上课要试讲，要补充，有时候陈先生会来听。修改好了以后再去试讲，每节课都要试讲，我们年轻老师自己相互听，互相帮助。虽然麻烦一点，但是讲过一次再去讲，总对学生有所帮助，不至于上课出洋相。1960年、1961年、1962年大概都是这个状态。1963年以后我们有学生毕业了，1965年以后下乡了，1966年又逢"文化大革命"，全国"闹革命"了。

农业物理系是1960年成立的，下面设立教研室，我们是生物物理教研室，当时教研室主任是陈传群，副主任是我，我们有总支书记，陈先生是副系主任，他是主持工作的。后来到1982年，因为搞科研，在生物物理教研室的基础上成立核农所，叫原子核农业科学研究所，我是副所长，负责主持工作。成立核农所以后教研室就不存在了。核农所下面成立几个研究室，比如说示踪研究室、辐射育种研究室，还有一个生物物理教研室负责安排教学工作。

人物名片

———————————————————————————————

　　谢学民，教授，生于1933年7月，1958年毕业于浙江农学院农学专业，曾任浙农大核农所所长等。从事核农学教学和科研工作36年，主讲过生物物理学、核农学等多门课程，曾任浙江省小麦杂优组组长，协作研究小麦化学杀雄及其机理，并以示踪技术研究水稻、小麦、茶叶等作物的营养生理等。主持过国家和省自然科学基金及部省重点研究项目多项，先后获国家和省部科技进步奖等11项。主编或参编专著与教材《小麦杂种优势的研究与利用》《核技术农学应用》《核农学手册》《核农学》《中国核农学》等12本。

第八章

标　准

做一把"量尺子的尺子"

项目：中频振动标准装置；（BZD-1型）20～5000赫兹定标用振动台（机械系、电机系）[1]

采访时间：2016年

采访地点：寓所、办公室等

讲述人：胡建雄（项目组织者）

　　　　徐炳楠（项目主要参与者）

　　　　童福尧（项目主要参与者）

　　　　于胜麒（项目主要参与者）

　　　　缪家鼎（项目主要参与者）

　　　　卓永模（项目主要参与者）

　　　　顾伟康（项目主要参与者）

　　　　贾叔仕（项目主要负责人童忠钫的同事）

　　　　何　闻（项目主要负责人童忠钫的学生）

采访/整理：吴雅兰

采访手记：当接到这个任务时，我完全没有预料到之后会碰到如此之多的困难，耗时之长、情况之复杂恐怕也是本书之最了。

项目是以团队之名申报的，然而最初的唯一线索仅是童忠钫先生是主要负责人。然而，童先生在20世纪90年代初就英年早逝了。

辗转联系后，第一次采访的对象是童先生的同事贾老师和童先生的关门弟子何老师。贾老师和何老师拿出了一张事先准备好了的打印出来的项目示意图，不仅给我做了科普式讲解，讲了很多故事，还当场打电话找人，为我后来的采访铺平了道路。

---

[1] 后者为前者的一个组成部分，另一个组成部分中频激光测振仪单独成文

采访第二站，我去求是村拜访了童先生的遗孀蒋承蔚老师。蒋老师热情而谦虚，在她电脑上我看到了珍贵的获奖证书照片。她协助确认了采访名单，帮我联系了当时项目结束后就去上海工作的徐炳楠老师。

接下来，春末夏初的上海之行也就顺理成章了。跟徐老师聊了两个多小时之后，他知道我是浙大毕业的，就连连说："学妹来看我，我也很高兴呢。"

采访名单像雪球一样越滚越大，随后我以多种形式采访了童福尧老师、缪家鼎老师、于胜麒老师、卓永模老师、顾伟康老师和胡建雄老师，总共持续了半年之久。

在成稿的过程中，又遇到了意想不到的问题。关于项目的起源，几位老师的表述不一致，我查了相关资料，也是有好几种说法，不知道到底哪一种说法是最符合历史的，只好后来又向几位老师反复询问确认。

之后的审稿、修改又经历了半年。几位老师的严谨与细致让我深感敬佩与感动。

我终于完成了任务，特别是借此认识了这么多可爱可敬的老前辈，真的觉得好温暖。谨以此文向所有为了科研工作为了国家利益而默默奋斗的老师们致敬！

20世纪60年代，中国的核爆炸研究正处于关键时期。其中一个研究领域就是核爆产生的强烈振动。振动会产生什么影响，是不是所有的设备都能"顶得住"，都是研究的内容。据统计，核试验、导弹和卫星发射时40%的事故都是由振动引起的。所以对振动的监测就显得尤为重要了。

怎么来监测呢？这时候就要用到一个专用量具：振动传感器。发生了多大幅度和频率的振动，有没有超过正常范围，会不会引发事故等等，都靠振动传感器来测量。

振动传感器测量的数据如此重要，那它本身是否准确，就非常关键了。

振动传感器就像是把尺子，我们首先得确定这把尺子本身是否精确无误，刻度上标明1厘米的距离，是不是真的就是1厘米，会不会多1毫米或少1毫米。明确了精度，我们才知道传感器测出来的数据在多少范围内是可信的。

中频振动标准装置就是这样一种标定振动传感器精度的仪器，可以说是"量尺子的尺子"。可是，在此之前，我国并没有这样一把"量尺子的尺子"。

怎么办？我们的任务就是自己做一把这样的尺子！

1969年，国防科工委通过国防科工办、军管会下达给浙江大学一个重大任务，研制中频振动标准装置。

之所以看中浙大，一是因为浙大的多学科背景，二来浙大扎扎实实的求是作风享誉全国。接到任务后，学校非常重视，马上抽调了机械系、电机系、光仪系和无线电系以及校机械厂的精兵强将来集中研究，不同学科背景的老师组成了一支"多国部队"，目标就是一个：造一把"尺子"。

不低于美国国家标准局的标定精度

徐炳楠（主要负责中频标准振动台的研制工作）：

1969年时，我已经毕业留校好多年了。

在那个特殊的年代，学校经常要开全校性的大会。有一天我们在玉泉大操场后面的食堂里开动员大会，台上一直在讲要我们提高警惕，注意"周边情况"。讲到三分之一的时候，台上突然来了一句："请报到名字的同志到后台去，童忠钫、徐炳楠……"

我一听就懵了。不用开会、直接去后台？我不知道童老师是什么反应，反正我紧张得不得了，心想，我一个30多岁的普通青年老师，没干过什么呀，怎么就被"拎"出来了呢？我一边想一边脑子里迅速闪过各种可能。叫到名字的除了

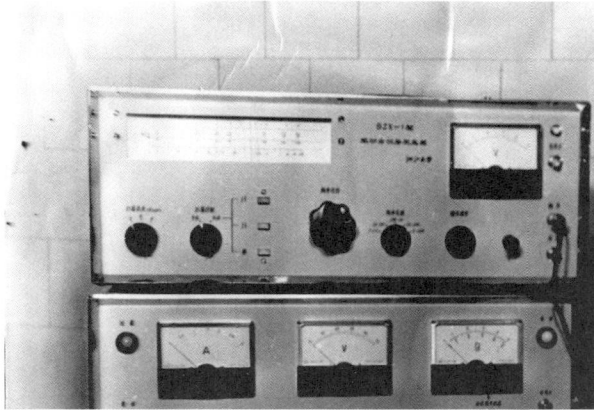

课题组研制成功的中频振动台

童忠钫教授（左3）在加工现场

我和童老师之外，还有其他几位老师，不过我都不太认识。到了后台的一个小房间，我们被告知要参加一个不公开的科研项目，研制我国第一套中频振动标准装置，而且可以不用参加学校的政治活动，专心做研究。

了解了大致情况后，童忠钫就和我商定具体方案。他说，既然要做就尽量做到最好。当时，美国国家标准局有一套类似的标准装置。童忠钫就把不低于美国这套标准装置的精度作为我们研制工作的目标，也就是说，我们不仅要填补国内空白，而且第一次做就要做到国际先进水平，这是自己给自己压担子呀！

当然，对于任务的艰巨性，我们自己心里是很清楚的。没有参考资料，没有经验可学，一切都得靠我们自己摸索。

贾叔仕、何闻（分别为童忠钫老师的同事和学生）：

那个时候，童忠钫老师业务水平高，学校决定由他来牵头做这项工作。

中频振动标准装置包括中频标准振动台、驱动电源、激光测振仪及电子测量单元等部分，其中标准振动台是主体。

机械系老师负责做标准振动台，主要负责人是童忠钫老师和徐炳楠老师；电机系老师负责做配套使用的驱动电源，主要负责人是童福尧老师和于胜麒老师；光仪系老师负责做激光测振仪，主要负责人是缪家鼎老师和卓永模老师；无线电系负责做电子测量部分的专用仪器，主要负责人是顾伟康老师，加上负责加工的学校机械厂师傅，总共大约30人。任务安排好后，大家分头开展工作，做测试或有问题讨论的时候再聚拢来。

卓永模（主要负责激光测振仪的研制工作）：

这个项目从1969年一直持续到1975年，分为两个时期。第一个时期国防科工委派了一个名叫李晓光的代表到我们科研组，后来我们才知道李晓光是二机部的同志。1972年，我们做出了两套中频振动标准装置，在学校当场演示给二机部的同志看。他们很满意，立刻把其中的一套装箱带走了。

后来七机部看过我们剩下的那台中频振动标准装置，也很中意，就委托我们继续做。

胡建雄：

七机部具体跟我们联系的是它下属的标准计量站。他们希望外单位能做一些预研性任务，等真的做成功了，再正式申报项目。

那时我是学校科研处负责军工项目的老师，做一些组织协调的工作。七机部标准计量室主任王瑞林同志经常来杭州出差，与我们对接工作。王瑞林的夫人也是杭州人，他跟我们非常聊得来，关系一直挺融洽的。王瑞林说，七机部会积极支持研究工作，提供必要的帮助。

教一最神秘的地方

徐炳楠：

上面说是要"关起门"来集中做科研。可是，"关"起哪扇门呢？随便找一间教室肯定不妥当，想来想去还是找一间进出人员比较少的实验室吧。机械系的大本营在今天玉泉校区的教一，机械制造专业有一间实验室，里面摆放着几台从苏联、瑞士进口的高档精密仪器，除了实验员定期保养外，不做实验的时候，实验室都是空着的，可以直接借用。

我记得这是一间二楼朝北的实验室，我和童忠钫"入驻"了以后，就从早到晚地做研究，没有休息日了。后来，随着项目的需要，学校又给了我们几个小房间，电机系的老师也来一同做研究了。但最主要的工作都是在那个"神秘实验室"完成的。

贾叔仕、何闻：

课题组的工作基地就设在教一的一间实验室。课题组老师们进进出出地忙活，可其他老师并不知道他们在里面做什么。这间实验室也就成了教一最神秘的地方。

除了实验设备外，其他的辅助设备都很简陋。在夏天近40 ℃的高温下，实验室里只靠仅有的几台电扇在哗哗地使劲吹着散散暑气。就在这样艰苦的条件下，童忠钫老师和同事们每天要在实验室工作10多个小时，还时常加班加点忙到半夜，第二天一早在学校实验室里碰头，每个人都顶着大大的黑眼圈。

这个做不好是会坏大事的

贾叔仕、何闻：

童忠钫老师说，这个振动台很关键，"这个弄不好，是会坏大事的"。但是要在仪器设备落后和加工技术落后的情况下做出这么高精密的仪器是很困难的。为此，他提了两点，一是"精确"，二是"求是"。

对于精确，童忠钫老师有着非常高的目标要求。设计振动台的完美状态是实际发出来的正弦波跟我们要求发出的某一个频率的正弦波完全吻合，不能含有其他频率分量，通俗地讲就是没有杂波，这个就是考核振动台最重要的指标——波形失真度。究竟这个杂波或波形失真度在什么样的范围内算是合格的呢？因为以前没有做过，国家当时并没有标准。课题组当时提出的目标是小于1%。而从目前国际标准的状况来看，小于2%就足够了。而影响波形失真度指标的因素和参数很多，在当时的条件下，很多参数是无法精确计算的。为了得到这些参数，童忠钫老师都必先亲自从零开始做实验，改变一下参数，测试一下实验数据，再改变再测试，直到达到最优参数，有时候一个参数的实验要持续数月，他都一丝不苟地坚持下来。

再比如，振动台设计的关键技术——磁路设计技术和机械结构动力学分析技术，因为当时没有计算工具及相关成熟的算法，全靠手工计算加实验验证，往往现在只要几分钟可以计算出来的东西，那时需要几周甚至几个月才能计算和试验出来。没有捷径，只有一次一次地计算、试验、再计算……

"啃"下特殊材料

徐炳楠：

实验室专门配备了学校机械厂经验丰富的老师傅负责做加工。但是还是有些工序或材料是学校无法做的。上海有一些比较先进的制造厂和研究所，我是上海人，组里就派我去上海，定制一些性能很高的特殊材料。那段时间，我出差去外地，有80%～90%都是往上海跑，坐的是绿皮火车，从杭州到上海要4个多小时，晚上我就住在我自己家，还能省一笔住宿费。

振动台上有一个部件，一方面要求具有很好的刚度，而另一方面为避免受电磁影响，还需要找一种不导电的材料来做。我们想到了高强度陶瓷，但是怎么把陶瓷加工成一个尺寸要求很高的零件呢？我们以前做金属的研究比较多，对陶瓷不太在行，陶瓷又很硬，学校机械厂的设备"啃"不动。我就跑到上海钢铁研究所、合金材料研究所、陶瓷材料研究所、人造金刚石砂轮厂等单位去一个个谈合作。结果我把项目要求拿给他们一看，比他们原本做的要求都要高。但厂里的师傅们都非常尽心尽责，就按照我们的要求去研制，做好了就通知我带回学校试试看行不行，不行再调整。所以，那段时间，我跑上海跑得特别勤，一边小心翼翼地抱着厂里做好的陶瓷样品坐火车再转公交，一边心里默念着："这次能行，能行"。

一些高精度加工的活，我们自己做不了，就委托外单位来做。有一种材料需要高精度磨削，我们实验室的砂轮精度不够，怎么办呢？我就想到了上海机床厂。一般来说，工科专业都有几个固定的毕业设计或实习基地。上海机床厂就是我们机械系的"定点"单位之一，设备好，技术也好，还有一支专门的研究队伍。我就把要求告诉他们，他们做，我们老师跟着，有什么问题随时商量解决。

除了出差，我基本上都泡在实验室里。当时也没什么娱乐活动，就一心做科研。常常因为有一个振动台上的零部件做了好几天做不出来，我晚上睡觉都睡不着。

贾叔仕、何闻：

虽然项目要做的是20～5000赫兹的定标用振动台，但其实课题组做出来的振动台可以低到5赫兹。但是低频的时候，振动幅度就会较大。这就要求支撑系统具有较好的弹性。老师们为此想了很多办法，效果多不理想。

一次很偶然的机会，童忠钫老师看到校园里有小女孩在跳橡皮筋，灵感突然涌入脑海，橡皮筋弹性好，是不是可以尝试一下呢？童老师马上去买了一根橡皮筋，回到实验室，将它安装到振动台里面，效果正如预想得那样，非常理想。就这样振动台中一项重要的发明诞生了。直到现在，许多标准振动台，包括进口的标准振动台，也都采用橡皮筋材料作支撑装置。

以办公室为家

童福尧（主要负责振动台驱动电源的研制工作）：

我们为振动台做的驱动电源主要分为正弦波信号发生器和功率放大器两大部分。

工作的难点是失真度要求比较高。一个看似完美的正弦波，实际测量失真度可能会达到4%~5%，而我们的目标是小于0.5%，而且频率必须十分稳定，不能随温度等外界因素的变化而变化。怎么做到呢？我们开始想到采用变压器耦合来推动振动台工作。可是，又遇到一个问题，频率较低的时候，变压器无法输出。我们自己想不出解决办法来，就跑去上海国防工业办公室找资料。我记得办公室是在淮海路上的一条小弄堂里，我们去了好几次，终于发现国外有项研究，说的是不带变压器的功率放大器。这给我们提供了一个思路，回来后，我们就按照这个方法自己做，结果还真做出来了。

研究需要大功率晶体管，可是我们找不到合适的晶体管。进口吧，在当时的环境下挺困难，国产的吧，刚刚开发出来，性能不熟悉，经常做了一半就突然全部短路了，后来我们发现是二次击穿的问题。我们就向负责制造大功率晶体管的上海第九无线电厂反映情况。厂里也很重视，马上着手调整。我们也没闲着，自己做了一个测量二次击穿的装置，带着这装置到那家厂里，在车间里一个个地测量晶体管，测出来好的就带回家。哦，这个家说的就是我们的办公室，那时候我们白天黑夜地做科研，基本上是以办公室为家了。

当时我们都以国家任务为重，不计报酬不计时间。课题组的老师家里情况也不一样，大家都是想办法克服困难，全身心地投入科研中。比如，我夫人刚生完小孩，家里没人照顾，我要经常出差，去跟相关部门对接工作，顾不上她。我夫人一边带着小孩，一边带学生上课，没跟我抱怨过一次。

于胜麒（主要负责振动台驱动电源的研制工作）：

我们要做的是大功率的电源，但是当时工厂都没有配备这样大功率的电源，也没有现存的图纸。科研的事是不能凭空想象的，我们就自己看书，又去无线电厂学习、调研，慢慢提高理论基础，然后参考小功率电源的图纸，一点点放大，利用七机部提供的测试仪器来进行测试，检验失真度能不能达标。

虽然做得辛苦，但大家心里都很高兴，觉得这是为国家航天服务的重大课题，能够参与其中是件很光荣的事。

硬着头皮也要上

缪家鼎（主要负责激光测振仪的研制工作）：

我是苏联留学回来后在光仪系工作的。1969年，学校科研处的连寿金老师找到我，说要参加中频振动标准装置的研制工作。在负责研制激光测振仪部分的同时，我也承担了整个课题组组长的职责，做一些协调沟通的工作，有时候要召集大家开会、调试、总结。

把光信号转换成电信号的过程中，要用到光电倍增管，后续还有放大电路，需要有很多合适的三极管。我们就到上海工厂里去挑选，看看三极管在什么样的电压范围内，放大倍数是正常的，合乎我们要求的就买下来。挑选需要一两天的时间，我们就住在学校驻上海的办事处，十几个人一间的大房间里。

而在学校里的试验基地里，天很热，我们都是赤膊上阵。

总体来说，我们的工作是在当时的激光干涉、电子等相关技术的基础之上做起来的，也是我们内外团结合作的结果。

卓永模：

中频激光测振仪是中频振动标准装置的另一重要组成部分。因为激光的波长会受温度变化的影响，所以对环境温度的要求比较高。我们在学校提供的一间恒温室工作，温度保持在22℃左右，湿度小于80%。

我们之前并没有专门学过激光的专业知识，图书馆也没有跟这项研究相关的材料，只有任务下达单位带给我们一些很少量的资料。资料是英语的，我们大部分人之前学的是俄语，英语只有一些自学基础而已，只能硬着头皮上，一边看一边查字典，一边讨论一边试验，这样才慢慢懂了。

我们的科研经费也很少。项目要花钱的地方很多，我们就变着法子省钱。我们试验室之前有台光干涉仪，我就根据振动台的需要重新设计改装，试了再改，改了再试。

在研制激光测振仪的过程中，我们是把原有的知识及技术用在新领域，出现了很多之前我们没碰到过的问题，整个过程是在反复的学习—试验—攻关中进行的。比如，要精准测量振动台的振动，就得隔离不相关的振动，因为仪器振动的时候，地面也会振动。我们不能把地面的振动也测量进去。光是隔振系统的材料我们就试了很多次，后来我们用了一种军舰上使用的隔振材料，算是比较接近我们的要求了，但还不够令人满意，又用了其他的材料，混合起来，这样隔振的振动频率范围就更宽了，基本上能满足在振动条件下精准测量的要求。

试验过程中还发生过几次险情。有一回，装着几吨重隔振装置的简易吊车倒了下来，我们几个想用手去撑，没撑住，一起倒在了吊车下的水泥墩上，吊车差一点点就压在了我们身上。倒下来的时候我们都觉得要出大事了，万幸的是，由于水泥墩托住了吊车，我们才幸免于难，都没有什么大碍。

不过，因为隔振材料要不断更换反复试验，上上下下搬材料搬得多了，也很累人，特别是腰部受不了，至今我的腰都不太好。

还有一个后遗症就是眼睛的受损。仪器调试好之后，激光就会马上打出来，一开始我们都不懂，根本没有保护措施，激光就这么直射在眼睛上，后来才晓得应该戴墨镜挡一挡的，但是戴了墨镜视线又不好，有时候我们也顾不了那么多，"裸眼"就上了。虽然我们用的是低功率激光器，但时间一长，眼睛还是被激光打伤了。

电测单元碰到了难点

顾伟康（主要负责电子测量专用仪器的研制工作）：

当时无线电系在三分部，也就是现在的之江校区，与玉泉本部离得比较远。科研处的实际负责人胡建雄老师联系我，说是有项光荣的任务要我参加，让我跑一趟他在玉泉的办公室。我去了之后才知道是一个国防军工项目，学校希望我组织起一支队伍加入课题组，负责其中的电测与分析部分。我和童忠钫老师、缪家鼎老师以及童福尧老师讨论了下，划分任务，确定指标。回到三分部后，我找了系里的秦恒骅、严德宏和张德馨等几位老师，又挑了几位能干的学生，一共有七八个人，共同来做这部分的研究。

我们这部分工作主要研究什么呢？这要从加速度说起。由于振动的危害大多是振动加速度惹的祸，所以用于振动测量的传感器大多为加速度传感器，这要求中频振动标准装置能够复现加速度标准值。

在我们这套装置中，标准加速度是通过测量振动频率和振动位移幅度换算得出的，而振动位移幅度是通过激光测振仪输出的光电信号测算出来的，由于要作为标准信号，要求测量的精度相当高，记得要达到4位以上有效数字。而标准振动信号的位移幅度和频率的动态范围大，且要求仪器必须能在环境恶劣的现场工作。这意味着信号中必然会混杂进噪声或干扰信号。这样就不能采用改造当时现有仪器的方案，必须要设计一台专用的数字化仪表！这对我们来说要求非常高，难度非常大。

怎么办呢？我们在构建数字逻辑电路、数字计数电路及数字门电路时，除了采用了当时最高速的半导体晶体管外，还用上了隧道二极管负阻器件。事实证明我们试制出来的仪器在测量精度、动态范围及抗噪声能力上都具有优良的性能，特别在抗噪声能力上在国际上都处于先进水平。

我们大约花了3年多左右的时间进行设计、安装、调试，最终把合格的测试单元攻克下来了，期间克服了数不尽的困难，才得到了成功。通过联试，噪声隔离效果非常好，动态范围和测量精度诸方面都满足设计要求。值得一提的是张德馨老师，他是老教师，在数字化仪表的设计上经验比我们丰富，我们从他身上学到了很多知识。

那时候我们经常开夜车，甚至通宵达旦。当时大部分人都很年轻，做累了就睡在实验室的值班室里，饿了就在值班室里煮面条吃，虽苦但很快乐！

项目影响延续至今

顾伟康：

通过验收我们悬着的一颗心终于放下了，大家都很高兴也很轻松。最终这个项目获得了1978年全国科学大会奖。对于能够参加国防科研项目，参与科研的老师和同学都觉得很光荣。

徐炳楠：

当时做这项研究，我们是摒了一口气的，因为中频振动台不是没有，而是其他国家不肯给我们。这也让我们知道，凡事得靠自己，先进技术只有掌握在自己手里，才真的是属于自己的，这样才能自力更生，而不需要依赖别人。所以，我们虽然人很多，又是来自不同系的老师，但大家都很团结，出现了什么问题，就奔着问题去想解决办法，而不会埋怨对方。

在我的印象中，大家从来没有红过一次脸，整个团队就像一个人一样。

童福尧：

做这个项目充分体现了我们学校多学科交叉的优势，一声令下大家都聚拢来了，不然光是靠一个学科的老师是完成不了的。在做的过程中，老师们也都展现出了浙大求是的工作作风和不计个人利益的团队精神，这对于项目的研制成功和学校的后续发展都是很重要的。

缪家鼎：

因为这个项目，我们还获得了浙江省模范集体。

卓永模：

项目完成了我们自然很高兴，但我们马上又投入了新的工作。有一天，我和童忠钫老师正在高频振动装置鉴定会的现场，突然接到缪家鼎老师电话，要我们回去一趟。我们马上赶到学校，发现大操场上好多人，好像正在举行一个颁奖大会。也没有什么证书，念到名字的老师上台拍了一张大合照，就算是表彰了。

贾叔仕、何闻：

中频标准振动装置研制成功后，浙大团队又相继研发了低频、高频标准振动装置，而且技术指标都达到了国际先进水平。童忠钫老师带领的团队也因研制的"低、中、高频振动标准"，获得了1985年的国家科技进步二等奖。这项研究成果分别应用于航空、航天、核工业、地震、电力、传感器生产厂家等几十家国家重要部门和单位，并一直沿用至今。

　　随着科技的发展，人们测量的振动信号从下限频率0.1赫兹的低频拓展到下限频率更低的超低频，对超低频标准振动装置的需求与日俱增，近期我们在已有技术基础上进行了大胆的创新设计，如为我国建造了长行程的超低频振动基准装置，频率范围从160赫兹一直下沿到0.0001赫兹，振幅1米、负载30千克、加速度失真度小于1%，主要技术指标达到国际领先水平，该项目的研制成果主要用于对观测地震用的传感器进行精确计量，它将为提高人们对地震的观测与预报水平做出重要的贡献。

　　此外，顺应国际在振动校准领域的新动向以及不断涌现的新需求，我们团队还正在为我国其他振动基标准装置的建立而努力，如已完成的角振动基标准装置和正在进行中的复合振动环境基标准装置以及三分量振动基标准装置等。后续团队正厚积薄发，势必始终保证团队研究水平在全球该领域的主导地位。

　　项目研究在长达数十年的技术沉淀和积累过程中，使机械振动研究方向成为浙江大学机械系很有特色的一个研究方向，并开设了诸如机械振动理论、机械振动测试技术、随机振动等本科和研究生课程，同时设立了硕士点，培养了一大批从事振动工程研究的优秀人才，比较典型的是目前在美国韦恩州立大学就职的杰出教授邬晓锋博士，他已经成为享誉全球的振动声学专家。

（童忠钫遗孀蒋承蔚老师也对本文有贡献，在此感谢）

人物名片

　　童忠钫（1931—1993），1952年毕业于浙江大学机械系，同年被派往哈尔滨工业大学机械系攻读研究生，1955年毕业后返回浙江大学任教。1983年晋升教授。曾任浙江大学机械系主任、浙江大学轻工学院副院长、校学术委员会委员等职，先后兼任国家科委发明评选委员会特邀审查员、机械工业部机械制造专业教学指导委员会委员等职。1969年根据我国国防建设需要，他开始致力于我国振动计量标准技术的研究与开发，先后研制了中频、低频和高频振动标准装置，达到国际

先进水平。以他为学术带头人申报的"低、中、高频振动标准"等分别获国家科技进步二等奖和浙江省科技进步一等奖。他的研究工作分别发表或联合发表在170余篇国内外学术刊物或学术会议上。在教学方面，他先后为本科生、硕士生和博士生开设了金属切削机床概论和运动学、液压传动、自动调节原理、随机振动理论与应用、模态分析、机械结构动力学等多门课程，并编著了《机械振动（随机振动）》等教材，培养了大批优秀的硕士研究生、博士研究生和博士后。1990年被评为全国高校先进科技工作者；1992年获光华科技基金奖和浙江大学竺可桢奖（教师）。

胡建雄，1937年10月出生，曾为科研处管理干部，后为教授级高工，曾担任科研处副处长、分管科研的副校长、常务副校长、教育部科技委员会管理学部主任，2001年退休。

徐炳楠，1935年8月出生，时为机械系老师，1979年离开浙大赴上海同济大学工作，后为教授，曾担任同济大学精密测量教研室主任，1995年退休。

童福尧，1935年2月出生，时为电机系老师，后为副教授，曾担任工业自动化教研室党支部书记兼教研室主任，1995年退休。

于胜麒，1933年4月出生，时为电机系老师，后为副教授，曾担任电子学教研室党支部书记，1993年退休。

缪家鼎，1933年1月出生，时为光仪系老师，后为教授，曾担任光仪系系主任、浙大图书馆馆长，1996年退休。

卓永模，1937年7月出生，时为光仪系老师，后为教授，曾担任现代光学仪器研究所常务副所长，2001年退休。

顾伟康，1939年6月出生，时为无线电系老师，后为教授，曾担任信电系系主任、浙江大学副校长，2005年退休。

贾叔仕，1944年12月出生，时为机械系老师，后为高级工程师，2004年退休。

何闻，1969年2月出生，机械工程学院教授，现主要从事各类振动、声学标准装置的研制工作。

我给液压振动台做"心脏"和系统调试

项目：20吨液压振动台

采访时间： 2016年2月29日
采访地点：杭州市西湖区寓所
讲述人：骆涵秀
采访/整理：吴雅兰

采访手记：这个项目可能是本书最早启动采访工作的。去骆老师家之前，我先在网上搜索项目资料，可是一无所获，只找到了一篇某军工单位研制液压振动台的文章。隔行如隔山，我忐忑不安地走进了骆老师的家里。果然，骆老师说到细节之处，我好多听不懂，只好先记下来再回来慢慢查。不料，采访不久我生病住院了两周，写稿的事就耽搁下来了。再次翻开采访笔记已经是一个月之后了。我做了不少功课后，才敢下笔。骆老师非常严谨，虽然已是80多岁的老人了，但对文稿修改得非常认真。7月初文章就初步定稿了。等到正式定稿，我再联系骆老师的时候，没想到她已经住院2个多月了。我拎着水果去医院看她，发现她憔悴了不少，心里暗暗难过。"骆老师，祝愿您早日康复，到时候我再到您家看您种的花！"

　　振动台是用于测试小到饼干箱内的饼干，大到导弹、卫星的振动性能的专用设备，有电动的和液压的。测试比较大的构件等物品必须用大推力的液压振动台，还可以将几个液压振动台组合起来以模拟地震、波浪等情况。
　　单个的20吨液压振动台，算得上是液压振动台里的"重量级"了，要让这样一个大家伙运转自如，需要有一颗强壮的"心脏"。而对于液压振动台来说，电液伺服阀就是它的"心脏"部件。此外还必须对整个系统进行计算分析，以保证它在可能达到的性能极限下不会失控。

电液伺服阀是一种根据需要的运动模拟电信号输出相应的流量和压力的液压控制阀，相当于是把电信号变成机械信号的转换器。它控制的功率直接影响到液压振动台的性能。在20世纪六七十年代，我国自主生产的大多都是些几十升/分（1/min）的小流量电液伺服阀，转换功率比较小，在大型卫星系统和导弹测试中，达不到要求，而美国等西方国家又对我国实行禁运，国内大流量电液伺服阀的生产、制造几乎属于"真空"状态，这直接影响到了大型液压振动台的研制。

1974年，上海航天局下属的上海新江机器厂交给浙江大学液压教研室一个任务：做一台1200 1/min的大流量电液伺服阀并进行电液控制系统分析和调试。

摆在眼前的困难

我和张光琼老师接受了这个委托合作项目。正式开展工作之前，先要组织研制的团队，教研室能给我们的人并不多，除了我们两位女老师以外，还有两位实验员瞿美琴、朱家明以及工人老师傅徐显庭，只有这几个人。硬件方面，实验室有些最基本的加工设备，不过我们学校的机械工厂有较强的加工能力，可以参与协作。

当时是"文革"后期，很多老师刚结束下乡、下厂等不久，业务工作已经荒废了好几年。我们这个教研室成立时间不长，几位老师都是从其他地方转过来的。比如我自己，我1953年从浙江大学机械系毕业后留校，被分配在了制图教研组工作，1958年调到了新创立的水力机械教研室。在接受这项任务之前的1972年，我们才刚刚把水力机械教研室改成了液压教研室。

摆在我们眼前的最大困难：一是在不懂电液控制系统的情况下，怎样深入了解它；二是如何利用简陋的设备做出达到超高精度要求的伺服阀来。这两个问题就像压在我心头的大石头一样。说实话，自己也没有百分百的把握，但是时间紧，任务重，也容不得我们多想，得马上开始着手准备前期工作。

我们先去全国各地的工厂调研，看看哪些单位已经在做电液伺服阀的，可以讨教下经验，可是一圈走下来，我们发现，工厂做的都是小流量电液伺服阀，连

徐显庭、张光琼和骆涵秀（从左到右）

超过100 l/min的都很少，设备也谈不上特别先进，和我们学校的机械工厂差不多。但在调研过程中我们学习了不少工艺知识，也增加了制造1200 l/min大流量伺服阀的信心。

我们一边争分夺秒地学习控制理论、电磁理论等知识，一边想方设法地搜集并读透图纸。当时，能看到的国外参考材料很少。美国的梅里特写过一本书是专门讲液压控制系统的，当时刚刚被引进国内，留苏归来在北京机床研究所工作的顾瑞龙向我们推荐了这本书。我们拿到后，当作至宝，努力学习，书都被翻烂了。这本书是纯理论的，讲得比较深，我们在之前的学习基础上才能看懂，液压系统的传递函数怎么建立，怎么分析稳定性和大致的频宽，这些知识都是从这本书上学来的。后来我们还尝试分析我们的系统。那段时间，我们常在夜深人静的时候来学习和做计算，而白天还要做一系列的工作。因为是从零开始做电液伺服阀，所以从设计图纸、采购材料、搬运部件、加工研磨及制造有关工具等一系列工作都得靠自己完成。

你们是不是多写了一个0

我们要的材料是非常特别的，市场上比较少见，学校的材料仓库都没有，只好自己去购买，但是因为需要的数量很少，所以采购很困难。比如，有一种必需的材料叫铍青铜。它在电液伺服阀中作为弹性材料具有很高的性能，在把电信号转换为机械信号时作用非常关键。另外还需要大直径的磁性材料、抗磁性材料等，这些都很难弄到，往往来回折腾好多时间，才搞定一种材料。

我和同事们利用教研室的一般设备完成了粗加工。除工人师傅外我们都亲自动手，为了抢时间，有时一个人同时开2台机床，又开钻床，又管刨床。除了干重活的时候请人帮我们搬动设备外，其他都是我们自己完成的。那时候工人师傅是有级别的，从零级开始，最高是九级，我们开玩笑地说，我们也算得上是零级师傅了。

后来热处理和冰冻处理等工序是在校机械工厂进行的，但干冰这些材料还是要我们自己去购买。加工过程中比较精密的磨床等工序也需要学校机械工厂协作。我们带着图纸去工厂让那里的师傅们帮忙制造，他们的第一反应是"你们是不是多写了个0？"原来这个零部件是超精加工，精度是要达到微米的量级的，1微米相当于0.001毫米，而当时工厂一般的加工精度是丝级，即0.01毫米。所以他们认为我们的图纸尺寸写错了。这段小插曲也从侧面反映了这项工作的难度之大。

磨洋工的活不好做

接下来的超精加工很困难。大流量电液伺服阀之所以比小流量电液伺服阀难做，是因为虽然尺寸大了，热处理后容易变形，但精度要求和小流量电液伺服阀一样高。做的时候，我们采用化整为零的方法，把阀芯匹配的阀体分成几段，相互间的每一个平面都处理成"镜面"，然后再拼接组装。这道工序也得很精细，连接处必须严丝合缝，否则就前功尽弃了。

超精加工，又没有相应的设备，阀体的平整度要求达到微米级，阀芯和阀体直径的间隙误差也要控制在2个微米以内，但是一般磨床加工后是达不到这种要求的。当时我们只能靠研磨来解决，通过每根相差2个微米的研磨棒来进行精加工阀芯，用平板上研磨解决平整度。这道工序靠的是细心和耐心，由我和张光琼两位女老师自己动手来做。

张光琼做的是平面研磨，要用3个平板相互研磨以达到平板的平整，再在上面进行阀体的研磨，最后做成之后拿到测量教研室用光学测量，平整度达到了0.25微米。

没有超精磨床，我们只能用4根研磨棒，每个相差2微米，一次次通过，使阀体的尺寸和光洁度达到要求，这样就要先做出4根研磨棒。有一次，我拿着铸铁棒在车床上研磨了一半的时候，系里来电话说有事要我过去一趟。我们的实验室位于半山腰，和系办公室离得很远。我放下手里的活心急火燎地赶过去处理好事情再赶回来，发现工人师傅已经在帮我从头磨起另一个了，原来他刚才一下就磨过头了，只好重新做起。因为研磨后必须等它完全冷却后测量，才能决定尺寸。从那以后，我就算再忙，都自己从头到尾地做这个活。

另外，阀芯跟阀体除了径向尺寸要相配外，轴向尺寸也要相配，因为阀芯和阀体整个开口都很小，它决定阀的控制的流量和压力，所以精度也要达到微米级，如果相差一点点就会使控制的流量不能按要求流出。

因为学校里不可能有大流量的液压源，测试的时候，只好做降压处理，我们用气动来测试，看给定的信号是否和预期的流量一致，算出需要修磨多少轴向尺寸才能达到要求，但又不能过量，只能一次次地测试和修磨，工人师傅后来已经能根据磨的火花知道磨去的尺寸，这样一次次地反复，一直到完全达到要求为止。

通宵达旦的调试和稀里糊涂的获奖

大约在1976年前后，样品做了出来。我和最有经验的工人师傅徐显庭通过政治审查，得以一起去新江机器厂调试。工厂很大，但我们只能在招待所、食堂和试验场地活动。试验场地就像是普通的车间，大型振动台开动起来耗电非常大，两个车间的工作都得停下来。为了不影响工厂的正常运行，调试工作只能安排在晚上。刚开始试验的时候，有时调试不当，连接泵站和振动台的软管会剧烈跳动起来，就像蛇一样地乱舞，看上去很可怕。我们只好慢慢减少增益才使它稳定下来。

那一两个月的时间里，我和徐显庭天天上夜班，通宵达旦，根据过去计算的结果测试系统的频宽，使试验在需要的频率范围里达到要求。试验从厂里的电放大器、液压源、压力阀等单个部件开始调起，再到整个电液控制系统的调试，整个过程十分漫长。

液压振动台调试工作结束后，我和徐显庭的任务也就算完成了，按照要求要马上离开工厂回到学校。被测试的导弹用红布遮着我们不能看，更不能参加调试，因为这是保密级别更高的。所以接下来的试验过程和结果，我们都不知道。以后的日子里，我们也很少再提起这件事，忙着新的任务了。

后来1978年的某一天，系里领导突然问我："骆老师，你是不是参加了液压振动台的工作？"我说："是啊。"他告诉我得了奖，因为是主办单位申请的奖，考虑到我们做的工作和做出的贡献，把我也上报了，我自己并不知道，学校也没有上报。等我接到通知，才知道是获得了1978年全国科学大会奖。这个时候，我才知道，花了两年多时间研制出来的1200 l/min大流量电液伺服阀已经用在了航天部门的20吨液压振动台上，并成功地进行了有关系统试验。我们浙大的老师只写了我一人，因为奖项是对方单位申报的，我从头到尾都蒙在鼓里，虽然我是负责人，但没有体现其他老师的辛苦工作，这让我始终有些歉意。

在玉泉校区的操场上，我和其他项目获奖的同事们一起上台领了奖。领奖的时候大家还是很开心的。我们几个都觉得是"稀里糊涂"地拿到了国家奖，特别幸运。

我们做出了点贡献，但后面的路还很长

从最早以为是一般的横向课题，到最后获得了国家奖，其实这项任务带给浙江大学的还不只这些荣誉。在项目的研制过程中，我们几位老师的专业水平、学科的发展和科研能力都得到了很好的提升。

1958年"大跃进"的时候，浙大新开了16个专业，我和其他几位老师受命筹办水力机械专业，包括水轮机、水泵和液压传动三个方向。现在当时新成立的大部分专业都已下马。我们专业几经蜕变由"水力机械"到"液压传动及控制"，

到"流体传动及控制"再到现在的"机电控制",还是保存了下来。

刚开始接课题的时候,"文革"尚未结束,之前的很多时间我们都在下乡、下厂、到干校等活动中度过,好几年时间不务正业,所以有了这项任务是非常高兴的,大家都全力以赴地去完成。通过这个任务我们也提高了自己的业务水平,我开出了控制理论基础、电液控制系统等新课,带了研究生,开展了新的研究课题。

1980年中国仪器仪表学会试验机学会成立,我被选为副理事长,连任两届,一直担任了10年。1986年我作为中国试验机学会代表团成员赴日本访问、交流。此外我多次参加有关液压振动台及其他试验机的鉴定会,并参与制定电液伺服阀的国家标准等。

新的任务还很多,路还很长,这次获奖只是我科研工作的一个起点。这个项目的研制过程虽然已经过去多年,现在想起来还历历在目,它鼓励着我们继续向前迎接更新的挑战,进行更难的研究。

人物名片

骆涵秀,1932年出生,1950年考取浙江大学工学院机械系,毕业后留校任教。参与筹办水力机械专业,现为流体传动及控制专业。20世纪70年代开始进行大流量电液伺服阀的研制工作。1980年中国仪器仪表学会试验机学会成立,骆涵秀当选并担任了10年副理事长。1986年1月应国家教委要求,五校援建宁波大学时,骆涵秀被聘为宁波大学第一届机械系主任(兼)。1987年晋升为教授。编写《试验机的电液控制系统》,主编教材《机电控制》,发表论文数十篇。1999年完全退出工作。

那些为共和国核事业奋斗的日日夜夜

项目：核爆炸模拟器（两项）

采访时间：2016年3月8日、3月18日
采访地点：浙江大学求是村寓所、保俶北路寓所
讲述人：李翼祺、李益为
采访/整理：柯溢能

采访手记：现在的我们已经很难想象，当年人们为了共和国的核事业付出了多少常人难以想象的艰辛。采访李翼祺老师的过程相当顺利，他对于过去的工作有非常深刻的印象，而且还拿出自己整理的相关记录，方便我查阅。李翼祺老师从一个学者的角度讲述了参与核爆炸模拟器研制的背景和意义，同时讲述了许多他在研究中碰到的故事，生动地再现了当时的许多情景，让我产生深刻的印象。

我从师母的口中得知，李益为老师经常出差，甚至因为长期高强度的工作，后来身体还不太好。采访过程中，李益为老师不能长久坐着说话，因此很多时候他都会站着叫我这个晚辈提出问题并解答。但这些都丝毫没有减弱李益为老师继续奋斗拼搏的冲劲。在核爆前期的试验中，有许许多多的未知风险，都是李老师带头冲进去，做好调试工作。国家如何捍卫？李益为老师说，作为科研工作者就是用自己能力做贡献。

模拟核爆炸冲击波曲线

讲述人：李翼祺

1964年10月16日，我国成功爆炸了第一颗原子弹。

1967年6月17日，我国成功爆炸了第一颗氢弹。

而就在这两次核爆炸中间的1965年，我们团队接受了研制国家核爆炸模拟器的任务。

我们应用所研制的"核爆炸模拟器"开展了弹体压力试验。在最后爆炸测试的关键时刻，我们提供了技术支撑，促进首次竖井核试验顺利进行——

研究始末

我国成功爆炸第一颗原子弹后，当时国家认为，现场试验还远远不够，所以急需要做一个室内的核爆试验。

当时其实应该部队来牵头做相关的核爆炸模拟器研究，但是他们没有这个能力。我的老上级，当时国防科工委科技局的局长张哲民，是浙大校友，在这个项目立项之初，想到了我们，想到了浙江大学。

所以，1965年，国家选择了三个学校开展模拟器的研究，分别是清华大学、浙江大学、同济大学。

清华接手了这个工作，我到北京国防科委代表浙江大学也接手了这个工作，国防科委认为同济跟浙大一起搞好了。于是南面一个，北面一个，具体搞室内的核爆模拟试验，我担任了研究室主任这一职务。同济派出两三个人住在浙大，跟我们一起搞模拟器。

"文化大革命"一开始，同济大学把他们的研究人员撤了回去，但是我们浙江大学坚持一直在做，实际上整个"南面"研究就是我们浙大一家在搞。

1966年到1969年，我们从设计到建造大概花了三年时间。1985年，国际国内和研究的形势发生变化，研究室撤销。

多个系的青年教师组成了试验团队

我是建工系毕业，做结构方面研究的。1957年浙江大学毕业，1960年到校工作后一直当助教。但早在新中国成立前，我就参加了党的地下革命工作。

1965年，我32岁，刚刚升讲师。我接到核爆炸模拟器研制任务后，就开始组建团队。学校安排化工系、机械系、光仪系等浙大几个大系的老师，进到我们研究室，一共二十几个人，直到模拟器研制完成，并成功调制出"核爆炸冲击波曲线"，其他院系的合作同志就都回去了。

我从1967年开始搞核爆炸，一直做到80年代，研究了二十几年，其间我去补习过数学，学了函数论和概率论。20世纪80年代，我已经是副教授了，但还是照样去课堂里跟大学生一起听课。

我们团队里面没有老教授，都是像我一样年轻的同志，大家一心要完成国家的任务，分配给每个人的工作，都尽心竭力去完成，也不会有怨言。都是统一服从命令听指挥，大家都不计个人得失。

我当时给每个人都安排了具体的分工，韩惠霖负责力学统计的计算；加工由机械系的两个老师，到加工厂里负责精度。

成功设计草图

当时，我们知道美国有个直径很大的模拟器，但是美国使用了什么样的钢材，我们并不清楚成分。他们的钢板很厚，当时我们国家根本拿不出。我们虽然使用的也是特制钢板，却相对小得多。

从1966年到1967年，我们用了一年时间设计出核爆炸模拟器的草图。也参阅了一些资料。

我们设计好后，根据国家提供的钢板，杭州制氧机厂和重型机器厂参与了模拟器的具体制作。

1968年，模拟器做了出来。

不断调试栅板获得试验曲线

当时，我们在模拟器中使用的不是TNT，而是用导爆索爆炸的烈性炸药。

模拟器中间放着"栅板"，上面爆炸，下面放着测试物品。通过不同的炸药量和栅板调整，可以形成符合各类试验要求的"核爆炸冲击波曲线"，达到核爆炸的力学效应。这句话现在说出来很简单，但是实际上我们调测了很久。

通过一次一次的调整，全凭经验不断掌握数据。最多的时候，一天要爆炸四五次，以获得实验数据。有一次爆炸把其他教学楼、房屋的玻璃窗都炸坏了。

调试工作主要由李益为负责。导爆索爆炸后，会有大量一氧化氮、一氧化碳这样的有害气体产生。因为他一直在这个模拟器周围工作，吸入了过量有害气体，有一次就昏倒在了试验台上。

模拟器的具体应用

1969年，我们终于调试出了可模拟"核爆炸冲击波曲线"的核爆炸模拟器，可以接受任务了。

我具体负责的是应用方面的试验，主要用作防护工程，比如厚板就是防护门的概念。

当我们的厚板制作完成后，就有单位来开展防护门的试验。我们给他们设计了混凝土的模型，放到模拟器里炸，进而判断在某个值域范围内会不会发生爆炸。宋伯铨主要负责厚板研发和这一个项目的对接工作。

到后期，利用模拟器，我们做了很多应用试验项目。

1976年或者1977年，我们研究室的项目报到国家科委并获奖，是我去北京领的奖。

首次竖井氢弹抗压试验

我参加过多次空中核爆炸试验，并到现场勘察，带着仪器去测数据。最难忘的是1978年，我为我国进行首次竖井核试验做了相关测试工作。但是，测试氢弹弹体抗压性不是最初设计模拟器的初衷，所以说是"副产品"。

国家要通过室内试验，做弹体的压力试验，测试将来在地下爆炸环境中的抗压能力。地下环境肯定有水，但也不会有很深的水，根据预测氢弹弹体会受到一定的压力。这些弹体都是其他单位设计的。但我们做实验的时候，做到了核爆炸模拟器的极限压力。

第一次核爆的时候，总参谋部把我叫到了北京作战部，让我跟作战部副部长在一起。这时候氢弹爆炸现场打来电话："我们往下放氢弹，已经快放到超过其他单位设计压力值极限了。"他们打电话来请示，是不是要再放下去。

作战部副部长说："我们要请教浙江大学的专家。"我说："我们做实验一直做到了极限，目前应该毫无问题，你放心放下去。"

作战部副部长又去请示中央，中央领导同志认为，既然浙大已经做过试验了，那就放下去。爆炸成功以后，我们立功了，中共中央、国务院特地发了一个嘉奖令到浙江。

豁出命来改善模爆器波形

讲述人：李益为

模爆器的调试工作有这些内容：挑选适合的炸药后，要探索炸药量、筒体内空腔的大小和压力之间的关系，要摸清压力波形的上升时间和持续时间，还要保证整个波形相接近或一致。这些调试工作的意义就在于使室内实验可以代替西部现场的试验，尽量减少对地球的核污染。

调试工作先前是在韩惠霖、杨世超、杨叶青、顾尧章等老师的探索下，在小模爆器内进行的，后来我们在他们的带领下参与了此工作，为得到好的波形，韩老师他们采用了一些方式，取得了大量数据和经验。

后来模爆器加工和安装完成后，就规模来说，当时我校的模爆器全国最大、尺寸最大、设计最先进，可以做大构体和结构或其他设备、设施的模拟试验或实物试验。

初始调试时，波形不够理想。而且韩老师他们还要搞击波管，室里就说我是研究生，要挑担子，就叫我负责大模爆器的调试工作，即担任所谓的调试组组长职务（与调试组配合的还有搞仪器的测试人员）。

这个组长可不大好当：第一，它很危险，要同炸药、雷管打交道，先前一位教我们操作的解放军战士，操作过程中不小心雷管突然爆炸，脸上嵌入了十片铜碎片，幸亏还未装上炸药，捡回了一条命。调试工作每天都要和炸药、雷管打交道，有时一天要试验数次，每次都要十分小心仔细，马虎不得。

第二，试验之后产生的毒气很厉害，每次做试验后，整个研究室范围内都充满一氧化碳、二氧化碳、二氧化亚硫等等十数种毒气，所以要对试验区进行吹风排气，在模爆器内毒气更浓，毒灰附壁，毒气久久不能散去，充满危险。

有一次，天气较为沉闷，筒体内和车间里都已吹风排气一整天了，还是气味很浓，吹了很长一段时间后，我就进到了筒体内操作，谁知人一进去就觉得全身无力，一下就昏过去了，听说还口吐白沫。幸亏赵善炎老师在旁，他一边叫人，一边就跳入筒内救我，他动作很快，一拉我的手就立刻站起来，就感到有点头晕了，这时组里同志赶快一起把我拖出筒体，并迅速地抬到校医院抢救。医生说，幸亏抢救及时，若再迟五分钟就完了。这些情况都是赵善炎和方锡林老师告诉我的。为此，齐敏书记还亲自到医院看望我，心痛地流下了泪，我很感激齐书记。

当时在"一不怕苦、二不怕死"的革命精神激励下，大概住院了一星期（或是10天）。我又和同志们一道为调试好波形而拼命了。在这种空气环境下工作后，我真是向往充满负离子的植物园和蓝天白云的西藏。

第三，调试技术不是我的专业。在以前跟韩老师他们学，现在就不一样了，要我自己牵头干到底了。因为成功的意义很大，故思想负担也就很重，只能自力更生、艰苦奋斗，去争取胜利了……

首先，调试是个重体力活，所有构件制作、筒体的安装都是自己动手干的。光是模爆器的连接螺栓就数量多且重量重，后来怕螺栓拧不紧，还把铁把手加长。

夏天每次安装都要赤膊上阵，汗流浃背，冬天每次试验也全身出汗，停下来又容易感冒。只要是试验，每次都干得腰酸背痛，但大家都坚持下来了，其中特别是董浩然和施建宝两位，除了参加试验装卸螺栓外，还要承担加工、修补等工作，有时焊接，一蹲就是半天。有时我们也学习一下电焊，不分彼此，参与修补工作。

其次，就是专业不同。俗话说得好，隔行如隔山，但要调试就要学点爆炸力学和流体力学。在未调试成功前，我是白天上班，晚上自学爆炸力学和流体力学，初步地了解一些基本概念和原理，原理搞懂了，解决方案也就出来了。

这段时间也是我感到最吃力的一段时间。根据当时条件和为了加工的方便，我就提出了新型方案，并征得韩老师和全室的统一后，由董浩然等同志加工一个在小的模拟器中先试验一下，并获得了很好的效果。紧接着在大的模爆器中调试。通过一段时间试验，终于得到了满意的波形。全室同志都欢欣鼓舞，领导也很满意，这时我校的模爆器，才真正地成为国内最大的、波形最好的、设计最先进的试验设备。

调试成功后，我们先后完成了有关单位委托合作数十个科研项目，其中约95%的试验是我做的，浙江大学为国防事业做出了应有的贡献，也给国内同行单位树了榜样。后来，我们将调试经验无私地传授给另一家科研单位，让他们也能早日为国防事业服务。

人物名片

李翼祺，教授，生于1933年1月。1957年毕业于浙大土木系，新中国成立前参加地下党外围组织。

任教期间为研究生开设爆炸力学、爆炸动力学、钢筋混凝土、结构动力学、应力瞬变、结构力学等土木系学部专业课程。获国家发明奖及省部级科技进步奖二等奖以上16项。出版专著《爆炸力学》《流体力学基础》《振动理论》，编写《简明结构设计手册》《地基基础实用设计手册》，发表论文60多篇。浙江大学土木系建材实验室、结构实验室、抗爆结构研究室的创建人，并担任首任主任。

李益为，副教授，生于1940年11月。曾开设本科生选修课结构抗震设计，开设研究生课程应力瞬变和高等结构动力学，并在授课时编写讲义《抗震理论基础》。

我们编制了首部全国农药安全使用标准
项目：农药残留研究

采访时间：2016年10月13日

采访地点：浙江大学华家池校区核农所会议室

讲述人：陈子元

采访/整理：韩天高

采访手记：中国科学院资深院士陈子元先生今年已经92岁高龄了。农药残留研究是数十年的研究成果，由原浙江农业大学农学系陈子元等人、植保系樊德方等人和土化系陈鹤鑫等人共同完成。该项目的下达有着鲜明的时代背景，陈子元作为项目总主持人组织全国43个单位开展联合攻关最终出色完成了任务，我国首部全国农药安全使用标准由此诞生。今天，陈子元先生向我们娓娓讲述了这部标准的由来。

农药残留研究是原浙江农业大学核技术农业应用研究方向上的一个极富特色和成效的重要领域。这一领域的开拓困难重重，但结果也出人意料，回报非常丰厚。

从"核"说起

我原本是学化学的，1953年在新中国成立后的全国院系大调整中调到浙江农学院（后来的浙江农业大学，下同）任教，从此我的化学专长遇上了农业科学的"土壤"。

1958年11月，按照"全国农林院校师生下放农村劳动锻炼"的中央指示精神，我随队正在浙江金华乡间参加农业生产劳动，突然接到了紧急返校通知，听说是

全国原子能和平利用上海讲习班学习委员会及
各组名单（1958年）

跟省里的一项安排有关。回到学校后，告诉我详情的是院长金孟加。

原来，中苏两国根据双方协定将于11月份开始在上海等地联合举办苏联和平利用原子能科学技术展览会及专家讲习班，以苏联专家工作组负责人、苏联同位素生产局局长彼·斯·萨维茨基为首的16位专家要来讲学，其中数位是苏联国家科学院院士，规模和级别相当之高。浙江省委要求，物色绝对合适的人选赴上海参加学习。我被定为成员之一，并作为浙江农学院几名学员的领队。

第二次世界大战以后，随着和平时代的到来，民用核技术应用研究与开发得到了逐步加强。我国1956年公布的"12年科技规划"所列的12项研究重点，排在首位的就是原子能和平利用。所以，这次学习可以说是一项国家急需的"非常任务"。

上海讲习班分设10个专业组[1]，我在"同位素在农业上应用"组学习了整整一个月并担任了学习组长，重新做了一回学生，比较全面地了解了核素与核辐射技术在育种、栽培、植保、土壤、肥料、化学等方面的应用思路及方法，也对国内核技术应用研究蓄势待发的现状有了切身感受。

---

[1] 这10个组包括：热核反应加速器组、发电站反应堆组、地质勘探组、同位素在工业上应用组、同位素在医学上应用组、同位素在生物上应用组、同位素在农业上应用组、仪器仪表仿造组、放射化学同位素制造组、防护技术组。

当时中央的方针是"普及与提高并举"，以及"边展、边学、边干"。对于浙江农学院来说，"边干"就是我受命组建了全国高等农业院校第一所放射性同位素实验室，也就是后来的浙江农业大学原子核农业科学研究所（简称"核农所"）。就全国而言，这也是"提高"的组成部分之一。

白手起"家"

当时，全国农业口一些单位根据同位素试验的特殊要求，已在原有基础上进行了实验室的改造并开展相关研究工作。浙江农学院院长金孟加同志决定，不要改建，而是重新建造一座实验室。

新建的同位素实验室建筑面积240平方米，当年底动工，第二年3月中旬即告完成。基础建筑根据放射性操作的特殊要求安排，完全按照从上海学到的苏联模式建设。比如放射性实验室的水龙头开关是脚踏式的，排风口高出实验室5米以上，地上铺设了便于清洗的橡胶片等。实验室主任由金孟加院长兼任，我任副主任，主持日常工作。从此，我正式"改行"走上了核农学研究道路。

实验室基建工作快速推进的同时，我开始组织选购仪器设备。由于中苏关系恶化和国际封锁，只能面向国内采购或自己动手制作，可谓困难重重。当时在国内，放射性检测仪器仅有重庆市无线电厂生产的"64进位"的定标器，先选购了2台，后来校内办培训班又添置了6台，接着购进了由复旦大学生产的性能更好些的"10进位"定标器。防护用的铅室、铅防护屏等设施都自行设计，找单位加工。后来，又买来了铅玻璃、有机玻璃等防护用品。另外一些特殊的实验用具，大家也是自己动手制作。

前进道路上的一只"拦路虎"是放射性测量所用的计数器，计数器时为军用物资，无法从民用科研渠道购买。作为解决方案，由金孟加给中国科学院领导写了一封信，我带信进京，找到时任中国科学院党组书记兼主持日常工作的副院长张劲夫同志，反复陈述浙江农学院开辟原子能在农业中应用研究新领域的紧迫性，请求支援。最终，在张劲夫同志和中科院支持下，我成功地从北京带回来两只"盖革计数管"。

开工做实验还必须要有"同位素"。当时所有同位素统一由北京供应（有的还得向国外订货）和自行购运。货物特殊，开头只能铁路货运，后来才可以随客列携带，再后来改由飞机运输以提高效率，陈传群等所内多位老职工都曾担任过"押运员"，多次往返购运。实验室最早的小钴源是1959年底从北京401所购买的，由参加完同位素培训班返杭的徐俊良、谢学民放入铅桶，加上防护，抬进火车站，放在座位下，经过两昼夜运送回来。

好景"难"长

万事俱备，只欠东风——开展研究需要人。1959年暑假前，下乡的农学院师生陆续返回学校，我们一干人为即将举办的首期"同位素农业应用培训班"也已经忙活了好一阵子。听说要办班，各系选拔出骨干教师参加学习。学校对参训人员政治上要求很高，要经过党委的严格审查，必须又专又红，所以能够参加的都有一种光荣感。唯一令人担心的是放射性辐射防护问题，许多人心存忐忑，害怕影响健康和生命。

这一点我没有太大顾虑，通过上海的培训和进一步查阅资料，知道只要防护措施得当，从事原子能研究的安全性是有保障的。为了打消大家的顾虑，无论在培训班上还是实验室里，凡遇到实验我都自己上手，以身示范。尽管如此，风险毕竟还是有的，实验时只能尽量做到距离远一些，操作时间短一些，以最基本的自我保护来减少放射性辐射的危害。

培训班利用暑假和来年寒假办了两期，每期一个月左右，配套教材用的是我组织人员编写的40万字的《同位素农业应用知识》。30多名教师受训，主要是青年教师，李曙轩等一些老教授也参加了学习培训。一支专兼结合的科研队伍初步建立起来，师生们开展核素示踪与核辐射技术农业应用研究的热情十分高涨，受训后上报研究课题达23项。辐射育种、作物速长、肥料增效、家禽饲养……多项研究遍地开花。

与此同时，核农教学工作也齐头并进。浙江农学院1958年即创建了生物物理学（农）学科。1960年3月，学院和浙江农业科学研究所等合并，成立浙江农业大学（现为浙江大学，下同）和浙江省农业科学研究院，7月又领先于全国其他高校新建了农业物理系和研究所，从"课程""专业"升至"系"的规模。随着同位素实验室和农业物理系创建，"浙农"成为全国原子能农业利用研究、教学的重镇之一。

1958年开始的"大跃进"一定程度上促进了核技术在农业上应用在中国的发展，但是，1959年至1961年三年困难时期的到来，又反向抑制了这种发展势头。全国核农学"教学热"逐步退潮，浙农大的核农技术应用研究也陷入了"彷徨"。尽管研究课题遍地开花并初有成果，但许多项目小试可以，进入大试却并不成功，潜力一时发挥不出来。那时，人们对科研也一样不切实际地期待着"大跃进"，以为奇迹会在一夜之间出现。两年以后，当奇迹了无踪影时，许多人的热情慢慢冷却了，有些教师顾及自身专业发展，纷纷退回到了各自原来的教学单位，同位素实验室一时门可罗雀。

找到"药"害

研究工作何去何从？作为实验室负责人，我做了冷静思考，觉得必须充分考虑同位素科研工作的特点，找出对促进农业生产有价值的研究课题。经过反复思考斟酌，我决定走出实验室下乡去，通过调查研究找出这样的课题，突破核农技术研究。

1963年夏秋之间，我下到了嘉兴、金华等地农村。在农业生产第一线，发现有机磷等化学农药中毒的案例很多，有的作物施药以后叶子死了，施药时若不小心，人的皮肤也会受到损害。当时我国农业生产中已广泛使用化学农药，虽然减轻了病虫害损失，对农业增产起到重要的作用，但也导致残留农药对农作物及其产品造成污染，直接影响到人畜安全。此时，我已从外文资料阅读中得知，一位叫蕾切尔·卡逊的美国人出版了一本反映DDT杀虫剂危害的书《寂静的春天》[1]，在美国引起了不小的反响。尽管当时无法看到书作的具体内容，但是这让我更加

---

[1]《寂静的春天》是一本因为揭示农药残留严重危害而标志着人类首次关注环境问题的著作。该书由美国海洋生物学家兼作家蕾切尔·卡逊（Rachel Carson）所写，于1962年9月出版问世。书作的具体内容，十年之后才陆续被译成中文，因此并不为当时包括陈子元在内的许多国人所了解。1972年至1977年间，该书陆续译成中文，开首几章曾在中国科学院地球化学研究所编辑出版的学术刊物《环境地质与健康》上刊载，1979年全书由科学出版社正式出版。

隐隐约约地觉得，农药残留研究应该很有前途。

聚焦农药残留研究，也有学科方面的总体考虑。北方的徐冠仁[1]先生，1956年回国后在中国农科院原子能所搞核农学研究，当时是这个学科的带头人。他起步早，主要以辐射育种研究为主，核素示踪方面也搞。我们的实验室两个方面也都搞，考虑到徐先生的重点是辐射育种，今后把重心放在核素示踪方面并以农药残留与防治为重点，是比较合适的选择。

经过调查，综合各种情况，我们决定把科研突破口放到化学农药上——研究作物和土壤中的农药残留问题。当时没人给你项目，都得靠自己发现问题、解决问题。以后能有发展，也就是因为这个时候把目标找准了，方向找对了。

利用原子核技术研究农药残留问题，需要有做了放射性标记"手脚"的标记农药，这样才能直观、精准地了解农药在作物和生态环境里的行程轨迹和动态变化。难题是放射性同位素标记农药国内没有现成品，全部靠进口，价格昂贵，还不能及时供货，采购期一般三四个月，根本"等"不起。我们继续自力更生，自己搞！我和孙锦荷、张勤争、徐寅良、王幸祥、张永熙等同事先后用多种放射性核素合成有机磷、有机氯、有机氮、有机砷等15种同位素标记农药。这节省了大量外汇，填补了国内空白，为同行开展研究创造了物质条件。

有了自主合成的标记农药，我们"捷足先登"，大举转战农药残留研究领域。收入1964年《全国同位素及核辐射在生物学及农业上应用会议论文集》的一篇论文《利用放射性同位素研究茶树上喷洒有机磷杀虫剂—"乐果"后的渗入、消失和残留情况》，是我们发表的我国最早期的核素示踪研究农药残留的学术论文之一，我也由此成为国内最早把同位素应用于农药残留分析和研究的科技人员之一。

1963年到1966年，短短几年，借助自主研制的标记农药，应用同位素示踪技术，我们对各类常用农药在农作物，如水稻、棉花，以及桑、茶、中药材等上的吸附、残留、转移、消失和分解规律作了系统研究，经过反复试验，明确了农作

---

[1] 徐冠仁1956年放弃在美国明尼苏达大学的研究工作和优越生活条件，携眷回国投身中国核农学初创。在其努力下，我国第一个原子能农业应用研究机构中国农业科学院原子能利用研究室于1957年9月成立，逐步奠定了辐照育种应用的半壁江山。小他十岁的陈子元自1958年接受上海培训班学习之后进入核技术应用研究领域，白手起家开拓出核素示踪研究"半边天"。中国核农学领域素有"北徐（冠仁）南陈（子元）"称誉，二人合力成为中国核农学的擎天柱，是"一南一北"的两位领军人物。

陈子元（左二）1971年在浙江农业大学东大楼生物物理教研室讲解农药残留问

物农药残留量的大小与施药的数量、次数、时期、方式等有关。一系列的研究，开拓了我国应用同位素示踪技术研究农药及其他农用化学物质对人畜、环境污染及其防治的新领域，研究成果受到科研管理部门重视和农业生产部门欢迎。

熬"夜"坚持

贯彻国家制定的"调整、巩固、充实、提高"八字方针，1965年7月，中共浙江省委又决定浙江农业大学和浙江农业科学研究院分别建制，教学编制人员归浙农大，科研编制人员归省农科院。由于经过数年努力实验室的条件、设备已初具规模，研究课题也具有实际应用价值和可操作性，加之我作为主要课题带头人离不开教学岗位，同位素实验室幸运地仍旧留在了偏重"教学"一边的浙农大。所以，1966年的时候，我们还有机会承接了浙江省和国家有关部委下达的研究项目，主要研究目标是如何合理、有效和安全地使用乐果、杀螟松和E1059等农药。

但是，随之而来的"文化大革命"运动，让我国核农学事业遭到了严重破坏和干扰，大部分单位、实验室关闭，研究工作中断，教学工作停顿，专业人员流散，仅仅少数单位和一部分科研项目因生产上或外贸上的迫切需要，在极端困难的环境和条件下坚持了下来。

浙江农业大学是当时坚持下来的主要的"少数单位"。我们的策略是"白天搞批判，晚上搞试验"。整个"文革"期间，按照国家和浙江省有关部门下达的计划，全校四成左右的教师约有200人"熬夜"开展科研工作，每年研究项目大约30个、课题60个。我们生物物理教研组与其他有关教研组合作，深化农药残留研究，并初步展开了农业环境保护方面的研究工作。这在全国来说，实属难能可贵。

重大转机出现在1972年6月，学校接到了来自北京的通知：国家农林部[1]科教司让我赴京汇报情况。

"赢"来转机

听取汇报的是农林部科教司司长臧成效。他介绍了我国农副产品出口退赔事例，请我具体谈一谈浙江农业大学农药残留问题研究情况与进展。我的汇报分成几次进行，臧司长最后交底：鉴于国内农业生产上农药污染程度严重的现状，国家农林部有意制订颁布一个农药安全使用标准，因为浙农大起步较早，"希望你们做好接受课题的准备"。另外，也邀请我去秋季"广交会"，讲一讲农药残毒方面的防治知识和我国开展的有关研究，给大家普及一下相关科学知识。臧司长的态度十分诚恳，心情也非常着急。

20世纪70年代初期，我国农药残留超标问题已经突显，许多地方使用六六六、DDT等高残留有机氯农药造成大量粮食污染。据估算，仅这两种农药污染粮食就达250亿公斤，被污染农田约2亿亩，人畜中毒事件时有发生。农药污染进而导致大批鸡、蛋等农畜出口产品农药残留检测超标，要么被进口国海关就地销毁，要么被"遣返"，农产品外贸出口创汇遭受重大损失。

五六十年代，我国工业建设的初始阶段，主要依靠出口农产品换回工业设备和技术，后来也主要依靠出口农产品换取外汇。早期对外出口的六种物资中，粮食、油籽、牲畜、土产、经济作物等五种都属于农产品。由于农业生产以及农产品出口对我国工业化建设和外贸发展至关重要，农药公害对人畜安全、外贸出口

---

[1] 我国农业部门之称谓多有变化，1970年6月—1979年2月为农林部；1979年2月—1982年5月为农业部；1982年5月—1988年4月为农牧渔业部；1988年4月至今又为农业部。

都带来了空前压力。

为加强农药安全工作领导，国务院决定由农林部、卫生部、商业部、燃料化工部、外贸部和中国科学院联合组成农药小组，负责研究有关农药生产、使用和科学研究等方面的协作问题，并由农林部负责召集。在此背景下，农林部和农药小组开始动议研制部颁农药安全使用标准，并"追踪"到了我们浙农大研究团队。

根据农林部意见，我考虑到全国农村种植的农作物如此之多，并且常用的化学农药又那么多，这必须要有全国许多部门单位协作攻关，在试验手段等方面也要使用多种仪器分析（如气相色谱等）才能完成这项国家重点研究项目，于是回校后立即组织协作组筹备工作，制定研究方案，准备实验用器材设备。11月下旬的秋季广交会上，我为与会的国内商家和农畜产品的外贸出口部门作了"农产品中化学农药残留的防治措施"的科普学术报告，下发了浙农大联合浙江日报社印制的资料手册《农药残毒对农作物的污染及其防治》。1973年，我与高明蔚等教授共同主持编译了《农药残留与污染专辑》及《农业科技译丛》。8月，我国召开全国环境保护会议。其后，环境保护、燃化、卫生、农林、外贸等各部门都分别召开会议贯彻落实全国环保会议精神，农药残留研究工作被提到新的高度来认识。农林部明确表态，启动全国农药残留和农药安全使用标准重点研究项目，由我担任项目第一主持人，牵头开展研究。学校立即"接招"落实，除了我，还安排植保系农药专家樊德方教授和化学教研组的同志一起参与，地点就放在我们生物物理教研组实验室和各相关专业实验室。

全国"谐"作

1974年，项目研究任务以农林部"（74）农林（科）字25号"文件的形式正式下达。作为项目第一主持人，我组织全国22个省市自治区43所高等院校和科研院所的近200名科技人员，组成全国农药残留科研协作组发起联合攻关。"全国农药残留协作研究年会"同年召开，我在会上做了专题报告，提出农药残留研究的主要任务、所使用的分析技术和方法、几个相关问题等，进行了总动员。

43家单位中，除了高校成员，行业单位分别来自农业、化工、卫生等领域，各有各的研究侧重点。化工单位要进行非放射性大田实验采样分析，为核农技术单位所做的放射性研究提供对照。对象作物被人食用后，卫生单位要跟进流行病学方面的检测。农业部门则需要负责动物试验，摸清粮食做成饲料后其农药残留成分在动物体内的代谢如何最终与人体建立起联系。对于核农技术单位来说，在具体的研究过程中，既要区别农药、作物的不同，又要区分南北地区、气候条件的差别，只有全面掌握了同一种农药在不同纬度同一种作物和不同种作物中代谢的差异，才能获得最终发言权。受作物生长周期限制，这种试验研究是不可能一蹴而就的，而国家标准的制定又不可能无限期延长，所以这里面有着较为复杂的合理安排、科学统筹的问题。

我承担了比较多的组织协调工作，带领各协作单位制定统一的规划、方法和标准，制订试验规范和方案。作为课题总主持人、实验大纲编制者，我从不个人独断。实验方案、计划安排考虑之后，每次都通过会议把各个协作组同志请来，征求大家的意见。实验计划什么时候进入什么阶段，哪些部门负责什么样的内容，都是我提出方案、意见供大家讨论，统一意见后再付诸落实。那个年代，通讯不像现在这样发达，我和协作组之间主要依靠通信和开会保持联系。与各个合作单位频繁写信回信，往返各地检查研讨总结，以及每年至少召开一次协调部署例会，成了绕不过去的工作常态。

把近二百名研究人员组织起来拧成一股绳，并不容易。倘若在平时，就是四五个单位都很难组织起来。好在那是"文革"期间，那会儿大家都没有活儿干，科技工作者对业务还是有热情的，这样一个对民生、贸易有帮助的大项目来了，大家都想参与，都想留在实验室里搞研究。项目经费也不多，43个单位一分就没有多少了，大家考虑最多的还是这个研究项目是国家迫切需要的，因此各单位之间非常和谐，大家都互相支持。

我们本土实验室团队的凝聚力极强。研究任务下达后，同位素实验室空间不足，已满足不了实际需要。曾打报告要求增加实验室，因学校处于"统统搬到农村去"的状态而无法实现。经过商量，决定利用农林部和环保部门投入的部分资金扩建实验室，一切从简地新盖一座示踪楼。浙农大总部当时已落实精神迁往杭州郊县临安，要在原址搞基建，压力极大。有人向上举报，说其他的农业大学都搬到农村去了，而浙农大却在校园中大兴土木，滥用科研经费。我和同事们没有退缩，坚持研究用房建设。经过近五年时间的努力，880平方米的示踪楼最终建成启用。能够顶得住，主要是我们这批同志政治上正派坚定，别人抓不住什么把柄。而且，像学校科研处、图书馆等许多行政部门，特别是主事领导们甘作"店小二"和无名英雄，背后给了我们很大的帮助、支持。

厚积"勃"发

农药安全使用标准项目研究，是我国农药残留研究事业的重大节点和关键战役。项目主体研究是在"文革"时期进行的，就全国情况来看，从地方到北京的核农研究机构基本上都已关停，中国农科院原子能所也在劫难逃，只剩下我们核农浙军孤身奋战。也正是在这样艰苦的环境中，中国农药残留研究也有机会走出了国门。

1976年10月，农药安全使用标准项目研究展开的第三年，受农林部派遣，我作为"农药残留分析专家组"组长与浙农大植保系农药专家刘乾开和杭州大学俄语专业牟正秋，前往友好国家阿尔巴尼亚援助指导农药残留研究，帮助解决化学农药残留问题。援助计划本来为期一年，由于后来两国关系趋紧，加之援助任务也已基本完成，我们在第二年5月即提前撤离，返回国内。经过援助，当地实验室的建立和技术人员培训均取得了不错的效果，撤离之时，阿国科技人员已经培训过关，能够上手操作相关实验了。

回国三个月之后，党的十一大召开，"文革"宣告结束。1978年1月5日至14日，石化部、农林部、卫生部在杭州屏风山招待所召开全国农药毒性、残留研究工作座谈会（史称"三部会议"）。320余人参加会议，共同交流学术资料132篇。会上制订了《1978至1985年全国农药毒性与残留研究规划纲要》（草案），为深入研究明确了任务和方向。随后，农林部下发了"（78）农林（科）字117号"文件《农药残留研究计划》。3月18日，第一次全国科学大会在北京人民大会堂召开。大会隆重表彰了全国涌现的先进集体和先进科技工作者。我个人荣获全国先进科技工作者称号，所主持的农药残留研究协作组项目和放射性同位素标记农药的合成研究，分别获得了全国科学大会优秀成果奖。大会还讨论、通过了我国第三个科技发展长远规划《1978—1985年全国科学技术发展规划纲要（草案）》，其中，原子能和平利用仍被列入108项重点项目之一。

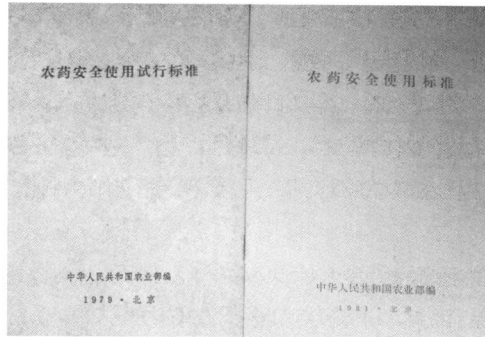

农药安全使用试行标准及部颁标准

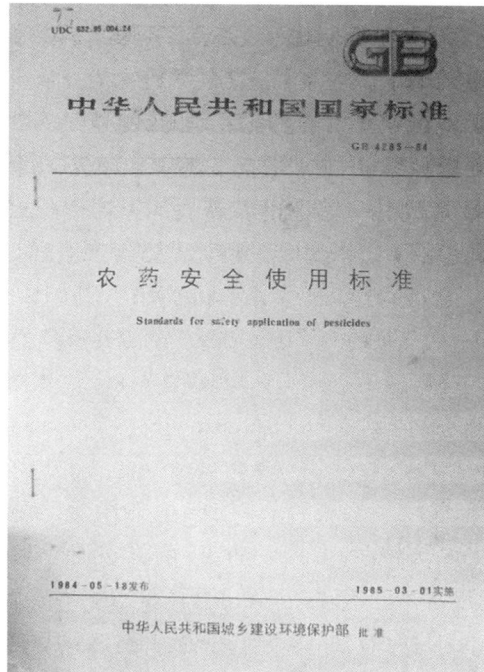

农药安全使用国家标准

　　全国科学大会后的第二年，浙农大承担主持的农林部"农药安全使用标准研究"重点项目也到了结题收获的季节。历经1974至1979连续六年的全国大协作，国内43个单位联合攻关，根据我国农作物的结构和布局、实际使用农药状况，选取生产吨位高、用量大、易污染但有发展前途的29种农药品种，与同人民生活密切相关的粮食作物、果树作物、蔬菜作物和在外贸出口中占重要地位的经济特产作物等19种作物相组合，在室外试验和室内分析所获大量数据的基础上，参照国内外食品卫生标准规定的允许残留量或每日允许摄入量（ADI）综合权衡后，编制出29种农药在19种作物上的69项农药安全使用标准，并发表论文和专题报告五百多篇。日后，我国农药残留研究领域涌现出了一大批优秀学人，包括产生了3位两院院士[1]。

　　我们所编制的《农药安全使用标准》，经1979年部级鉴定，以农林部"（79）农林（科）字4号"文件颁发在全国试行，1981年由新组建的农业部以"（81）农业（科）字19号"文件正式颁发在全国执行。该标准符合国情，切实可行，1984年被城乡建设环境保护部批准为国家标准GB4285–84，于当年5月18日发布，第二年3月1日起实施。我国农业生产中科学、经济、有效、安全、合理使用农药，防止和控制农药污染，从此有据可查，有准可依。上升为"国标"之后，这一标准在全国施行，服务于农业，造福于人民，不断完善，沿用至今。

人物名片

　　陈子元，1924年10月出生。现为浙江大学农业与生物技术学院教授，中国科学院资深院士。陈子元长期从事生物物理学、核农学的教学和科学研究工作，曾任国际原子能机构总干事科学咨询委员会委员（IAEA科学顾问），是我国著名的核农学家。

---

[1] 1991年，核农学者、农药残留专家陈子元当选中国科学院生物学部委员（院士）；2001年，农药环境毒理学专家蔡道基当选中国工程院院士；2003年，茶叶农药残留专家陈宗懋当选中国工程院院士。

第九章

特　稿

在科学的春天里

采访时间：2016年10月9日
采访地点：杭州市清泰街寓所
讲述人：胡建雄
采访：单泠、柯溢能、朱原之
整理：单泠

    我从1960年开始在浙江大学科研这条线上承担管理职务。近40年的时间，随着浙江大学前进的步伐，和科技人员共同奋斗，目睹了老和山下这块曾出土古老文明物证的风水宝地，在全校师生员工的辛勤耕耘下，创造出灿烂的、印有现代科技文明特征的傲人成就，为国家的繁荣昌盛做出积极的贡献。

    1960年杭州工程技术学院和浙江大学合并。合并工作是1960年启动的，完成的时候是1961年中了。当时杭州工程技术学院院长是陈伟达同志，他同时兼党委书记，专职副书记是李颖如，杭工院和浙大合并后，陈伟达是浙大校长兼书记，刘丹同志是副校长、副书记。我们随杭工院并入浙大工作，我就到了浙大科研室。

    当时何志均兼科研室处长，副处长是赵富于和赵纯英。处里一共有五六个人，工作分三条线：科研，情报，研究生，那个时候学校刚开始招收少量的研究生。我在科研室分管科研这条线。

一

    我接手科研管理工作的时候，正值反右运动、大跃进结束不久，我接受的第一个具体工作任务是进行专家调查，摸清家底——浙江大学特长专家的底子。这个工作很有意思，那个时候政策开始重视发挥知识分子作用了，但是工作还是叫

"调查"。调查两个重点，首先是历史，理清楚过去的经历和成就。第二是要梳理大跃进之后浙江大学科研的创造发明，梳理出一些重大项目。

1956年1月，中共中央召开知识分子问题会议，在这个会上，周恩来总理代表中共中央作《关于知识分子问题的报告》。报告首次提出，知识分子已经成为我们国家的各方面生活中的重要因素，他们中间的绝大部分已经是工人阶级的一部分。正确地解决知识分子问题，更充分地动员和发挥他们的力量，为伟大的社会主义建设服务，已成为我们努力完成过渡时期总任务的重要条件。报告分析世界科学技术发展的形势，肯定科学技术是关系国防、经济和文化各方面的有决定性的因素，并向全国人民提出"向现代科学进军"的任务。毛泽东在会议最后一天讲话，号召全党努力学习科学知识，同党外知识分子团结一致，为迅速赶上世界科学先进水平而奋斗。"向科学进军"的口号，对知识分子来说是非常有感召力的。

记得很清楚，获奖成果中排在第一位是电机系的双水内冷。还有一项是兴修水利的重点工程的难题，当时响应"以粮为纲"的号召抓农业生产，兴修水利是重点工程。浙江省很多地方碰到了难题，土质太软，坝筑了就倒。慈溪县杜湖水库也是软黏土地质，土质像腐乳，坝筑不起来。我们学校土木系曾国熙教授提出的理论解决了这个问题，虽然他本人靠边站了，但他设计的工程办法"沙井"很管用。"沙井"就是在软土地基上打井，然后往井里灌沙，再用泥土压堆筑坝，产生压力，把下面的水通过沙井压出来，形象的说法就是把豆腐压成豆腐干。浙江省很多地方都是软黏土，这个方法产生了很重要的作用。可以说，浙大今天的岩土工程专业研究实际上就是从那一代人开始的。还有陈运铣教授的旋风炉。旋风炉最早是从苏联引进的，后来改造成沸腾炉，还有王启东先生研究的冲天炉，用来炼制球墨铸铁。这些是当时在工程应用中比较大的项目。

20世纪60年代初，院系调整之后已近10年，浙大的教授队伍得到补充和发展，有200多位教授、副教授和讲师，是各个学科的代表人物。我们先做专家调查，请专家填表，看了收回来的表，对各位教授在干什么就大概有数了，再下去到系里和教授交谈。那时年纪也轻，能跑，这个事情花了年把时间，摸清了每个教授的研究方向，他们所做的工作，再加上所取得的成就，都基本上清楚了。

力学的代表人物是王仁东先生，他在脆性力学和断裂力学方面对我们国家的学术贡献很大。他在被打成右派"劳动改造"的时候，敲铺马路的石子，那种情况下他还在研究脆性力学。

理科的董光昌，他最早的学术成就，是和谷超豪两个人解出了蜕缩椭圆方程的五个边界问题。这个难题是由一个在中国科学院工作的苏联专家提出的蜕缩椭圆方程的边界问题。五个边界问题求解，其中三个边界条件董光昌接手解了，两个边界问题是董光昌的师兄、后来的复旦大学校长谷超豪解的。董光昌在学术界很有名，但是讲课家乡口音很重，学生听不懂，他很认真地做卡片，标拼音，纠正自己的发音，让学生很感动。董光昌是国内比较早对偏微分方程有深入研究的学者。

还有李文铸，李文铸的研究方向是规范场理论，他和李政道是同班同学，后来李文铸又研究了碳60。还有研究函数论的郭竹瑞，研究化工自动化的周春晖，研究气液平衡的周庆祥，热力学方向研究PVT方程的侯虞钧，研究化工反应工程的潘祖仁，研究离子型聚合的杨士林。研究光学镀膜的盛耕雨，本是物理系的，可以说是浙大镀膜方向的鼻祖了。还有结构方面的高琪、李恩良和地基方向的曾国熙，是土木系的"三巨头"。王国松、杨杰等都是在本领域很有成就的专家。

这是我在科研组织工作上做的第一件事，系统的学习、熟悉浙大的历史，了解浙大的专家，也就知道了浙江大学科技发展的主要动力在哪里。这是我那个时候做下来感到很有价值的一件事情。从历史的大背景来说，1961年1月，中共八届九中全会召开，对"大跃进"所造成的国民经济比例严重失调和带来的严重困难局面做了分析，提出了国民经济"调整、巩固、充实、提高"的八字方针。这次会议之后，国民经济转入正常的发展轨道。倡导加强基础研究，充分发挥知识分子作用，调动一切积极因素，在科研战线建设社会主义。我印象很深的是党委书记陈伟达同志在党委会上说的一句话，"为了建设社会主义，只要你们拿出成果来，我做牛做马都可以"。陈伟达同志对知识分子非常重视，那个时候知识分子也够苦的。这是历史给我们的经验教训，真正要搞科学，还是要依靠专家，要把专家的积极性调动起来。

那段时间浙大科研的特点是紧密联系生产实际。当时有个总的教育方针，就是教育为无产阶级服务，教育和生产劳动相结合，科技工作面向国民经济主战场。非常强调紧密联系实际，深入现场来发现问题、解决问题。

1961年，当时国家科委副主任于光远到浙大，开了半天的座谈会，也是"向科学进军"的动员会，会上讲到他做了一个调查，讲到双水内冷的发明对国民经济发展很重要，但是下一步怎么再做下去可以从基础理论方向来研究，要研究它的机理和堵塞信号的预测预防。他还说，你们的热力学研究的是气液平衡，是研究可逆过程，但也要研究不可逆，热力学第二定律是否定不可逆的，但我们为什么不能解放思想，来研究研究不可逆过程？

座谈后我就去了解我们学校的相关研究。听说电机系的教授们自己找课题、自发地研究，就是郑光华、汪槱生、陈永校一起带着一个团队在做的双水内冷电机项目，首先是在实验室，拿出样机之后在萧山电机厂完成了5万千瓦的试制，能够提高效力2.5倍。那是1958年。据说，试验成功的时候，毛主席正在上海开会，浙江省委就向上汇报，是李先念副总理接的电话，他是分管工业的，一听说很开心，说不得了了，我们中国人搞发明了。当时就有刘少奇主席到浙大来视察，看了双水内冷，又看了旋风炉，对浙大师生鼓舞很大。刘少奇主席回到上海通过产业系统安排上海电机厂，把正在进行的双水内冷5万千瓦的生产设计改成12万5千瓦，这个过程，浙大也参加了，最后调试很成功。但在当时的宣传基调下，工人阶级领导是第一位的，知识分子的作用被有意无意地弱化了，因此在报道中，并没有"浙江大学"的名号。这个事情，浙大很多教师，包括我们分管科研工作的，内心总是有些愤愤不平，不管怎么样是浙大教授首先解决了难题，但是所有报纸都没有提浙大的贡献，因此我们就多次向国家科委汇报、向教育部汇报，最终浙大拿到的补发奖状，就是这样来的。

再一个很有影响的成果是"高速摄影"。高速摄影开始研究的阶段是在大跃进的时候，老师们也是从书上看到国外研制了一种等待式相机，可以连续摄影。等待式相机的基本结构是在一个扫描架上安装连续排列的镜头，下面是旋棱反光镜，光线进来的时候，快门打开的瞬间一反光全部扫到，完成连续扫描拍摄。最开始做这个实验研究的是王兆远，他是一个非常专注的老师，他非常爱好摄像技术，也非常执着，买一个照相机他就拆开研究，系里实验室所有相机都被他拆开过，用现在的话说是"自主性研究"。"文化大革命"当中就说他搞破坏，被打成坏分子，当然后来平反了。他最初做的，就是这样的设计，一排镜头，下面有装置，光线过来的时候能够控制转动，反光镜用气动马达转动，做出了气动的样机。

1978年2月15日《浙江日报》刊登的浙江船厂对浙江大学光仪系教师的感谢信

国家项目下到学校，是浙大的研究在高教圈子里传开之后。那个时候保密工作非常严格，来联系浙大的人我们并不知道身份，只说去看看，我们陪着接待之后，国家科委派专人来下达了任务。

接受了国家任务后建立的研究小组，核心成员是童忠钫、吕维雪、黄振华、吴敏达、后来还有林金豆、贝国华……一大批老师参加，61级的学生也参加了这个项目，队伍很大，时间也很长。研究开始之后，就觉得气动不能解决问题，开始寻找电动，想到了牙科医生用的钻头，马达转速是20万，就采用了它来研制电动的高速摄影机。样机试验需要有大空间，通过省委出面协调借了花港招待所（现在的花港宾馆）的大厅进行调试。

高速摄影机研制成功之后，国家计委、国家教委、国家科委都很重视，1964年举办"高教科技成果展览会"，旨在检阅并向中央汇报。教育部指示浙大要重点展出超高速摄影机。展览在北京化工学院举行，不公开展出，中央领导都分批来看了。浙江大学的代表项目就是高速摄影机。现在回想起来，当时展览会上展出的东西都很厉害，我们的超高速摄影机，北京大学的人工合成胰岛素，清华的大坝水工，西安交通大学的材料强度，南京大学的草原找水等。浙大还有一个项目——光学坐标镗床——高精密仪器，这是以校机械厂为主，机械系和光学系共同协作完成。这样的成果是浙江大学教师用自己的研究实力展示了科技创造力。这些都是"文化大革命"开始之前做的工作。

二

经过一个阶段的群众性创新之后，1964年，国家开始制定第六个五年计划的科技规划，我被借调到教育部、国家科委工作了半年，浙江大学有74个项目作为国家规划里面的子课题，这些项目都是在前阶段革新的基础上形成了的、列入规划的研究项目，从基础研究到应用研究都有，形成了基础研究、应用研究比翼双飞的格局。为鼓励教师进行创造性的探索，在规划项目之外，专门列出小自由项目，由政府和学校支持，做一些探索性的研究，这成了一条政策性决定。第二条政策性决定，是把大规模的政治学习改成5/6的时间从事教学科研，1/6的时间学习政治，还规定每个礼拜安排一个单位时间的学术活动，这是铁定的，一定要举行的，每周一个半天。这在当时也是一个很大的变化，教学科研就这样开始步入正轨了。

回过头来看，20世纪60年代，科研工作的基本经验是什么？我觉得是一定要发挥知识分子的积极性和创造性，把知识分子肯定为工人阶级的一部分，知识分子得到政治上的肯定，对于调动他们的积极性是很关键的。第二，在组织科学研究上面，是"一主二辅三结合"，教学为主，二辅就是科研、生产为辅，三结合就是教学、科研、生产三结合。刘丹同志做书记的时候提出来，"抓科研、促教学、带生产"要成为浙大的办学指导思想，这样使学校能够从一个传授知识的场所变成一个创造知识的场所。浙大之所以能够在科研上有所成就，就是在总结原有经验的基础上进一步地提高才能做到的，正因为有这个提高，之后哪怕是在"文化大革命"的冲击中，领导被打倒了，党委瘫痪了，但是系和教研组的科研一直在继续进行，没被打倒的老师照样做科研。

三

高教科技成果展览引出的一件事情值得说。当时我们的高速摄影机在核爆炸中发挥作用以后，1964年夏天，聂荣臻同志到浙大来，我们都没参加，但得到通知，决定要在浙大建立一个光机电结合的中间试验基地，这是当时教育部首个中试基地。这个决定下达了之后，当时南竹泉是分管教学科研的副校长，找了吕维雪和我，一起起草文件做任务书，到北京国家科委、教育部汇报，经过批准，获得投资90万。当时90万可是不得了的一笔钱，这个基地现在还在，就是光仪工厂的中试基地，在理科大楼的后面。它是光学仪器国家重点实验室的基地之一。

"文化大革命"期间，备战时期，军委又下了任务，要求浙大研制条带式高速摄影机，这个任务的目标是记录水下核潜艇试验的一个很重要的参数，即导弹出水时候的初速。这个新型高速摄影机是浙大研制的。

还有一个重要的项目，在浙江大学土木系建设的地下核爆炸模拟装置，承担地下核爆炸弹体强度试验。学校以土木系为主抽调优秀的共产党员组成队伍，日夜对弹体的强度、疲劳、耐冲击等性能反复测试。时任军管会主任的铁英同志也亲临现场视察，试验非常成功。由校领导签字确认：实验数据精准，可以投入使用。当弹体运回基地，我们从电视台得知地下核爆炸试验一次成功的消息，内心无比激动，因为这里也有一份浙大师生的贡献。

四

"文革"结束之后，1978年后有两年时间浙大划归科学院领导，另外成都科技大学、黑龙江科技大学也划归科学院领导。这两年中，科学院院长钱三强兼任浙大校长，科学院每年给浙大一笔固定的科学研究（事业）费用，每年400万，这样使学校有安排科学研究项目的自主权。同时学校有些专业还承担了科学院安排的科研协作任务。此外，钱三强同志还有一个明确的主张，浙大要开放，要安排浙大的教授到国外去考察。钱三强同志主持校务会议听取各系汇报，吕维雪有个发言，他认为现在我们的学科要把生命科学和人体科学、工程科学结合起来，他刚讲完，钱三强马上就激动地站起来说："讲得好，就是要这样做！"他接下去说："工程科学和人体科学一结合，就是生物医学工程。"他当时就拍板浙江大学建立生物医学工程专业。另一个，就是当时刘丹同志组织了一批专家教授到外国考察，考察之后了解了国际高等教育的发展，回来就开始推进学科系统化改造。把学院的院系结构由原来的7个系改成了14个系，原来物理系和光仪系是一个系，之后设立了物理系、光仪系；化工和化学是一个系，之后分为化学系、化工系；原来能源系和机械系是一个系，之后分设立了能源系和机械系。当时得到苏步青同志的大力支持，苏步青访问剑桥大学回来之后，专门带回了79张照片，都是剑桥大学的CAD\CAM中心的照片，交给刘丹同志，他说，我是搞计算几何的，现在你们要把计算机、几何学和工程学结合起来。之后学校研究了苏步青同志的建议，由机械系、计算机系、数学系三家合作，建设了浙江大学CAD\CAM研究中心，也就是现在的CAD\CAM国家重点实验室的前身。

　　当时最大的问题就是缺钱，没有钱！我们只好到处去要设备、要钱。

　　到1980年，那个时候蒋南翔重新担任教育部长，他坚持要浙大回到教育部来，刘丹同志到科学院去开院务会议，向科学院院长报告了蒋部长的意见，浙大就回到了教育部，但这样一来，科学院支持的经费没有了，教育部下拨的70万科研经费更加捉襟见肘。1987年教育部在中山大学召开大学规划会议，当时我参加会议，大家在一起讨论的一个共同的话题就是我们科技人员太苦，住房问题解决不了，一个教授又没钱又没房子。所有大学都缺钱。怎么办呢？教育部口袋里也没钱，后来我们想到写信，向中央反映。当天晚上，中山大学一个副校长找了毛笔字写得很好的老师来执笔写了一封信，主要讲知识分子现在住房太小，科研人员不能安心科研，教学人员不能安心从教，希望能帮助解决困难。写好之后，30多个学校都签名了。签了之后怎么办？大家把信交给我带回设法呈报，我也没把握。刚好胡实同志到浙大来参观中心实验室，我陪他参观，参观之后我们两个人就聊了起来，我就冒昧地说，我有个事情能不能反映一下，他问什么事，我就把写信的原委说了一下。他说好，我和小平同志住在一个院子里，我带去。之后一个星期，就得到了批复。教育部告诉我们，说你们几个鬼写了一封信批下来了，有尚方宝剑要钱了。邓小平同志是怎么批的呢？"请财经小组一议，再穷也要照顾科教。邓小平。"这个信批到了教育部，现在这段话在《邓小平文选》里有，这个信的原件档案存在教育部。是年国家给直属高校基建费增加了8000万。

五

　　回到教育部之后，教育部给了我们一个任务，要把科学院的经验带回到教育部来，这样就又有了我们给教育部的《在大学建设科研基地的建议》。当时杨士林先生是浙大科研处处长，我是副处长，还有教育部的、清华、北大、南大的科研处处长们，联名给教育部写报告，要求给我们拨款建立一些实验室，要不然总是打一枪换一个地方，不是个办法。之后教育部就向国务院汇报，得到批准，在教育系统建立一批重点实验室和专业实验室，把学校的科学研究稳定下来。我参加了国家实验室建设的预研组的评审。一方面有浙大积累的科研基础，一方面也因为我们的努力，在1982年和1983年，学校申请建立国家实验室，经过评审，确定在浙大建立四个国家重点实验室，三个国家专业实验室。一个是液压实验室，一个是光学仪器实验室，一个是半导体材料实验室，一个是化工自动化实验室。专业实验室有科仪系的生物传感器、能源的燃烧，还有电气的电力电子实验室，确定这七个国家级实验室很了不起，和我们并驾齐驱的是南京大学，也是五个重点，三个专业；清华大学比我们多一个。国家重点实验室的建立，确定了浙大科研重点的地位。这是我职业生涯干得最舒服的一件事，也是浙江大学发展过程中一个阶段的标志性工程。重点实验室完成之后又启动了一个新的题目，就是国家计委规划建设的国家工程研究中心，当时我是工程研究中心可行性研究组的成员，参加了可行性研讨会。我们浙大有两个项目，一个是化工自动化，一个是电力电子，国家实验室上升为国家工程中心。后来又增加了液压。后来又有了国家科委提出建设的国家工程技术研究中心，我们学校有能源工程技术研究中心、液压国家工程技术研究中心，但工程中心和工程技术中心支持力度还是大有区别的。

重点实验室、专业实验室、工程中心、工程技术研究中心形成了一个体系，以工为主，理工合作，文理工全面发展，基本完成了浙大的研究布局。通过改革开放十几年来走的路子看，我觉得有三条经验是值得学习的。第一，科技真要创新，必须抓项目，必须要建立公共的平台，多学科在平台上面比对、融合、竞争、优胜劣汰，学科杂交这一条是非常要紧，不能够做宝塔形科研，这是坚持不下去的。第二，上中下游一条龙，就是基础研究、应用研究、开发研究到生产要一条龙，科学研究最终目标是为推动社会发展服务、为国家战略服务。一级学科办教学，二级学科建立研究基地，发挥学科的优势，这样创新才有源头活水。国家号召"大众创业、万众创新"的核心，我的理解，就是要抓创新源头。上中下游一条龙转化为生产力，这点浙大是有优势的。第三，我觉得求是园里还是应该提倡敢于设想、敢于攀登、敢于突破禁区、敢于进行颠覆性研究的创新。那年我和路甬祥校长两个人去请严济慈先生给浙大题词，在大华饭店，把纸墨准备好之后，他拿起笔来题写了第一句"敢于好高骛远"，我一看不明白，怎么理解？接下来的一句是"严于实事求是"。有水平！这两句话，把科学探索的真谛表达得十分到位。在科学研究上，要当起头的人，要有自己拿手的绝活，才能创出自己的一片天地，才能站上高峰。

我曾读到狄更斯的一段话，他在描写第一次产业革命时代的英国时写道：

这是一个最好的时代，这是一个最坏的时代；

这是一个智慧的时代，这是一个愚蠢的时代；

这是一个信仰的时期，这是一个怀疑的时期；

这是一个令人绝望的冬天，这是一个充满希望的春天；

我们面前什么都没有，我们面前什么都有。

这段话，说明人类在面临科技转折的时代，要发挥每个人的聪明才智，发展科学技术，就能创造新的未来。我们回忆浙大科研发展的历史过程，只是总结经验，与今日浙大的宏大科研格局相比，仅仅是沧海一粟了。愿新浙大在攀登科技高峰的征途中，创造无穷的新辉煌。

人物名片

胡建雄，教授级高工，1937年10月出生。长期从事科研管理工作，曾任科研处副处长、浙江大学副校长，分管科研工作；历任浙江大学常务副校长，教育部科技委员会管理学部主任。2001年退休。

那段一起奋斗的岁月

采访时间：2016年10月24日，2017年2月9日、24日
采访地点：求是村寓所
讲述人：薛艳庄
采访/整理：吴雅兰、柯溢能
采访手记：2016年秋天接到为薛老师做口述史的任务时，脑子里浮现出的还是前一年采访薛老师和她先生何老师的情景。可是，几个月前何老师去世了，不知道薛老师最近过得可好。幸好，电话中得知，薛老师已经从悲伤中走了出来。和同事小柯一起去采访薛老师的过程也很顺利。薛老师堪称是杭州大学历史的见证人，很多事很多人都记得清楚，可是她又十分谦虚低调，不愿讲太多自己的工作。2017年2月初，为了文章修改一事，我和小柯再次拜访了薛老师，没想到薛老师已经把修改意见都写好了，并亲自拟好了人物名片中的文字，2月末我又一次登门拜访，薛老师又提前选好了照片。几次接触让我感觉到，薛老师真的思虑周详，对我们这些后辈非常照顾，而她一心为公的精神也让我们十分感动。

念念不忘想回生物系工作

我是1948年进同济大学的，当时它的生物系分成动物系、植物系，我是动物系的。1951年华东师范大学成立，刚好碰上全国高校院系调整，同济大学的动物系、植物系并到了华东师大，成立了华东师大的生物系，我也就成了华东师大生物系的学生。1952年毕业后，我被分配到了浙江师范学院任教。

工作了几年后，1958年，浙江师范学院"变身"为杭州大学。我原来是生物系的教师，虽然校名变了，但我依然是在生物系做教师，很热爱我的工作。但是"文化大革命"来了，发生了很多事。我的人生也被动地改变了方向。"文革"开始的时候，我是生物系系党总支副书记、副系主任，应该说是当时的业务尖子。"文化大革命"开始后，就把我作为走资派"揪"出来了，那年我36岁，跟另几位生物系老教师一起被关进了"牛棚"。

等到1969年，我才从"牛棚"里放出来了，被叫到校部去工作。那个时候学校要开始恢复招生了，学校叫我到教育革命组也就是后来的教务处工作。我不愿意去但也得去，没办法，总得要有工作。但是去了之后的头几年，我心里总想什么时候能回系里继续搞业务。

那时候大学都有个"五七"干校，我就积极要求去干校劳动，心想之后可能可以回到生物系去，但去了干校回来之后还是被要求回到校部去工作，所以我就在机关工作了好几年。当时，教务处不光管教务，还承担科研和设备方面的管理工作。我在教务处的工作主要就是负责科研和设备管理工作。

因为前身是浙江师范学院，所以杭州大学一直是比较重视教学的，科研相对来说要弱一些。"文革"之后，大概是在1978年的时候，学校提出要努力建设发展教学与科研并重的综合性大学。为了把科研工作搞上去，学校计划单独成立科研处，就把我从教务处调到了科研处，担任科研处处长。

在科研处工作两年之后，1980年学校把我提到了副校长的岗位上，当时组织上明确跟我说，不可能回生物系了。但我心里还念念不忘。20世纪80年代机构改革的时候，老的一批原来南下的干部，还有一些老教授年纪都比较大了，所以在1983年机构改革的时候就任命我做校长。到1986年我转任杭州大学党委书记直到1992年，那时我已经62岁，退居二线，任校务委员会主任。

因为我没有回生物系的退路了，所以我从抓科研开始，尽心尽力地工作，希望能通过大家的努力让学校的科研工作上一个新台阶。

全校讨论会是杭大科研的转折点

总的来讲，从1978年之后的很长一段时间，是杭大很明显的一个飞跃发展时期。1978年学校恢复招研究生和评职称，教师心情都非常好，好多人都跟我说过，多少年没有机会发挥自己的能力为国家为学校工作了，现在终于又可以做些事了。

1979年建国30周年时，杭州大学开了一个规模比较大的科学讨论会，全校性地开展科学讨论。校外到会人数可能超过了200人，当时的口号就是"百花齐放、百家争鸣"。这在以前从来没有过的。这个科学讨论会我觉得对于杭大的发展来讲是影响比较大的。

讨论会是陈立校长提出来的，我当时是科研处处长。主抓科研的副校长是江希明，原生物系主任，是我的导师。我们通过学校层面、院系层面，通过老教授出面邀请等方式从全国请了很多专家来，有好多是老院士、大学校长和研究所所长。

全校性的大会是在杭州大学的大礼堂开的。当年二机部副部长、原子能所所长王淦昌，当年中央党校校长吴亮平等到会。王淦昌在会上鼓励我们说，杭大要办出自己的特色，应该考虑怎么样培养好年轻队伍。会上几位专家都讲到了要解放思想、百花齐放、百家争鸣，这对我们来说，是非常大的鼓励，我们老师听了以后都很振奋。

全校性的讨论会开完了之后，每个系、每个专业也都开了自己的学术讨论会，请一些全国知名的学者专家来学校做报告、开座谈会，跟我们学校的老师交流讨论，而且每个系每个专业都提出了很多自己的论文和科研成果，请这些专家来点评、解读，帮助我们分析将来可以在哪一些方面深入发展，形成自己的特色。讨论会后，各系各专业都出了论文集。

我觉得这一次全校性的科学讨论会对杭大来讲是一个转折点，从这个时候开始大家就非常有信心，怎么样创建杭大自己的学科特色。在这样的形势下，我们很快地就出了一大批的科研成果，有些还得了奖。

学科建设也有了新的发展方向，有的系后来延伸扩大，发展得很快。比如说以前的政治系，后来就分成法律系、经济系、哲学系和政治系。数学系增设统计学专业和保险学专业，物理系分出了物理、电子技术、计算机三个系，历史系增设档案学专业、博物馆专业和图书馆专业，整个学校都是在蓬勃发展。所以说，我们重点抓了科研工作之后也帮助了学科建设。

陈省身夫妇来访杭大，前排左1左2陈省身夫妇，右1杭大校长沈善洪，右2杭大党委书记薛艳庄，后排左1谢庭藩，右1王斯雷

派出优秀骨干学成壮大力量

20世纪80年代初到四校合并，在全国地方综合性大学的范围内，总是把我们杭大看成是排头兵，当时有一句口号就是"向杭大学习"。

根据中国管理科学研究院科学学研究所1987年公布的用世界科学计量指标制造的我国《学术榜》，在全国（含台湾）30所名牌大学中，杭州大学名列第18位。1989年3月公布的《学术榜》第二榜上，在全国（含台湾）理科大学科学计量单项指标排序中，杭州大学名列第20位。

学校能有如此好的发展是非常不易的，其中凝结了很多老师的心血。

当时青年教师都有指导老师，制订进修计划，都要求参加科研工作，都要参加读书报告会，每周轮流进行，以系或学科为单位，已成为制度，相互讨论，相互启发，使年轻人有担子有压力，敦促大家接触本学科的前沿。

当时学校经费是很少的，设备十分简陋，教师很少有机会走出国门进修和学术交流。在这种情况下，我们就采取跟国外大学建立校际交流的方式来促进老师之间的交流，利用我们的优势接受外国留学生，为外国学校举办汉语班建立对等合作关系。我们派出比较拔尖的、优秀的、有潜力成为学科带头人的年轻教师出国交流，比如与美国印第安纳大学的合作交流，要求年轻教师带课题出国进修，并要求带合作科研项目回来，促进年轻教师的成长。派出去的年轻教师基本上都能逐步成为学术带头人。

从学校管理层面上讲，我们尽力给科研人员创造条件，给他们更多的机会，比如说争取课题。有些实验条件还不够科研要求的，我们就争取到其他学校的著名专家那里去跟着做，让他们有机会能够接触到学科的前沿。

我当时想，既然在这个位置上，就应该尽力给老师们创造良好的科研条件，没有考虑自己的兴趣爱好，而是站在全校的角度来通盘谋划，方方面面地支持老师们。

学术交流催生浓厚学术氛围

一直以来，杭州大学都有浓厚的学术氛围，学校常常举办大型的学术会议来增进科学家之间的交流。仅20世纪八九十年代，杭州大学举办或合作承办国际学术会议就有约50余次，有力促进了对外合作研究和学术交流。

学校有很多报告会以系为单位，各抒己见，畅所欲言。我对中国宋史国际学术讨论会、中国传统文化与中外文化关系国际学术讨论会、函数论国际学术讨论会、中（浙江）韩经济发展比较研究讨论会，这几次国际会议有比较深刻的印象。

中国宋史国际学术讨论会，由北京大学、杭州大学联合主办，于1985年5月14日至17日举办。会议围绕着宋史研究中的各种问题进行讨论。到会学者所提交的论文的内容相当广泛，涉及宋代的政治、经济、军事、文化、典章制度和民间宗教，以及有关辽、西夏、金史等方面的问题。[1]这是新中国成立后举办的第一次宋史国际学术讨论会。

中国传统文化与中外文化关系国际学术研讨会，由中国教育国际交流协会和杭州大学于1992年1月11日至13日共同举办，季羡林、周继旨、庞朴、朱维铮、徐朔方等知名学者参会并发表观点。与会代表共107人，其中有来自美、日、德、法等国家和地区的代表33人。会议围绕中国传统文化、传统文化与现代化的关系、中外文化关系等展开讨论。[2]

---

[1] 雷达.中国宋史国际学术讨论会在杭举行[J].杭州大学学报（哲学社会科学版），1985（3）：133
[2] 莫小也.中国传统文化与中外文化关系国际学术研讨会简述[J].杭州大学学报（哲学社会科学版），1992（1）：142

　　纪念陈建功教授诞生一百周年暨函数论国际学术讨论会于1993年5月举行，来自世界各地的130多位专家教授云集杭州，专程来参加这一有深刻纪念意义和学术价值的隆重集会。此次会议是由陈建功教授生前工作过的浙江大学、复旦大学和杭州大学联合组办的。美国加州大学巴巴拉分校樊玑教授、美国普林斯顿大学斯坦因（E. M. Stein）教授、北京大学程民德教授担任会议组委会主席，苏步青教授任名誉主席，陈省身教授、丘成桐教授任名誉顾问。陈建功教授之子陈翰馥教授等都在大会上作了精彩发言。[1]这是杭州大学乃至浙江省学术界一次空前的盛会。

　　中（浙江）韩经济发展比较研讨会于1995年10月16日至18日召开，由杭州大学和韩国亚洲大学联合主办。由于浙江在区域面积、自然资源、人口数量等方面都与韩国极为相似，为此，杭州大学韩国研究所组织专人进行研究，编写多份论文专辑，提供省委、省政府有关部门作经济决策参考。[2]

　　另外，当年的《杭州大学学报》上曾有这样的记载，杭大科研处、语言文学研究室于1985年12月12日联合召开了社会科学研究方法学术讨论会。

　　参加讨论会的有文科各系的代表及化学、数学、心理、计算机、物理系的教师，共50余人。会议收到论文近20篇，有18位同志先后在大会上做了发言。

　　学术讨论会的中心议题是社会科学研究方法的变革问题。与会代表就如何看待引进、移植、应用自然科学研究方法，"新方法"与马克思主义哲学的关系，以及文学、语言、经济、哲学、历史、教育等领域的研究方法的现状和发展趋势广泛地交换了意见。会议代表认为自然科学的突飞猛进、电脑的广泛运用，为社会科学研究提供了现代化手段，自然科学的方法对社会科学研究方法的影响、渗透，必然需要社会科学调整自己的思维机制，由此而引起的变革有利于社会科学研究的现代化。但是，社会科学研究方法的变革，需要结合学科的性质和研究对象的性质，同时注意研究方法自身的继承关系。有的同志认为社会科学研究归根结底是揭示社会结构、社会矛盾，这就需要运用人类积累的一切经验和方法，因此在研究方法问题上，同样需要开放，不能搞封闭。

---

[1] 骆祖英.一代宗师——钝叟陈建功[M].北京：科学出版社，2007：3.
[2] 金健人.当代韩国[J].杭州大学学报（哲学社会科学版），1996年（1）：98.

会议特邀化学系金松寿教授、历史系丁建弘副教授、语言文学研究室陈元恺副研究员分别做了题为《自然科学研究方法在社会科学中的应用问题》《国际史学研究中的方法问题》以及《关于中国比较文学的思考》的报告。[1]过了一两年，丁建弘升为教授，陈元恺升为研究员。

还有两件事也值得一提。

杭州大学校长陈立是国内外知名度很高的管理心理和工业心理学家，国内外学术交流频繁，管理心理学科为全国举办了数十期培训班，影响很大。工业心理学科设有国家重点实验室，是国家基础科学研究和人才培养基地，重点项目飞机座舱照明与人机工效学科研成果填补了我国航空照明心理学研究空白。

王绍民教授在光束变换领域取得多项突破性进展，1995年国际光电子激光会议在杭大召开，会议就是由他主持的。

记忆中的杭大项目

在担任科研处处长期间，我跟很多科研工作者们都成了朋友。杭大历来重视科研工作，我任书记期间也很关心科研。据统计，20世纪八九十年代，杭大获得3项国际奖，15项国家级奖，140余项各部委和省政府奖。

仅1980年以后至四校合并前，主要有这些科研成果（以时间先后为序）：

1980年，统计预报方法研究获中科院科技成果三等奖；

1985年，NZP-1型有机废气焚烧催化剂获国家科学技术进步奖三等奖；

1985年，化学杀雄剂KMS-1的研制和药效获中科院科技成果二等奖；

1986年，《中国自然地理、历史自然地理》获中科院著作一等奖；

1986年，宜观式大屏幕显示获国家科技进步二等奖；

1987年，食品级聚氯乙烯（PVC）树脂生产及加工应用技术获国家科学技术进步奖二等奖；

1987年，声谱实时伪彩色编码显示与旋笛声学结构分析获国家科学技术进步奖三等奖；

[1] 柯文.我校召开社会科学研究方法讨论会[J].杭州大学学报（哲学社会科学版），1986（3）:14

1987年，飞机驾驶舱照明工程心理学研究及应用获国家科学技术进步奖三等奖；

1987年，环境污染分析方法的研究及其标样的研制（协作项目）获国家科技进步三等奖；

1987年，丙二酸亚异丙酯在合成中应用的研究获国家教委科技进步二等奖；

1987年，浙江省海岸带和海涂资源综合调查获省科技进步一等奖；

1987年，动物资源调查及《浙江动物志》的编著获省科技进步一等奖；

1987年，植物资源调查及《浙江植物志》的编著获省科技进步一等奖；

1988年，精密集成恒流源与硅集成温度传感器的研制与应用获国家科学技术进步奖三等奖；

1988年，高亮度荧光显示与亮度饱和获国家教委科学技术进步奖一等奖；

1988年，《现代西方哲学教程》获国家教委高等学校优秀教材一等奖；

1988年，《唐宋词通论》获1978—1987年全国古籍优秀图书一等奖；

1990年，列阵光学获国家科学技术进步奖四等奖、浙江省科技进步一等奖；

1991年，中华人民共和国1∶100万土地资源图获中国科学院科学技术进步奖一等奖；

1992年，中华人民共和国1∶100万土地资源图的编制与研究获国家科学技术进步奖二等奖；

1994年，杭大出版社出版的图书获第八届中国图书奖；

1995年，数字电路设计理论的三层次研究获国家自然科学奖四等奖；

1995年，全国首次人文社科优秀成果奖评选中，杭大获3项一等奖，6项二等奖，名列全国地方综合性大学之首；

1996年初，浙江省评定物理系王绍民教授主持的高亮度超衍射极限光束激光系列技术和郑小明教授主持的催化合成有机中间体两项研究列为浙江省高校重大科技攻关项目；

1997年，高亮度激光技术和内腔式高亮度小发散角新型光束CO_2激光器获国家发明三等奖。

　　杭州大学的王斯雷是一位非常杰出的学者，他在函数论方面做得很出色，国内外专家也都很称赞他，教书也教得很出色。所以他们系里要召开数学方面的国际会议，我是非常支持的，一般我都到会参加。

　　物理方面，王绍民是很了不起的，真是很勤奋，夜以继日，就这么拼命干。他的科研成果很多，我听说有一次物理系的学科要上报材料，很多内容还是他当年研究的成果，由此可以看出他在学科中的地位，他的研究的分量和水平。

　　我记得有一个小插曲。激光测大坝这个项目大概要做一个很长的支线，要放一个大房间这么长的线，可是他找来找去都找不到合适的地方，后来他来找我，我就琢磨哪里有这么大一个房间呢，正好想到学校以前不是有防空洞吗，正好合适，我就安排给了他，解决了实验场地的问题。

　　超大型等离子体显示系统是陈哲艮的项目，他也是物理系的老师。做这个项目也很艰难，我听他说，是一块块人工拼起来的。同时，葛世潮研制的彩色荧光大屏幕显示系统被国家科委指定运往巴黎国际科技展览会展出。

　　金松寿教授是我国催化理论和工业催化剂研究的知名专家。在他领导下的团队是很强的，不但获得了科学大会奖，还获得了国家科技进步奖和国际尤卡发明金奖。

　　我在杭州大学工作了这么多年，和大家相处得很开心。那段一起奋斗的岁月，真是刻骨铭心。

人物名片

　　薛艳庄，教授，1930年出生，1952年毕业于华东师范大学生物系，1952年8月加入中国共产党，同年分配到浙江师范学院（杭州大学）生物系任教，曾给本科生开设动物生理学和放射性同位素应用技术，给体育系本科生开设人体解剖生理学等课程。曾参加西湖水质调查和家鱼繁殖生理方面的课题。之后任杭州大学科研处处长、副校长、校长和党委书记及浙江省第六届、第七届政协副主席，2001年退休。

回忆改革开放前后浙农大科学研究点滴

为朱真葵先生

采访时间:2016年10月25日

采访地点：浙江大学华家池寓所

讲述人：朱真葵

整理：张岚、柯溢能

采访手记：朱真葵老先生住在华家池小二楼，因为工作的关系，从前我多次来过这里。秋意渐浓的今天，我走在小二楼的绿篱间，一种熟悉的感觉扑面而来，往事不经意地就在眼前浮现。曾经，我们来到居住在小二楼的朱祖祥院士家采访，谈起人生经历，事业的动力，朱先生说，做事不能只凭兴趣，因为人 "卸不掉的是责任"。我对这句话印象非常深刻。

朱真葵先生讲起改革开放时期浙农大的科研情况时，说："1972年以后的十多年里面，老师们百折不挠地进行研究，那种精神状态真是不达目的决不罢休"，这又让我想起了朱祖祥先生"卸不掉的是责任"这句话。

学校里一位老师要上一个课题，朱真葵和处里的同志就要弄懂六个"为什么"，完全把老师们研究的课题消化好，之后去争取更好的课题条件。这大概也是他心中"卸不掉的责任"吧。

我走上科研管理岗位的历程

1955年的秋天我从浙江农学院毕业，然后留校了。当时，我挂名在农学系的遗传教研组做助教，但是实际做的是农学系的学生秘书。为什么是这样呢？因为那时候学苏联，就是说培养的大学生要"双肩挑"，既能搞行政，也能搞业务。所以我就挂名在遗传教研组，实际上做学生秘书。

到了1960年，浙江农学院改名为浙江农业大学，浙江省农科所改名为浙江省农科院。院校合并，"两块牌子一套班子"，下面的系所也是合一，一个总支一套班子。比如我们农学系，同农科院的作物所，系所合一，但行政上是分开的。我是农学系党总支的组织干事，但又是作物所的党支部书记，所以从1960年的2月份担任所党支部书记以后，就开始从事科研管理。到了1965年8月，校院分家。我被分配到学校的教务处科研组，负责全校的科研管理。

后来就是"文化大革命"了，"文化大革命"的事情蛮复杂。我被关过"羊棚"，这比关"牛棚"的境况好一些，还有一点自由，礼拜天还可以放假，所以我们戏称"羊棚"。我也被抽去参加过省毛泽东思想宣传队，去了青田。到了1970年的7月份，浙江省招收首批工农兵学员，省招生办叫我负责嘉兴片包括湖州市，一共11个县。

1972年的春天，我被调任学校的科研生产办公室副主任，到了1979年的9月份科研生产办公室改为科研生产处，我担任副处长。

到了1982年的8月，我担任校党委委员、校长助理，到1983年的10月担任副校长，分管科研、研究生、人事、外事、后勤、保卫，一直到1984年的10月份调离学校。

服务农药安全使用标准的研究

1972年以后的十多年里面，老师们百折不挠地进行研究，那种精神状态显示的是不达目的决不罢休，这个确实给了我很大的教育。

20世纪70年代起，我们学校的科研，从发展的思路和过程来说，有两个阶段。

1973年到1979年的第一个阶段，全力以赴确保学校唯一的国家课题，就是陈子元校长主持的农药安全使用标准的研究，同时兼顾省里内需外销紧迫的粮、棉、菜、果、蚕、茶研究。

农药安全使用标准研究由陈子元教授担任第一主持人，联合全国22个省区市、43所高校和科研所的近200名科技人员，组成农药残留科研协作组，历经1974—1979年的全国大协作，最终编制出29种农药与19种农作物组合的69项《农药安全使用标准》，通过1979年部级鉴定，由农业部颁布在全国试行，1984年被城乡建设环境保护部批准为国家标准实施。项目成果获得了农业部"农牧业技术改进奖一等奖"，国家科技进步奖。

从1973年开始酝酿这个项目起，我们科研生产办公室这个团队，就密切地配合陈先生做好科研保障工作，协助组织学校内部相关教研组参加研究。每年召开全国协作组大、小会议，我们办公室四个人包揽全部会务，从接待、吃住、会场安排、预买火车票，直到把全部外地代表送走。当时在"文化大革命"情况下，科研经费紧张，物资供应困难，交通不便，要开好一个会，谈何容易。最头痛的是火车票，班次少，远途的卧铺票更是难上加难，最后能买到，我们心中的石头才落地。会后全都按陈先生的要求帮助检查落实各单位承担任务的情况，及时将外单位前来的咨询、汇报信件向他报告，要寄的材料、信件，及时印发。后来办公室还安排了一位专职人员负责协作组的联系工作，尽可能减轻陈先生的事务，让他能集中精力考虑全局，抓大事。

我们还和学校仪器设备科、财务科沟通协作，做好项目研究的保障工作。学校里当时正在搞"批林批孔"，机关里有人说，你们只抓科研、生产，不抓革命，这是错误的。我们就讲这是国家任务，有什么不对啊？所以在当时"文化大革命"期间，陈先生这个课题要很好地展开，也是有很大的阻力的。全国43个单位要协作，他要花多少精力？多少不容易啊！我们在工作中也有切身的体会。

当时还引起了一些老师的不满，说你们都是农药残留研究科室。设备科五十多岁的老科长查长生先生斩钉截铁地回答："农残是学校里唯一的国家重点课题，我们当然要全力以赴支持，你们有本领也拿个同样的研究课题来，我们同样支持。"

记得1973年，农业部通知我们5月1日以前必须到达北京讨论，可能考虑到这个项目需要我们科研生产办公室帮着做一些事务的工作，学校派我跟陈先生去了。那个时候到北京一天到不了，要两天，所以4月29日我们乘火车过去。可是到了南京前面道路不通，火车开不了啦。怎么办？陈先生脑子灵，说我们下车，去买飞机票，第二天乘飞机去。当时那个飞机是双翼小飞机，早晨从南京起飞，飞到济南在那里待了至少一两个小时，再飞到北京，一共花了六个小时。

我们到北京已经很晚了，但是农业部为了这件事情就在等着我们，指定陈先生去讨论。陈先生非常认真，晚上也睡不好，吃饭好像也没有胃口，就在思考这个方案怎么制定，找哪些单位来参加，怎么样进行协调，方方面面都要考虑到。就这样在那里研究好，农业部讨论以后，采纳了他的意见。1974年正式发文全面启动了研究。

在项目启动之前，他首先在校内，找到植保系的农药残留组，还有化学教研组，因为大家可以用那个气相色谱、薄层分析等多种方法一起上马，所以项目一开始，学校里就有十来个人，马上参加了。

项目启动以后，我们就忙起来了。从1974年召开第一次协作组大会，到1979年经过协作组各单位的共同努力，项目顺利完成。

1979年冬天，农业部召开全国农业科研计划工作会议，在会上专门安排了半天，要我在会议上介绍农药残留协作研究的情况和体会。主持会议的科技局副局长孟昭玉同志讲，浙农大能够搞起这么一个大的协作项目来，看来大家都应该协作攻关，凡是国家重要的课题，都要协作攻关。孟昭玉同志充分肯定了我们的做法。

还要说一下，参加农药残留研究第二主持人樊德方先生，在萧山县杜湖村建立研究基地，开始做我国最早的农药生态毒理实验研究和理论探索。同时还有和环境保护有密切关系的重大课题，由陈传群、叶兆杰、何增耀先生等，开展的工业废水污染的防治和综合利用研究、灌溉水中铬的若干环境性质及含铬污水在农业上安全利用的研究、制革废水生化处理研究等，所以农药残留研究和这些研究，为学校先是设立环保专业，后来成立环保系，打下了基础。

当时省里在农业方面，急需解决内需外销的，粮、棉、菜、果、蚕、茶等生产技术问题。粮食是目标亩产要超千斤，棉纺厂急需原料棉花，蔬菜是要解决淡季供应问题。还有蔬菜、水果、丝绸、茶叶等都是省里需要的出口赚外汇的主要产品，所以当时我们就把这些列为重点课题，例如早籼"浙辐802"大麦"浙农大2、3号"和棉花"钱江9号"等新品种选育，粮食作物高产栽培技术和配套的土壤肥料，病虫害防治研究，还有塑料薄膜覆盖蔬菜栽培试验，蘑菇"浙农1号"，罐藏黄桃和桑蚕夏秋蚕品种"浙农1号"的选育，茶叶矮化密植速成高产栽培技术等等。

这个阶段没有恢复全面招生，全校每年有60个左右科研课题，参加科研的教师有200人左右，约占全校教师人数的40%，他们顶住"运动"阻力，风里来雨里去，跑田头，下农村，在很困难的情况下搞研究。这些情景至今，我还历历在目。

科研——教学——生产相结合，面向国民经济建设主战场

1979年到1984年，科研和管理进入第二个阶段。在全国科学大会和省科技大会以后，我们的科技教育面临着大好的形势。老师们争取课题的热情高涨，学校里科研的思路也跟着调整——面向国民经济建设的主战场，科研、教学、生产相结合，为了实现农业现代化，多出高质量的成果，培养高素质的人才。所以科研同教学不能分割，要结合在一起考虑，形成了几个特点：

第一个，抓有优势的、有特色的学科研究。大体上就是有十几个专业，比方说遗传育种、核农学、蔬菜生理、环境保护、蚕桑、茶叶、土壤化学、生物防治、生物能、种子等等。这个面比较大，仅遗传育种就涉及大田作物、园艺作物、特种经济作物，有20多种。我们选育的新品种，几乎都是省里的当家品种，有的是在长江中下游甚至是全国的主栽品种。育种方法不断改进。对新品种的遗传性状研究也有独到之处。类似的10多个专业，我们当然要紧紧地抓住不放。

第二，抓大协作。陈校长在主持了农药残留后，又主持了农药对于农业生态环境影响的研究，参与单位浙农大、北农大、国家农业环境保护监测所，还有北京市农科院、南京农业大学等，也是农业部下达的协作项目。

另外我们校内，自己新上的大协作项目，就是王兆骞老师主持的德清县生态农业综合开发技术研究，有作物、畜牧、土壤、肥料、农业经济、气象、农业机械等等专业参加，运用生态经济学、系统工程方法对于种植业、养殖业、蚕桑、大气、土壤、水源，整个农业生态经济母系统以及子系统进行管理、研究、示

范、推广，有单向的研究，也有综合的研究。我们从1982年开始起步，起步不久就得到农业部重视，列入国家项目了。学校根据研究进展情况和取得的成果，人才培养情况，先成立了生态学教研组，尔后在全国农业院校里建立了第一个生态研究所。

还有一个协作的大项目，就是与江山县合作的浙江农业综合技术开发及管理研究，也是学校的教学、科研、推广三结合基地，以粮食作物为主，专门组织了一个专业综合组，由农学系徐耀垣教授在那里总抓，学校还派了张景芳同志协助管理。各系教师轮流蹲点，解决生产技术问题，还安排部分学生去毕业生产实习。经过双方共同努力取得了很好的成效，国家科委曾在那里召开了现场会。

第三，紧抓高新技术的研究。如核技术，当时我校是全国农业院校里唯一能搞研究的。研究领域和研究内容不断拓展、深入，研究手段和方法有创新。同位素示踪应用，不但搞农药残留和污水研究，还深入进行农业生态环境研究。年轻教师吴美文还创建奶牛早期妊娠通讯奶样放射免疫诊断技术。高明尉教授把核技术与生物技术相结合的小麦育种工作，也很有特色，育成的"核组8号"，在当时是世界第一。

生物技术那就多了，主要是搞各种作物的组织培养。生物能主要是搞沼气，还有一个农业遥感技术，这是比较早的，我们在国内第一个拿出了水稻营养生长状况遥感的图片，这是王人潮老师研究的。还有一个是生物环境工程技术，地膜覆盖，这在当时还没有研究出到底怎么用这个技术，而现在普遍在用了。当时女教师曹筱芝在杭州郊区农村布点，和菜农们一起试验、示范，逐步推广。还有农业废弃物利用工程技术，就是厌氧技术（用微生物）在常温条件下怎么处理较低浓度的废水。

说到这里，还不能不说一下应用基础理论研究，例如孙羲教授的有机肥肥效机理研究，汪丽泉教授对小麦"中国春"和苏联球茎大麦进行属间杂交研究，季道藩教授的栽培棉种与野生棉种的种间杂交及其转育和利用，李曙轩教授的大白菜的叶片生长与叶球形成的生理研究等等，不仅有比较高的学术价值，还为实际应用提供理论依据。尤其是农史专家游修龄教授从河姆渡遗址出土稻谷试论我国栽培稻的起源、分化与传播的研究，论证了我国是栽培稻的起源地之一，籼稻起源于中国，不像国外文献所说由印度传入。在国内外学术界引起非凡反响。

可以说，我们农大当时的农业科学研究在全国是处于前列的。很重要的一个原因是，动乱的年代里，我们这块基地，这个校园保住了，我们的人员没有散掉。

在此期间，说农业大学不能办在城市，必须到农村去，所以浙江农业大学这块牌子在临安林学院的校门口挂了两三年。

但华家池这个校园是保留下来了，老师们科研的积极性也很高。1978年以后，我们课题上得比较快， 1978年是96个，到了1979年是103个，到了1980年有129个，到了1981年有139个，到了1982年有165个，到了1983年有168个，到了1984年有174个，课题数量几乎翻了一番。

迎来了科学的春天

1978年全国科学大会，迎来了科学的春天。那时科研的形势是非常好的，我考虑有两个原因。第一，是因为整个国家的形势，科学的春天到了，这是大的背景，而我们原来的基础又不错，所以就趋势而上。第二，在科研管理上，得益于两个协作组。

一个是由我们浙大、农大、杭大、医大四个大学组成的，由浙大科研处胡建雄处长当组长。这个协作组的来历是这样的。20世纪80年代初，当时的四个大学校长提议，我们都是老浙大的。我们要联合办学，要像过去浙江大学那样办学。四校就商量成立了教学、科研、设备、财务、图书馆等七个工作小组，我们科研管理协作组也就应运而生。老胡经常到北京去，领到国家科研方面的重要信息，回来就及时地开协作组会议，向我们通报。平时我们交流学校科研工作情况，讨论存在什么问题、怎么解决，所以这是一个很重要的信息和研究管理的渠道。

另一个协作组是我们农大参加的全国农业院校科研协作组。这是1980年8月在杭州华北饭店成立的，我们是东道主。这个协作组我们浙农大是发起单位之一。因为全国农科院系统1979年成立了一个科研协作组，我们一想，他们农科院可以成立，我们农业大学为什么不能成立啊？于是，我们农业大学也成立了一个。参加的学校都是农业部的七所直属院校，浙江农业大学因为农药残留研究有了声誉，就成为头一批成员。两个部属学校当头，一个是北方的北京农业大学，一个南方的华南农业大学。

北农大经常到农业部活动，所以了解国家对农业科研方面的一些思路、计划、举措。他也会及时地跟我们协作组进行沟通，这样我们有了来自国家的、省里面的科研方面的信息，就能同学校里的专业、学科对接，去组织这方面的研究，老师们也很开心。改革开放了，他们积极性很高，到我们科研处来要课题的真不少。

我清楚，一位老师要上一个课题，我们处里的同志都要弄懂六个"为什么"，第一，为什么要研究这个课题；第二，研究什么内容；第三，用什么方法研究；第四，要什么支持条件；第五，要得出什么样结果；第六，能解决什么问题。

我们是老老实实当一个学生，希望自己完全把老师们研究的内容消化好。之后才跑到农业部、省科委去争取课题。争取课题光有书面的不行，还需要口头给他们很好的解释。做到六个"为什么"，能心中有数，这样的话就比较容易争取。

在省里面拿课题应用技术比较容易，但是应用基础却比较麻烦一点，特别是像遗传性状的研究，营养生理、发育生理、病理学、分类学等等。但是农业部是国家部委，常常对这方面有兴趣，所以我们要分门别类地，争取立项。

等到计划下来了，研究进展比较顺利，省里给我们很大支持，报上去的课题一般都能列上计划。农业部对我们也完全信任。后来，部科技计划处的同志，甚至要我们提供浙农大老师想研究的课题，作为他们研究编制计划的参考，作为储备课题放到农业部。

所以就是因为掌握信息，同时，科研、教学、生产相结合，老师们的努力，我们处里同志埋头苦干，校领导的放手支持，那时候学校的科研工作比较顺利。

顺便说说去部里跑课题，有时会发生些意想不到的事情。1979年的秋天，我跑到农业部科教局，见到臧成耀局长，他突然问我，你们浙江农业大学要发展了，要什么样的条件支持啊？我脱口而出，现在实验室不够，教学科研用房不够，是不是给我们造一个教学大楼，他说要造多大啊？我说两万八平方米，他说要两万八平方米？我说，是呀！我们学校发展规模打算是五千人，有大学生、研究生、留学生，还有其他像短训班等等。他说，嗯，讲得有道理，我们再研究研究。其实这个两万八平方米，我不是信口开河随便说的，为什么呢？因为我们学校里研究过，老早东西大楼中间空了一块地，随着教学的发展，要么不造，要造就要造大房子，大概是两万八千方平方米，所以我心中有底。这里有一个很有趣的片段，那一年，我又跑到教育部去要科研项目，那个科教部门办公室，坐着好多人。我先自我介绍是浙江农业大学的，还没有说下去，就有几个人异口同声地说，我们正要找你们呐，你们一定要招收留学生，现在非洲有好几个国家催我们招留学生。我说，现在我们没有这个条件啊，一个女同志说有的，你们过去招收过留学生的。另外我们给你们造个留学生楼，可以住一百个学生，但是按照两百个下指标，你回去就向领导汇报。回来后，我马上向校领导汇报。不久，这两件事就这么定了。

我印象深刻的几个科研项目

要问我对20世纪80年代的科研项目哪些印象最深刻，真不大好回答，因为和老师们接触太密切了，印象都很深刻，就从当时获得部省级二等奖以上的，挑选几个吧。

第一个，当然是陈子元教授的农药安全使用标准研究。前面已经详细讲过，不再多说了。

第二个，是申宗坦先生主持的在20世纪60年代育成的早籼迟熟新品种"先锋1号"，在20世纪70年代在浙江是当家品种，为粮食生产一年三熟制，亩产超千斤，在品种搭配上当"先锋"。同时，在江西、湖南、湖北、四川、安徽等省也获得了推广，最高年推广面积达90多万公顷。1972年经农业部推荐还到罗马尼亚等东欧五国展览。

第三个，是年轻教师夏英武选育的早籼早熟新品种"浙辐802"，当时也是省里"三熟制"配套当家品种，后来遍及长江中下游推广，累计推广面积达到了1133万公顷，是国内种植面积最大的水稻新品种。

第四个，是由陆星垣教授主持研究成功的，夏秋蚕新品种"浙农1号"，1975年到1990年一共推广了1200万张，是省内唯一的推广1000万张以上一个品种，拿到了国家的重大科技成果推广一等奖。

第五个，是朱祖祥教授主持的土壤植株养分速测技术改进和大田简易诊断设备研制，简称"土壤速测箱"。它能在田间地头诊断作物需要什么肥料，怎么施，要施多少。为农技干部科学指导生产提供了很好的手段，省里全面推广，效益好，口碑好。

第六个，是出口创汇的果树蔬菜新品种，一是张上隆先生主持的黄桃品种的引入推广，二是寿诚学先生主持研究的罐藏蘑菇品种"浙农1号"，1980年到1985年是作为全国的主要品种，同时还研制出蘑菇健壮剂，提高蘑菇产量。他们都为出口争外汇贡献不小。

第七个，是李曙轩教授的白菜的叶片生长与叶球形成的生理研究，为国内外白菜的研究提供了新的理论依据。当时在蔬菜学方面的权威有"南李北李"之说，南李就是李曙轩。

第八个，是唐觉教授的五倍子及其繁殖生产的研究。唐先生争取项目的力度大呀，多次地跑到我们办公室里来，一定要上这个课题，说这个五倍子马上要消失掉的，再不搞的话是对不起历史的。因为我们浙江省没有五倍子，五倍子都是在西南地区，所以省里立项很难的。可是看到这位老先生，为了抢救这么一个重要的资源，有那么个倔劲，我们当然是努力争取。后来总算列上省里计划，研究提出了人工繁殖增产的途径，改变了历史上野生野长的局面，在湖南、湖北、广西、四川、贵州等省推广，还主持拍了五倍子科教影片。

第九个，是曹筱芝老师的地膜覆盖栽培研究，她一个女同志，家里有三个小孩，要顾家还要经常跑到彭埠、七堡、九堡农村里面搞研究，非常不容易，这个成果使城市蔬菜供应全年均衡，有的还能提早上市，城市居民吃得好，农民收入也增多了。后来参加全国协作，得到了国家奖励。

第十个，是徐继初老师等中国主要地方猪种质特性研究（金华猪种质研究），为制定金华猪国家标准提供了依据。这样就使制作驰名中外的金华火腿的原料品质有了保证，也使我们浙江保护好宝贵资源有了保障。

我印象深刻的老师们

前面讲到的比我年长的老先生们，无论是在品德上，或者在业务技术上，他们的优良品质都深深地印在我的脑海里，还有年轻有为的教师，我也不会忘记。

回忆我年轻时，有几位老师让我终生难忘。在1956年我们学校组织了一个考察团，到南京农学院去考察，我也参加了，回来以后教务长陈士怡教授叫我写考察报告。我写好后交给了他，他看了以后，改好，要我抄一遍再交给他。哎呀！当我拿到他的修改稿，看到都是密密麻麻的红字，把我原来写的东西可以说都改掉了。但是这位老先生非常好，笑眯眯地说，你写的材料我看过了，你看看，再重新抄一遍交给我。我那时候根本不会写，也不晓得怎么写，老先生就这样手把手地教我。

就在同年秋天新生入学后不久，农学系有位印度尼西亚归国华侨女学生胡梦环，突然有一天不见了。那天下午又是狂风暴雨，向学校汇报后，金孟加院长没有批评我，而是马上派车，叫我坐上"奔驰"（当时杭州只有两辆）去找，最后在她城里姑妈家找到，把她接了回来。这让我这个天天和学生打交道的学生秘书，懂得了要时时事事关心爱护学生的道理。

1958年，"大跃进"搞"卫星"上天，农业大学也得搞一块丰产"卫星"田，把抽穗的水稻都并在一块，太密了要发热、霉烂嘛，就用电风扇呼呼地吹，晚上用电灯照，说是增加光照，防止倒伏，就用竹片把里面的水稻夹起来，这不，看起来笔直了嘛。看到密密麻麻的稻穗，高产的"卫星可以上天了"。可是院长、农学系教授丁振麟跟我讲："朱真葵，你不要相信，很快都会烂掉的，没意思的。"当时能像丁先生这样，不怕"高压"，不怕丢乌纱帽，敢讲真话的，能有几个？

后来到了20世纪60年代，我们系的副主任游修龄教授，他看到我写的一些材料后讲，老朱，你要尽可能精炼一点，他举了个例子，一只狗坐在那个大街中间，你可以写得很长来形容，也可以用几个字来描写。他还给我写了一个示范的字条，最后凝练到只有六个字。到了1982年，农业部组织我们写《农业科研管理》一本书，游先生是农史专家，当然我推介他来写那个现代农业科学的特点、发展趋势和农业科技发展史，但是他委婉地对我讲，老朱，你写吧，没有关系的，你大胆地去接受任务，承担任务以后好好地思考，一定能够成功的，你不要怕。所以老先生们对于我的爱护、培养、帮助，真是令我终生难忘啊！

当然还有陈子元先生，他为人谦和，考虑问题细致周到，挑了重担，还总是说工作是大家做的。在搞农药残留研究期间，他有胃病，戴上胃托，坚持主持研究，对此事从不张扬。陈先生工作认真、严密、不厌其烦，我们配合得很默契。在他当校长和兼任科研处处长期间，放手让我在实际工作中磨炼。

还有朱祖祥先生，1980年就当上中国科学院院士，又是农业大学校长，却没有什么架子。他对大的问题抓住不放，对细节问题也很重视。有次在学校里的一条路上，有一堆拢在一起的垃圾没有及时清扫掉。他看到了就非常生气，说，这是举手之劳，为什么不扫干净，这是工作态度问题，狠狠地批评了当事人一顿。从此以后，类似的问题也就没有了。

求是精神和我的大学

我要感谢浙江大学"求是"精神的熏陶，使我终身受益。我是1951年考上浙江大学农学院农艺系的，在那一年的9月份踏进了华家池校区读书。一年级，上的基础课，全部是由浙大理学院的老师讲授的，老师们都要一早出门，徒步走到华家池来上课，来回有六七里路。那时候没有校车，也没有公交车，但是他们从来没有迟到早退过，就是认真地教我们学生。

第一学期，我们学无机化学，那年11月份，有一次小测验。试卷批改后，授课老师顾学民教授一进教室就讲，你朱真葵为什么这一次考得那么差，过去你考的都是八十几分的，这次竟六十几分，你分心了！以后你要集中注意力好好学习。

当时在那个课堂里上课的，是四个系学生组成的大班，老师这么严厉地批评我，还是上学读书以来头一回，我顿时心怦怦跳，无地自容。从此以后，我更加老老实实，认真地学好每一门功课，经常和班里的同学一块切磋问题，及时消化老师教的课程内容。像顾先生这样的严格要求，我直到现在都铭记在心，确实对我一生影响很大。

1952年秋，浙江大学农学院从浙大分离了，独立成为浙江农学院。但是给我们上课的老师还是原来浙江大学的，无论是专业基础课的，还是专业课的，他们都很认真、严格。

而且1952年秋，举国开始学习苏联，上午上课实行"六节一贯制"，就是六节课从7点钟不到，一直上到12点半。那时，课堂是什么样的呢？是铁皮活动房，就是铁皮做成弧形体，下面有四个木头脚，上面铺地板。它的特点是什么？冬天寒风刺骨，我们都是冻得手脚冰凉；夏天像蒸桑拿，热得汗流浃背。我们学生已经觉得在这里上课很辛苦了，但是老师的精神还是很饱满，一丝不苟地给我们进行教学。

学校当时非常重视实践、理论联系实际。一年级有农场实习课，每个星期有半天到农场去实习，去干什么呢？去认识各种作物，了解它们生长的情况，仔细观察这些农作物的根、茎、叶、花、果各个器官，这使我们既知道当时的生产情况，也进一步了解了这些作物的器官、形态、状况，还要交一个实习报告。

二年级是教学实习，到乔司农场，那个农场有6000万平方米土地。我们主要是了解水稻的生长情况。暑假里，我们还参加社会实践，就是到淳安，那里正要建新安江水库，被水淹没的地方要移民，我们就去调查那些移民的经济情况。要进村入户，去登记每一户，家里有多少土地、多少房屋、多少作物、多少山林，经济收入是多少等等基本情况，一项一项地登记好，上交汇总，给领导决策。后来新安江移民的补偿，就是参照调查研究的情况计算出来的。这个机会让我们了解了农村、农民的实际状况，这是我第一次进山区，看到山区的面貌和老百姓艰苦的生活。

到了三年级，我们需进行生产实习。我们到萧山棉麻研究所去实习，先听老师给我们讲棉麻生产的过程，然后到田里面去为黄麻的幼苗，用那个小镰刀给它除草。那个活儿看起来是轻松的，实际上干起来也蛮累的，这样子我们就体验了生产劳动。

四年级就是毕业实习了。这个毕业实习内容非常丰富，首先是到了江苏丹阳练湖农场，去实习水稻的机器播种。第二站到华东农科所，就是现在的江苏农科院去参观了解各个研究所的研究内容和成果。第三站到了江苏苏北东辛农场，这是一个机械化的大农场，去参加小麦的机器收割。最后到江苏徐州杂谷试验场，了解玉米、大豆、小米这些旱粮作物的科研、生产情况，也参加了收种。

这四年里头，不仅学了我们专业有关的农、林、牧、渔38门课，还从实践中了解了农业生产的全过程。这四年的学习是求实、求真、求知的教育，更有老师的严格要求和高尚师德的身传言教，所以，这四年里面，求是精神对我们来说是潜移默化的，渗透到了我们年轻学子的心灵，是终生受用的。

大学时期，印象深刻的，还有我们学生会自己组织的文体活动。为了健全体魄、陶冶情操。当时体育方面有个劳卫制，即劳动卫国制，这是向苏联学的。这劳卫制有规定项目，比如说百米短跑、跳高、跳远、单杠引体向上，还有爬竹竿等等项目。这些都有标准的，必须要达标。

课外活动就一定要走出教室、走出图书馆、走出寝室，要到操场去参加活动，有的是加班练劳卫制，或者是打篮球、打排球。如果不参加体育运动，就去参加文娱部组织的歌咏啊，跳舞啊这些活动。

特别是礼拜六晚上搞的交谊舞会，可热闹了，大饭厅四边放着凳子，男男女女坐得满满的，中间是舞场。开始我们都不会，是从坐着看，到试着跳，再到音乐一响，脚底发痒，跳得开心。当然喽，跳舞成恋人的，也不在少数。所以学生时期真是朝气蓬勃。我们学生会自己还主办广播站，每一天早晨起床、晚上熄灯的时候，都要播放一些经典的名曲，比如说《小夜曲》这些轻音乐，作为一个起床号或者熄灯号，这些美妙的音乐，也使年轻的我们接受了美的教育。

20世纪50年代，我们国家财政经济是非常困难的，但是从1952年秋天开学以后，国家就包揽了我们大学生全部的吃饭，学杂费全免，经济困难的同学还可以申请补助金。

学苏联"六时一贯制"，要从早上7点不到上课，上到12点多，学生肯定会饿，所以，上了三节课学校就免费供应一个馒头。那个时候金孟加书记、丁振麟院长，都是千方百计地改善办学条件。我们都看在眼里、记在心里，大家说，不能不好好学习，一定不能辜负党和国家对我们的培养，学习起来都非常认真。我们还都要求进步，参加了党章学习班，争取加入共产党，大家都说毕业以后一定要到边疆去。那个时候新疆、黑龙江说是要开发、要建大农场，大家非常兴奋都想去，到最艰苦的地方去、想到祖国最需要的地方去。

所以这四年的学习生活，对我们一生是一个非常好的教育。六十多年过去了，老同学相聚谈起来，没完没了，津津有味，好像又回到了青春时光。

另外要讲一讲，1957年校工会搞的新年晚会，我印象很深。这台晚会，教授们上台演了两出京戏，一个是《霸王别姬》，熊同和教授在《霸王别姬》里演霸王，陈士怡教授、屈天祥教授、张学明教授还有任兆斌先生，四个大胖子手里拿着戟，威风凛凛出来，跑龙套。还有一个是"新苏三起解"。扮苏三的是查长生老先生的夫人，在图书馆工作的胡玉兰女士，陈士怡教授在《苏三起解》里演丑角，司琴是游修龄和陈学平先生。当时这些老教授们化了妆，上了台，全场马上笑得前仰后翻，气氛那个热烈啊，简直是难以用语言形容的。浙江农学院那时候的老先生，不仅在学术上有造诣，在艺术上也是很有功底的，能够演那么一场京戏，在学校里真是空前绝后。

人物名片

朱真葵，1934年1月出生，1952年考入浙江大学农学院，1955年留校任教，副研究员，曾任浙江农业大学副校长，浙江省农科院党委书记、院长。

他长期从事科研管理工作，发表科研管理文章20余篇。参与的农药安全使用标准研究项目获1980年农业技术改进成果一等奖，1985年国家科技进步奖三等奖，参与的浙江农业发展中法制建设研究项目获1998年浙江省科技进步三等奖。

朱真葵先生的主要社会兼职有浙江省作物学会秘书长、浙江省农学会副秘书长等。

浙江医科大学科学研究的起步与发展（1946—1982年）

整理：易述

整理手记：采编小组通过浙江大学医学院、通过浙江大学离退休处，都没有找到了解浙江医科大学20世纪50年代到80年代科研情况的科研工作管理岗位的前辈。还好，我们找到了一本浙江医学院的校史，薄薄的小册子，只有78页，记录了1946—1982年学校的办学历史，虽然字简义赅，但十分清晰。我们还联系上了依然十分繁忙的胡锦文老师，得到她的指点。我们只能从校史文本中截取了与科学研究相关的内容，以补缺憾。只是文本与本书的记述方式有了很大差异。不得已而为之，敬请谅解。

建设正规化医学院

浙江大学医学院创建于1946年8月，同年秋，招收新生25名。1947年3月，教育部正式批准，成立浙江大学医学院附属医院，11月间医院正式成立。医学院学制为七年，包括医预科两年，医本科五年。1949年后，改为六年每年招收新生增至80名。

1949年医学院，已设有解剖学科、生理学课、生物化学科、寄生虫学科、细菌学科、病理学科、药理学科、内科、外科、妇产科、眼耳鼻喉科、小儿科、放射科、牙科和公共卫生科等。至1952年，时有教员64人。

1952年2月，浙江大学医学院与浙江省立医学院合并，成立浙江医学院。两校合并后，对附属医院也进行了调整，以浙江大学医学院附属医院为附属第一医院，作为内科重点教学医院，以广济医院为附属第二医院，为外科重点教学医院。此外合作医院和单位有省立杭州医院、杭州市人民医院、仁爱医院、卫生实验院和杭州市下城区卫生所。

两次教学会议

1953年9月学院召开了第一次教学会议。这次会议着重讨论了培养目标、教学方法、临床教学、师资培养等问题，对教学实行了改革，为提高教学质量，提出了一系列措施，其中包括，健全教学组织，全校成立了26个教研组，加强教学集体研究指导。修订教学大纲和编写新教材。开展科学研究工作。第一次教学会议以后，学校提出了科研的重要性，各教研组开始制定教研组的科研计划，有的老师也制定出了个人科研计划。全校从1953年第二学期开始，各教研组提出了69个科研项目，为今后进一步开展科研工作奠定了基础。

1954年8月，学院召开了第二次教学会议，全校有800多人参加。这次会议的主要任务是，传达全国第一届高等医学教育会议的精神，讨论研究国家发布的新的高等医学教育计划和贯彻执行的具体方案。会议检查了过去采用分科重点及强调专修科的作用是以往医学教育中的主要缺点，以及批判了轻视中医的错误，同时，确定要根据国家卫生部发布的新的统一教育计划，深入进行教学改革。1954年开始，学校取消了内科外科眼科，三科合并成医疗系，取消了原生药、药剂、化学鉴定四系，合并成药学系，原公共卫生学系改为卫生系。同时也调整了教学组织。

为了加强科研工作，1954年医学院提出了科研项目105个，以保证人民健康和国家健康需要为目的，主要研究工农业生产中常见的疾病和严重危害人民健康的流行性疾病。在学生中还组织了药理学、病理学科研小组。

1955年8月，医学院经历了全国性第二次院系调整。院系调整后，浙江医学院成为全国医疗专业最大的单科医学院校之一。在校学生1633人，教职员工435人。

1956年，学院又进行了第三次教学工作会议，减少课程门数、实习时间由半年增加到一年、讨论改进了教学制度。

两次科学研究报告会

为了检阅新中国成立以来全院教师科学研究的成果，交流各教研组科学研究经验，进一步发掘科学研究潜力，1956年2月医学院举行了全院性的第一次科学研究报告会，同时举办了展览会。会议报告了论文64篇，提出报告的教师有73人。展览会展出了全院教师新中国成立以来的论著190件，技术改进的器械、精细的直观教材共64件。通过这次会议，使全院教师看到了几年来辛勤劳动的成果，大大地鼓舞了教师们科学研究的积极性，增强了信心，积极地推进了科研事业的发展。

为适应新的科研发展的需要，学院于1956年10月成立科学研究科，协助学校领导办理有关科学研究工作的具体事项。此外，为了加强科学研究工作中的协作，集中人力解决几个主要的研究课题，拟定了专项研究组的章程，组成中医中药、地方病、口服铁剂等重点专题研究组，这些设施对于科学研究的开展起了积极推动作用。例如，王季午教授等三人对钩端螺旋体病的研究，于1952年秋，首次证实了该病在我国的流行，进而提出了防治的措施，为人民健康事业做出了贡献。

为了贯彻党的"百花齐放，百家争鸣"的方针，活跃全院学术上的自由争论气氛，学院又于1957年3月举行了第二次科学讨论会。这次会议与第一次科学报告会不同，重点放在学术讨论上，在这次会议上报告论文89篇，并对其中主要论文进行了讨论。通过这次会议为今后开展学术争鸣奠定了一定基础，同时为进一步动员及组织科学研究力量起了较大的推动作用。

这个时期的科研工作虽然取得了一定成绩，但不少教师对科研方法方向还不够明确，科研计划比较分散，不少题目仍然是脱离实际的需要，专题协作比较困难，使得科研的质量不能迅速的提高。

1960年1月，学院举行了科学研究工作会议和第三次科学报告会。会议总结了两年来学校科学工作的经验和成绩，有84篇论文在大会上宣读。制订了1960—1962年的科学研究规划。在这次会议上明确了高等学校科研工作是我国高等教育工作中一项重要工作，同时又是我国科学技术中一个重要组成部分，科学研究对高等教育是培养干部的一个重要方法，同时也是建设和国防建设服务的生产力，发展国家科学事业的重要方面。把科研工作提到应该重视的地位，是这次会议的

1978年3月24日浙江日报刊浙江医学院科研情况的报道

一大成就。

浙江医科大学初期的发展

1960年4月，在浙江省委的领导下，浙江医学院改名为浙江医科大学，并成立了浙江医学科学院（1963年分离，但保留了部分科技骨干），实行统一领导。当时，把浙江中医学院，浙江中医院，浙江中医研究所、浙江卫生实验院、浙江医疗仪器厂等单位均合并在浙江医科大学的管辖范围。4月8日在杭州大华饭店召开了浙江医科大学、浙江医学科学院的成立座谈会，省委常委，省高教党委书记周荣鑫和省委常委、省委组织部长、兼浙医大校长郑平到会讲话。对成立浙江医科大学和浙江医学科学院的目的和意义，方针任务做了明确的指示。

浙江医科大学的成立，使学校的规模和专业设置有了很大的发展，成为一个多学科的医科大学，内设有医疗系、药学系、卫生系是中医学院等4个院系和工业卫生、外文、生物、化学、物理、口腔、儿科等7个专业，在校学生的规模由原来的2000人，计划发展到3700人。浙江医科大学成立后，设置了38个教研组，广泛深入地动员组织全校师生员工进行课程改革，合并前后期课程，自编《人体形态学》《疾病防治学》等教材。

浙江医学科学院的成立，扩大了医学研究的组织机构，增加了科研力量，内设有生物物理、药物学、儿科学、内科学、寄生虫学、微生物学、外科学、中医学、传染病学、生理学、眼科学、卫生学、物理学等13个研究所。浙江医学科学院成立后，集中力量抓了肝炎病毒的科学研究工作，取得了较好的成绩。

浙江医学科学院调整后，学校保留80名科研编制和教学人员，继续进行科研工作，学校对科研编制的组织机构进行了调整。学校担任国家和本省繁重的研究任务，如国家十年科研规划中交给本省的医学科学研究课题27项，其中重点4项，62题，而学校承担的有19项，其中重点5项、37题，和本省交给的33题，同时还要为国家和本省培养高级医药干部。当时，前后共有31个教研室，也是科学研究的主要力量，其中有15个教研组2个临床科室承担了国家科研任务，即生物学、人体解剖学、微生物学、病理解剖学、病理生理学、药理学、外科学、内科学、儿科学、妇产科学、传染病学、眼科学、耳鼻喉科、神经科、放射学等教研组以及脑外科、痔疮等临床科室。对这些有条件的教研组给予配备科研编制，成立了4个研究室，传染病研究室由王季午教授负责，血液病研究室由郁知飞教授负责，腹部外科研究室由余文光教授负责，微生物研究室由屠宝琦教授负责。成立心血管组、人体解剖组、胸外科组、矽肺组、生物组5个研究组，分别由楼福庆副教授、王忠侨教授、石华玉教授，张琪凤助理研究员、蔡堡教授负责。另外，为了开展计划生育和药理学研究的需要，妇产科教研组和药理教研组配备了科研编制。

除矽肺组是新生力量外，这4室5组都有科研指导能力的老专家。其中王季午教授是卫生部医学科学委员会委员，王仲侨、石华玉、郁知非、张鸿典等教授，是医学科学委员会下的专题委员会委员，在国内有一定的学术地位，能独立开展课题研究工作；王季午、王仲侨、石华玉、郁知非、张鸿典等教授等8名教师是教育部指定带研究生的导师。经过这次组织机构的调整，进一步贯彻"双百"方针，加强了研究工作的领导，缩短了科研战线，确定和保证了科研重点，充实了仪器设备，同时活跃了学术空气。据统计，1961—1964年，仅大中型的学术活动达到445次，论文509篇，在全国性刊物和本省刊物上发表的有203篇。

几年来科研成果无论在质量上和数量上有了许多新的进展。如有机磷农药在食用作物水稻、橘子、茶叶喷洒后残留量的测定研究，血吸虫病、钩虫病的防治研究，钩端螺旋体菌苗和麻疹减毒活疫苗的研究，以及血红蛋白病的研究，同位素对冠状动脉粥样硬化的早期诊断的研究，低温下使用体外循环心内直视手术的研究，中医对严重型病毒性肝炎和乙型脑炎的研究，以及试制记录式心脏镜和高频磁场测定仪器等等的研究，都取得了良好的成绩。其中有的在实践中取得了比较好的成果。这些研究成果对提高教学、医疗质量，支持工农业，保护劳动力起到了良好的作用。

十年动乱学校遭到了严重破坏，使教学医疗教育科研蒙受重大的损失和挫折。"文化大革命"一开始，学校的科研机构陷于瘫痪，部分专业科研人员改行，许多科研项目处于停顿状态，但科研人员和教师不怕批，不信邪，在经费缺设备差的条件下，进行了不少项目的研究，取得了一定的成绩，如静电摄影、人工呼吸机、微博暂定标准、麻疹疫苗、蛇毒、农药毒理、计划生育、断肢再植、硅肺病发病机理、人工肾、针麻原理、白血病等研究。

"文革"之后，学校的各项工作重新步入正常的发展轨道。学校对科研工作进行了认真的整顿，加强了建设。在全国科学大会精神鼓舞下，制定了科研工作规划，组织队伍，增添设备，切实加强了科研工作的计划管理。1977—1982年，全校完成科研题目90个339分题，成果146项。1982年，在科学研究方面，全校设有4个研究所19个研究室，对科研项目采取了校、所（包括系、部、院）、室三级和三级管理办法。科学研究工作进入了一个新的发展阶段。

（摘自《浙江医科大学校史》浙江医科大学校史编写组 1982.6）

附　录

1978年全国科学大会受奖成果[1]

　　1. 数学在螺杆泵设计与制造中的应用

*[2] 2. 船体数学放样——回弹法

　　3. 正负法数控绘图

* 　4. 样条曲线拟合与双圆弧逼近法数控绘图

　　5. 320（DJS-8）电子计算机ALGOL语言编译系统

　　6. 钱塘江河口涌潮观测及潮汐水力计算的研究

　　7. 月牙形内加强肋岔管及无梁岔管

　　8. ZP型破乳剂和超高分子量破乳剂——UH系列

　　9. 石煤的成因、性质、开发和利用（石煤综合利用）

　　10. 小型无油润滑压氧机

* 　11. 扁平绕带式高压容器

* 　12. 旋流塔板

　　13. C_5烃汽——液平衡的研究

* 　14. 高压容器的研究及应用Ø1010毫米氨合成塔断裂力学安全分析

　　15. 双人双目大物镜型可变倍手术显微镜

* 　16. 250万幅/秒等待式转镜高速摄影机

* 　17. 中低频激光振动标准装置测振仪研究

* 　18. ZZF-5310非接触式位移振幅测量仪研究

* 　19.（BZD-1型）20-5000赫兹定标用振动台

* 　20. 20吨液压振动台

* 　21. 中频振动标准装置

---

[1] 此获奖记录来自原浙江大学、原杭州大学、原浙江农业大学、原浙江医科大学档案资料。

[2] 带*　为本书入编项目

22. 双水内冷电机的研究

* 23. 250千瓦2500赫可控硅中频电源

* 24. 428千伏安超导交流同步发电机

25. 晶体管成套线路保护装置的研制

* 26. 31千伏高压直流输电

27. 硅烷法制造高纯硅

28. 钠质膨润土性能评定

29. 多层绝热法及低温容器的研制

* 30. 沸腾炉烧石煤及白煤

31. 汽油转子发动机

* 32. N-101，S-107型液氮冷冻治疗器及临床应用

* 33. 气象自动填图机

34. 光电光波比长仪

* 35. 论脉状钨锡铍矿床储量预测

* 36. 2米核爆炸模拟装置

* 37. 混凝土空心砌块建筑

* 38. 冷拔低碳钢丝预应力混凝土中小构件

* 39. 软土地基设计计算理论和施工处理技术

40. 大垮网架屋盖结构的计算方法

* 41. 在核爆炸冲击波作用下厚板动力分析及极限设计

42—44. 保密三项

* 45. 滤波器设计过程中的一个高精度算法

46. 红外线轴温探测器——TLC型电子热轴判别机

47. 超大型等离子体显示系统

* 48. 荧光数码管

* 49. 小麦化学杀雄的研究

50. 石蕊

* 51. 间（对）二甲苯氨氧化催化剂

　52. 粮食自然缺氧保管的研究

　53. 放射性同位素标记农药的合成研究

　54. 6CR—55型天目牌茶叶揉捻机

　55. 水稻新品种"先锋1号"

* 56. 水稻两段育秧

* 57. 农药残留研究

　58. 工业"废水"污染的防治和综合利用研究

　59. 家畜电针麻醉

* 60. 高频、微波对人体健康影响及其防护研究

　　　（1）研制成高频电磁场卫生学测量仪

　　　（2）微波辐射卫生标准

* 61. 精制蝮蛇、五步蛇、银环蛇抗毒血清

* 62. 自动X线静电摄影机

　63. 异常血红蛋白的研究

　64. 三尖杉属植物中抗癌有效成分的药理、药化和临床研究

　65. 抗日本血吸虫病新药锑–273的研究

　66. （1）钩端螺旋体病的病原学和流行病学研究

　　　（2）钩端螺旋体病在我国流行的证实

　67. 眼宁注射液

　68. 断足移位再植一例